CODE

1790

NAPOLÉON.

SE TROUVE

A Paris, chez GALLAND, Libraire, rue Saint-Thomas-du-Louvre, N.º 32.

CODE

NAPOLEON.

ÉDITION ORIGINALE ET SEULE OFFICIELLE:

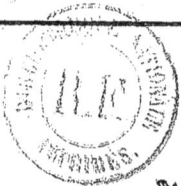

A PARIS,

DE L'IMPRIMERIE IMPÉRIALE.

M. DCCC. VII.

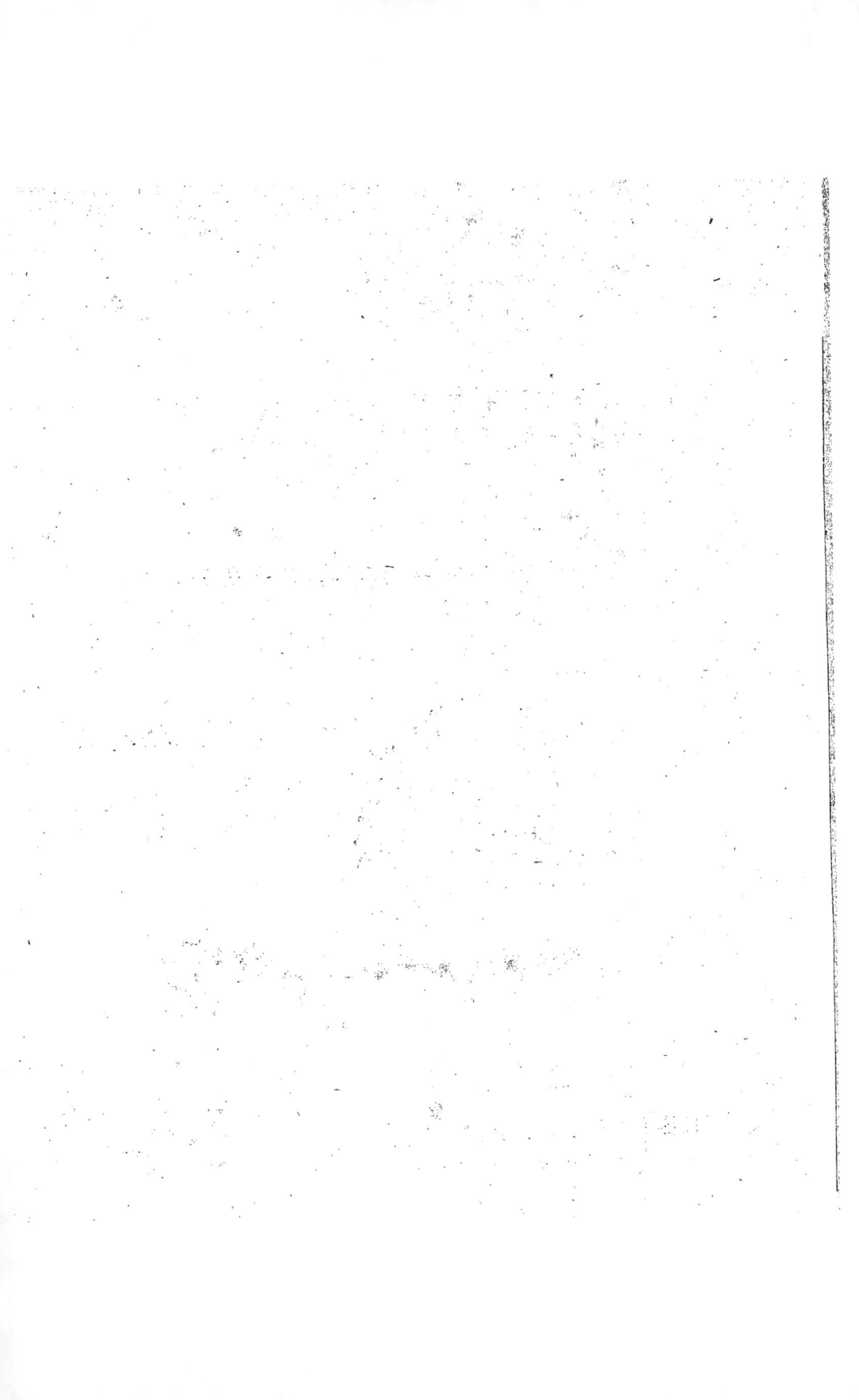

CODE NAPOLÉON.

TITRE PRÉLIMINAIRE.

DE LA PUBLICATION, DES EFFETS ET DE L'APPLICATION DES LOIS EN GÉNÉRAL.

Décrété le 5 Mars 1803.
Promulgué le 15 du même mois.

ARTICLE I.er

Les lois sont exécutoires dans tout le territoire français, en vertu de la promulgation qui en est faite par l'Empereur.

Elles seront exécutées dans chaque partie de l'Empire, du moment où la promulgation en pourra être connue.

La promulgation faite par l'Empereur sera réputée connue dans le département de la résidence impériale, un jour après celui de la promulgation ; et dans chacun des autres départemens, après l'expiration du même délai, augmenté d'autant de jours qu'il y aura de fois dix myriamètres [environ vingt lieues anciennes] entre la ville où la promulgation en aura été faite, et le chef-lieu de chaque département.

A

2.

La loi ne dispose que pour l'avenir ; elle n'a point d'effet rétroactif.

3.

Les lois de police et de sûreté obligent tous ceux qui habitent le territoire.

Les immeubles, même ceux possédés par des étrangers, sont régis par la loi française.

Les lois concernant l'état et la capacité des personnes régissent les Français même résidant en pays étranger.

4.

Le juge qui refusera de juger, sous prétexte du silence, de l'obscurité ou de l'insuffisance de la loi, pourra être poursuivi comme coupable de déni de justice.

5.

Il est défendu aux juges de prononcer par voie de disposition générale et réglementaire sur les causes qui leur sont soumises.

6.

On ne peut déroger, par des conventions particulières, aux lois qui intéressent l'ordre public et les bonnes mœurs.

LIVRE PREMIER.

DES PERSONNES.

TITRE I.er

DE LA JOUISSANCE ET DE LA PRIVATION
DES DROITS CIVILS.

Décrété le 8 Mars 1803. Promulgué le 18 du même mois.

CHAPITRE PREMIER.

DE LA JOUISSANCE DES DROITS CIVILS.

7.

L'EXERCICE des droits civils est indépendant de la qualité de *Citoyen*, laquelle ne s'acquiert et ne se conserve que conformément à la loi constitutionnelle.

8.

Tout Français jouira des droits civils.

9.

Tout individu né en France d'un étranger, pourra, dans l'année qui suivra l'époque de sa majorité, réclamer la qualité de *Français;* pourvu que, dans le cas où il résiderait en France, il déclare que son intention est d'y fixer son domicile, et que, dans le cas où il résiderait en pays étranger, il fasse sa soumission de fixer en France son

A 2

domicile, et qu'il l'y établisse dans l'année, à compter de l'acte de soumission.

I O.

Tout enfant né d'un Français en pays étranger, est Français.

Tout enfant né, en pays étranger, d'un Français qui aurait perdu la qualité de Français, pourra toujours recouvrer cette qualité, en remplissant les formalités prescrites par l'article 9.

I I.

L'étranger jouira en France des mêmes droits civils que ceux qui sont ou seront accordés aux Français par les traités de la nation à laquelle cet étranger appartiendra.

I 2.

L'étrangère qui aura épousé un Français, suivra la condition de son mari.

I 3.

L'étranger qui aura été admis par l'autorisation de l'Empereur à établir son domicile en France, y jouira de tous les droits civils, tant qu'il continuera d'y résider.

I 4.

L'étranger, même non résidant en France, pourra être cité devant les tribunaux français, pour l'exécution des obligations par lui contractées en France avec un Français; il pourra être traduit devant les tribunaux de France, pour les obligations par lui contractées en pays étranger envers des Français.

15.

Un Français pourra être traduit devant un tribunal de France, pour des obligations par lui contractées en pays étranger, même avec un étranger.

16.

En toutes matières, autres que celles de commerce, l'étranger qui sera demandeur, sera tenu de donner caution pour le paiement des frais et dommages-intérêts résultant du procès, à moins qu'il ne possède en France des immeubles d'une valeur suffisante pour assurer ce paiement.

CHAPITRE II.

DE LA PRIVATION DES DROITS CIVILS.

SECTION Ire

De la Privation des Droits civils par la perte de la qualité de Français.

17.

La qualité de Français se perdra, 1.° par la naturalisation acquise en pays étranger; 2.° par l'acceptation non autorisée par l'Empereur, de fonctions publiques conférées par un gouvernement étranger; 3.° enfin, par tout établissement fait en pays étranger, sans esprit de retour.

Les établissemens de commerce ne pourront jamais être considérés comme ayant été faits sans esprit de retour.

18.

Le Français qui aura perdu sa qualité de Français, pourra toujours la recouvrer, en rentrant en France avec l'autorisation de l'Empereur, et en déclarant qu'il veut s'y fixer, et qu'il renonce à toute distinction contraire à la loi française.

19.

Une femme française qui épousera un étranger, suivra la condition de son mari.

Si elle devient veuve, elle recouvrera la qualité de Française, pourvu qu'elle réside en France, ou qu'elle y rentre avec l'autorisation de l'Empereur, et en déclarant qu'elle veut s'y fixer.

20.

Les individus qui recouvreront la qualité de Français, dans les cas prévus par les articles 10, 18 et 19, ne pourront s'en prévaloir qu'après avoir rempli les conditions qui leur sont imposées par ces articles, et seulement pour l'exercice des droits ouverts à leur profit depuis cette époque.

21.

Le Français qui, sans autorisation de l'Empereur, prendrait du service militaire chez l'étranger, ou s'affilierait à une corporation militaire étrangère, perdra sa qualité de Français.

Il ne pourra rentrer en France qu'avec la permission de l'Empereur, et recouvrer la qualité de Français qu'en remplissant les conditions imposées à l'étranger pour devenir citoyen; le tout sans préjudice des peines prononcées par la loi criminelle contre les Français qui ont porté ou porteront les armes contre leur patrie.

SECTION II.

De la Privation des Droits civils par suite des condamnations judiciaires.

2 2.

Les condamnations à des peines dont l'effet est de priver celui qui est condamné, de toute participation aux droits civils ci-après exprimés, emporteront la mort civile.

2 3.

La condamnation à la mort naturelle emportera la mort civile.

24.

Les autres peines afflictives perpétuelles n'emporteront la mort civile qu'autant que la loi y aurait attaché cet effet.

2 5.

Par la mort civile, le condamné perd la propriété de tous les biens qu'il possédait : sa succession est ouverte au profit de ses héritiers, auxquels ses biens sont dévolus, de la même manière que s'il était mort naturellement et sans testament.

Il ne peut plus ni recueillir aucune succession, ni transmettre, à ce titre, les biens qu'il a acquis par la suite.

Il ne peut ni disposer de ses biens, en tout ou en partie,

soit par donation entre-vifs, soit par testament, ni recevoir à ce titre, si ce n'est pour cause d'alimens.

Il ne peut être nommé tuteur, ni concourir aux opérations relatives à la tutelle.

Il ne peut être témoin dans un acte solennel ou authentique, ni être admis à porter témoignage en justice.

Il ne peut procéder en justice, ni en défendant, ni en demandant, que sous le nom et par le ministère d'un curateur spécial, qui lui est nommé par le tribunal où l'action est portée.

Il est incapable de contracter un mariage qui produise aucun effet civil.

Le mariage qu'il avait contracté précédemment, est dissous, quant à tous ses effets civils.

Son époux et ses héritiers peuvent exercer respectivement les droits et les actions auxquels sa mort naturelle donnerait ouverture.

26.

Les condamnations contradictoires n'emportent la mort civile qu'à compter du jour de leur exécution, soit réelle, soit par effigie.

27.

Les condamnations par contumace n'emporteront la mort civile qu'après les cinq années qui suivront l'exécution du jugement par effigie, et pendant lesquelles le condamné peut se représenter.

28.

Les condamnés par contumace seront, pendant les cinq

ans,

ans, ou jusqu'à ce qu'ils se représentent ou qu'ils soient arrêtés pendant ce délai, privés de l'exercice des droits civils.

Leurs biens seront administrés et leurs droits exercés de même que ceux des absens.

29.

Lorsque le condamné par contumace se présentera volontairement dans les cinq années, à compter du jour de l'exécution, ou lorsqu'il aura été saisi et constitué prisonnier dans ce délai, le jugement sera anéanti de plein droit; l'accusé sera remis en possession de ses biens : il sera jugé de nouveau; et si, par ce nouveau jugement, il est condamné à la même peine ou à une peine différente, emportant également la mort civile, elle n'aura lieu qu'à compter du jour de l'exécution du second jugement.

30.

Lorsque le condamné par contumace, qui ne se sera représenté ou qui n'aura été constitué prisonnier qu'après les cinq ans, sera absous par le nouveau jugement, ou n'aura été condamné qu'à une peine qui n'emportera pas la mort civile, il rentrera dans la plénitude de ses droits civils, pour l'avenir, et à compter du jour où il aura reparu en justice; mais le premier jugement conservera, pour le passé, les effets que la mort civile avait produits dans l'intervalle écoulé depuis l'époque de l'expiration des cinq ans jusqu'au jour de sa comparution en justice.

31.

Si le condamné par contumace meurt dans le délai de

B

grâce des cinq années sans s'être représenté, ou sans avoir été saisi ou arrêté, il sera réputé mort dans l'intégrité de ses droits. Le jugement de contumace sera anéanti de plein droit, sans préjudice néanmoins de l'action de la partie civile, laquelle ne pourra être intentée contre les héritiers du condamné que par la voie civile.

32.

En aucun cas la prescription de la peine ne réintégrera le condamné dans ses droits civils pour l'avenir.

33.

Les biens acquis par le condamné, depuis la mort civile encourue, et dont il se trouvera en possession au jour de sa mort naturelle, appartiendront à l'État par droit de déshérence.

Néanmoins, il est loisible à l'Empereur de faire, au profit de la veuve, des enfans ou parens du condamné, telles dispositions que l'humanité lui suggérera.

Décrété le 11 Mars 1803.
Promulgué le 21 du même mois.

TITRE II.

DES ACTES DE L'ÉTAT CIVIL.

CHAPITRE I.ᵉʳ

DISPOSITIONS GÉNÉRALES.

34.

LES actes de l'état civil énonceront l'année, le jour et

l'heure où ils seront reçus, les prénoms, noms, âge, profession et domicile de tous ceux qui y seront dénommés.

35.

Les officiers de l'état civil ne pourront rien insérer dans
les actes qu'ils recevront, soit par note, soit par énonciation quelconque, que ce qui doit être déclaré par les
comparans.

36.

Dans les cas où les parties intéressées ne seront point
obligées de comparaître en personne, elles pourront se
faire représenter par un fondé de procuration spéciale et
authentique.

37.

Les témoins produits aux actes de l'état civil ne pourront
être que du sexe masculin, âgés de vingt-un ans au moins,
parens ou autres; et ils seront choisis par les personnes
intéressées.

38.

L'officier de l'état civil donnera lecture des actes aux
parties comparantes, ou à leur fondé de procuration, et
aux témoins.

Il y sera fait mention de l'accomplissement de cette formalité.

39.

Ces actes seront signés par l'officier de l'état civil, par
les comparans et les témoins; ou mention sera faite de la
cause qui empêchera les comparans et les témoins de signer.

40.

Les actes de l'état civil seront inscrits, dans chaque commune, sur un ou plusieurs registres tenus doubles.

41.

Les registres seront cotés par première et dernière, et paraphés sur chaque feuille, par le président du tribunal de première instance, ou par le juge qui le remplacera.

42.

Les actes seront inscrits sur les registres, de suite, sans aucun blanc. Les ratures et les renvois seront approuvés et signés de la même manière que le corps de l'acte. Il n'y sera rien écrit par abréviation, et aucune date ne sera mise en chiffres.

43.

Les registres seront clos et arrêtés par l'officier de l'état civil, à la fin de chaque année; et dans le mois, l'un des doubles sera déposé aux archives de la commune, l'autre au greffe du tribunal de première instance.

44.

Les procurations et les autres pièces qui doivent demeurer annexées aux actes de l'état civil, seront déposées, après qu'elles auront été paraphées par la personne qui les aura produites, et par l'officier de l'état civil, au greffe du tribunal, avec le double des registres dont le dépôt doit avoir lieu audit greffe.

45.

Toute personne pourra se faire délivrer, par les dépositaires des registres de l'état civil, des extraits de ces registres. Les extraits délivrés conformes aux registres, et légalisés par le président du tribunal de première instance, ou par le juge qui le remplacera, feront foi jusqu'à inscription de faux.

46.

Lorsqu'il n'aura pas existé de registres, ou qu'ils seront perdus, la preuve en sera reçue tant par titres que par témoins; et dans ces cas, les mariages, naissances et décès, pourront être prouvés tant par les registres et papiers émanés des pères et mères décédés, que par témoins.

47.

Tout acte de l'état civil des Français et des étrangers, fait en pays étranger, fera foi, s'il a été rédigé dans les formes usitées dans ledit pays.

48.

Tout acte de l'état civil des Français en pays étranger sera valable, s'il a été reçu, conformément aux lois françaises, par les agens diplomatiques ou par les consuls.

49.

Dans tous les cas où la mention d'un acte relatif à l'état civil devra avoir lieu en marge d'un autre acte déjà inscrit, elle sera faite à la requête des parties intéressées, par l'officier de l'état civil, sur les registres courans ou sur ceux qui auront été déposés aux archives de la commune, et par le greffier du tribunal de première instance, sur les registres déposés au greffe ; à l'effet de quoi l'officier de l'état civil en donnera avis, dans les trois jours, au procureur impérial audit tribunal, qui veillera à ce que la mention soit faite d'une manière uniforme sur les deux registres.

5 0.

Toute contravention aux articles précédens de la part des fonctionnaires y dénommés, sera poursuivie devant le tribunal de première instance, et punie d'une amende qui ne pourra excéder cent francs.

5 1.

Tout dépositaire des registres sera civilement responsable des altérations qui y surviendront, sauf son recours, s'il y a lieu, contre les auteurs desdites altérations.

5 2.

Toute altération, tout faux dans les actes de l'état civil, toute inscription de ces actes faite sur une feuille volante et autrement que sur les registres à ce destinés, donneront lieu aux dommages-intérêts des parties, sans préjudice des peines portées au Code pénal.

5 3.

Le procureur impérial au tribunal de première instance sera tenu de vérifier l'état des registres lors du dépôt qui en sera fait au greffe ; il dressera un procès-verbal sommaire de la vérification, dénoncera les contraventions ou délits commis par les officiers de l'état civil, et requerra contre eux la condamnation aux amendes.

54.

Dans tous les cas où un tribunal de première instance connaîtra des actes relatifs à l'état civil, les parties intéressées pourront se pourvoir contre le jugement.

CHAPITRE II.

DES ACTES DE NAISSANCE.

55.

Les déclarations de naissance seront faites dans les trois jours de l'accouchement, à l'officier de l'état civil du lieu : l'enfant lui sera présenté.

56.

La naissance de l'enfant sera déclarée par le père, ou, à défaut du père, par les docteurs en médecine ou en chirurgie, sages-femmes, officiers de santé ou autres personnes qui auront assisté à l'accouchement ; et lorsque la mère sera accouchée hors de son domicile, par la personne chez qui elle sera accouchée.

L'acte de naissance sera rédigé de suite, en présence de deux témoins.

57.

L'acte de naissance énoncera le jour, l'heure et le lieu de la naissance, le sexe de l'enfant, et les prénoms qui lui seront donnés, les prénoms, noms, profession et domicile des père et mère, et ceux des témoins.

58.

Toute personne qui aura trouvé un enfant nouveau-né, sera tenue de le remettre à l'officier de l'état civil, ainsi que les vêtemens et autres effets trouvés avec l'enfant, et de déclarer toutes les circonstances du temps et du lieu où il aura été trouvé.

Il en sera dressé un procès-verbal détaillé, qui énoncera en outre l'âge apparent de l'enfant, son sexe, les noms qui lui seront donnés, l'autorité civile à laquelle il sera remis. Ce procès-verbal sera inscrit sur les registres.

59.

S'il naît un enfant pendant un voyage de mer, l'acte de naissance sera dressé, dans les vingt-quatre heures, en présence du père, s'il est présent, et de deux témoins pris parmi les officiers du bâtiment, ou, à leur défaut, parmi les hommes de l'équipage. Cet acte sera rédigé, savoir, sur les bâtimens de l'Empereur, par l'officier d'administration de la marine, et sur les bâtimens appartenant à un armateur ou négociant, par le capitaine, maître ou patron du navire. L'acte de naissance sera inscrit à la suite du rôle d'équipage.

60.

Au premier port où le bâtiment abordera, soit de relâche, soit pour toute autre cause que celle de son
desarmement,

désarmement, les officiers de l'administration de la marine, capitaine, maître ou patron, seront tenus de déposer deux expéditions authentiques des actes de naissance qu'ils auront rédigés, savoir, dans un port français, au bureau du préposé à l'inscription maritime; et dans un port étranger, entre les mains du consul.

L'une de ces expéditions restera déposée au bureau de l'inscription maritime, ou à la chancellerie du consulat; l'autre sera envoyée au ministre de la marine, qui fera parvenir une copie, de lui certifiée, de chacun desdits actes, à l'officier de l'état civil du domicile du père de l'enfant, ou de la mère, si le père est inconnu : cette copie sera inscrite de suite sur les registres.

61.

A l'arrivée du bâtiment dans le port du désarmement, le rôle d'équipage sera déposé au bureau du préposé à l'inscription maritime, qui enverra une expédition de l'acte de naissance, de lui signée, à l'officier de l'état civil du domicile du père de l'enfant, ou de la mère, si le père est inconnu : cette expédition sera inscrite de suite sur les registres.

62.

L'acte de reconnaissance d'un enfant sera inscrit sur les registres, à sa date; et il en sera fait mention en marge de l'acte de naissance, s'il en existe un.

C

CHAPITRE III.

DES ACTES DE MARIAGE.

63.

Avant la célébration du mariage, l'officier de l'état civil fera deux publications, à huit jours d'intervalle, un jour de dimanche, devant la porte de la maison commune. Ces publications, et l'acte qui en sera dressé, énonceront les prénoms, noms, professions et domiciles des futurs époux, leur qualité de majeurs ou de mineurs, et les prénoms, noms, professions et domiciles de leurs pères et mères. Cet acte énoncera, en outre, les jours, lieux et heures où les publications auront été faites : il sera inscrit sur un seul registre, qui sera coté et paraphé comme il est dit en l'article 41, et déposé, à la fin de chaque année, au greffe du tribunal de l'arrondissement.

64.

Un extrait de l'acte de publication sera et restera affiché à la porte de la maison commune, pendant les huit jours d'intervalle de l'une à l'autre publication. Le mariage ne pourra être célébré avant le troisième jour, depuis et non compris celui de la seconde publication.

65.

Si le mariage n'a pas été célébré dans l'année, à compter de l'expiration du délai des publications, il ne pourra plus

être célébré qu'après que de nouvelles publications auront
été faites dans la forme ci-dessus prescrite.

66.

Les actes d'opposition au mariage seront signés sur
l'original et sur la copie par les opposans ou par leurs
fondés de procuration spéciale et authentique ; ils seront
signifiés, avec la copie de la procuration, à la personne
ou au domicile des parties, et à l'officier de l'état civil,
qui mettra son *visa* sur l'original.

67.

L'officier de l'état civil fera, sans délai, une mention
sommaire des oppositions sur le registre des publications ;
il fera aussi mention, en marge de l'inscription desdites
oppositions, des jugemens ou des actes de main-levée dont
expédition lui aura été remise.

68.

En cas d'opposition, l'officier de l'état civil ne pourra
célébrer le mariage avant qu'on lui en ait remis la main-
levée, sous peine de trois cents francs d'amende, et de tous
dommages-intérêts.

69.

S'il n'y a point d'opposition, il en sera fait mention dans
l'acte de mariage ; et si les publications ont été faites dans
plusieurs communes, les parties remettront un certificat
délivré par l'officier de l'état civil de chaque commune,
constatant qu'il n'existe point d'opposition.

70.

L'officier de l'état civil se fera remettre l'acte de naissance de chacun des futurs époux. Celui des époux qui serait dans l'impossibilité de se le procurer, pourra le suppléer, en rapportant un acte de notoriété délivré par le juge de paix du lieu de sa naissance, ou par celui de son domicile.

71.

L'acte de notoriété contiendra la déclaration faite par sept témoins, de l'un ou de l'autre sexe, parens ou non parens, des prénoms, nom, profession et domicile du futur époux, et de ceux de ses père et mère, s'ils sont connus ; le lieu, et, autant que possible, l'époque de sa naissance, et les causes qui empêchent d'en rapporter l'acte. Les témoins signeront l'acte de notoriété avec le juge de paix ; et s'il en est qui ne puissent ou ne sachent signer, il en sera fait mention.

72.

L'acte de notoriété sera présenté au tribunal de première instance du lieu où doit se célébrer le mariage. Le tribunal, après avoir entendu le procureur impérial, donnera ou refusera son homologation, selon qu'il trouvera suffisantes ou insuffisantes les déclarations des témoins, et les causes qui empêchent de rapporter l'acte de naissance.

73.

L'acte authentique du consentement des père et mère ou aïeuls et aïeules, ou, à leur défaut, celui de la famille, contiendra les prénoms, noms, professions et domiciles du futur époux, et de tous ceux qui auront concouru à l'acte, ainsi que leur degré de parenté.

74.

Le mariage sera célébré dans la commune où l'un des deux époux aura son domicile. Ce domicile, quant au mariage, s'établira par six mois d'habitation continue dans la même commune.

75.

Le jour désigné par les parties après les délais des publications, l'officier de l'état civil, dans la maison commune, en présence de quatre témoins, parens ou non parens, fera lecture aux parties, des pièces ci-dessus mentionnées, relatives à leur état et aux formalités du mariage, et du chapitre VI du titre *du Mariage, sur les droits et les devoirs respectifs des époux*. Il recevra de chaque partie, l'une après l'autre, la déclaration qu'elles veulent se prendre pour mari et femme ; il prononcera, au nom de la loi, qu'elles sont unies par le mariage, et il en dressera acte sur-le-champ.

76.

On énoncera dans l'acte de mariage,

1.° Les prénoms, noms, professions, âge, lieux de naissance et domiciles des époux ;

2.° S'ils sont majeurs ou mineurs ;

3.° Les prénoms, noms, professions et domiciles des pères et mères ;

4.° Le consentement des pères et mères, aïeuls et aïeules, et celui de la famille, dans les cas où ils sont requis;

5.° Les actes respectueux, s'il en a été fait;

6.° Les publications dans les divers domiciles;

7.° Les oppositions, s'il y en a eu; leur main-levée, ou la mention qu'il n'y a point eu d'opposition;

8.° La déclaration des contractans de se prendre pour époux, et le prononcé de leur union par l'officier public;

9.° Les prénoms, noms, âge, professions et domiciles des témoins, et leur déclaration s'ils sont parens ou alliés des parties, de quel côté et à quel degré.

CHAPITRE IV.

DES ACTES DE DÉCÈS.

77.

Aucune inhumation ne sera faite sans une autorisation, sur papier libre et sans frais, de l'officier de l'état civil, qui ne pourra la délivrer qu'après s'être transporté auprès de la personne décédée, pour s'assurer du décès, et que vingt-quatre heures après le décès, hors les cas prévus par les réglemens de police.

78.

L'acte de décès sera dressé par l'officier de l'état civil, sur la déclaration de deux témoins. Ces témoins seront, s'il est possible, les deux plus proches parens ou voisins, ou, lorsqu'une personne sera décédée hors de son domicile, la personne chez laquelle elle sera décédée, et un parent ou autre.

79.

L'acte de décès contiendra les prénoms, nom, âge, profession et domicile de la personne décédée ; les prénoms et nom de l'autre époux, si la personne décédée était mariée ou veuve ; les prénoms, noms, âge, professions et domiciles des déclarans ; et, s'ils sont parens, leur degré de parenté.

Le même acte contiendra de plus, autant qu'on pourra le savoir, les prénoms, noms, profession et domicile des père et mère du décédé, et le lieu de sa naissance.

80.

En cas de décès dans les hôpitaux militaires, civils ou autres maisons publiques, les supérieurs, directeurs, administrateurs et maîtres de ces maisons, seront tenus d'en donner avis, dans les vingt-quatre heures, à l'officier de l'état civil, qui s'y transportera pour s'assurer du décès, et en dressera l'acte conformément à l'article précédent, sur les déclarations qui lui auront été faites, et sur les renseignemens qu'il aura pris.

Il sera tenu en outre, dans lesdits hôpitaux et maisons, des registres destinés à inscrire ces déclarations et ces renseignemens.

L'officier de l'état civil enverra l'acte de décès à celui du dernier domicile de la personne décédée, qui l'inscrira sur les registres.

81.

Lorsqu'il y aura des signes ou indices de mort violente, ou d'autres circonstances qui donneront lieu de le soup-çonner, on ne pourra faire l'inhumation qu'après qu'un officier de police, assisté d'un docteur en médecine ou en chirurgie, aura dressé procès-verbal de l'état du cadavre, et des circonstances y relatives, ainsi que des renseigne-mens qu'il aura pu recueillir sur les prénoms, nom, âge, profession, lieu de naissance et domicile de la personne décédée.

82.

L'officier de police sera tenu de transmettre de suite à l'officier de l'état civil du lieu où la personne sera dé-cédée, tous les renseignemens énoncés dans son procès-verbal, d'après lesquels l'acte de décès sera rédigé.

L'officier de l'état civil en enverra une expédition à celui du domicile de la personne décédée, s'il est connu : cette expédition sera inscrite sur les registres.

83.

Les greffiers criminels seront tenus d'envoyer, dans les vingt-quatre heures de l'exécution des jugemens portant peine de mort, à l'officier de l'état civil du lieu où le con-damné aura été exécuté, tous les renseignemens énoncés en l'article 79, d'après lesquels l'acte de décès sera rédigé.

84.

En cas de décès dans les prisons ou maisons de reclusion

et

et de détention, il en sera donné avis sur-le-champ, par les concierges ou gardiens, à l'officier de l'état civil, qui s'y transportera comme il est dit en l'article 80, et rédigera l'acte de décès.

85.

Dans tous les cas de mort violente, ou dans les prisons et maisons de reclusion, ou d'exécution à mort, il ne sera fait sur les registres aucune mention de ces circonstances, et les actes de décès seront simplement rédigés dans les formes prescrites par l'article 79.

86.

En cas de décès pendant un voyage de mer, il en sera dressé acte dans les vingt-quatre heures, en présence de deux témoins pris parmi les officiers du bâtiment, ou, à leur défaut, parmi les hommes de l'équipage. Cet acte sera rédigé, savoir, sur les bâtimens de l'Empereur, par l'officier d'administration de la marine; et, sur les bâtimens appartenant à un négociant ou armateur, par le capitaine, maître ou patron du navire. L'acte de décès sera inscrit à la suite du rôle de l'équipage.

87.

Au premier port où le bâtiment abordera, soit de relâche, soit pour toute autre cause que celle de son désarmement, les officiers de l'administration de la marine, capitaine, maître ou patron, qui auront rédigé des actes de décès, seront tenus d'en déposer deux expéditions, conformément à l'article 60.

D

A l'arrivée du bâtiment dans le port du désarmement, le rôle d'équipage sera déposé au bureau du préposé à l'inscription maritime ; il enverra une expédition de l'acte de décès, de lui signée, à l'officier de l'état civil du domicile de la personne décédée : cette expédition sera inscrite de suite sur les registres.

CHAPITRE V.

DES ACTES DE L'ÉTAT CIVIL CONCERNANT LES MILITAIRES HORS DU TERRITOIRE DE L'EMPIRE.

88.

Les actes de l'état civil faits hors du territoire de l'Empire, concernant des militaires ou autres personnes employées à la suite des armées, seront rédigés dans les formes prescrites par les dispositions précédentes, sauf les exceptions contenues dans les articles suivans.

89.

Le quartier-maître dans chaque corps d'un ou plusieurs bataillons ou escadrons, et le capitaine commandant dans les autres corps, rempliront les fonctions d'officiers de l'état civil : ces mêmes fonctions seront remplies, pour les officiers sans troupes et pour les employés de l'armée, par l'inspecteur aux revues attaché à l'armée ou au corps d'armée.

90.

Il sera tenu, dans chaque corps de troupes, un registre

pour les actes de l'état civil relatifs aux individus de ce corps, et un autre à l'état-major de l'armée ou d'un corps d'armée, pour les actes civils relatifs aux officiers sans troupes et aux employés : ces registres seront conservés de la même manière que les autres registres des corps et états-majors, et déposés aux archives de la guerre, à la rentrée des corps ou armées sur le territoire de l'Empire.

91.

Les registres seront cotés et paraphés, dans chaque corps, par l'officier qui le commande; et à l'état-major, par le chef de l'état-major général.

92.

Les déclarations de naissance à l'armée seront faites dans les dix jours qui suivront l'accouchement.

93.

L'officier chargé de la tenue du registre de l'état civil devra, dans les dix jours qui suivront l'inscription d'un acte de naissance audit registre, en adresser un extrait à l'officier de l'état civil du dernier domicile du père de l'enfant, ou de la mère si le père est inconnu.

94.

Les publications de mariage des militaires et employés à la suite des armées, seront faites au lieu de leur dernier domicile : elles seront mises en outre, vingt-cinq jours avant la célébration du mariage, à l'ordre du jour du corps, pour les individus qui tiennent à un corps; et à celui de l'armée ou du corps d'armée, pour les officiers sans troupes, et pour les employés qui en font partie.

95.

Immédiatement après l'inscription sur le registre, de l'acte de célébration du mariage, l'officier chargé de la tenue du registre en enverra une expédition à l'officier de l'état civil du dernier domicile des époux.

96.

Les actes de décès seront dressés, dans chaque corps, par le quartier-maître; et pour les officiers sans troupes et les employés, par l'inspecteur aux revues de l'armée, sur l'attestation de trois témoins; et l'extrait de ces registres sera envoyé, dans les dix jours, à l'officier de l'état civil du dernier domicile du décédé.

97.

En cas de décès dans les hôpitaux militaires ambulans ou sédentaires, l'acte en sera rédigé par le directeur desdits hôpitaux, et envoyé au quartier-maître du corps, ou à l'inspecteur aux revues de l'armée ou du corps d'armée dont le décédé faisait partie : ces officiers en feront parvenir une expédition à l'officier de l'état civil du dernier domicile du décédé.

98.

L'officier de l'état civil du domicile des parties, auquel il aura été envoyé de l'armée expédition d'un acte de l'état civil, sera tenu de l'inscrire de suite sur les registres.

CHAPITRE VI.

DE LA RECTIFICATION DES ACTES DE L'ÉTAT CIVIL.

99.

Lorsque la rectification d'un acte de l'état civil sera demandée, il y sera statué, sauf l'appel, par le tribunal compétent, et sur les conclusions du procureur impérial. Les parties intéressées seront appelées, s'il y a lieu.

100.

Le jugement de rectification ne pourra, dans aucun temps, être opposé aux parties intéressées qui ne l'auraient point requis, ou qui n'y auraient pas été appelées.

101.

Les jugemens de rectification seront inscrits sur les registres par l'officier de l'état civil, aussitôt qu'ils lui auront été remis; et mention en sera faite en marge de l'acte réformé.

TITRE III.

DU DOMICILE.

Décrété le 14 Mars 1803.
Promulgué le 24 du même mois.

102.

Le domicile de tout Français, quant à l'exercice de ses droits civils, est au lieu où il a son principal établissement.

103.

Le changement de domicile s'opérera par le fait d'une habitation réelle dans un autre lieu, joint à l'intention d'y fixer son principal établissement.

104.

La preuve de l'intention résultera d'une déclaration expresse, faite tant à la municipalité du lieu qu'on quittera, qu'à celle du lieu où on aura transféré son domicile.

105.

A défaut de déclaration expresse, la preuve de l'intention dépendra des circonstances.

106.

Le citoyen appelé à une fonction publique temporaire ou révocable, conservera le domicile qu'il avait auparavant, s'il n'a pas manifesté d'intention contraire.

107.

L'acceptation de fonctions conférées à vie, emportera translation immédiate du domicile du fonctionnaire dans le lieu où il doit exercer ses fonctions.

108.

La femme mariée n'a point d'autre domicile que celui de son mari. Le mineur non émancipé aura son domicile chez ses père et mère ou tuteur : le majeur interdit aura le sien chez son curateur.

109.

Les majeurs qui servent ou travaillent habituellement chez autrui, auront le même domicile que la personne qu'ils servent ou chez laquelle ils travaillent, lorsqu'ils demeureront avec elle dans la même maison.

110.

Le lieu où la succession s'ouvrira, sera déterminé par le domicile.

111.

Lorsqu'un acte contiendra, de la part des parties ou de l'une d'elles, élection de domicile pour l'exécution de ce même acte dans un autre lieu que celui du domicile réel, les significations, demandes et poursuites relatives à cet acte, pourront être faites au domicile convenu, et devant le juge de ce domicile.

TITRE IV.

DES ABSENS.

Décrété le 15 Mars 1803.
Promulgué le 25 du même mois.

CHAPITRE PREMIER.

DE LA PRÉSOMPTION D'ABSENCE.

112.

S'il y a nécessité de pourvoir à l'administration de tout ou partie des biens laissés par une personne présumée absente, et qui n'a point de procureur fondé, il y sera statué par le tribunal de première instance, sur la demande des parties intéressées.

113.

Le tribunal, à la requête de la partie la plus diligente, commettra un notaire pour représenter les présumés absens, dans les inventaires, comptes, partages et liquidations dans lesquels ils seront intéressés.

114.

Le ministère public est spécialement chargé de veiller aux intérêts des personnes présumées absentes; et il sera entendu sur toutes les demandes qui les concernent.

CHAPITRE II.

DE LA DÉCLARATION D'ABSENCE.

115.

Lorsqu'une personne aura cessé de paraître au lieu de son domicile ou de sa résidence, et que depuis quatre ans on n'en aura point eu de nouvelles, les parties intéressées pourront se pourvoir devant le tribunal de première instance, afin que l'absence soit déclarée.

116.

Pour constater l'absence, le tribunal, d'après les pièces et documens produits, ordonnera qu'une enquête soit faite contradictoirement avec le procureur impérial, dans l'arrondissement du domicile, et dans celui de la résidence, s'ils sont distincts l'un de l'autre.

117.

117.

Le tribunal, en statuant sur la demande, aura d'ailleurs égard aux motifs de l'absence, et aux causes qui ont pu empêcher d'avoir des nouvelles de l'individu présumé absent.

118.

Le procureur impérial enverra, aussitôt qu'ils seront rendus, les jugemens tant préparatoires que définitifs, au Grand-Juge Ministre de la justice, qui les rendra publics.

119.

Le jugement de déclaration d'absence ne sera rendu qu'un an après le jugement qui aura ordonné l'enquête.

CHAPITRE III.

DES EFFETS DE L'ABSENCE.

SECTION I.re

Des Effets de l'Absence relativement aux Biens que l'absent possédait au jour de sa disparition.

120.

Dans les cas où l'absent n'aurait point laissé de procuration pour l'administration de ses biens, ses héritiers présomptifs, au jour de sa disparition ou de ses dernières nouvelles, pourront, en vertu du jugement définitif qui aura déclaré l'absence, se faire envoyer en possession provisoire des biens qui appartenaient à l'absent au jour de son

E

départ ou de ses dernières nouvelles, à la charge de donner
caution pour la sûreté de leur administration.

121.

Si l'absent a laissé une procuration, ses héritiers présomptifs ne pourront poursuivre la déclaration d'absence
et l'envoi en possession provisoire, qu'après dix années ré-
volues depuis sa disparition ou depuis ses dernières nouvelles.

122.

Il en sera de même si la procuration vient à cesser; et,
dans ce cas, il sera pourvu à l'administration des biens de
l'absent, comme il est dit au chapitre I.ᵉʳ du présent titre.

123.

Lorsque les héritiers présomptifs auront obtenu l'envoi
en possession provisoire, le testament, s'il en existe un,
sera ouvert à la réquisition des parties intéressées, ou du
procureur impérial au tribunal; et les légataires, les donataires, ainsi que tous ceux qui avaient, sur les biens de
l'absent, des droits subordonnés à la condition de son décès,
pourront les exercer provisoirement, à la charge de donner
caution.

124.

L'époux commun en biens, s'il opte pour la continuation
de la communauté, pourra empêcher l'envoi provisoire,
et l'exercice provisoire de tous les droits subordonnés à
la condition du décès de l'absent, et prendre ou conserver
par préférence l'administration des biens de l'absent. Si

l'époux demande la dissolution provisoire de la communauté, il exercera ses reprises et tous ses droits légaux et conventionnels, à la charge de donner caution pour les choses susceptibles de restitution.

La femme, en optant pour la continuation de la communauté, conservera le droit d'y renoncer ensuite.

125.

La possession provisoire ne sera qu'un dépôt, qui donnera à ceux qui l'obtiendront, l'administration des biens de l'absent, et qui les rendra comptables envers lui, en cas qu'il reparaisse ou qu'on ait de ses nouvelles.

126.

Ceux qui auront obtenu l'envoi provisoire, ou l'époux qui aura opté pour la continuation de la communauté, devront faire procéder à l'inventaire du mobilier et des titres de l'absent, en présence du procureur impérial au tribunal de première instance, ou d'un juge de paix requis par ledit procureur impérial.

Le tribunal ordonnera, s'il y a lieu, de vendre tout ou partie du mobilier. Dans le cas de vente, il sera fait emploi du prix, ainsi que des fruits échus.

Ceux qui auront obtenu l'envoi provisoire, pourront requérir, pour leur sûreté, qu'il soit procédé par un expert nommé par le tribunal, à la visite des immeubles, à l'effet d'en constater l'état. Son rapport sera homologué en présence du procureur impérial ; les frais en seront pris sur les biens de l'absent.

E 2

127.

Ceux qui, par suite de l'envoi provisoire, ou de l'administration légale, auront joui des biens de l'absent, ne seront tenus de lui rendre que le cinquième des revenus, s'il reparaît avant quinze ans révolus depuis le jour de sa disparition; et le dixième, s'il ne reparaît qu'après les quinze ans.

Après trente ans d'absence, la totalité des revenus leur appartiendra.

128.

Tous ceux qui ne jouiront qu'en vertu de l'envoi provisoire, ne pourront aliéner ni hypothéquer les immeubles de l'absent.

129.

Si l'absence a continué pendant trente ans depuis l'envoi provisoire, ou depuis l'époque à laquelle l'époux commun aura pris l'administration des biens de l'absent, ou s'il s'est écoulé cent ans révolus depuis la naissance de l'absent, les cautions seront déchargées; tous les ayant-droit pourront demander le partage des biens de l'absent, et faire prononcer l'envoi en possession définitif par le tribunal de première instance.

130.

La succession de l'absent sera ouverte du jour de son décès prouvé, au profit des héritiers les plus proches à cette époque; et ceux qui auraient joui des biens de l'absent, seront tenus de les restituer, sous la réserve des fruits par eux acquis en vertu de l'article 127.

1 3 1.

Si l'absent reparaît, ou si son existence est prouvée pendant l'envoi provisoire, les effets du jugement qui aura déclaré l'absence cesseront, sans préjudice, s'il y a lieu, des mesures conservatoires prescrites au chapitre I.er du présent titre, pour l'administration de ses biens.

1 3 2.

Si l'absent reparaît, ou si son existence est prouvée, même après l'envoi définitif, il recouvrera ses biens dans l'état où ils se trouveront, le prix de ceux qui auraient été aliénés, ou les biens provenant de l'emploi qui aurait été fait du prix de ses biens vendus.

1 3 3.

Les enfans et descendans directs de l'absent pourront également, dans les trente ans, à compter de l'envoi définitif, demander la restitution de ses biens, comme il est dit en l'article précédent.

1 3 4.

Après le jugement de déclaration d'absence, toute personne qui aurait des droits à exercer contre l'absent, ne pourra les poursuivre que contre ceux qui auront été envoyés en possession des biens, ou qui en auront l'administration légale.

SECTION II.

Des Effets de l'Absence, relativement aux Droits éventuels qui peuvent compéter à l'absent.

135.

Quiconque réclamera un droit échu à un individu dont l'existence ne sera pas reconnue, devra prouver que ledit individu existait quand le droit a été ouvert : jusqu'à cette preuve, il sera déclaré non recevable dans sa demande.

136.

S'il s'ouvre une succession à laquelle soit appelé un individu dont l'existence n'est pas reconnue, elle sera dévolue exclusivement à ceux avec lesquels il aurait eu le droit de concourir, ou à ceux qui l'auraient recueillie à son défaut.

137.

Les dispositions des deux articles précédens auront lieu sans préjudice des actions en pétition d'hérédité et d'autres droits, lesquels compéteront à l'absent ou à ses représentans ou ayant-cause, et ne s'éteindront que par le laps de temps établi pour la prescription.

138.

Tant que l'absent ne se représentera pas, ou que les actions ne seront point exercées de son chef, ceux qui auront recueilli la succession, gagneront les fruits par eux perçus de bonne foi.

SECTION III.

Des Effets de l'Absence, relativement au Mariage.

139.

L'époux absent dont le conjoint a contracté une nouvelle union, sera seul recevable à attaquer ce mariage par
lui-même, ou par son fondé de pouvoir, muni de la preuve
de son existence.

140.

Si l'époux absent n'a point laissé de parens habiles à lui
succéder, l'autre époux pourra demander l'envoi en possession provisoire des biens.

CHAPITRE IV.

DE LA SURVEILLANCE DES ENFANS MINEURS DU PÈRE QUI A DISPARU.

141.

Si le père a disparu laissant des enfans mineurs issus d'un
commun mariage, la mère en aura la surveillance, et elle
exercera tous les droits du mari quant à leur éducation et
à l'administration de leurs biens.

142.

Six mois après la disparition du père, si la mère était
décédée lors de cette disparition, ou si elle vient à décéder
avant que l'absence du père ait été déclarée, la surveillance

des enfans sera déférée, par le conseil de famille, aux ascendans les plus proches, et, à leur défaut, à un tuteur provisoire.

143.

Il en sera de même dans le cas où l'un des époux qui aura disparu, laissera des enfans mineurs issus d'un mariage précédent.

~~~~~~

Décrété le 17 Mars 803.
Promulgué le 27 du même mois.

TITRE V.

DU MARIAGE.

CHAPITRE PREMIER.

DES QUALITÉS ET CONDITIONS REQUISES POUR POUVOIR CONTRACTER MARIAGE.

144.

L'homme avant dix-huit ans révolus, la femme avant quinze ans révolus, ne peuvent contracter mariage.

145.

Néanmoins, il est loisible à l'Empereur d'accorder des dispenses d'âge pour des motifs graves.

146.

Il n'y a pas de mariage lorsqu'il n'y a point de consentement.

147.

147.

On ne peut contracter un second mariage avant la dissolution du premier.

148.

Le fils qui n'a pas atteint l'âge de vingt-cinq ans accomplis, la fille qui n'a pas atteint l'âge de vingt-un ans accomplis, ne peuvent contracter mariage sans le consentement de leurs père et mère : en cas de dissentiment, le consentement du père suffit.

149.

Si l'un des deux est mort, ou s'il est dans l'impossibilité de manifester sa volonté, le consentement de l'autre suffit.

150.

Si le père et la mère sont morts, ou s'ils sont dans l'impossibilité de manifester leur volonté, les aïeuls et aïeules les remplacent : s'il y a dissentiment entre l'aïeul et l'aïeule de la même ligne, il suffit du consentement de l'aïeul.

S'il y a dissentiment entre les deux lignes, ce partage emportera consentement.

151.

Les enfans de famille ayant atteint la majorité fixée par l'article 148, sont tenus, avant de contracter mariage, de demander, par un acte respectueux et formel, le conseil de leur père et de leur mère, ou celui de leurs aïeuls et aïeules, lorsque leur père et leur mère sont décédés, ou dans l'impossibilité de manifester leur volonté.

F

Articles 152, 153,
, 155, 156 et 157,
rétés le 12 Mars 1804.
Promulgués le 22 du
me mois.

1 5 2.

Depuis la majorité fixée par l'article 148, jusqu'à l'âge de trente ans accomplis pour les fils, et jusqu'à l'âge de vingt-cinq ans accomplis pour les filles, l'acte respectueux prescrit par l'article précédent, et sur lequel il n'y aurait pas de consentement au mariage, sera renouvelé deux autres fois, de mois en mois; et un mois après le troisième acte, il pourra être passé outre à la célébration du mariage.

1 5 3.

Après l'âge de trente ans, il pourra être, à défaut de consentement sur un acte respectueux, passé outre, un mois après, à la célébration du mariage.

1 5 4.

L'acte respectueux sera notifié à celui ou ceux des ascendans désignés en l'article 151, par deux notaires, ou par un notaire et deux témoins; et, dans le procès-verbal qui doit en être dressé, il sera fait mention de la réponse.

1 5 5.

En cas d'absence de l'ascendant auquel eût dû être fait l'acte respectueux, il sera passé outre à la célébration du mariage, en représentant le jugement qui aurait été rendu pour déclarer l'absence, ou, à défaut de ce jugement, celui qui aurait ordonné l'enquête, ou, s'il n'y a point encore eu de jugement, un acte de notoriété délivré par le juge de paix du lieu où l'ascendant a eu son dernier domicile connu. Cet acte contiendra la déclaration de quatre témoins appelés d'office par ce juge de paix.

156.

Les officiers de l'état civil qui auraient procédé à la célébration des mariages contractés par des fils n'ayant pas
atteint l'âge de vingt-cinq ans accomplis, ou par des filles
n'ayant pas atteint l'âge de vingt-un ans accomplis, sans que
le consentement des pères et mères, celui des aïeuls et
aïeules, et celui de la famille, dans le cas où ils sont requis,
soient énoncés dans l'acte de mariage, seront, à la diligence
des parties intéressées et du procureur impérial au tribunal
de première instance du lieu où le mariage aura été célébré, condamnés à l'amende portée par l'article 192, et, en
outre, à un emprisonnement dont la durée ne pourra être
moindre de six mois.

157.

Lorsqu'il n'y aura pas eu d'actes respectueux, dans les
cas où ils sont prescrits, l'officier de l'état civil qui aurait
célébré le mariage, sera condamné à la même amende,
et à un emprisonnement qui ne pourra être moindre d'un
mois.

158.

Les dispositions contenues aux articles 148 et 149, et
les dispositions des articles 151, 152, 153, 154 et 155,
relatives à l'acte respectueux qui doit être fait aux père et
mère dans le cas prévu par ces articles, sont applicables
aux enfans naturels légalement reconnus.

159.

L'enfant naturel qui n'a point été reconnu, et celui qui,

F 2

après l'avoir été, a perdu ses père et mère, ou dont les père et mère ne peuvent manifester leur volonté, ne pourra, avant l'âge de vingt-un ans révolus, se marier qu'après avoir obtenu le consentement d'un tuteur *ad hoc* qui lui sera nommé.

160.

S'il n'y a ni père ni mère, ni aïeuls ni aïeules, ou s'ils se trouvent tous dans l'impossibilité de manifester leur volonté, les fils ou filles mineurs de vingt-un ans ne peuvent contracter mariage sans le consentement du conseil de famille.

161.

En ligne directe, le mariage est prohibé entre tous les ascendans et descendans légitimes ou naturels, et les alliés dans la même ligne.

162.

En ligne collatérale, le mariage est prohibé entre le frère et la sœur légitimes ou naturels, et les alliés au même degré.

163.

Le mariage est encore prohibé entre l'oncle et la nièce, la tante et le neveu.

164.

Néanmoins, il est loisible à l'Empereur de lever, pour des causes graves, les prohibitions portées au précédent article.

CHAPITRE II.

DES FORMALITÉS RELATIVES À LA CÉLÉBRATION DU MARIAGE.

165.

Le mariage sera célébré publiquement, devant l'officier civil du domicile de l'une des deux parties.

166.

Les deux publications ordonnées par l'article 63, au titre *des Actes de l'état civil*, seront faites à la municipalité du lieu où chacune des parties contractantes aura son domicile.

167.

Néanmoins, si le domicile actuel n'est établi que par six mois de résidence, les publications seront faites en outre à la municipalité du dernier domicile.

168.

Si les parties contractantes, ou l'une d'elles, sont, relativement au mariage, sous la puissance d'autrui, les publications seront encore faites à la municipalité du domicile de ceux sous la puissance desquels elles se trouvent.

169.

Il est loisible à l'Empereur ou aux officiers qu'il préposera à cet effet, de dispenser, pour des causes graves, de la seconde publication.

170.

Le mariage contracté en pays étranger, entre Français, et entre Français et étrangers, sera valable, s'il a été célébré dans les formes usitées dans le pays, pourvu qu'il ait été précédé des publications prescrites par l'article 63, au titre *des Actes de l'état civil*, et que le Français n'ait point contrevenu aux dispositions contenues au chapitre précédent.

171.

Dans les trois mois après le retour du Français sur le territoire de l'Empire, l'acte de célébration du mariage contracté en pays étranger, sera transcrit sur le registre public des mariages du lieu de son domicile.

CHAPITRE III.

DES OPPOSITIONS AU MARIAGE.

172.

Le droit de former opposition à la célébration du mariage, appartient à la personne engagée par mariage avec l'une des deux parties contractantes.

173.

Le père, et à défaut du père, la mère, et à défaut de père et mère, les aïeuls et aïeules, peuvent former opposition au mariage de leurs enfans et descendans, encore que ceux-ci aient vingt-cinq ans accomplis.

174.

À défaut d'aucun ascendant, le frère ou la sœur, l'oncle ou la tante, le cousin ou la cousine germains, majeurs, ne peuvent former aucune opposition que dans les deux cas suivans :

1.º Lorsque le consentement du conseil de famille, requis par l'article 160, n'a pas été obtenu ;

2.º Lorsque l'opposition est fondée sur l'état de démence du futur époux : cette opposition, dont le tribunal pourra prononcer main-levée pure et simple, ne sera jamais reçue qu'à la charge, par l'opposant, de provoquer l'interdiction, et d'y faire statuer dans le délai qui sera fixé par le jugement.

175.

Dans les deux cas prévus par le précédent article, le tuteur ou curateur ne pourra, pendant la durée de la tutelle ou curatelle, former opposition qu'autant qu'il y aura été autorisé par un conseil de famille, qu'il pourra convoquer.

176.

Tout acte d'opposition énoncera la qualité qui donne à l'opposant le droit de la former; il contiendra élection de domicile dans le lieu où le mariage devra être célébré; il devra également, à moins qu'il ne soit fait à la requête d'un ascendant, contenir les motifs de l'opposition : le tout à peine de nullité, et de l'interdiction de l'officier ministériel qui aurait signé l'acte contenant opposition.

177.

Le tribunal de première instance prononcera dans les dix jours sur la demande en main-levée.

178.

S'il y a appel, il y sera statué dans les dix jours de la citation.

179.

Si l'opposition est rejetée, les opposans, autres néanmoins que les ascendans, pourront être condamnés à des dommages-intérêts.

CHAPITRE IV.

DES DEMANDES EN NULLITÉ DE MARIAGE.

180.

Le mariage qui a été contracté sans le consentement libre des deux époux, ou de l'un d'eux, ne peut être attaqué que par les époux, ou par celui des deux dont le consentement n'a pas été libre.

Lorsqu'il y a eu erreur dans la personne, le mariage ne peut être attaqué que par celui des deux époux qui a été induit en erreur.

181.

Dans le cas de l'article précédent, la demande en nullité n'est plus recevable, toutes les fois qu'il y a eu cohabitation continuée pendant six mois, depuis que l'époux a acquis sa pleine liberté ou que l'erreur a été par lui reconnue.

182.

182.

Le mariage contracté sans le consentement des père et mère, des ascendans, ou du conseil de famille, dans les cas où ce consentement était nécessaire, ne peut être attaqué que par ceux dont le consentement était requis, ou par celui des deux époux qui avait besoin de ce consentement.

183.

L'action en nullité ne peut plus être intentée ni par les époux, ni par les parens dont le consentement était requis, toutes les fois que le mariage a été approuvé expressément ou tacitement par ceux dont le consentement était néces-saire, ou lorsqu'il s'est écoulé une année sans réclamation de leur part, depuis qu'ils ont eu connaissance du mariage. Elle ne peut être intentée non plus par l'époux, lorsqu'il s'est écoulé une année sans réclamation de sa part, depuis qu'il a atteint l'âge compétent pour consentir par lui-même au ma-riage.

184.

Tout mariage contracté en contravention aux disposi-tions contenues aux articles 144, 147, 161, 162 et 163, peut être attaqué soit par les époux eux-mêmes, soit par tous ceux qui y ont intérêt, soit par le ministère public.

185.

Néanmoins le mariage contracté par des époux qui n'a-vaient point encore l'âge requis, ou dont l'un des deux n'avait point atteint cet âge, ne peut plus être attaqué, 1.° lorsqu'il s'est écoulé six mois depuis que cet époux ou

G

les époux ont atteint l'âge compétent; 2.° lorsque la femme qui n'avait point cet âge, a conçu avant l'échéance de six mois.

186.

Le père, la mère, les ascendans et la famille qui ont consenti au mariage contracté dans le cas de l'article précédent, ne sont point recevables à en demander la nullité.

187.

Dans tous les cas où, conformément à l'art. 184, l'action en nullité peut être intentée par tous ceux qui y ont un intérêt, elle ne peut l'être par les parens collatéraux, ou par les enfans nés d'un autre mariage, du vivant des deux époux, mais seulement lorsqu'ils y ont un intérêt né et actuel.

188.

L'époux au préjudice duquel a été contracté un second mariage, peut en demander la nullité, du vivant même de l'époux qui était engagé avec lui.

189.

Si les nouveaux époux opposent la nullité du premier mariage, la validité ou la nullité de ce mariage doit être jugée préalablement.

190.

Le procureur impérial, dans tous les cas auxquels s'applique l'article 184, et sous les modifications portées en l'article 185, peut et doit demander la nullité du mariage, du vivant des deux époux, et les faire condamner à se séparer.

191.

Tout mariage qui n'a point été contracté publiquement, et qui n'a point été célébré devant l'officier public compétent, peut être attaqué par les époux eux-mêmes, par les père et mère, par les ascendans, et par tous ceux qui y ont un intérêt né et actuel, ainsi que par le ministère public.

192.

Si le mariage n'a point été précédé des deux publications requises, ou s'il n'a pas été obtenu des dispenses permises par la loi, ou si les intervalles prescrits dans les publications et célébrations n'ont point été observés, le procureur impérial fera prononcer contre l'officier public une amende qui ne pourra excéder trois cents francs; et, contre les parties contractantes, ou ceux sous la puissance desquels elles ont agi, une amende proportionnée à leur fortune.

193.

Les peines prononcées par l'article précédent, seront encourues par les personnes qui y sont désignées, pour toute contravention aux règles prescrites par l'article 165, lors même que ces contraventions ne seraient pas jugées suffisantes pour faire prononcer la nullité du mariage.

194.

Nul ne peut réclamer le titre d'époux et les effets civils du mariage, s'il ne représente un acte de célébration inscrit

sur le registre de l'état civil ; sauf les cas prévus par l'art. 46 ,
au titre *des Actes de l'état civil.*

195.

La possession d'état ne pourra dispenser les prétendus
époux qui l'invoqueront respectivement , de représenter
l'acte de célébration du mariage devant l'officier de l'état
civil.

196.

Lorsqu'il y a possession d'état , et que l'acte de célébration
du mariage devant l'officier de l'état civil est représenté ,
les époux sont respectivement non recevables à demander
la nullité de cet acte.

197.

Si néanmoins , dans le cas des articles 194 et 195 , il
existe des enfans issus de deux individus qui ont vécu publiquement comme mari et femme , et qui soient tous deux
décédés , la légitimité des enfans ne peut être contestée sous
le seul prétexte du défaut de représentation de l'acte de
célébration , toutes les fois que cette légitimité est prouvée
par une possession d'état qui n'est point contredite par l'acte
de naissance.

198.

Lorsque la preuve d'une célébration légale du mariage
se trouve acquise par le résultat d'une procédure criminelle ,
l'inscription du jugement sur les registres de l'état civil
assure au mariage , à compter du jour de sa célébration ,

tous les effets civils, tant à l'égard des époux, qu'à l'égard des enfans issus de ce mariage.

199.

Si les époux ou l'un d'eux sont décédés sans avoir découvert la fraude, l'action criminelle peut être intentée par tous ceux qui ont intérêt de faire déclarer le mariage valable, et par le procureur impérial.

200.

Si l'officier public est décédé lors de la découverte de la fraude, l'action sera dirigée au civil contre ses héritiers, par le procureur impérial, en présence des parties intéressées et sur leur dénonciation.

201.

Le mariage qui a été déclaré nul, produit néanmoins les effets civils, tant à l'égard des époux qu'à l'égard des enfans, lorsqu'il a été contracté de bonne foi.

202.

Si la bonne foi n'existe que de la part de l'un des deux époux, le mariage ne produit les effets civils qu'en faveur de cet époux, et des enfans issus du mariage.

CHAPITRE V.

DES OBLIGATIONS QUI NAISSENT DU MARIAGE.

203.

Les époux contractent ensemble, par le fait seul du

mariage, l'obligation de nourrir, entretenir et élever leurs enfans.

204.

L'enfant n'a pas d'action contre ses père et mère pour un établissement par mariage ou autrement.

205.

Les enfans doivent des alimens à leurs père et mère et autres ascendans qui sont dans le besoin.

206.

Les gendres et belles-filles doivent également, et dans les mêmes circonstances, des alimens à leurs beau-père et belle-mère ; mais cette obligation cesse, 1.° lorsque la belle-mère a convolé en secondes noces, 2.° lorsque celui des époux qui produisait l'affinité, et les enfans issus de son union avec l'autre époux, sont décédés.

207.

Les obligations résultant de ces dispositions sont réciproques.

208.

Les alimens ne sont accordés que dans la proportion du besoin de celui qui les réclame, et de la fortune de celui qui les doit.

209.

Lorsque celui qui fournit ou celui qui reçoit des alimens est replacé dans un état tel, que l'un ne puisse plus en donner, ou que l'autre n'en ait plus besoin, en tout ou en partie, la décharge ou réduction peut en être demandée.

210.

Si la personne qui doit fournir les alimens justifie qu'elle ne peut payer la pension alimentaire, le tribunal pourra, en connaissance de cause, ordonner qu'elle recevra dans sa demeure, qu'elle nourrira et entretiendra celui auquel elle devra des alimens.

211.

Le tribunal prononcera également si le père ou la mère qui offrira de recevoir, nourrir et entretenir dans sa demeure, l'enfant à qui il devra des alimens, devra dans ce cas être dispensé de payer la pension alimentaire. -

CHAPITRE VI.

DES DROITS ET DES DEVOIRS RESPECTIFS DES ÉPOUX.

212.

Les époux se doivent mutuellement fidélité, secours, assistance.

213.

Le mari doit protection à sa femme, la femme obéissance à son mari.

214.

La femme est obligée d'habiter avec le mari, et de le

suivre par-tout où il juge à propos de résider : le mari est obligé de la recevoir, et de lui fournir tout ce qui est nécessaire pour les besoins de la vie, selon ses facultés et son état.

215.

La femme ne peut ester en jugement sans l'autorisation de son mari, quand même elle serait marchande publique, ou non commune, ou séparée de biens.

216.

L'autorisation du mari n'est pas nécessaire lorsque la femme est poursuivie en matière criminelle ou de police.

217.

La femme, même non commune ou séparée de biens, ne peut donner, aliéner, hypothéquer, acquérir, à titre gratuit ou onéreux, sans le concours du mari dans l'acte, ou son consentement par écrit.

218.

Si le mari refuse d'autoriser sa femme à ester en jugement, le juge peut donner l'autorisation.

219.

Si le mari refuse d'autoriser sa femme à passer un acte, la femme peut faire citer son mari directement devant le tribunal de première instance de l'arrondissement du domicile commun, qui peut donner ou refuser son autorisation, après que le mari aura été entendu ou dûment appelé en la chambre du conseil.

220.

220.

La femme, si elle est marchande publique, peut, sans l'autorisation de son mari, s'obliger pour ce qui concerne son négoce; et, audit cas, elle oblige aussi son mari, s'il y a communauté entre eux.

Elle n'est pas réputée marchande publique, si elle ne fait que détailler les marchandises du commerce de son mari, mais seulement quand elle fait un commerce séparé.

221.

Lorsque le mari est frappé d'une condamnation emportant peine afflictive ou infamante, encore qu'elle n'ait été prononcée que par contumace, la femme, même majeure, ne peut, pendant la durée de la peine, ester en jugement, ni contracter, qu'après s'être fait autoriser par le juge, qui peut, en ce cas, donner l'autorisation, sans que le mari ait été entendu ou appelé.

222.

Si le mari est interdit ou absent, le juge peut, en connaissance de cause, autoriser la femme, soit pour ester en jugement, soit pour contracter.

223.

Toute autorisation générale, même stipulée par contrat de mariage, n'est valable que quant à l'administration des biens de la femme.

H

224.

Si le mari est mineur, l'autorisation du juge est nécessaire à la femme, soit pour ester en jugement, soit pour contracter.

225.

La nullité fondée sur le défaut d'autorisation ne peut être opposée que par la femme, par le mari, ou par leurs héritiers.

226.

La femme peut tester sans l'autorisation de son mari.

CHAPITRE VII.

DE LA DISSOLUTION DU MARIAGE.

227.

Le mariage se dissout,

1.º Par la mort de l'un des époux ;

2.º Par le divorce légalement prononcé ;

3.º Par la condamnation devenue définitive de l'un des époux, à une peine emportant mort civile.

CHAPITRE VIII.

DES SECONDS MARIAGES.

228.

La femme ne peut contracter un nouveau mariage qu'après dix mois révolus depuis la dissolution du mariage précédent.

TITRE VI.

DU DIVORCE.

Décrété le 21 Ma
1803.
Promulgué le 31 ⊂
même mois.

CHAPITRE PREMIER.

DES CAUSES DU DIVORCE.

229.

LE mari pourra demander le divorce pour cause d'adultère de sa femme.

230.

La femme pourra demander le divorce pour cause d'adultère de son mari, lorsqu'il aura tenu sa concubine dans la maison commune.

231.

Les époux pourront réciproquement demander le divorce pour excès, sévices ou injures graves, de l'un d'eux envers l'autre.

232.

La condamnation de l'un des époux à une peine infamante, sera pour l'autre époux une cause de divorce.

233.

Le consentement mutuel et persévérant des époux,

H 2

exprimé de la manière prescrite par la loi, sous les conditions et après les épreuves qu'elle détermine, prouvera
suffisamment que la vie commune leur est insupportable,
et qu'il existe, par rapport à eux, une cause péremptoire
de divorce.

CHAPITRE II.

DU DIVORCE POUR CAUSE DÉTERMINÉE.

SECTION I.ʳᵉ

Des Formes du Divorce pour cause déterminée.

234.

Quelle que soit la nature des faits ou des délits qui
donneront lieu à la demande en divorce pour cause déterminée, cette demande ne pourra être formée qu'au tribunal
de l'arrondissement dans lequel les époux auront leur domicile.

235.

Si quelques-uns des faits allégués par l'époux demandeur,
donnent lieu à une poursuite criminelle de la part du ministère public, l'action en divorce restera suspendue jusqu'après l'arrêt de la cour de justice criminelle; alors elle
pourra être reprise, sans qu'il soit permis d'inférer de l'arrêt
aucune fin de non-recevoir ou exception préjudicielle contre
l'époux demandeur.

236.

Toute demande en divorce détaillera les faits : elle sera

remise, avec les pièces à l'appui, s'il y en a, au président
du tribunal ou au juge qui en fera les fonctions, par l'époux
demandeur en personne, à moins qu'il n'en soit empêché
par maladie; auquel cas, sur sa réquisition et le certificat de
deux docteurs en médecine ou en chirurgie, ou de deux
officiers de santé, le magistrat se transportera au domicile
du demandeur, pour y recevoir sa demande.

237.

Le juge, après avoir entendu le demandeur, et lui avoir
fait les observations qu'il croira convenables, paraphera la
demande et les pièces, et dressera procès-verbal de la remise du tout en ses mains. Ce procès-verbal sera signé par le
juge et par le demandeur, à moins que celui-ci ne sache ou
ne puisse signer, auquel cas il en sera fait mention.

238.

Le juge ordonnera, au bas de son procès-verbal, que
les parties comparaîtront en personne devant lui, au jour
et à l'heure qu'il indiquera; et qu'à cet effet, copie de son
ordonnance sera par lui adressée à la partie contre laquelle
le divorce est demandé.

239.

Au jour indiqué, le juge fera aux deux époux, s'ils se
présentent, ou au demandeur, s'il est seul comparant, les
représentations qu'il croira propres à opérer un rapproche-
ment : s'il ne peut y parvenir, il en dressera procès-verbal,
et ordonnera la communication de la demande et des pièces
au procureur impérial, et le référé du tout au tribunal.

240.

Dans les trois jours qui suivront, le tribunal, sur le rapport du président ou du juge qui en aura fait les fonctions, et sur les conclusions du procureur impérial, accordera ou suspendra la permission de citer. La suspension ne pourra excéder le terme de vingt jours.

241.

Le demandeur, en vertu de la permission du tribunal, fera citer le défendeur, dans la forme ordinaire, à comparaître en personne à l'audience, à huis clos, dans le délai de la loi ; il fera donner copie, en tête de la citation, de la demande en divorce et des pièces produites à l'appui.

242.

A l'échéance du délai, soit que le défendeur comparaisse ou non, le demandeur en personne, assisté d'un conseil, s'il le juge à propos, exposera ou fera exposer les motifs de sa demande ; il représentera les pièces qui l'appuient, et nommera les témoins qu'il se propose de faire entendre.

243.

Si le défendeur comparaît en personne ou par un fondé de pouvoir, il pourra proposer ou faire proposer ses observations, tant sur les motifs de la demande que sur les pièces produites par le demandeur et sur les témoins par lui nommés. Le défendeur nommera, de son côté, les témoins qu'il se propose de faire entendre, et sur lesquels le demandeur fera réciproquement ses observations.

244.

Il sera dressé procès-verbal des comparutions, dires et observations des parties, ainsi que des aveux que l'une ou l'autre pourra faire. Lecture de ce procès-verbal sera donnée auxdites parties, qui seront requises de le signer ; et il sera fait mention expresse de leur signature, ou de leur déclaration de ne pouvoir ou ne vouloir signer.

245.

Le tribunal renverra les parties à l'audience publique, dont il fixera le jour et l'heure ; il ordonnera la communication de la procédure au procureur impérial, et commettra un rapporteur. Dans le cas où le défendeur n'aurait pas comparu, le demandeur sera tenu de lui faire signifier l'ordonnance du tribunal, dans le délai qu'elle aura déterminé.

246.

Au jour et à l'heure indiqués, sur le rapport du juge commis, le procureur impérial entendu, le tribunal statuera d'abord sur les fins de non-recevoir, s'il en a été proposé. En cas qu'elles soient trouvées concluantes, la demande en divorce sera rejetée : dans le cas contraire, ou s'il n'a pas été proposé de fins de non-recevoir, la demande en divorce sera admise.

247.

Immédiatement après l'admission de la demande en divorce, sur le rapport du juge commis, le procureur impérial entendu, le tribunal statuera au fond. Il fera droit

à la demande, si elle lui paraît en état d'être jugée; sinon,
il admettra le demandeur à la preuve des faits pertinens par
lui allégués, et le défendeur à la preuve contraire.

248.

A chaque acte de la cause, les parties pourront, après
le rapport du juge, et avant que le procureur impérial ait
pris la parole, proposer ou faire proposer leurs moyens -
respectifs, d'abord sur les fins de non-recevoir, et ensuite
sur le fond; mais en aucun cas le conseil du demandeur
ne sera admis, si le demandeur n'est pas comparant en
personne.

249.

Aussitôt après la prononciation du jugement qui ordonnera les enquêtes, le greffier du tribunal donnera lecture
de la partie du procès-verbal qui contient la nomination
déjà faite des témoins que les parties se proposent de faire
entendre. Elles seront averties par le président, qu'elles
peuvent encore en désigner d'autres, mais qu'après ce moment elles n'y seront plus reçues.

250.

Les parties proposeront de suite leurs reproches respectifs contre les témoins qu'elles voudront écarter. Le tribunal
statuera sur ces reproches, après avoir entendu le procureur impérial.

251.

Les parens des parties, à l'exception de leurs enfans
et descendans, ne sont pas reprochables du chef de la
                                        parenté,

parenté, non plus que les domestiques des époux, en raison de cette qualité; mais le tribunal aura tel égard que de raison aux dépositions des parens et des domestiques.

2 5 2.

Tout jugement qui admettra une preuve testimoniale, dénommera les témoins qui seront entendus, et déterminera le jour et l'heure auxquels les parties devront les présenter.

2 5 3.

Les dépositions des témoins seront reçues par le tribunal séant à huis clos, en présence du procureur impérial, des parties, et de leurs conseils ou amis, jusqu'au nombre de trois de chaque côté.

2 5 4.

Les parties, par elles ou par leurs conseils, pourront faire aux témoins telles observations et interpellations qu'elles jugeront à propos, sans pouvoir néanmoins les interrompre dans le cours de leurs dépositions.

2 5 5.

Chaque déposition sera rédigée par écrit, ainsi que les dires et observations auxquels elle aura donné lieu. Le procès-verbal d'enquête sera lu tant aux témoins qu'aux parties : les uns et les autres seront requis de le signer; et il sera fait mention de leur signature, ou de leur déclaration qu'ils ne peuvent ou ne veulent signer.

I

256.

Après la clôture des deux enquêtes ou de celle du demandeur, si le défendeur n'a pas produit de témoins, le tribunal renverra les parties à l'audience publique, dont il indiquera le jour et l'heure ; il ordonnera la communication de la procédure au procureur impérial, et commettra un rapporteur. Cette ordonnance sera signifiée au défendeur, à la requête du demandeur, dans le délai qu'elle aura déterminé.

257.

Au jour fixé pour le jugement définitif, le rapport sera fait par le juge commis : les parties pourront ensuite faire, par elles-mêmes ou par l'organe de leurs conseils, telles observations qu'elles jugeront utiles à leur cause ; après quoi le procureur impérial donnera ses conclusions.

258.

Le jugement définitif sera prononcé publiquement : lorsqu'il admettra le divorce, le demandeur sera autorisé à se retirer devant l'officier de l'état civil pour le faire prononcer.

259.

Lorsque la demande en divorce aura été formée pour cause d'excès, de sévices ou d'injures graves, encore qu'elle soit bien établie, les juges pourront ne pas admettre immédiatement le divorce. Dans ce cas, avant de faire droit, ils autoriseront la femme à quitter la compagnie de son mari, sans être tenue de le recevoir, si elle ne le juge à propos; et ils condamneront le mari à lui payer une pension alimentaire proportionnée à ses facultés, si la femme n'a pas elle-même des revenus suffisans pour fournir à ses besoins.

260.

Après une année d'épreuve, si les parties ne se sont pas réunies, l'époux demandeur pourra faire citer l'autre époux à comparaître au tribunal, dans les délais de la loi, pour y entendre prononcer le jugement définitif, qui pour lors admettra le divorce.

261.

Lorsque le divorce sera demandé par la raison qu'un des époux est condamné à une peine infamante, les seules formalités à observer consisteront à présenter au tribunal de première instance une expédition en bonne forme du jugement de condamnation, avec un certificat de la cour de justice criminelle, portant que ce même jugement n'est plus susceptible d'être réformé par aucune voie légale.

262.

En cas d'appel du jugement d'admission ou du jugement définitif, rendu par le tribunal de première instance en matière de divorce, la cause sera instruite et jugée par la cour d'appel, comme affaire urgente.

263.

L'appel ne sera recevable qu'autant qu'il aura été interjeté dans les trois mois, à compter du jour de la signification du jugement rendu contradictoirement ou par défaut.

Le délai pour se pourvoir à la cour de cassation contre un jugement en dernier ressort, sera aussi de trois mois, à compter de la signification. Le pourvoi sera suspensif.

264.

En vertu de tout jugement rendu en dernier ressort ou passé en force de chose jugée, qui autorisera le divorce, l'époux qui l'aura obtenu, sera obligé de se présenter, dans le délai de deux mois, devant l'officier de l'état civil, l'autre partie dûment appelée, pour faire prononcer le divorce.

265.

Ces deux mois ne commenceront à courir, à l'égard des jugemens de première instance, qu'après l'expiration du délai d'appel; à l'égard des arrêts rendus par défaut en cause d'appel, qu'après l'expiration du délai d'opposition; et à l'égard des jugemens contradictoires en dernier ressort, qu'après l'expiration du délai du pourvoi en cassation.

266.

L'époux demandeur qui aura laissé passer le délai de deux mois ci-dessus déterminé, sans appeler l'autre époux devant l'officier de l'état civil, sera déchu du bénéfice du jugement qu'il avait obtenu, et ne pourra reprendre son action en divorce, sinon pour cause nouvelle; auquel cas il pourra néanmoins faire valoir les anciennes causes.

SECTION II.

Des Mesures provisoires auxquelles peut donner lieu la Demande en divorce pour cause déterminée.

267.

L'administration provisoire des enfans restera au mari demandeur ou défendeur en divorce, à moins qu'il n'en soit autrement ordonné par le tribunal, sur la demande soit de la mère, soit de la famille, ou du procureur impérial, pour le plus grand avantage des enfans.

268.

La femme demanderesse ou défenderesse en divorce pourra quitter le domicile du mari pendant la poursuite, et demander une pension alimentaire proportionnée aux facultés du mari. Le tribunal indiquera la maison dans laquelle la femme sera tenue de résider, et fixera, s'il y a lieu, la provision alimentaire que le mari sera obligé de lui payer.

269.

La femme sera tenue de justifier de sa résidence dans la maison indiquée, toutes les fois qu'elle en sera requise : à défaut de cette justification, le mari pourra refuser la provision alimentaire, et, si la femme est demanderesse en divorce, la faire déclarer non recevable à continuer ses poursuites.

270.

La femme commune en biens, demanderesse ou défenderesse en divorce, pourra, en tout état de cause, à partir

de la date de l'ordonnance dont il est fait mention en
l'article 238, requérir, pour la conservation de ses droits,
l'apposition des scellés sur les effets mobiliers de la communauté. Ces scellés ne seront levés qu'en faisant inventaire avec prisée, et à la charge par le mari de représenter
les choses inventoriées, ou de répondre de leur valeur
comme gardien judiciaire.

271.

Toute obligation contractée par le mari à la charge de
la communauté, toute aliénation par lui faite des immeubles
qui en dépendent, postérieurement à la date de l'ordonnance
dont il est fait mention en l'article 238, sera déclarée nulle,
s'il est prouvé d'ailleurs qu'elle ait été faite ou contractée
en fraude des droits de la femme.

SECTION III.

Des Fins de non-recevoir contre l'Action en divorce pour
cause déterminée.

272.

L'action en divorce sera éteinte par la réconciliation
des époux, survenue soit depuis les faits qui auraient pu
autoriser cette action, soit depuis la demande en divorce.

273.

Dans l'un et l'autre cas, le demandeur sera déclaré non
recevable dans son action; il pourra néanmoins en intenter
une nouvelle pour cause survenue depuis la réconciliation,

et alors faire usage des anciennes causes pour appuyer sa nouvelle demande.

274.

Si le demandeur en divorce nie qu'il y ait eu réconci-
liation, le défendeur en fera preuve, soit par écrit, soit par
témoins, dans la forme prescrite en la première section du
présent chapitre.

CHAPITRE III.

DU DIVORCE PAR CONSENTEMENT MUTUEL.

275.

Le consentement mutuel des époux ne sera point admis,
si le mari a moins de vingt-cinq ans, ou si la femme est
mineure de vingt-un ans.

276.

Le consentement mutuel ne sera admis qu'après deux ans
de mariage.

277.

Il ne pourra plus l'être après vingt ans de mariage, ni
lorsque la femme aura quarante-cinq ans.

278.

Dans aucun cas le consentement mutuel des époux ne
suffira, s'il n'est autorisé par leurs pères et mères, ou par
leurs autres ascendans vivans, suivant les règles prescrites
par l'article 150 au titre *du Mariage.*

279.

Les époux déterminés à opérer le divorce par consentement mutuel, seront tenus de faire préalablement inventaire
et estimation de tous leurs biens meubles et immeubles, et
de régler leurs droits respectifs, sur lesquels il leur sera
néanmoins libre de transiger.

280.

Ils seront pareillement tenus de constater par écrit leur
convention sur les trois points qui suivent :

1.º A qui les enfans nés de leur union seront confiés,
soit pendant le temps des épreuves, soit après le divorce
prononcé ;

2.º Dans quelle maison la femme devra se retirer et résider
pendant le temps des épreuves ;

3.º Quelle somme le mari devra payer à sa femme pendant
le même temps, si elle n'a pas des revenus suffisans pour
fournir à ses besoins.

281.

Les époux se présenteront ensemble, et en personne,
devant le président du tribunal civil de leur arrondissement, ou devant le juge qui en fera les fonctions, et lui
feront la déclaration de leur volonté, en présence de deux
notaires amenés par eux.

282.

Le juge fera aux deux époux réunis, et à chacun d'eux
en particulier, en présence des deux notaires, telles représentations et exhortations qu'il croira convenables ; il leur

donnera

donnera lecture du chapitre IV du présent titre, qui règle *les effets du Divorce*, et leur développera toutes les conséquences de leur démarche.

283.

Si les époux persistent dans leur résolution, il leur sera donné acte, par le juge, de ce qu'ils demandent le divorce et y consentent mutuellement; et ils seront tenus de produire et déposer à l'instant, entre les mains des notaires, outre les actes mentionnés aux articles 279 et 280,

1.º Les actes de leur naissance, et celui de leur mariage;

2.º Les actes de naissance et de décès de tous les enfans nés de leur union;

3.º La déclaration authentique de leurs père et mère ou autres ascendans vivans, portant que, pour les causes à eux connues, ils autorisent tel *ou* telle, leur fils *ou* fille, petit-fils *ou* petite-fille, marié *ou* mariée à tel *ou* telle, à demander le divorce et à y consentir. Les pères, mères, aïeuls et aïeules des époux, seront présumés vivans jusqu'à la représentation des actes constatant leur décès.

284.

Les notaires dresseront procès-verbal détaillé de tout ce qui aura été dit et fait en exécution des articles précédens; la minute en restera au plus âgé des deux notaires, ainsi que les pièces produites, qui demeureront annexées au procès-verbal, dans lequel il sera fait mention de l'avertissement qui sera donné à la femme de se retirer, dans les vingt-quatre heures, dans la maison convenue entre elle et son mari, et d'y résider jusqu'au divorce prononcé.

K

285.

La déclaration ainsi faite sera renouvelée dans la première quinzaine de chacun des quatrième, septième et dixième mois qui suivront, en observant les mêmes formalités. Les parties seront obligées à rapporter chaque fois la preuve, par acte public, que leurs pères, mères, ou autres ascendans vivans, persistent dans leur première détermination ; mais elles ne seront tenues à répéter la production d'aucun autre acte.

286.

Dans la quinzaine du jour où sera révolue l'année, à compter de la première déclaration, les époux, assistés chacun de deux amis, personnes notables dans l'arrondissement, âgés de cinquante ans au moins, se présenteront ensemble et en personne devant le président du tribunal ou le juge qui en fera les fonctions ; ils lui remettront les expéditions en bonne forme, des quatre procès-verbaux contenant leur consentement mutuel, et de tous les actes qui y auront été annexés, et requerront du magistrat, chacun séparément, en présence néanmoins l'un de l'autre et des quatre notables, l'admission du divorce.

287.

Après que le juge et les assistans auront fait leurs observations aux époux, s'ils persévèrent, il leur sera donné acte de leur réquisition, et de la remise par eux faite des pièces à l'appui : le greffier du tribunal dressera procès-verbal, qui sera signé tant par les parties (à moins qu'elles ne déclarent ne savoir ou ne pouvoir signer, auquel cas il en sera fait mention), que par les quatre assistans, le juge et le greffier.

288.

Le juge mettra de suite, au bas de ce procès-verbal, son ordonnance portant que, dans les trois jours, il sera par lui référé du tout au tribunal en la chambre du conseil, sur les conclusions par écrit du procureur impérial, auquel les pièces seront, à cet effet, communiquées par le greffier.

289.

Si le procureur impérial trouve dans les pièces la preuve que les deux époux étaient âgés, le mari de vingt-cinq ans, la femme de vingt-un ans, lorsqu'ils ont fait leur première déclaration; qu'à cette époque ils étaient mariés depuis deux ans; que le mariage ne remontait pas à plus de vingt, que la femme avait moins de quarante-cinq ans, que le consentement mutuel a été exprimé quatre fois dans le cours de l'année, après les préalables ci-dessus prescrits et avec toutes les formalités requises par le présent chapitre, notamment avec l'autorisation des pères et mères des époux, ou avec celle de leurs autres ascendans vivans en cas de prédécès des pères et mères, il donnera ses conclusions en ces termes, *La loi permet ;* dans le cas contraire, ses conclusions seront en ces termes, *La loi empêche.*

290.

Le tribunal, sur le référé, ne pourra faire d'autres vérifications que celles indiquées par l'article précédent. S'il en résulte que , dans l'opinion du tribunal , les parties ont satisfait aux conditions et rempli les formalités déterminées par la loi , il admettra le divorce , et renverra les parties devant l'officier de l'état civil , pour le faire prononcer : dans le cas contraire , le tribunal déclarera qu'il n'y a pas lieu à admettre le divorce, et déduira les motifs de la décision.

291.

L'appel du jugement qui aurait déclaré ne pas y avoir lieu à admettre le divorce, ne sera recevable qu'autant qu'il sera interjeté par les deux parties , et néanmoins par actes séparés, dans les dix jours au plutôt, et au plus tard dans les vingt jours de la date du jugement de première instance.

292.

Les actes d'appel seront réciproquement signifiés tant à l'autre époux qu'au procureur impérial au tribunal de première instance.

293.

Dans les dix jours , à compter de la signification qui lui aura été faite du second acte d'appel, le procureur impérial au tribunal de première instance fera passer au procureur-général impérial en la cour d'appel , l'expédition du jugement, et les pièces sur lesquelles il est intervenu. Le procureur-général impérial en la cour d'appel donnera ses conclusions par écrit , dans les dix jours qui suivront la réception des pièces : le président , ou le juge qui le suppléera , fera son rapport à la cour d'appel, en la chambre du conseil, et il sera statué définitivement dans les dix jours qui suivront la remise des conclusions du procureur-général impérial.

294.

En vertu de l'arrêt qui admettra le divorce, et dans les vingt jours de sa date, les parties se présenteront ensemble et en personne devant l'officier de l'état civil, pour faire prononcer le divorce. Ce délai passé, le jugement demeurera comme non avenu.

CHAPITRE IV.

DES EFFETS DU DIVORCE.

295.

Les époux qui divorceront pour quelque cause que ce soit, ne pourront plus se réunir.

296.

Dans le cas de divorce prononcé pour cause déterminée, la femme divorcée ne pourra se remarier que dix mois après le divorce prononcé.

297.

Dans le cas de divorce par consentement mutuel, aucun des deux époux ne pourra contracter un nouveau mariage que trois ans après la prononciation du divorce.

298.

Dans le cas de divorce admis en justice pour cause d'adultère, l'époux coupable ne pourra jamais se marier avec son complice. La femme adultère sera condamnée par le même jugement, et sur la réquisition du ministère public, à la reclusion dans une maison de correction, pour un temps déterminé, qui ne pourra être moindre de trois mois, ni excéder deux années.

299.

Pour quelque cause que le divorce ait lieu, hors le cas du consentement mutuel, l'époux contre lequel le divorce aura été admis, perdra tous les avantages que l'autre époux lui avait faits, soit par leur contrat de mariage, soit depuis le mariage contracté.

300.

L'époux qui aura obtenu le divorce, conservera les avantages à lui faits par l'autre époux, encore qu'ils aient été stipulés réciproques et que la réciprocité n'ait pas lieu.

301.

Si les époux ne s'étaient fait aucun avantage, ou si ceux stipulés ne paraissaient pas suffisans pour assurer la subsistance de l'époux qui a obtenu le divorce, le tribunal pourra lui accorder, sur les biens de l'autre époux, une pension alimentaire, qui ne pourra excéder le tiers des revenus de cet autre époux. Cette pension sera révocable dans le cas où elle cesserait d'être nécessaire.

302.

Les enfans seront confiés à l'époux qui a obtenu le divorce, à moins que le tribunal, sur la demande de la famille, ou du procureur impérial, n'ordonne, pour le plus grand avantage des enfans, que tous ou quelques-uns d'eux seront confiés aux soins soit de l'autre époux, soit d'une tierce personne.

303.

Quelle que soit la personne à laquelle les enfans seront confiés, les père et mère conserveront respectivement le droit de surveiller l'entretien et l'éducation de leurs enfans, et seront tenus d'y contribuer à proportion de leurs facultés.

304.

La dissolution du mariage par le divorce admis en justice, ne privera les enfans nés de ce mariage, d'aucun des avantages qui leur étaient assurés par les lois, ou par les conventions matrimoniales de leurs père et mère; mais il n'y aura d'ouverture aux droits des enfans que de la même manière et dans les mêmes circonstances où ils se seraient ouverts s'il n'y avait pas eu de divorce.

305.

Dans le cas de divorce par consentement mutuel, la propriété de la moitié des biens de chacun des deux époux sera acquise de plein droit, du jour de leur première déclaration, aux enfans nés de leur mariage : les père et mère conserveront néanmoins la jouissance de cette moitié, jusqu'à la majorité de leurs enfans, à la charge de pourvoir à leur nourriture, entretien et éducation, conformément à leur fortune et à leur état ; le tout sans préjudice des autres avantages qui pourraient avoir été assurés auxdits enfans par les conventions matrimoniales de leurs père et mère.

CHAPITRE V.

DE LA SÉPARATION DE CORPS.

306.

Dans les cas où il y a lieu à la demande en divorce pour cause déterminée, il sera libre aux époux de former demande en séparation de corps.

307.

Elle sera intentée, instruite et jugée de la même manière que toute autre action civile : elle ne pourra avoir lieu par le consentement mutuel des époux.

308.

La femme contre laquelle la séparation de corps sera prononcée pour cause d'adultère, sera condamnée par le même jugement, et sur la réquisition du ministère public, à la reclusion dans une maison de correction pendant un temps déterminé, qui ne pourra être moindre de trois mois, ni excéder deux années.

309.

Le mari restera le maître d'arrêter l'effet de cette condamnation, en consentant à reprendre sa femme.

310.

Lorsque la séparation de corps prononcée pour toute autre cause que l'adultère de la femme, aura duré trois ans,

ans, l'époux qui était originairement défendeur, pourra demander le divorce au tribunal, qui l'admettra, si le demandeur originaire, présent ou dûment appelé, ne consent pas immédiatement à faire cesser la séparation.

311.

La séparation de corps emportera toujours séparation de biens.

〰〰〰〰〰〰〰〰〰〰〰〰〰〰〰

TITRE VII.

DE LA PATERNITÉ ET DE LA FILIATION.

Décrété le 23 Mars 1803.
Promulgué le 2 Avril

CHAPITRE PREMIER.

DE LA FILIATION DES ENFANS LÉGITIMES OU NÉS DANS LE MARIAGE.

312.

L'ENFANT conçu pendant le mariage a pour père le mari.

Néanmoins celui-ci pourra désavouer l'enfant, s'il prouve que, pendant le temps qui a couru depuis le trois-centième jusqu'au cent-quatre-vingtième jour avant la naissance de cet enfant, il était, soit par cause d'éloignement, soit par l'effet de quelque accident, dans l'impossibilité physique de cohabiter avec sa femme.

L

3 1 3.

Le mari ne pourra, en alléguant son impuissance naturelle, désavouer l'enfant : il ne pourra le désavouer même
pour cause d'adultère, à moins que la naissance ne lui ait
été cachée, auquel cas il sera admis à proposer tous les
faits propres à justifier qu'il n'en est pas le père.

3 1 4.

L'enfant né avant le cent-quatre-vingtième jour du
mariage, ne pourra être désavoué par le mari, dans les
cas suivans : 1.° s'il a eu connaissance de la grossesse avant
le mariage ; 2.° s'il a assisté à l'acte de naissance, et si cet
acte est signé de lui, ou contient sa déclaration qu'il ne
sait signer ; 3.° si l'enfant n'est pas déclaré viable.

3 1 5.

La légitimité de l'enfant né trois cents jours après la
dissolution du mariage, pourra être contestée.

3 1 6.

Dans les divers cas où le mari est autorisé à réclamer,
il devra le faire dans le mois, s'il se trouve sur les lieux
de la naissance de l'enfant ;

Dans les deux mois après son retour, si, à la même
époque, il est absent ;

Dans les deux mois après la découverte de la fraude, si
on lui avait caché la naissance de l'enfant.

3 1 7.

Si le mari est mort avant d'avoir fait sa réclamation,

mais étant encore dans le délai utile pour la faire, les héritiers auront deux mois pour contester la légitimité de l'enfant, à compter de l'époque où cet enfant se serait mis en possession des biens du mari, ou de l'époque où les héritiers seraient troublés par l'enfant dans cette possession.

318.

Tout acte extrajudiciaire contenant le désaveu de la part du mari ou de ses héritiers, sera comme non avenu, s'il n'est suivi, dans le délai d'un mois, d'une action en justice, dirigée contre un tuteur *ad hoc* donné à l'enfant, et en présence de sa mère.

CHAPITRE II.

DES PREUVES DE LA FILIATION DES ENFANS LÉGITIMES.

319.

La filiation des enfans légitimes se prouve par les actes de naissance inscrits sur le registre de l'état civil.

320.

A défaut de ce titre, la possession constante de l'état d'enfant légitime suffit.

321.

La possession d'état s'établit par une réunion suffisante de faits qui indiquent le rapport de filiation et de parenté entre un individu et la famille à laquelle il prétend appartenir.

L 2

Les principaux de ces faits sont,

Que l'individu a toujours porté le nom du père auquel il prétend appartenir;

Que le père l'a traité comme son enfant, et a pourvu, en cette qualité, à son éducation, à son entretien et à son établissement;

Qu'il a été reconnu constamment pour tel dans la société;

Qu'il a été reconnu pour tel par la famille.

322.

Nul ne peut réclamer un état contraire à celui que lui donnent son titre de naissance et la possession conforme à ce titre;

Et réciproquement, nul ne peut contester l'état de celui qui a une possession conforme à son titre de naissance.

323.

A défaut de titre et de possession constante, ou si l'enfant a été inscrit, soit sous de faux noms, soit comme né de père et mère inconnus, la preuve de filiation peut se faire par témoins.

Néanmoins cette preuve ne peut être admise que lorsqu'il y a commencement de preuve par écrit, ou lorsque les présomptions ou indices résultant de faits dès-lors constans, sont assez graves pour déterminer l'admission.

324.

Le commencement de preuve par écrit résulte des titres de famille, des registres et papiers domestiques du père ou de la mère, des actes publics et même privés émanés d'une partie engagée dans la contestation, ou qui y aurait intérêt si elle était vivante.

325.

La preuve contraire pourra se faire par tous les moyens propres à établir que le réclamant n'est pas l'enfant de la mère qu'il prétend avoir, ou même, la maternité prouvée, qu'il n'est pas l'enfant du mari de la mère.

326.

Les tribunaux civils seront seuls compétens pour statuer sur les réclamations d'état.

327.

L'action criminelle contre un délit de suppression d'état, ne pourra commencer qu'après le jugement définitif sur la question d'état.

328.

L'action en réclamation d'état est imprescriptible à l'égard de l'enfant.

329.

L'action ne peut être intentée par les héritiers de l'enfant qui n'a pas réclamé, qu'autant qu'il est décédé mineur, ou dans les cinq années après sa majorité.

330.

Les héritiers peuvent suivre cette action lorsqu'elle a été commencée par l'enfant, à moins qu'il ne s'en fût désisté formellement, ou qu'il n'eût laissé passer trois années sans poursuites, à compter du dernier acte de la procédure.

CHAPITRE III.

DES ENFANS NATURELS.

SECTION I.re

De la Légitimation des Enfans naturels.

331.

Les enfans nés hors mariage, autres que ceux nés d'un commerce incestueux ou adultérin, pourront être légitimés par le mariage subséquent de leurs père et mère, lorsque ceux-ci les auront légalement reconnus avant leur mariage, ou qu'ils les reconnaîtront dans l'acte même de célébration.

332.

La légitimation peut avoir lieu, même en faveur des enfans décédés qui ont laissé des descendans; et, dans ce cas, elle profite à ces descendans.

333.

Les enfans légitimés par le mariage subséquent, auront les mêmes droits que s'ils étaient nés de ce mariage.

SECTION II.

De la Reconnaissance des Enfans naturels.

334.

La reconnaissance d'un enfant naturel sera faite par

un acte authentique, lorsqu'elle ne l'aura pas été dans son acte de naissance.

335.

Cette reconnaissance ne pourra avoir lieu au profit des enfans nés d'un commerce incestueux ou adultérin.

336.

La reconnaissance du père, sans l'indication et l'aveu de la mère, n'a d'effet qu'à l'égard du père.

337.

La reconnaissance faite pendant le mariage, par l'un des époux, au profit d'un enfant naturel qu'il aurait eu, avant son mariage, d'un autre que de son époux, ne pourra nuire ni à celui-ci, ni aux enfans nés de ce mariage.

Néanmoins elle produira son effet après la dissolution de ce mariage, s'il n'en reste pas d'enfans.

338.

L'enfant naturel reconnu ne pourra réclamer les droits d'enfant légitime. Les droits des enfans naturels seront réglés au titre *des Successions.*

339.

Toute reconnaissance de la part du père ou de la mère, de même que toute réclamation de la part de l'enfant, pourra être contestée par tous ceux qui y auront intérêt.

340.

La recherche de la paternité est interdite. Dans le cas

d'enlèvement, lorsque l'époque de cet enlèvement se rapportera à celle de la conception, le ravisseur pourra être, sur la demande des parties intéressées, déclaré père de l'enfant.

341.

La recherche de la maternité est admise.

L'enfant qui réclamera sa mère, sera tenu de prouver qu'il est identiquement le même que l'enfant dont elle est accouchée.

Il ne sera reçu à faire cette preuve par témoins, que lorsqu'il aura déjà un commencement de preuve par écrit.

342.

Un enfant ne sera jamais admis à la recherche, soit de la paternité, soit de la maternité, dans les cas où, suivant l'article 335, la reconnaissance n'est pas admise.

TITRE VIII.

TITRE VIII.

Décrété le 23 Ma 1803.
Promulgué le 2 Avr.

DE L'ADOPTION ET DE LA TUTELLE OFFICIEUSE.

CHAPITRE PREMIER.

DE L'ADOPTION.

SECTION I.re

De l'Adoption et de ses effets.

343.

L'ADOPTION n'est permise qu'aux personnes de l'un ou de l'autre sexe, âgées de plus de cinquante ans, qui n'auront, à l'époque de l'adoption, ni enfans, ni descendans légitimes, et qui auront au moins quinze ans de plus que les individus qu'elles se proposent d'adopter.

344.

Nul ne peut être adopté par plusieurs ; si ce n'est par deux époux.

Hors le cas de l'article 366, nul époux ne peut adopter qu'avec le consentement de l'autre conjoint.

345.

La faculté d'adopter ne pourra être exercée qu'envers

M

l'individu à qui l'on aura, dans sa minorité et pendant six ans au moins, fourni des secours et donné des soins non interrompus, ou envers celui qui aurait sauvé la vie à l'adoptant, soit dans un combat, soit en le retirant des flammes ou des flots.

Il suffira, dans ce deuxième cas, que l'adoptant soit majeur, plus âgé que l'adopté, sans enfans ni descendans légitimes ; et, s'il est marié, que son conjoint consente à l'adoption.

346.

L'adoption ne pourra, en aucun cas, avoir lieu avant la majorité de l'adopté. Si l'adopté, ayant encore ses père et mère, ou l'un des deux, n'a point accompli sa vingt-cinquième année, il sera tenu de rapporter le consentement donné à l'adoption par ses père et mère, ou par le survivant ; et s'il est majeur de vingt-cinq ans, de requérir leur conseil.

347.

L'adoption conférera le nom de l'adoptant à l'adopté, en l'ajoutant au nom propre de ce dernier.

348.

L'adopté restera dans sa famille naturelle, et y conservera tous ses droits : néanmoins le mariage est prohibé

Entre l'adoptant, l'adopté et ses descendans ;

Entre les enfans adoptifs du même individu ;

Entre l'adopté et les enfans qui pourraient survenir à l'adoptant ;

Entre l'adopté et le conjoint de l'adoptant, et réciproquement entre l'adoptant et le conjoint de l'adopté.

349.

L'obligation naturelle, qui continuera d'exister entre l'adopté et ses père et mère, de se fournir des alimens dans les cas déterminés par la loi, sera considérée comme commune à l'adoptant et à l'adopté, l'un envers l'autre.

350.

L'adopté n'acquerra aucun droit de successibilité sur les biens des parens de l'adoptant; mais il aura sur la succession de l'adoptant les mêmes droits que ceux qu'y aurait l'enfant né en mariage, même quand il y aurait d'autres enfans de cette dernière qualité nés depuis l'adoption.

351.

Si l'adopté meurt sans descendans légitimes, les choses données par l'adoptant, ou recueillies dans sa succession, et qui existeront en nature lors du décès de l'adopté, retourneront à l'adoptant ou à ses descendans, à la charge de contribuer aux dettes, et sans préjudice des droits des tiers.

Le surplus des biens de l'adopté appartiendra à ses propres parens; et ceux-ci excluront toujours, pour les objets même spécifiés au présent article, tous héritiers de l'adoptant autres que ses descendans.

352.

Si, du vivant de l'adoptant, et après le décès de l'adopté,

les enfans ou descendans laissés par celui-ci mouraient eux-
mêmes sans postérité, l'adoptant succédera aux choses par
lui données, comme il est dit en l'article précédent; mais
ce droit sera inhérent à la personne de l'adoptant, et non
transmissible à ses héritiers, même en ligne descendante.

SECTION II.

Des Formes de l'Adoption.

353.

La personne qui se proposera d'adopter, et celle qui
voudra être adoptée, se présenteront devant le juge de paix
du domicile de l'adoptant, pour y passer acte de leurs consentemens respectifs.

354.

Une expédition de cet acte sera remise, dans les dix
jours suivans, par la partie la plus diligente, au procureur
impérial au tribunal de première instance dans le ressort
duquel se trouvera le domicile de l'adoptant, pour être
soumis à l'homologation de ce tribunal.

355.

Le tribunal, réuni en la chambre du conseil, et après
s'être procuré les renseignemens convenables, vérifiera,
1.° si toutes les conditions de la loi sont remplies; 2.° si la
personne qui se propose d'adopter, jouit d'une bonne ré-
putation.

356.

Après avoir entendu le procureur impérial, et sans aucune

autre forme de procédure, le tribunal prononcera, sans énoncer de motifs, en ces termes : *Il y a lieu*, ou *Il n'y a pas lieu à l'adoption.*

357.

Dans le mois qui suivra le jugement du tribunal de première instance, ce jugement sera, sur les poursuites de la partie la plus diligente, soumis à la cour d'appel, qui instruira dans les mêmes formes que le tribunal de première instance, et prononcera, sans énoncer de motifs : *Le jugement est confirmé*, ou *Le jugement est réformé; en conséquence, il y a lieu*, ou *il n'y a pas lieu à l'adoption.*

358.

Tout arrêt de la cour d'appel qui admettra une adoption, sera prononcé à l'audience, et affiché en tels lieux et en tel nombre d'exemplaires que le tribunal jugera convenables.

359.

Dans les trois mois qui suivront ce jugement, l'adoption sera inscrite, à la réquisition de l'une ou de l'autre des parties, sur le registre de l'état civil du lieu où l'adoptant sera domicilié.

Cette inscription n'aura lieu que sur le vu d'une expédition, en forme, du jugement de la cour d'appel; et l'adoption restera sans effet si elle n'a été inscrite dans ce délai.

360.

Si l'adoptant venait à mourir après que l'acte constatant

la volonté de former le contrat d'adoption a été reçu par le juge de paix et porté devant les tribunaux, et avant que ceux-ci eussent définitivement prononcé, l'instruction sera continuée et l'adoption admise, s'il y a lieu.

Les héritiers de l'adoptant pourront, s'ils croient l'adoption inadmissible, remettre au procureur impérial tous mémoires et observations à ce sujet.

CHAPITRE II.

DE LA TUTELLE OFFICIEUSE.

361.

Tout individu âgé de plus de cinquante ans, et sans enfans ni descendans légitimes, qui voudra, durant la minorité d'un individu, se l'attacher par un titre légal, pourra devenir son tuteur officieux, en obtenant le consentement des père et mère de l'enfant, ou du survivant d'entre eux, ou, à leur défaut, d'un conseil de famille, ou enfin, si l'enfant n'a point de parens connus, en obtenant le consentement des administrateurs de l'hospice où il aura été recueilli, ou de la municipalité du lieu de sa résidence.

362.

Un époux ne peut devenir tuteur officieux qu'avec le consentement de l'autre conjoint.

363.

Le juge de paix du domicile de l'enfant dressera procès-verbal des demandes et consentemens relatifs à la tutelle officieuse.

364.

Cette tutelle ne pourra avoir lieu qu'au profit d'enfans âgés de moins de quinze ans.

Elle emportera avec soi, sans préjudice de toutes stipulations particulières, l'obligation de nourrir le pupille, de l'élever, de le mettre en état de gagner sa vie.

365.

Si le pupille a quelque bien, et s'il était antérieurement en tutelle, l'administration de ses biens, comme celle de sa personne, passera au tuteur officieux, qui ne pourra néanmoins imputer les dépenses de l'éducation sur les revenus du pupille.

366.

Si le tuteur officieux, après cinq ans révolus depuis la tutelle, et dans la prévoyance de son décès avant la majorité du pupille, lui confère l'adoption par acte testamentaire, cette disposition sera valable, pourvu que le tuteur officieux ne laisse point d'enfans légitimes.

367.

Dans le cas où le tuteur officieux mourrait, soit avant les cinq ans, soit après ce temps, sans avoir adopté son pupille, il sera fourni à celui-ci, durant sa minorité, des moyens de subsister, dont la quotité et l'espèce, s'il n'y a été antérieurement pourvu par une convention formelle, seront réglées soit amiablement entre les représentans respectifs du tuteur et du pupille, soit judiciairement en cas de contestation.

368.

Si, à la majorité du pupille, son tuteur officieux veut l'adopter, et que le premier y consente, il sera procédé à l'adoption selon les formes prescrites au chapitre précédent, et les effets en seront, en tous points, les mêmes.

369.

Si, dans les trois mois qui suivront la majorité du pupille, les réquisitions par lui faites à son tuteur officieux, à fin d'adoption, sont restées sans effet, et que le pupille ne se trouve point en état de gagner sa vie, le tuteur officieux pourra être condamné à indemniser le pupille de l'incapacité où celui-ci pourrait se trouver de pourvoir à sa subsistance.

Cette indemnité se résoudra en secours propres à lui procurer un métier; le tout sans préjudice des stipulations qui auraient pu avoir lieu dans la prévoyance de ce cas.

370.

Le tuteur officieux qui aurait eu l'administration de quelques biens pupillaires, en devra rendre compte dans tous les cas.

TITRE IX.

TITRE IX.

DE LA PUISSANCE PATERNELLE.

Décrété le 24 Mars
1803.
Promulgué le 3 Avril.

371.

L'ENFANT, à tout âge, doit honneur et respect à ses père et mère.

372.

Il reste sous leur autorité jusqu'à sa majorité ou son émancipation.

373.

Le père seul exerce cette autorité durant le mariage.

374.

L'enfant ne peut quitter la maison paternelle sans la permission de son père, si ce n'est pour enrôlement volontaire, après l'âge de dix-huit ans révolus.

375.

Le père qui aura des sujets de mécontentement très-graves sur la conduite d'un enfant, aura les moyens de correction suivans.

376.

Si l'enfant est âgé de moins de seize ans commencés, le père pourra le faire détenir pendant un temps qui ne pourra excéder un mois; et, à cet effet, le président du

N

tribunal d'arrondissement devra, sur sa demande, délivrer l'ordre d'arrestation.

377.

Depuis l'âge de seize ans commencés jusqu'à la majorité ou l'émancipation, le père pourra seulement requérir la détention de son enfant pendant six mois au plus; il s'adressera au président dudit tribunal, qui, après en avoir conféré avec le procureur impérial, délivrera l'ordre d'arrestation ou le refusera, et pourra, dans le premier cas, abréger le temps de la détention requis par le père.

378.

Il n'y aura, dans l'un et l'autre cas, aucune écriture ni formalité judiciaire, si ce n'est l'ordre même d'arrestation, dans lequel les motifs n'en seront pas énoncés.

Le père sera seulement tenu de souscrire une soumission de payer tous les frais, et de fournir les alimens convenables.

379.

Le père est toujours maître d'abréger la durée de la détention par lui ordonnée ou requise. Si, après sa sortie, l'enfant tombe dans de nouveaux écarts, la détention pourra être de nouveau ordonnée de la manière prescrite aux articles précédens.

380.

Si le père est remarié, il sera tenu, pour faire détenir son enfant du premier lit, lors même qu'il serait âgé de moins de seize ans, de se conformer à l'article 377.

381.

La mère survivante et non remariée ne pourra faire détenir un enfant qu'avec le concours des deux plus proches parens paternels, et par voie de réquisition, conformément à l'article 377.

382.

Lorsque l'enfant aura des biens personnels, ou lorsqu'il exercera un état, sa détention ne pourra, même au-dessous de seize ans, avoir lieu que par voie de réquisition, en la forme prescrite par l'article 377.

L'enfant détenu pourra adresser un mémoire au procureur-général impérial en la cour d'appel. Celui-ci se fera rendre compte par le procureur impérial au tribunal de première instance, et fera son rapport au président de la cour d'appel, qui, après en avoir donné avis au père, et après avoir recueilli tous les renseignemens, pourra révoquer ou modifier l'ordre délivré par le président du tribunal de première instance.

383.

Les articles 376, 377, 378 et 379, seront communs aux pères et mères des enfans naturels légalement reconnus.

384.

Le père, durant le mariage, et, après la dissolution du mariage, le survivant des père et mère, auront la jouissance des biens de leurs enfans jusqu'à l'âge de dix-huit ans accomplis, ou jusqu'à l'émancipation qui pourrait avoir lieu avant l'âge de dix-huit ans.

N 2

385.

Les charges de cette jouissance seront;

1.º Celles auxquelles sont tenus les usufruitiers;

2.º La nourriture, l'entretien et l'éducation des enfans, selon leur fortune;

3.º Le paiement des arrérages ou intérêts des capitaux;

4.º Les frais funéraires et ceux de dernière maladie.

386.

Cette jouissance n'aura pas lieu au profit de celui des père et mère contre lequel le divorce aurait été prononcé; et elle cessera à l'égard de la mère dans le cas d'un second mariage.

387.

Elle ne s'étendra pas aux biens que les enfans pourront acquérir par un travail et une industrie séparés, ni à ceux qui leur seront donnés ou légués sous la condition expresse que les père et mère n'en jouiront pas.

TITRE X.

DE LA MINORITÉ, DE LA TUTELLE ET DE L'ÉMANCIPATION.

Décrété le 26 M
1803.
Promulgué le 5 Av.

CHAPITRE PREMIER.

DE LA MINORITÉ.

388.

LE mineur est l'individu de l'un et de l'autre sexe qui n'a point encore l'âge de vingt-un ans accomplis.

CHAPITRE II.

DE LA TUTELLE.

SECTION I.re

De la Tutelle des Père et Mère.

389.

Le père est, durant le mariage, administrateur des biens personnels de ses enfans mineurs.

Il est comptable, quant à la propriété et aux revenus, des biens dont il n'a pas la jouissance; et, quant à la propriété seulement, de ceux des biens dont la loi lui donne l'usufruit.

390.

Après la dissolution du mariage arrivée par la mort naturelle ou civile de l'un des époux, la tutelle des enfans mineurs et non émancipés appartient de plein droit au survivant des père et mère.

391.

Pourra néanmoins le père nommer à la mère survivante et tutrice, un conseil spécial, sans l'avis duquel elle ne pourra faire aucun acte relatif à la tutelle.

Si le père spécifie les actes pour lesquels le conseil sera nommé, la tutrice sera habile à faire les autres sans son assistance.

392.

Cette nomination de conseil ne pourra être faite que de l'une des manières suivantes :

1.º Par acte de dernière volonté;

2.º Par une déclaration faite ou devant le juge de paix, assisté de son greffier, ou devant notaires.

393.

Si, lors du décès du mari, la femme est enceinte, il sera nommé un curateur au ventre par le conseil de famille.

A la naissance de l'enfant, la mère en deviendra tutrice, et le curateur en sera de plein droit le subrogé tuteur.

394.

La mère n'est point tenue d'accepter la tutelle; néanmoins, et en cas qu'elle la refuse, elle devra en remplir les devoirs jusqu'à ce qu'elle ait fait nommer un tuteur.

395.

Si la mère tutrice veut se remarier, elle devra, avant l'acte de mariage, convoquer le conseil de famille, qui décidera si la tutelle doit lui être conservée.

A défaut de cette convocation, elle perdra la tutelle de plein droit ; et son nouveau mari sera solidairement responsable de toutes les suites de la tutelle qu'elle aura indûment conservée.

396.

Lorsque le conseil de famille, dûment convoqué, conservera la tutelle à la mère, il lui donnera nécessairement pour cotuteur le second mari, qui deviendra solidairement responsable, avec sa femme, de la gestion postérieure au mariage.

SECTION II.

De la Tutelle déférée par le Père ou la Mère.

397.

Le droit individuel de choisir un tuteur parent, ou même étranger, n'appartient qu'au dernier mourant des père et mère.

398.

Ce droit ne peut être exercé que dans les formes prescrites par l'article 392, et sous les exceptions et modifications ci-après.

399.

La mère remariée et non maintenue dans la tutelle des

enfans de son premier mariage, ne peut leur choisir un tuteur.

400.

Lorsque la mère remariée, et maintenue dans la tutelle, aura fait choix d'un tuteur aux enfans de son premier mariage, ce choix ne sera valable qu'autant qu'il sera confirmé par le conseil de famille.

401.

Le tuteur élu par le père ou la mère n'est pas tenu d'accepter la tutelle, s'il n'est d'ailleurs dans la classe des personnes qu'à défaut de cette élection spéciale le conseil de famille eût pu en charger.

SECTION III.

De la Tutelle des Ascendans.

402.

Lorsqu'il n'a pas été choisi au mineur un tuteur par le dernier mourant de ses père et mère, la tutelle appartient de droit à son aïeul paternel; à défaut de celui-ci, à son aïeul maternel, et ainsi en remontant, de manière que l'ascendant paternel soit toujours préféré à l'ascendant maternel du même degré.

403.

Si, à défaut de l'aïeul paternel et de l'aïeul maternel du mineur, la concurrence se trouvait établie entre deux ascendans du degré supérieur qui appartinssent tous deux à la

ligne

ligne paternelle du mineur, la tutelle passera de droit à celui des deux qui se trouvera être l'aïeul paternel du père du mineur.

404.

Si la même concurrence a lieu entre deux bisaïeuls de la ligne maternelle, la nomination sera faite par le conseil de famille, qui ne pourra néanmoins que choisir l'un de ces deux ascendans.

SECTION IV.

De la Tutelle déférée par le Conseil de famille.

405.

Lorsqu'un enfant mineur et non émancipé restera sans père ni mère, ni tuteur élu par ses père ou mère, ni ascendans mâles, comme aussi lorsque le tuteur de l'une des qualités ci-dessus exprimées se trouvera ou dans le cas des exclusions dont il sera parlé ci-après, ou valablement excusé, il sera pourvu, par un conseil de famille, à la nomination d'un tuteur.

406.

Ce conseil sera convoqué soit sur la réquisition et à la diligence des parens du mineur, de ses créanciers ou d'autres parties intéressées, soit même d'office et à la poursuite du juge de paix du domicile du mineur. Toute personne pourra dénoncer à ce juge de paix le fait qui donnera lieu à la nomination d'un tuteur.

O

407.

Le conseil de famille sera composé, non compris le juge de paix, de six parens ou alliés, pris tant dans la commune où la tutelle sera ouverte que dans la distance de deux myriamètres, moitié du côté paternel, moitié du côté maternel, et en suivant l'ordre de proximité dans chaque ligne.

Le parent sera préféré à l'allié du même degré; et, parmi les parens de même degré, le plus âgé à celui qui le sera le moins.

408.

Les frères germains du mineur et les maris des sœurs germaines sont seuls exceptés de la limitation de nombre posée en l'article précédent.

S'ils sont six, ou au-delà, ils seront tous membres du conseil de famille, qu'ils composeront seuls, avec les veuves d'ascendans et les ascendans valablement excusés, s'il y en a.

S'ils sont en nombre inférieur, les autres parens ne seront appelés que pour compléter le conseil.

409.

Lorsque les parens ou alliés de l'une ou de l'autre ligne se trouveront en nombre insuffisant sur les lieux, ou dans la distance désignée par l'article 407, le juge de paix appellera, soit des parens ou alliés domiciliés à de plus grandes distances, soit, dans la commune même, des citoyens connus pour avoir eu des relations habituelles d'amitié avec le père ou la mère du mineur.

410.

Le juge de paix pourra, lors même qu'il y aurait sur les lieux un nombre suffisant de parens ou alliés, permettre de citer, à quelque distance qu'ils soient domiciliés, des parens ou alliés plus proches en degrés ou de mêmes degrés que les parens ou alliés présens; de manière toutefois que cela s'opère en retranchant quelques-uns de ces derniers, et sans excéder le nombre réglé par les précédens articles.

411.

Le délai pour comparaître sera réglé par le juge de paix à jour fixe, mais de manière qu'il y ait toujours, entre la citation notifiée et le jour indiqué pour la réunion du conseil, un intervalle de trois jours au moins, quand toutes les parties citées résideront dans la commune, ou dans la distance de deux myriamètres.

Toutes les fois que, parmi les parties citées, il s'en trouvera de domiciliées au-delà de cette distance, le délai sera augmenté d'un jour par trois myriamètres.

412.

Les parens, alliés ou amis, ainsi convoqués, seront tenus de se rendre en personne, ou de se faire représenter par un mandataire spécial.

Le fondé de pouvoir ne peut représenter plus d'une personne.

413.

Tout parent, allié ou ami, convoqué, et qui, sans

excuse légitime, ne comparaîtra point, encourra une amende qui ne pourra excéder cinquante francs, et sera prononcée sans appel par le juge de paix.

414.

S'il y a excuse suffisante, et qu'il convienne, soit d'attendre le membre absent, soit de le remplacer ; en ce cas, comme en tout autre où l'intérêt du mineur semblera l'exiger, le juge de paix pourra ajourner l'assemblée ou la proroger.

415.

Cette assemblée se tiendra de plein droit chez le juge de paix, à moins qu'il ne désigne lui-même un autre local. La présence des trois quarts au moins de ses membres convoqués, sera nécessaire pour qu'elle délibère.

416.

Le conseil de famille sera présidé par le juge de paix, qui y aura voix délibérative, et prépondérante en cas de partage.

417.

Quand le mineur, domicilié en France, possédera des biens dans les colonies, ou réciproquement, l'administration spéciale de ces biens sera donnée à un protuteur.

En ce cas, le tuteur et le protuteur seront indépendans, et non responsables l'un envers l'autre pour leur gestion respective.

418.

Le tuteur agira et administrera, en cette qualité, du

jour de sa nomination, si elle a lieu en sa présence; sinon, du jour qu'elle lui aura été notifiée.

419.

La tutelle est une charge personnelle qui ne passe point aux héritiers du tuteur. Ceux-ci seront seulement responsables de la gestion de leur auteur; et, s'ils sont majeurs, ils seront tenus de la continuer jusqu'à la nomination d'un nouveau tuteur.

SECTION V.

Du subrogé Tuteur.

420.

Dans toute tutelle, il y aura un subrogé tuteur, nommé par le conseil de famille.

Ses fonctions consisteront à agir pour les intérêts du mineur, lorsqu'ils seront en opposition avec ceux du tuteur.

421.

Lorsque les fonctions du tuteur seront dévolues à une personne de l'une des qualités exprimées aux sections I, II et III du présent chapitre, ce tuteur devra, avant d'entrer en fonctions, faire convoquer, pour la nomination du subrogé tuteur, un conseil de famille composé comme il est dit en la section IV.

S'il s'est ingéré dans la gestion avant d'avoir rempli cette formalité, le conseil de famille, convoqué, soit sur la réquisition des parens, créanciers ou autres parties intéressées, soit d'office par le juge de paix, pourra, s'il y a eu dol de la part du tuteur, lui retirer la tutelle, sans préjudice des indemnités dues au mineur.

422.

Dans les autres tutelles, la nomination du subrogé tuteur aura lieu immédiatement après celle du tuteur.

423.

En aucun cas le tuteur ne votera pour la nomination du subrogé tuteur, lequel sera pris, hors le cas de frères germains, dans celle des deux lignes à laquelle le tuteur n'appartiendra point.

424.

Le subrogé tuteur ne remplacera pas de plein droit le tuteur, lorsque la tutelle deviendra vacante, ou qu'elle sera abandonnée par absence; mais il devra, en ce cas, sous peine des dommages-intérêts qui pourraient en résulter pour le mineur, provoquer la nomination d'un nouveau tuteur.

425.

Les fonctions du subrogé tuteur cesseront à la même époque que la tutelle.

426.

Les dispositions contenues dans les sections VI et VII du présent chapitre, s'appliqueront aux subrogés tuteurs.

Néanmoins le tuteur ne pourra provoquer la destitution du subrogé tuteur, ni voter dans les conseils de famille qui seront convoqués pour cet objet.

SECTION VI.

Des Causes qui dispensent de la Tutelle.

427.

Sont dispensés de la tutelle,

Les personnes désignées dans les titres III, V, VI, VIII, IX, X et XI de l'acte des constitutions du 18 mai 1804;

Les juges à la cour de cassation, le procureur-général impérial en la même cour et ses substituts;

Les commissaires de la comptabilité impériale;

Les préfets;

Tous citoyens exerçant une fonction publique dans un département autre que celui où la tutelle s'établit.

428.

Sont également dispensés de la tutelle;

Les militaires en activité de service, et tous autres citoyens qui remplissent, hors du territoire de l'Empire, une mission de l'Empereur.

429.

Si la mission est non authentique, et contestée, la dispense ne sera prononcée qu'après la représentation faite par le réclamant, du certificat du ministre dans le département duquel se placera la mission articulée comme excuse.

430.

Les citoyens de la qualité exprimée aux articles précédens, qui ont accepté la tutelle postérieurement aux fonctions, services ou missions qui en dispensent, ne seront plus admis à s'en faire décharger pour cette cause.

431.

Ceux, au contraire, à qui lesdites fonctions, services ou missions, auront été conférés postérieurement à l'acceptation et gestion d'une tutelle, pourront, s'ils ne veulent la conserver, faire convoquer, dans le mois, un conseil de famille, pour y être procédé à leur remplacement.

Si, à l'expiration de ces fonctions, services ou missions, le nouveau tuteur réclame sa décharge ; ou que l'ancien redemande la tutelle, elle pourra lui être rendue par le conseil de famille.

432.

Tout citoyen non parent ni allié ne peut être forcé d'accepter la tutelle, que dans le cas où il n'existerait pas, dans la distance de quatre myriamètres, des parens ou alliés en état de gérer la tutelle.

433.

Tout individu âgé de soixante-cinq ans accomplis, peut refuser d'être tuteur. Celui qui aura été nommé avant cet âge, pourra, à soixante-dix ans, se faire décharger de la tutelle.

434.

Tout individu atteint d'une infirmité grave et dûment justifiée, est dispensé de la tutelle.

Il pourra même s'en faire décharger, si cette infirmité est survenue depuis sa nomination.

435.

435.

Deux tutelles sont, pour toutes personnes, une juste dispense d'en accepter une troisième.

Celui qui, époux ou père, sera déjà chargé d'une tutelle, ne pourra être tenu d'en accepter une seconde, excepté celle de ses enfans.

436.

Ceux qui ont cinq enfans légitimes, sont dispensés de toute tutelle autre que celle desdits enfans.

Les enfans morts en activité de service dans les armées de l'Empereur, seront toujours comptés pour opérer cette dispense.

Les autres enfans morts ne seront comptés qu'autant qu'ils auront eux-mêmes laissé des enfans actuellement existans.

437.

La survenance d'enfans pendant la tutelle ne pourra autoriser à l'abdiquer.

438.

Si le tuteur nommé est présent à la délibération qui lui défère la tutelle, il devra sur-le-champ, et sous peine d'être déclaré non recevable dans toute réclamation ultérieure, proposer ses excuses, sur lesquelles le conseil de famille délibérera.

439.

Si le tuteur nommé n'a pas assisté à la délibération qui lui a déféré la tutelle, il pourra faire convoquer le conseil de famille pour délibérer sur ses excuses.

P

Ses diligences à ce sujet devront avoir lieu dans le délai de trois jours, à partir de la notification qui lui aura été faite de sa nomination; lequel délai sera augmenté d'un jour par trois myriamètres de distance du lieu de son domicile à celui de l'ouverture de la tutelle : passé ce délai, il sera non recevable.

440.

Si ses excuses sont rejetées, il pourra se pourvoir devant les tribunaux pour les faire admettre; mais il sera, pendant le litige, tenu d'administrer provisoirement.

441.

S'il parvient à se faire exempter de la tutelle, ceux qui auront rejeté l'excuse, pourront être condamnés aux frais de l'instance.

S'il succombe, il y sera condamné lui-même.

SECTION VII.

De l'Incapacité, des Exclusions et Destitutions de la Tutelle.

442.

Ne peuvent être tuteurs, ni membres des conseils de famille,

1.º Les mineurs, excepté le père ou la mère;

2.º Les interdits;

3.º Les femmes, autres que la mère et les ascendantes;

4.º Tous ceux qui ont ou dont les père ou mère ont avec le mineur un procès dans lequel l'état de ce mineur, sa fortune, ou une partie notable de ses biens, sont com-promis.

443.

La condamnation à une peine afflictive ou infamante emporte de plein droit l'exclusion de la tutelle. Elle emporte de même la destitution, dans le cas où il s'agirait d'une tutelle antérieurement déférée.

444.

Sont aussi exclus de la tutelle, et même destituables, s'ils sont en exercice,

1.° Les gens d'une inconduite notoire;

2.° Ceux dont la gestion attesterait l'incapacité ou l'infi-délité.

445.

Tout individu qui aura été exclu ou destitué d'une tutelle, ne pourra être membre d'un conseil de famille.

446.

Toutes les fois qu'il y aura lieu à une destitution de tuteur, elle sera prononcée par le conseil de famille, con-voqué à la diligence du subrogé tuteur, ou d'office par le juge de paix.

Celui-ci ne pourra se dispenser de faire cette convoca-tion, quand elle sera formellement requise par un ou plu-sieurs parens ou alliés du mineur, au degré de cousin germain ou à des degrés plus proches.

P 2

447.

Toute délibération du conseil de famille qui prononcera l'exclusion ou la destitution du tuteur, sera motivée, et ne pourra être prise qu'après avoir entendu ou appelé le tuteur.

448.

Si le tuteur adhère à la délibération, il en sera fait mention, et le nouveau tuteur entrera aussitôt en fonctions.

S'il y a réclamation, le subrogé tuteur poursuivra l'homologation de la délibération devant le tribunal de première instance, qui prononcera sauf l'appel.

Le tuteur exclu ou destitué peut lui-même, en ce cas, assigner le subrogé tuteur pour se faire déclarer maintenu en la tutelle.

449.

Les parens ou alliés qui auront requis la convocation, pourront intervenir dans la cause ; qui sera instruite et jugée comme affaire urgente.

SECTION VIII.

De l'Administration du Tuteur.

450.

Le tuteur prendra soin de la personne du mineur, et le représentera dans tous les actes civils.

Il administrera ses biens en bon père de famille, et répondra des dommages-intérêts qui pourraient résulter d'une mauvaise gestion.

Il ne peut ni acheter les biens du mineur, ni les prendre à ferme, à moins que le conseil de famille n'ait autorisé le subrogé tuteur à lui en passer bail, ni accepter la cession d'aucun droit ou créance contre son pupille.

451.

Dans les dix jours qui suivront celui de sa nomination, dûment connue de lui, le tuteur requerra la levée des scellés, s'ils ont été apposés, et fera procéder immédiatement à l'inventaire des biens du mineur, en présence du subrogé tuteur.

S'il lui est dû quelque chose par le mineur, il devra le déclarer dans l'inventaire, à peine de déchéance, et ce, sur la réquisition que l'officier public sera tenu de lui en faire, et dont mention sera faite au procès-verbal.

452.

Dans le mois qui suivra la clôture de l'inventaire, le tuteur fera vendre, en présence du subrogé tuteur, aux enchères reçues par un officier public, et après des affiches ou publications dont le procès-verbal de vente fera mention, tous les meubles autres que ceux que le conseil de famille l'aurait autorisé à conserver en nature.

453.

Les père et mère, tant qu'ils ont la jouissance propre et légale des biens du mineur, sont dispensés de vendre les meubles, s'ils préfèrent de les garder pour les remettre en nature.

Dans ce cas, ils en feront faire, à leurs frais, une estimation à juste valeur, par un expert qui sera nommé par le subrogé tuteur et prêtera serment devant le juge de paix. Ils rendront la valeur estimative de ceux des meubles qu'ils ne pourraient représenter en nature.

454.

Lors de l'entrée en exercice de toute tutelle, autre que celle des père et mère, le conseil de famille réglera par aperçu, et selon l'importance des biens régis, la somme à laquelle pourra s'élever la dépense annuelle du mineur, ainsi que celle d'administration de ses biens.

Le même acte spécifiera si le tuteur est autorisé à s'aider, dans sa gestion, d'un ou plusieurs administrateurs particuliers, salariés, et gérant sous sa responsabilité.

455.

Ce conseil déterminera positivement la somme à laquelle commencera, pour le tuteur, l'obligation d'employer l'excédant des revenus sur la dépense : cet emploi devra être fait dans le délai de six mois, passé lequel le tuteur devra les intérêts à défaut d'emploi.

456.

Si le tuteur n'a pas fait déterminer par le conseil de famille la somme à laquelle doit commencer l'emploi, il devra, après le délai exprimé dans l'article précédent, les intérêts de toute somme non employée, quelque modique qu'elle soit.

457.

Le tuteur, même le père ou la mère, ne peut emprunter pour le mineur, ni aliéner ou hypothéquer ses biens immeubles, sans y être autorisé par un conseil de famille.

Cette autorisation ne devra être accordée que pour cause d'une nécessité absolue, ou d'un avantage évident.

Dans le premier cas, le conseil de famille n'accordera son autorisation qu'après qu'il aura été constaté, par un compte sommaire présenté par le tuteur, que les deniers, effets mobiliers et revenus du mineur sont insuffisans.

Le conseil de famille indiquera, dans tous les cas, les immeubles qui devront être vendus de préférence, et toutes les conditions qu'il jugera utiles.

458.

Les délibérations du conseil de famille relatives à cet objet, ne seront exécutées qu'après que le tuteur en aura demandé et obtenu l'homologation devant le tribunal de première instance, qui y statuera en la chambre du conseil, et après avoir entendu le procureur impérial.

459.

La vente se fera publiquement, en présence du subrogé tuteur, aux enchères qui seront reçues par un membre du tribunal de première instance, ou par un notaire à ce commis, et à la suite de trois affiches apposées, par trois dimanches consécutifs, aux lieux accoutumés dans le canton.

Chacune de ces affiches sera visée et certifiée par le maire des communes où elles auront été apposées.

460.

Les formalités exigées par les articles 457 et 458 pour l'aliénation des biens du mineur, ne s'appliquent point au cas où un jugement aurait ordonné la licitation sur la provocation d'un copropriétaire par indivis.

Seulement, et en ce cas, la licitation ne pourra se faire que dans la forme prescrite par l'article précédent : les étrangers y seront nécessairement admis.

461.

Le tuteur ne pourra accepter ni répudier une succession échue au mineur, sans une autorisation préalable du conseil de famille. L'acceptation n'aura lieu que sous bénéfice d'inventaire.

462.

Dans le cas où la succession répudiée au nom du mineur n'aurait pas été acceptée par un autre, elle pourra être reprise, soit par le tuteur, autorisé à cet effet par une nouvelle délibération du conseil de famille, soit par le mineur devenu majeur, mais dans l'état où elle se trouvera lors de la reprise, et sans pouvoir attaquer les ventes et autres actes qui auraient été légalement faits durant la vacance.

463.

La donation faite au mineur ne pourra être acceptée par le tuteur qu'avec l'autorisation du conseil de famille.

Elle aura, à l'égard du mineur, le même effet qu'à l'égard du majeur.

464.

464.

Aucun tuteur ne pourra introduire en justice une action relative aux droits immobiliers du mineur, ni acquiescer à une demande relative aux mêmes droits, sans l'autorisation du conseil de famille.

465.

La même autorisation sera nécessaire au tuteur pour provoquer un partage; mais il pourra, sans cette autorisation, répondre à une demande en partage dirigée contre le mineur.

466.

Pour obtenir à l'égard du mineur tout l'effet qu'il aurait entre majeurs, le partage devra être fait en justice, et précédé d'une estimation faite par experts nommés par le tribunal de première instance du lieu de l'ouverture de la succession.

Les experts, après avoir prêté, devant le président du même tribunal ou autre juge par lui délégué, le serment de bien et fidèlement remplir leur mission, procéderont à la division des héritages et à la formation des lots, qui seront tirés au sort, et en présence soit d'un membre du tribunal, soit d'un notaire par lui commis, lequel fera la délivrance des lots.

Tout autre partage ne sera considéré que comme provisionnel.

467.

Le tuteur ne pourra transiger au nom du mineur, qu'après

Q

y avoir été autorisé par le conseil de famille, et de l'avis de trois jurisconsultes désignés par le procureur impérial au tribunal de première instance.

La transaction ne sera valable qu'autant qu'elle aura été homologuée par le tribunal de première instance, après avoir entendu le procureur impérial.

468.

Le tuteur qui aura des sujets de mécontentement graves sur la conduite du mineur, pourra porter ses plaintes à un conseil de famille, et, s'il y est autorisé par ce conseil, provoquer la reclusion du mineur, conformément à ce qui est statué à ce sujet au titre _de la Puissance paternelle._

SECTION IX.

Des Comptes de la Tutelle.

469.

Tout tuteur est comptable de sa gestion lorsqu'elle finit.

470.

Tout tuteur, autre que le père et la mère, peut être tenu, même durant la tutelle, de remettre au subrogé tuteur des états de situation de sa gestion, aux époques que le conseil de famille aurait jugé à propos de fixer, sans néanmoins que le tuteur puisse être astreint à en fournir plus d'un chaque année.

Ces états de situation seront rédigés et remis, sans frais,

sur papier non timbré, et sans aucune formalité de justice.

471.

Le compte définitif de tutelle sera rendu aux dépens du mineur, lorsqu'il aura atteint sa majorité ou obtenu son émancipation. Le tuteur en avancera les frais.

On y allouera au tuteur toutes dépenses suffisamment justifiées, et dont l'objet sera utile.

472.

Tout traité qui pourra intervenir entre le tuteur et le mineur devenu majeur, sera nul, s'il n'a été précédé de la reddition d'un compte détaillé, et de la remise des pièces justificatives ; le tout constaté par un récépissé de l'oyant-compte, dix jours au moins avant le traité.

473.

Si le compte donne lieu à des contestations, elles seront poursuivies et jugées comme les autres contestations en matière civile.

474.

La somme à laquelle s'élevera le reliquat dû par le tuteur, portera intérêt, sans demande, à compter de la clôture du compte.

Les intérêts de ce qui sera dû au tuteur par le mineur, ne courront que du jour de la sommation de payer qui aura suivi la clôture du compte.

475.

Toute action du mineur contre son tuteur, relativement

Q 2

aux faits de la tutelle, se prescrit par dix ans, à compter de la majorité.

CHAPITRE III.

DE L'ÉMANCIPATION.

476.

Le mineur est émancipé de plein droit par le mariage.

477.

Le mineur, même non marié, pourra être émancipé par son père, ou, à défaut de père, par sa mère, lorsqu'il aura atteint l'âge de quinze ans révolus.

Cette émancipation s'opérera par la seule déclaration du père ou de la mère, reçue par le juge de paix assisté de son greffier.

478.

Le mineur resté sans père ni mère pourra aussi, mais seulement à l'âge de dix-huit ans accomplis, être émancipé, si le conseil de famille l'en juge capable.

En ce cas, l'émancipation résultera de la délibération qui l'aura autorisée, et de la déclaration que le juge de paix, comme président du conseil de famille, aura faite dans le même acte, *que le mineur est émancipé.*

479.

Lorsque le tuteur n'aura fait aucune diligence pour l'émancipation du mineur dont il est parlé dans l'article précédent, et qu'un ou plusieurs parens ou alliés de ce mineur, au degré de cousin germain ou à des degrés plus proches, le jugeront capable d'être émancipé, ils pourront requérir le juge de paix de convoquer le conseil de famille pour délibérer à ce sujet.

Le juge de paix devra déférer à cette réquisition.

480.

Le compte de tutelle sera rendu au mineur émancipé, assisté d'un curateur qui lui sera nommé par le conseil de famille.

481.

Le mineur émancipé passera les baux dont la durée n'excédera point neuf ans; il recevra ses revenus, en donnera décharge, et fera tous les actes qui ne sont que de pure administration, sans être restituable contre ces actes dans tous les cas où le majeur ne le serait pas lui-même.

482.

Il ne pourra intenter une action immobilière, ni y défendre, même recevoir et donner décharge d'un capital mobilier, sans l'assistance de son curateur; qui, au dernier cas, surveillera l'emploi du capital reçu.

483.

Le mineur émancipé ne pourra faire d'emprunts, sous aucun prétexte, sans une délibération du conseil de famille, homologuée par le tribunal de première instance, après avoir entendu le procureur impérial.

484.

Il ne pourra non plus vendre ni aliéner ses immeubles, ni faire aucun acte autre que ceux de pure administration, sans observer les formes prescrites au mineur non émancipé.

A l'égard des obligations qu'il aurait contractées par voie d'achats ou autrement, elles seront réductibles en cas d'excès : les tribunaux prendront, à ce sujet, en considération, la fortune du mineur, la bonne ou mauvaise foi des personnes qui auront contracté avec lui, l'utilité ou l'inutilité des dépenses.

485.

Tout mineur émancipé dont les engagemens auraient été réduits en vertu de l'article précédent, pourra être privé du bénéfice de l'émancipation, laquelle lui sera retirée en suivant les mêmes formes que celles qui auront eu lieu pour la lui conférer.

486.

Dès le jour où l'émancipation aura été révoquée, le mineur rentrera en tutelle, et y restera jusqu'à sa majorité accomplie.

487.

Le mineur émancipé qui fait un commerce, est réputé majeur pour les faits relatifs à ce commerce.

TITRE XI.

DE LA MAJORITÉ, DE L'INTERDICTION,
ET DU CONSEIL JUDICIAIRE.

Décrété le 29 Mar. 1803.
Promulgué le 8 Avril

CHAPITRE PREMIER.

DE LA MAJORITÉ.

488.

LA majorité est fixée à vingt-un ans accomplis; à cet âge on est capable de tous les actes de la vie civile, sauf la restriction portée au titre *du Mariage.*

CHAPITRE II.

DE L'INTERDICTION.

489.

Le majeur qui est dans un état habituel d'imbécillité, de démence ou de fureur, doit être interdit, même lorsque cet état présente des intervalles lucides.

490.

Tout parent est recevable à provoquer l'interdiction de son parent. Il en est de même de l'un des époux à l'égard de l'autre.

491.

Dans le cas de fureur, si l'interdiction n'est provoquée ni par l'époux ni par les parens, elle doit l'être par le procureur impérial, qui, dans les cas d'imbécillité ou de démence, peut aussi la provoquer contre un individu qui n'a ni époux, ni épouse, ni parens connus.

492.

Toute demande en interdiction sera portée devant le tribunal de première instance.

493.

Les faits d'imbécillité, de démence, ou de fureur, seront articulés par écrit. Ceux qui poursuivront l'interdiction, présenteront les témoins et les pièces.

494.

Le tribunal ordonnera que le conseil de famille, formé selon le mode déterminé à la section IV du chapitre II du titre *de la Minorité, de la Tutelle et de l'Émancipation,* donne son avis sur l'état de la personne dont l'interdiction est demandée.

495.

Ceux qui auront provoqué l'interdiction, ne pourront faire partie du conseil de famille : cependant, l'époux ou l'épouse, et les enfans de la personne dont l'interdiction sera provoquée, pourront y être admis sans y avoir voix délibérative.

496.

496.

Après avoir reçu l'avis du conseil de famille, le tribunal interrogera le défendeur à la chambre du conseil : s'il ne peut s'y présenter, il sera interrogé dans sa demeure, par l'un des juges à ce commis, assisté du greffier. Dans tous les cas, le procureur impérial sera présent à l'interrogatoire.

497.

Après le premier interrogatoire, le tribunal commettra, s'il y a lieu, un administrateur provisoire, pour prendre soin de la personne et des biens du défendeur.

498.

Le jugement sur une demande en interdiction, ne pourra être rendu qu'à l'audience publique, les parties entendues ou appelées.

499.

En rejetant la demande en interdiction, le tribunal pourra néanmoins, si les circonstances l'exigent, ordonner que le défendeur ne pourra désormais plaider, transiger, emprunter, recevoir un capital mobilier, ni en donner décharge, aliéner, ni grever ses biens d'hypothèques, sans l'assistance d'un conseil qui lui sera nommé par le même jugement.

500.

En cas d'appel du jugement rendu en première instance, la cour d'appel pourra, si elle le juge nécessaire, interroger

R

de nouveau, ou faire interroger par un commissaire, la personne dont l'interdiction est demandée.

501.

Tout arrêt ou jugement portant interdiction, ou nomination d'un conseil, sera, à la diligence des demandeurs, levé, signifié à partie, et inscrit, dans les dix jours, sur les tableaux qui doivent être affichés dans la salle de l'auditoire et dans les études des notaires de l'arrondissement.

502.

L'interdiction, ou la nomination d'un conseil, aura son effet du jour du jugement. Tous actes passés postérieurement par l'interdit, ou sans l'assistance du conseil, seront nuls de droit.

503.

Les actes antérieurs à l'interdiction pourront être annullés, si la cause de l'interdiction existait notoirement à l'époque où ces actes ont été faits.

504.

Après la mort d'un individu, les actes par lui faits ne pourront être attaqués pour cause de démence, qu'autant que son interdiction aurait été prononcée ou provoquée avant son décès ; à moins que la preuve de la démence ne résulte de l'acte même qui est attaqué.

505.

S'il n'y a pas d'appel du jugement d'interdiction rendu en première instance, ou s'il est confirmé sur l'appel, il sera pourvu à la nomination d'un tuteur et d'un subrogé tuteur à l'interdit, suivant les règles prescrites au titre *de la Minorité, de la Tutelle et de l'Émancipation.* L'administrateur provisoire cessera ses fonctions, et rendra compte au tuteur s'il ne l'est pas lui-même.

506.

Le mari est, de droit, le tuteur de sa femme interdite.

507.

La femme pourra être nommée tutrice de son mari. En ce cas, le conseil de famille réglera la forme et les conditions de l'administration; sauf le recours devant les tribunaux de la part de la femme qui se croirait lésée par l'arrêté de la famille.

508.

Nul, à l'exception des époux, des ascendans et descendans, ne sera tenu de conserver la tutelle d'un interdit au-delà de dix ans. A l'expiration de ce délai, le tuteur pourra demander et devra obtenir son remplacement.

509.

L'interdit est assimilé au mineur, pour sa personne et pour ses biens : les lois sur la tutelle des mineurs s'appliqueront à la tutelle des interdits.

510.

Les revenus d'un interdit doivent être essentiellement employés à adoucir son sort et à accélérer sa guérison. Selon les caractères de sa maladie et l'état de sa fortune, le conseil de famille pourra arrêter qu'il sera traité dans son domicile, ou qu'il sera placé dans une maison de santé, et même dans un hospice.

§ I I.

Lorsqu'il sera question du mariage de l'enfant d'un interdit, la dot, ou l'avancement d'hoirie, et les autres conventions matrimoniales, seront réglés par un avis du conseil de famille, homologué par le tribunal, sur les conclusions du procureur impérial.

§ I 2.

L'interdiction cesse avec les causes qui l'ont déterminée : néanmoins la main-levée ne sera prononcée qu'en observant les formalités prescrites pour parvenir à l'interdiction, et l'interdit ne pourra reprendre l'exercice de ses droits qu'après le jugement de main-levée.

CHAPITRE III.

DU CONSEIL JUDICIAIRE.

§ I 3.

Il peut être défendu aux prodigues de plaider, de transiger, d'emprunter, de recevoir un capital mobilier et d'en donner décharge, d'aliéner, ni de grever leurs biens d'hypothèques, sans l'assistance d'un conseil qui leur est nommé par le tribunal.

§ I 4.

La défense de procéder sans l'assistance d'un conseil,

peut être provoquée par ceux qui ont droit de demander l'interdiction; leur demande doit être instruite et jugée de la même manière.

Cette défense ne peut être levée qu'en observant les mêmes formalités.

515.

Aucun jugement, en matière d'interdiction, ou de nomination de conseil, ne pourra être rendu, soit en première instance, soit en cause d'appel, que sur les conclusions du ministère public.

LIVRE II.

DES BIENS,

ET DES DIFFÉRENTES MODIFICATIONS
DE LA PROPRIÉTÉ.

Décrété le 25 Janvier 1804.
Promulgué le 4 Février.

TITRE I.er

DE LA DISTINCTION DES BIENS.

516.

Tous les biens sont meubles ou immeubles.

CHAPITRE PREMIER.

DES IMMEUBLES.

517.

Les biens sont immeubles, ou par leur nature, ou par leur destination, ou par l'objet auquel ils s'appliquent.

518.

Les fonds de terre et les bâtimens sont immeubles par leur nature.

519.

Les moulins à vent ou à eau, fixes sur piliers et faisant partie du bâtiment, sont aussi immeubles par leur nature.

520.

Les récoltes pendantes par les racines, et les fruits des arbres non encore recueillis, sont pareillement immeubles.

Dès que les grains sont coupés et les fruits détachés, quoique non enlevés, ils sont meubles.

Si une partie seulement de la récolte est coupée, cette partie seule est meuble.

521.

Les coupes ordinaires des bois taillis ou de futaies mises en coupes réglées, ne deviennent meubles qu'au fur et à mesure que les arbres sont abattus.

522.

Les animaux que le propriétaire du fonds livre au fermier ou au métayer pour la culture, estimés ou non, sont censés immeubles tant qu'ils demeurent attachés au fonds par l'effet de la convention.

Ceux qu'il donne à cheptel à d'autres qu'au fermier ou métayer, sont meubles.

523.

Les tuyaux servant à la conduite des eaux dans une maison ou autre héritage, sont immeubles, et font partie du fonds auquel ils sont attachés.

524.

Les objets que le propriétaire d'un fonds y a placés pour le service et l'exploitation de ce fonds, sont immeubles par destination.

Ainsi, sont immeubles par destination, quand ils ont été placés par le propriétaire pour le service et l'exploitation du fonds,

Les animaux attachés à la culture;

Les ustensiles aratoires;

Les semences données aux fermiers ou colons partiaires;

Les pigeons des colombiers;

Les lapins des garennes;

Les ruches à miel;

Les poissons des étangs;

Les pressoirs, chaudières, alambics, cuves et tonnes;

Les ustensiles nécessaires à l'exploitation des forges, papeteries et autres usines;

Les pailles et engrais.

Sont aussi immeubles par destination, tous effets mobiliers que le propriétaire a attachés au fonds à perpétuelle demeure.

525.

Le propriétaire est censé avoir attaché à son fonds des effets mobiliers à perpétuelle demeure, quand ils y sont scellés en plâtre ou à chaux ou à ciment, ou lorsqu'ils ne peuvent être détachés sans être fracturés et détériorés, ou sans briser ou détériorer la partie du fonds à laquelle ils sont attachés.

Les glaces d'un appartement sont censées mises à perpétuelle demeure, lorsque le parquet sur lequel elles sont attachées fait corps avec la boiserie.

Il en est de même des tableaux et autres ornemens.

Quant

Quant aux statues, elles sont immeubles lorsqu'elles sont placées dans une niche pratiquée exprès pour les recevoir, encore qu'elles puissent être enlevées sans fracture ou détérioration.

526.

Sont immeubles, par l'objet auquel ils s'appliquent,

L'usufruit des choses immobilières;

Les servitudes ou services fonciers;

Les actions qui tendent à revendiquer un immeuble.

CHAPITRE II.

DES MEUBLES.

527.

Les biens sont meubles par leur nature, ou par la détermination de la loi.

528.

Sont meubles par leur nature, les corps qui peuvent se transporter d'un lieu à un autre, soit qu'ils se meuvent par eux-mêmes, comme les animaux, soit qu'ils ne puissent changer de place que par l'effet d'une force étrangère, comme les choses inanimées.

529.

Sont meubles par la détermination de la loi, les obligations et actions qui ont pour objet des sommes exigibles ou des effets mobiliers, les actions ou intérêts dans les compagnies de finance, de commerce ou d'industrie,

S

encore que des immeubles dépendans de ces entreprises appartiennent aux compagnies. Ces actions ou intérêts sont réputés meubles à l'égard de chaque associé seulement, tant que dure la société.

Sont aussi meubles par la détermination de la loi, les rentes perpétuelles ou viagères, soit sur l'État, soit sur des particuliers.

5 3 0.

rticle 530, décrété
Mars 1804.
romulgué le 31 du
ne mois.

Toute rente établie à perpétuité pour le prix de la vente d'un immeuble ou comme condition de la cession à titre onéreux ou gratuit d'un fonds immobilier, est essentiellement rachetable.

Il est néanmoins permis au créancier de régler les clauses et conditions du rachat.

Il lui est aussi permis de stipuler que la rente ne pourra lui être remboursée qu'après un certain terme, lequel ne peut jamais excéder trente ans : toute stipulation contraire est nulle.

5 3 1.

Les bateaux, bacs, navires, moulins et bains sur bateaux, et généralement toutes usines non fixées par des piliers, et ne faisant point partie de la maison, sont meubles : la saisie de quelques-uns de ces objets peut cependant, à cause de leur importance, être soumise à des formes particulières, ainsi qu'il sera expliqué dans le Code de la procédure civile.

5 3 2.

Les matériaux provenant de la démolition d'un édifice,

ceux assemblés pour en construire un nouveau, sont meubles jusqu'à ce qu'ils soient employés par l'ouvrier dans une construction.

533.

Le mot *meuble*, employé seul dans les dispositions de la loi ou de l'homme, sans autre addition ni désignation, ne comprend pas l'argent comptant, les pierreries, les dettes actives, les livres, les médailles, les instrumens des sciences, des arts et métiers, le linge de corps, les chevaux, équipages, armes, grains, vins, foins et autres denrées ; il ne comprend pas aussi ce qui fait l'objet d'un commerce.

534.

Les mots *meubles meublans* ne comprennent que les meubles destinés à l'usage et à l'ornement des appartemens, comme tapisseries, lits, siéges, glaces, pendules, tables, porcelaines et autres objets de cette nature.

Les tableaux et les statues qui font partie du meuble d'un appartement, y sont aussi compris, mais non les collections de tableaux qui peuvent être dans les galeries ou pièces particulières.

Il en est de même des porcelaines : celles seulement qui font partie de la décoration d'un appartement, sont comprises sous la dénomination de *meubles meublans*.

535.

L'expression *biens meubles*, celle de *mobilier* ou d'*effets mobiliers*, comprennent généralement tout ce qui est censé meuble d'après les règles ci-dessus établies.

La vente ou le don d'une maison meublée ne comprend que les meubles meublans.

536.

La vente ou le don d'une maison, avec tout ce qui s'y trouve, ne comprend pas l'argent comptant, ni les dettes actives et autres droits dont les titres peuvent être déposés dans la maison ; tous les autres effets mobiliers y sont compris.

CHAPITRE III.

DES BIENS DANS LEUR RAPPORT AVEC CEUX QUI LES POSSÈDENT.

537.

Les particuliers ont la libre disposition des biens qui leur appartiennent, sous les modifications établies par les lois.

Les biens qui n'appartiennent pas à des particuliers, sont administrés et ne peuvent être aliénés que dans les formes et suivant les règles qui leur sont particulières.

538.

Les chemins, routes et rues à la charge de l'État, les fleuves et rivières navigables ou flottables, les rivages, lais et relais de la mer, les ports, les havres, les rades, et généralement toutes les portions du territoire français qui ne sont pas susceptibles d'une propriété privée, sont considérés comme des dépendances du domaine public.

539.

Tous les biens vacans et sans maître, et ceux des personnes qui décèdent sans héritiers, ou dont les successions sont abandonnées, appartiennent au domaine public.

540.

Les portes, murs, fossés, remparts des places de guerre et des forteresses, font aussi partie du domaine public.

541.

Il en est de même des terrains, des fortifications et remparts des places qui ne sont plus places de guerre : ils appartiennent à l'État, s'ils n'ont été valablement aliénés, ou si la propriété n'en a pas été prescrite contre lui.

542.

Les biens communaux sont ceux à la propriété ou au produit desquels les habitans d'une ou plusieurs communes ont un droit acquis.

543.

On peut avoir sur les biens, ou un droit de propriété, ou un simple droit de jouissance, ou seulement des services fonciers à prétendre.

TITRE II.

DE LA PROPRIÉTÉ.

Décrété le 27 Jan-
er 1804.
Promulgué le 6 Fé-
,er.

544.

La propriété est le droit de jouir et disposer des choses de la manière la plus absolue, pourvu qu'on n'en fasse pas un usage prohibé par les lois ou par les réglemens.

545.

Nul ne peut être contraint de céder sa propriété, si ce n'est pour cause d'utilité publique, et moyennant une juste et préalable indemnité.

546.

La propriété d'une chose, soit mobilière, soit immobilière, donne droit sur tout ce qu'elle produit, et sur ce qui s'y unit accessoirement, soit naturellement, soit artificiellement.

Ce droit s'appelle *droit d'accession.*

CHAPITRE I.er

DU DROIT D'ACCESSION SUR CE QUI EST PRODUIT PAR LA CHOSE.

547.

Les fruits naturels ou industriels de la terre,

Les fruits civils,

Le croît des animaux,

Appartiennent au propriétaire par droit d'accession.

548.

Les fruits produits par la chose n'appartiennent au propriétaire qu'à la charge de rembourser les frais des labours, travaux et semences faits par des tiers.

549.

Le simple possesseur ne fait les fruits siens que dans le cas où il possède de bonne foi : dans le cas contraire, il est tenu de rendre les produits avec la chose au propriétaire qui la revendique.

550.

Le possesseur est de bonne foi quand il possède comme propriétaire, en vertu d'un titre translatif de propriété dont il ignore les vices.

Il cesse d'être de bonne foi du moment où ces vices lui sont connus.

CHAPITRE II.

DU DROIT D'ACCESSION SUR CE QUI S'UNIT ET S'INCORPORE À LA CHOSE.

551.

Tout ce qui s'unit et s'incorpore à la chose appartient au propriétaire, suivant les règles qui seront ci-après établies.

SECTION I.re

Du Droit d'accession relativement aux choses immobilières.

552.

La propriété du sol emporte la propriété du dessus et du dessous.

Le propriétaire peut faire au-dessus toutes les plantations et constructions qu'il juge à propos, sauf les exceptions établies au titre *des Servitudes ou Services fonciers.*

Il peut faire au-dessous toutes les constructions et fouilles qu'il jugera à propos, et tirer de ces fouilles tous les produits qu'elles peuvent fournir, sauf les modifications résultant des lois et réglemens relatifs aux mines, et des lois et réglemens de police.

553.

Toutes constructions, plantations et ouvrages sur un terrain ou dans l'intérieur, sont présumés faits par le propriétaire à ses frais et lui appartenir, si le contraire n'est prouvé; sans préjudice de la propriété qu'un tiers pourrait avoir acquise ou pourrait acquérir par prescription, soit d'un souterrain sous le bâtiment d'autrui, soit de toute autre partie du bâtiment.

554.

Le propriétaire du sol qui a fait des constructions, plantations et ouvrages avec des matériaux qui ne lui appartenaient pas, doit en payer la valeur; il peut aussi être condamné à des dommages et intérêts, s'il y a lieu:

mais

mais le propriétaire des matériaux n'a pas le droit de les enlever.

555.

Lorsque les plantations, constructions et ouvrages ont été faits par un tiers et avec ses matériaux, le propriétaire du fonds a droit ou de les retenir, ou d'obliger ce tiers à les enlever.

Si le propriétaire du fonds demande la suppression des plantations et constructions, elle est aux frais de celui qui les a faites, sans aucune indemnité pour lui ; il peut même être condamné à des dommages et intérêts, s'il y a lieu, pour le préjudice que peut avoir éprouvé le propriétaire du fonds.

Si le propriétaire préfère conserver ces plantations et constructions, il doit le remboursement de la valeur des matériaux et du prix de la main-d'œuvre, sans égard à la plus ou moins grande augmentation de valeur que le fonds a pu recevoir. Néanmoins, si les plantations, constructions et ouvrages ont été faits par un tiers évincé, qui n'aurait pas été condamné à la restitution des fruits, attendu sa bonne foi, le propriétaire ne pourra demander la suppression desdits ouvrages, plantations et constructions ; mais il aura le choix, ou de rembourser la valeur des matériaux et du prix de la main-d'œuvre, ou de rembourser une somme égale à celle dont le fonds a augmenté de valeur.

556.

Les attérissemens et accroissemens qui se forment

T

successivement et imperceptiblement aux fonds riverains
d'un fleuve ou d'une rivière, s'appellent *alluvion.*

L'alluvion profite au propriétaire riverain, soit qu'il
s'agisse d'un fleuve ou d'une rivière navigable, flottable ou
non; à la charge, dans le premier cas, de laisser le marchepied ou chemin de halage, conformément aux réglemens.

557.

Il en est de même des relais que forme l'eau courante
qui se retire insensiblement de l'une de ses rives en se
portant sur l'autre : le propriétaire de la rive découverte
profite de l'alluvion, sans que le riverain du côté opposé
y puisse venir réclamer le terrain qu'il a perdu.

Ce droit n'a pas lieu à l'égard des relais de la mer.

558.

L'alluvion n'a pas lieu à l'égard des lacs et étangs, dont
le propriétaire conserve toujours le terrain que l'eau couvre
quand elle est à la hauteur de la décharge de l'étang, encore que le volume de l'eau vienne à diminuer.

Réciproquement le propriétaire de l'étang n'acquiert
aucun droit sur les terres riveraines que son eau vient à
couvrir dans des crues extraordinaires.

559.

Si un fleuve ou une rivière, navigable ou non, enlève
par une force subite une partie considérable et reconnaissable d'un champ riverain, et la porte vers un champ inférieur ou sur la rive opposée, le propriétaire de la partie

enlevée peut réclamer sa propriété; mais il est tenu de former sa demande dans l'année : après ce délai, il n'y sera plus recevable, à moins que le propriétaire du champ auquel la partie enlevée a été unie, n'eût pas encore-pris possession de celle-ci.

560.

Les îles, îlots, attérissemens, qui se forment dans le lit des fleuves ou des rivières navigables ou flottables, appartiennent à l'État, s'il n'y a titre ou prescription contraire.

561.

Les îles et attérissemens qui se forment dans les rivières non navigables et non flottables, appartiennent aux propriétaires riverains du côté où l'île s'est formée : si l'île n'est pas formée d'un seul côté, elle appartient aux propriétaires riverains des deux côtés, à partir de la ligne qu'on suppose tracée au milieu de la rivière.

562.

Si une rivière ou un fleuve, en se formant un bras nouveau, coupe et embrasse le champ d'un propriétaire riverain, et en fait une île, ce propriétaire conserve la propriété de son champ, encore que l'île se soit formée dans un fleuve ou dans une rivière navigable ou flottable.

563.

Si un fleuve ou une rivière navigable, flottable ou non, se forme un nouveau cours en abandonnant son ancien lit, les propriétaires des fonds nouvellement occupés prennent,

T 2

à titre d'indemnité, l'ancien lit abandonné, chacun dans la proportion du terrain qui lui a été enlevé.

564.

Les pigeons, lapins, poissons, qui passent dans un autre colombier, garenne ou étang, appartiennent au propriétaire de ces objets, pourvu qu'ils n'y aient point été attirés par fraude et artifice.

SECTION II.

Du Droit d'accession relativement aux choses mobilières.

565.

Le droit d'accession, quand il a pour objet deux choses mobilières appartenant à deux maîtres différens, est entièrement subordonné aux principes de l'équité naturelle.

Les règles suivantes serviront d'exemple au juge pour se déterminer, dans les cas non prévus, suivant les circonstances particulières.

566.

Lorsque deux choses appartenant à différens maîtres, qui ont été unies de manière à former un tout, sont néanmoins séparables, en sorte que l'une puisse subsister sans l'autre, le tout appartient au maître de la chose qui forme la partie principale, à la charge de payer à l'autre la valeur de la chose qui a été unie.

567.

Est réputée partie principale celle à laquelle l'autre n'a

été unie que pour l'usage, l'ornement ou le complément
de la première.

568.

Néanmoins, quand la chose unie est beaucoup plus
précieuse que la chose principale, et quand elle a été employée à l'insu du propriétaire, celui-ci peut demander
que la chose unie soit séparée pour lui être rendue, même
quand il pourrait en résulter quelque dégradation de la
chose à laquelle elle a été jointe.

569.

Si de deux choses unies pour former un seul tout, l'une
ne peut point être regardée comme l'accessoire de l'autre,
celle-là est réputée principale qui est la plus considérable
en valeur, ou en volume si les valeurs sont à-peu-près
égales.

570.

Si un artisan ou une personne quelconque a employé
une matière qui ne lui appartenait pas, à former une chose
d'une nouvelle espèce, soit que la matière puisse ou non
reprendre sa première forme, celui qui en était le propriétaire a le droit de réclamer la chose qui en a été formée,
en remboursant le prix de la main-d'œuvre.

571.

Si cependant la main-d'œuvre était tellement impor-
tante qu'elle surpassât de beaucoup la valeur de la matière
employée, l'industrie serait alors réputée la partie principale, et l'ouvrier aurait le droit de retenir la chose

travaillée , en remboursant le prix de la matière au propriétaire.

572.

Lorsqu'une personne a employé en partie la matière qui
lui appartenait, et en partie celle qui ne lui appartenait
pas, à former une chose d'une espèce nouvelle, sans que
ni l'une ni l'autre des deux matières soit entièrement détruite, mais de manière qu'elles ne puissent pas se séparer
sans inconvénient, la chose est commune aux deux propriétaires , en raison, quant à l'un, de la matière qui lui
appartenait ; quant à l'autre , en raison à-la-fois et de la
matière qui lui appartenait, et du prix de sa main-d'œuvre.

573.

Lorqu'une chose a été formée par le mélange de plusieurs
matières appartenant à différens propriétaires, mais dont
aucune ne peut être regardée comme la matière principale,
si les matières peuvent être séparées, celui à l'insu duquel
les matières ont été mélangées , peut en demander la
division.

Si les matières ne peuvent plus être séparées sans inconvénient, ils en acquièrent en commun la propriété dans
la proportion de la quantité, de la qualité et de la valeur
des matières appartenant à chacun d'eux.

574.

Si la matière appartenant à l'un des propriétaires était
de beaucoup supérieure à l'autre par la quantité et le prix,
en ce cas le propriétaire de la matière supérieure en valeur

pourrait réclamer la chose provenue du mélange, en remboursant à l'autre la valeur de sa matière.

575.

Lorsque la chose reste en commun entre les propriétaires des matières dont elle a été formée, elle doit être licitée au profit commun.

576.

Dans tous les cas où le propriétaire dont la matière a été employée, à son insu, à former une chose d'une autre espèce, peut réclamer la propriété de cette chose, il a le choix de demander la restitution de sa matière en même nature, quantité, poids, mesure et bonté, ou sa valeur.

577.

Ceux qui auront employé des matières appartenant à d'autres, et à leur insu, pourront aussi être condamnés à des dommages et intérêts, s'il y a lieu, sans préjudice des poursuites par voie extraordinaire, si le cas y échet.

Décrété le 30 Janvier 1804.
Promulgué le 9 Février.

TITRE III.

DE L'USUFRUIT, DE L'USAGE ET DE L'HABITATION.

CHAPITRE PREMIER.

DE L'USUFRUIT.

578.

L'USUFRUIT est le droit de jouir des choses dont un autre a la propriété, comme le propriétaire lui-même, mais à la charge d'en conserver la substance.

579.

L'usufruit est établi par la loi, ou par la volonté de l'homme.

580.

L'usufruit peut être établi, ou purement, ou à certain jour, ou à condition.

581.

Il peut être établi sur toute espèce de biens meubles ou immeubles.

SECTION I.re

SECTION I.ʳᵉ

Des Droits de l'usufruitier.

582.

L'usufruitier a le droit de jouir de toute espèce de fruits, soit naturels, soit industriels, soit civils, que peut produire l'objet dont il a l'usufruit.

583.

Les fruits naturels sont ceux qui sont le produit spontané de la terre. Le produit et le croît des animaux sont aussi des fruits naturels.

Les fruits industriels d'un fonds sont ceux qu'on obtient par la culture.

584.

Les fruits civils sont les loyers des maisons, les intérêts des sommes exigibles, les arrérages des rentes.

Les prix des baux à ferme sont aussi rangés dans la classe des fruits civils.

585.

Les fruits naturels et industriels, pendans par branches ou par racines au moment où l'usufruit est ouvert, appartiennent à l'usufruitier.

Ceux qui sont dans le même état au moment où finit l'usufruit, appartiennent au propriétaire, sans récompense de part ni d'autre des labours et des semences, mais aussi sans préjudice de la portion des fruits qui pourrait être

V

acquise au colon partiaire, s'il en existait un au commencement ou à la cessation de l'usufruit.

586.

Les fruits civils sont réputés s'acquérir jour par jour, et appartiennent à l'usufruitier, à proportion de la durée de son usufruit. Cette règle s'applique aux prix des baux à ferme, comme aux loyers des maisons et aux autres fruits civils.

587.

Si l'usufruit comprend des choses dont on ne peut faire usage sans les consommer, comme l'argent, les grains, les liqueurs, l'usufruitier a le droit de s'en servir, mais à la charge d'en rendre de pareille quantité, qualité et valeur, ou leur estimation, à la fin de l'usufruit.

588.

L'usufruit d'une rente viagère donne aussi à l'usufruitier, pendant la durée de son usufruit, le droit d'en percevoir les arrérages, sans être tenu à aucune restitution.

589.

Si l'usufruit comprend des choses qui, sans se consommer de suite, se détériorent peu à peu par l'usage, comme du linge, des meubles-meublans, l'usufruitier a le droit de s'en servir pour l'usage auquel elles sont destinées, et n'est obligé de les rendre, à la fin de l'usufruit, que dans l'état où elles se trouvent, non détériorées par son dol ou par sa faute.

590.

Si l'usufruit comprend des bois taillis, l'usufruitier est tenu d'observer l'ordre et la quotité des coupes, conformément à l'aménagement ou à l'usage constant des propriétaires; sans indemnité toutefois en faveur de l'usufruitier ou de ses héritiers, pour les coupes ordinaires, soit de taillis, soit de baliveaux, soit de futaie, qu'il n'aurait pas faites pendant sa jouissance.

Les arbres qu'on peut tirer d'une pépinière sans la dégrader, ne font aussi partie de l'usufruit qu'à la charge par l'usufruitier de se conformer aux usages des lieux pour le remplacement.

591.

L'usufruitier profite encore, toujours en se conformant aux époques et à l'usage des anciens propriétaires, des parties de bois de haute futaie qui ont été mises en coupes réglées, soit que ces coupes se fassent périodiquement sur une certaine étendue de terrain, soit qu'elles se fassent d'une certaine quantité d'arbres pris indistinctement sur toute la surface du domaine.

592.

Dans tous les autres cas, l'usufruitier ne peut toucher aux arbres de haute futaie : il peut seulement employer, pour faire les réparations dont il est tenu, les arbres arrachés ou brisés par accident; il peut même, pour cet objet, en faire abattre, s'il est nécessaire, mais à la charge d'en faire constater la nécessité avec le propriétaire.

593.

Il peut prendre, dans les bois, des échalas pour les vignes; il peut aussi prendre, sur les arbres, des produits annuels ou périodiques; le tout suivant l'usage du pays ou la coutume des propriétaires.

594.

Les arbres fruitiers qui meurent, ceux même qui sont arrachés ou brisés par accident, appartiennent à l'usufruitier, à la charge de les remplacer par d'autres.

595.

L'usufruitier peut jouir par lui-même, donner à ferme à un autre, ou même vendre ou céder son droit à titre gratuit. S'il donne à ferme, il doit se conformer, pour les époques où les baux doivent être renouvelés, et pour leur durée, aux règles établies pour le mari à l'égard des biens de la femme, au titre *du Contrat de mariage et des Droits respectifs des époux.*

596.

L'usufruitier jouit de l'augmentation survenue par alluvion à l'objet dont il a l'usufruit.

597.

Il jouit des droits de servitude, de passage, et généralement de tous les droits dont le propriétaire peut jouir, et il en jouit comme le propriétaire lui-même.

598.

Il jouit aussi, de la même manière que le propriétaire,

des mines et carrières qui sont en exploitation à l'ouverture de l'usufruit; et néanmoins, s'il s'agit d'une exploitation qui ne puisse être faite sans une concession, l'usufruitier ne pourra en jouir qu'après en avoir obtenu la permission de l'Empereur.

Il n'a aucun droit aux mines et carrières non encore ouvertes, ni aux tourbières dont l'exploitation n'est point encore commencée, ni au trésor qui pourrait être découvert pendant la durée de l'usufruit.

599.

Le propriétaire ne peut, par son fait, ni de quelque manière que ce soit, nuire aux droits de l'usufruitier.

De son côté, l'usufruitier ne peut, à la cessation de l'usufruit, réclamer aucune indemnité pour les améliorations qu'il prétendrait avoir faites, encore que la valeur de la chose en fût augmentée.

Il peut cependant, ou ses héritiers, enlever les glaces, tableaux et autres ornemens qu'il aurait fait placer, mais à la charge de rétablir les lieux dans leur premier état.

SECTION II.

Des Obligations de l'usufruitier.

600.

L'usufruitier prend les choses dans l'état où elles sont; mais il ne peut entrer en jouissance qu'après avoir fait dresser, en présence du propriétaire, ou lui dûment appelé, un inventaire des meubles et un état des immeubles sujets à l'usufruit.

601.

Il donne caution de jouir en bon père de famille ; s'il n'en est dispensé par l'acte constitutif de l'usufruit ; cependant les père et mère ayant l'usufruit légal du bien de leurs enfans, le vendeur ou le donateur, sous réserve d'usufruit, ne sont pas tenus de donner caution.

602.

Si l'usufruitier ne trouve pas de caution, les immeubles sont donnés à ferme ou mis en séquestre ;

Les sommes comprises dans l'usufruit sont placées ;

Les denrées sont vendues, et le prix en provenant est pareillement placé ;

Les intérêts de ces sommes et les prix des fermes appartiennent, dans ce cas, à l'usufruitier.

603.

A défaut d'une caution de la part de l'usufruitier, le propriétaire peut exiger que les meubles qui dépérissent par l'usage soient vendus, pour le prix en être placé comme celui des denrées ; et alors l'usufruitier jouit de l'intérêt pendant son usufruit : cependant l'usufruitier pourra demander, et les juges pourront ordonner, suivant les circonstances, qu'une partie des meubles nécessaires pour son usage lui soit délaissée, sous sa simple caution juratoire, et à la charge de les représenter à l'extinction de l'usufruit.

604.

Le retard de donner caution ne prive pas l'usufruitier

dès fruits auxquels il peut avoir droit ; ils lui sont dus du moment où l'usufruit a été ouvert.

605.

L'usufruitier n'est tenu qu'aux réparations d'entretien.

Les grosses réparations demeurent à la charge du propriétaire, à moins qu'elles n'aient été occasionnées par le défaut de réparations d'entretien, depuis l'ouverture de l'usufruit ; auquel cas l'usufruitier en est aussi tenu.

606.

Les grosses réparations sont celles des gros murs et des voûtes, le rétablissement des poutres et des couvertures entières ;

Celui des digues et des murs de soutenement et de clôture aussi en entier.

Toutes les autres réparations sont d'entretien.

607.

Ni le propriétaire, ni l'usufruitier, ne sont tenus de rebâtir ce qui est tombé de vétusté, ou ce qui a été détruit par cas fortuit.

608.

L'usufruitier est tenu, pendant sa jouissance, de toutes les charges annuelles de l'héritage, telles que les contributions et autres qui dans l'usage sont censées charges des fruits.

609.

A l'égard des charges qui peuvent être imposées sur la

propriété pendant la durée de l'usufruit, l'usufruitier et le propriétaire y contribuent ainsi qu'il suit :

Le propriétaire est obligé de les payer, et l'usufruitier doit lui tenir compte des intérêts.

Si elles sont avancées par l'usufruitier, il a la répétition du capital à la fin de l'usufruit.

610.

Le legs fait par un testateur, d'une rente viagère ou pension alimentaire, doit être acquitté par le légataire universel de l'usufruit dans son intégrité, et par le légataire à titre universel de l'usufruit dans la proportion de sa jouissance, sans aucune répétition de leur part.

611.

L'usufruitier à titre particulier n'est pas tenu des dettes auxquelles le fonds est hypothéqué : s'il est forcé de les payer, il a son recours contre le propriétaire, sauf ce qui est dit à l'article 1020, au titre *des Donations entre-vifs et des Testamens.*

612.

L'usufruitier, ou universel, ou à titre universel, doit contribuer avec le propriétaire au paiement des dettes, ainsi qu'il suit :

On estime la valeur du fonds sujet à usufruit ; on fixe ensuite la contribution aux dettes à raison de cette valeur.

Si l'usufruitier veut avancer la somme pour laquelle le fonds doit contribuer, le capital lui en est restitué à la fin de l'usufruit, sans aucun intérêt.

Si

Si l'usufruitier ne veut pas faire cette avance, le propriétaire a le choix, ou de payer cette somme, et, dans ce cas, l'usufruitier lui tient compte des intérêts pendant la durée de l'usufruit, ou de faire vendre jusqu'à due concurrence une portion des biens soumis à l'usufruit.

613.

L'usufruitier n'est tenu que des frais des procès qui concernent la jouissance, et des autres condamnations auxquelles ces procès pourraient donner lieu.

614.

Si, pendant la durée de l'usufruit, un tiers commet quelque usurpation sur le fonds, ou attente autrement aux droits du propriétaire, l'usufruitier est tenu de le dénoncer à celui-ci : faute de ce, il est responsable de tout le dommage qui peut en résulter pour le propriétaire, comme il le serait de dégradations commises par lui-même.

615.

Si l'usufruit n'est établi que sur un animal qui vient à périr sans la faute de l'usufruitier, celui-ci n'est pas tenu d'en rendre un autre, ni d'en payer l'estimation.

616.

Si le troupeau sur lequel un usufruit a été établi, périt entièrement par accident ou par maladie, et sans la faute de l'usufruitier, celui-ci n'est tenu envers le propriétaire que de lui rendre compte des cuirs ou de leur valeur.

Si le troupeau ne périt pas entièrement, l'usufruitier est

X

tenu de remplacer, jusqu'à concurrence du croît, les têtes des animaux qui ont péri.

SECTION III.

Comment l'Usufruit prend fin.

617.

L'usufruit s'éteint,

Par la mort naturelle et par la mort civile de l'usu-fruitier;

Par l'expiration du temps pour lequel il a été accordé;

Par la consolidation ou la réunion sur la même tête, des deux qualités d'usufruitier et de propriétaire;

Par le non-usage du droit pendant trente ans;

Par la perte totale de la chose sur laquelle l'usufruit est établi.

618.

L'usufruit peut aussi cesser par l'abus que l'usufruitier fait de sa jouissance, soit en commettant des dégradations sur le fonds, soit en le laissant dépérir faute d'entretien.

Les créanciers de l'usufruitier peuvent intervenir dans les contestations, pour la conservation de leurs droits; ils peuvent offrir la réparation des dégradations commises, et des garanties pour l'avenir.

Les juges peuvent, suivant la gravité des circonstances, ou prononcer l'extinction absolue de l'usufruit, ou n'ordonner la rentrée du propriétaire dans la jouissance de l'objet qui en est grevé, que sous la charge de payer annuellement à l'usufruitier, ou à ses ayant-cause, une somme déterminée, jusqu'à l'instant où l'usufruit aurait dû cesser.

619.

L'usufruit qui n'est pas accordé à des particuliers, ne dure que trente ans.

620.

L'usufruit accordé jusqu'à ce qu'un tiers ait atteint un âge fixe, dure jusqu'à cette époque, encore que le tiers soit mort avant l'âge fixé.

621.

La vente de la chose sujette à usufruit ne fait aucun changement dans le droit de l'usufruitier; il continue de jouir de son usufruit s'il n'y a pas formellement renoncé.

622.

Les créanciers de l'usufruitier peuvent faire annuller la renonciation qu'il aurait faite à leur préjudice.

623.

Si une partie seulement de la chose soumise à l'usufruit est détruite, l'usufruit se conserve sur ce qui reste.

624.

Si l'usufruit n'est établi que sur un bâtiment, et que ce bâtiment soit détruit par un incendie, ou autre accident, ou qu'il s'écroule de vétusté, l'usufruitier n'aura le droit de jouir ni du sol ni des matériaux.

Si l'usufruit était établi sur un domaine dont le bâtiment faisait partie, l'usufruitier jouirait du sol et des matériaux.

X 2

CHAPITRE II.

DE L'USAGE ET DE L'HABITATION.

625.

Les droits d'usage et d'habitation s'établissent et se perdent de la même manière que l'usufruit.

626.

On ne peut en jouir, comme dans le cas de l'usufruit, sans donner préalablement caution, et sans faire des états et inventaires.

627.

L'usager, et celui qui a un droit d'habitation, doivent jouir en bons pères de famille.

628.

Les droits d'usage et d'habitation se règlent par le titre qui les a établis, et reçoivent, d'après ses dispositions, plus ou moins d'étendue.

629.

Si le titre ne s'explique pas sur l'étendue de ces droits, ils sont réglés ainsi qu'il suit.

630.

Celui qui a l'usage des fruits d'un fonds, ne peut en exiger qu'autant qu'il lui en faut pour ses besoins et ceux de sa famille.

Il peut en exiger pour les besoins même des enfans qui lui sont survenus depuis la concession de l'usage.

631.

L'usager ne peut céder ni louer son droit à un autre.

632.

Celui qui a un droit d'habitation dans une maison, peut y demeurer avec sa famille, quand même il n'aurait pas été marié à l'époque où ce droit lui a été donné.

633.

Le droit d'habitation se restreint à ce qui est nécessaire pour l'habitation de celui à qui ce droit est concédé, et de sa famille.

634.

Le droit d'habitation ne peut être ni cédé ni loué.

635.

Si l'usager absorbe tous les fruits du fonds, ou s'il occupe la totalité de la maison, il est assujetti aux frais de culture, aux réparations d'entretien, et au paiement des contributions, comme l'usufruitier.

S'il ne prend qu'une partie des fruits, ou s'il n'occupe qu'une partie de la maison, il contribue au prorata de ce dont il jouit.

636.

L'usage des bois et forêts est réglé par des lois particulières.

Décrété le 31 Jan-
1804.
Promulgué le 10 Fé-
r.

TITRE IV.

DES SERVITUDES OU SERVICES FONCIERS.

637.

UNE servitude est une charge imposée sur un héritage pour l'usage et l'utilité d'un héritage appartenant à un autre propriétaire.

638.

La servitude n'établit aucune prééminence d'un héritage sur l'autre.

639.

Elle dérive ou de la situation naturelle des lieux, ou des obligations imposées par la loi, ou des conventions entre les propriétaires.

CHAPITRE PREMIER.

DES SERVITUDES QUI DÉRIVENT DE LA SITUATION DES LIEUX.

640.

Les fonds inférieurs sont assujettis envers ceux qui sont plus élevés, à recevoir les eaux qui en découlent naturellement sans que la main de l'homme y ait contribué.

Le propriétaire inférieur ne peut point élever de digue qui empêche cet écoulement.

Le propriétaire supérieur ne peut rien faire qui aggrave la servitude du fonds inférieur.

641.

Celui qui a une source dans son fonds, peut en user à sa volonté, sauf le droit que le propriétaire du fonds inférieur pourrait avoir acquis par titre ou par prescription.

642.

La prescription, dans ce cas, ne peut s'acquérir que par une jouissance non interrompue pendant l'espace de trente années, à compter du moment où le propriétaire du fonds inférieur a fait et terminé des ouvrages apparens destinés à faciliter la chute et le cours de l'eau dans sa propriété.

643.

Le propriétaire de la source ne peut en changer le cours, lorsqu'il fournit aux habitans d'une commune, village ou hameau, l'eau qui leur est nécessaire : mais si les habitans n'en ont pas acquis ou prescrit l'usage, le propriétaire peut réclamer une indemnité, laquelle est réglée par experts.

644.

Celui dont la propriété borde une eau courante, autre que celle qui est déclarée dépendance du domaine public par l'article 538 au titre *de la Distinction des biens,* peut s'en servir à son passage pour l'irrigation de ses propriétés.

Celui dont cette eau traverse l'héritage, peut même en user dans l'intervalle qu'elle y parcourt, mais à la charge de la rendre, à la sortie de ses fonds, à son cours ordinaire.

645.

S'il s'élève une contestation entre les propriétaires auxquels ces eaux peuvent être utiles, les tribunaux, en prononçant, doivent concilier l'intérêt de l'agriculture avec le respect dû à la propriété ; et, dans tous les cas, les réglemens particuliers et locaux sur le cours et l'usage des eaux doivent être observés.

646.

Tout propriétaire peut obliger son voisin au bornage de leurs propriétés contiguës. Le bornage se fait à frais communs.

647.

Tout propriétaire peut clore son héritage, sauf l'exception portée en l'article 682.

648.

Le propriétaire qui veut se clore, perd son droit au parcours et vaine pâture, en proportion du terrain qu'il y soustrait.

CHAPITRE II.

CHAPITRE II.

DES SERVITUDES ÉTABLIES PAR LA LOI.

649.

Les servitudes établies par la loi ont pour objet l'utilité publique ou communale, ou l'utilité des particuliers.

650.

Celles établies pour l'utilité publique ou communale ont pour objet le marchepied le long des rivières navigables ou flottables, la construction ou réparation des chemins et autres ouvrages publics ou communaux.

Tout ce qui concerne cette espèce de servitude, est déterminé par des lois ou des réglemens particuliers.

651.

La loi assujettit les propriétaires à différentes obligations l'un à l'égard de l'autre, indépendamment de toute convention.

652.

Partie de ces obligations est réglée par les lois sur la police rurale ;

Les autres sont relatives au mur et au fossé mitoyens, au cas où il y a lieu à contre-mur, aux vues sur la propriété du voisin, à l'égout des toits, au droit de passage.

Y

SECTION I.re

Du Mur et du Fossé mitoyens.

653.

Dans les villes et les campagnes, tout mur servant de séparation entre bâtimens jusqu'à l'héberge, ou entre cours et jardins, et même entre enclos dans les champs, est présumé mitoyen, s'il n'y a titre ou marque du contraire.

654.

Il y a marque de non-mitoyenneté lorsque la sommité du mur est droite et à plomb de son parement d'un côté, et présente de l'autre un plan incliné;

Lors encore qu'il n'y a que d'un côté ou un chaperon ou des filets et corbeaux de pierre qui y auraient été mis en bâtissant le mur.

Dans ces cas, le mur est censé appartenir exclusivement au propriétaire du côté duquel sont l'égout ou les corbeaux et filets de pierre.

655.

La réparation et la reconstruction du mur mitoyen sont à la charge de tous ceux qui y ont droit, et proportionnellement au droit de chacun.

656.

Cependant tout copropriétaire d'un mur mitoyen peut se dispenser de contribuer aux réparations et reconstructions en abandonnant le droit de mitoyenneté, pourvu

que le mur mitoyen ne soutienne pas un bâtiment qui lui
appartienne.

657.

Tout copropriétaire peut faire bâtir contre un mur mitoyen, et y faire placer des poutres ou solives dans toute
l'épaisseur du mur, à cinquante-quatre millimètres [deux
pouces] près, sans préjudice du droit qu'a le voisin de
faire réduire à l'ébauchoir la poutre jusqu'à la moitié du
mur, dans le cas où il voudrait lui-même asseoir des poutres
dans le même lieu, ou y adosser une cheminée.

658.

Tout copropriétaire peut faire exhausser le mur mitoyen;
mais il doit payer seul la dépense de l'exhaussement, les
réparations d'entretien au-dessus de la hauteur de la clôture commune, et en outre l'indemnité de la charge en
raison de l'exhaussement et suivant la valeur.

659.

Si le mur mitoyen n'est pas en état de supporter l'exhaussement, celui qui veut l'exhausser doit le faire reconstruire
en entier à ses frais, et l'excédant d'épaisseur doit se prendre
de son côté.

660.

Le voisin qui n'a pas contribué à l'exhaussement, peut
en acquérir la mitoyenneté en payant la moitié de la dépense qu'il a coûté, et la valeur de la moitié du sol fourni
pour l'excédant d'épaisseur, s'il y en a.

661.

Tout propriétaire joignant un mur, a de même la faculté de le rendre mitoyen, en tout ou en partie, en remboursant au maître du mur la moitié de sa valeur, ou la moitié de la valeur de la portion qu'il veut rendre mitoyenne, et moitié de la valeur du sol sur lequel le mur est bâti.

662.

L'un des voisins ne peut pratiquer dans le corps d'un mur mitoyen aucun enfoncement, ni y appliquer ou appuyer aucun ouvrage sans le consentement de l'autre, ou sans avoir, à son refus, fait régler par experts les moyens nécessaires pour que le nouvel ouvrage ne soit pas nuisible aux droits de l'autre.

663.

Chacun peut contraindre son voisin, dans les villes et faubourgs, à contribuer aux constructions et réparations de la clôture faisant séparation de leurs maisons, cours et jardins assis èsdites villes et faubourgs : la hauteur de la clôture sera fixée suivant les réglemens particuliers ou les usages constans et reconnus; et, à défaut d'usage et de réglemens, tout mur de séparation entre voisins, qui sera construit ou rétabli à l'avenir, doit avoir au moins trente-deux décimètres [dix pieds] de hauteur, compris le chaperon, dans les villes de cinquante mille ames et au-dessus, et vingt-six décimètres [huit pieds] dans les autres.

664.

Lorsque les différens étages d'une maison appartiennent

à divers propriétaires, si les titres de propriété ne règlent pas le mode de réparations et reconstructions, elles doivent être faites ainsi qu'il suit :

Les gros murs et le toit sont à la charge de tous les propriétaires, chacun en proportion de la valeur de l'étage qui lui appartient.

Le propriétaire de chaque étage fait le plancher sur lequel il marche.

Le propriétaire du premier étage fait l'escalier qui y conduit; le propriétaire du second étage fait, à partir du premier, l'escalier qui conduit chez lui, et ainsi de suite.

665.

Lorsqu'on reconstruit un mur mitoyen ou une maison, les servitudes actives et passives se continuent à l'égard du nouveau mur ou de la nouvelle maison, sans toutefois qu'elles puissent être aggravées, et pourvu que la reconstruction se fasse avant que la prescription soit acquise.

666.

Tous fossés entre deux héritages sont présumés mitoyens s'il n'y a titre ou marque du contraire.

667.

Il y a marque de non-mitoyenneté lorsque la levée ou le rejet de la terre se trouve d'un côté seulement du fossé.

668.

Le fossé est censé appartenir exclusivement à celui du côté duquel le rejet se trouve.

669.

Le fossé mitoyen doit être entretenu à frais communs.

670.

Toute haie qui sépare des héritages est réputée mitoyenne, à moins qu'il n'y ait qu'un seul des héritages en état de clôture, ou s'il n'y a titre ou possession suffisante au contraire.

671.

Il n'est permis de planter des arbres de haute tige qu'à la distance prescrite par les réglemens particuliers actuellement existans, ou par les usages constans et reconnus; et, à défaut de réglemens et usages, qu'à la distance de deux mètres de la ligne séparative des deux héritages pour les arbres à haute tige, et à la distance d'un demi-mètre pour les autres arbres et haies vives.

672.

Le voisin peut exiger que les arbres et haies plantés à une moindre distance soient arrachés.

Celui sur la propriété duquel avancent les branches des arbres du voisin, peut contraindre celui-ci à couper ces branches.

Si ce sont les racines qui avancent sur son héritage, il a droit de les y couper lui-même.

673.

Les arbres qui se trouvent dans la haie mitoyenne, sont mitoyens comme la haie; et chacun des deux propriétaires a droit de requérir qu'ils soient abattus.

SECTION II.

De la Distance et des Ouvrages intermédiaires requis pour certaines Constructions.

674.

Celui qui fait creuser un puits ou une fosse d'aisance près d'un mur mitoyen ou non ;

Celui qui veut y construire cheminée ou âtre, forge, four ou fourneau,

Y adosser une étable,

Ou établir contre ce mur un magasin de sel ou amas de matières corrosives,

Est obligé à laisser la distance prescrite par les réglemens et usages particuliers sur ces objets, ou à faire les ouvrages prescrits par les mêmes réglemens et usages, pour éviter de nuire au voisin.

SECTION III.

Des Vues sur la Propriété de son voisin.

675.

L'un des voisins ne peut, sans le consentement de l'autre, pratiquer dans le mur mitoyen aucune fenêtre ou ouverture, en quelque manière que ce soit, même à verre dormant.

676.

Le propriétaire d'un mur non mitoyen, joignant

immédiatement l'héritage d'autrui, peut pratiquer dans ce mur des jours ou fenêtres à fer maillé et verre dormant.

Ces fenêtres doivent être garnies d'un treillis de fer, dont les mailles auront un décimètre [environ trois pouces huit lignes] d'ouverture au plus, et d'un châssis à verre dormant.

677.

Ces fenêtres ou jours ne peuvent être établis qu'à vingt-six décimètres [huit pieds] au-dessus du plancher ou sol de la chambre qu'on veut éclairer, si c'est à rez-de-chaussée, et à dix-neuf décimètres [six pieds] au-dessus du plancher pour les étages supérieurs.

678.

On ne peut avoir des vues droites ou fenêtres d'aspect, ni balcons ou autres semblables saillies sur l'héritage clos ou non clos de son voisin, s'il n'y a dix-neuf décimètres [six pieds] de distance entre le mur où on les pratique et ledit héritage.

679.

On ne peut avoir des vues par côté ou obliques sur le même héritage, s'il n'y a six décimètres [deux pieds] de distance.

680.

La distance dont il est parlé dans les deux articles précédens, se compte depuis le parement extérieur du mur où l'ouverture se fait, et, s'il y a balcons ou autres semblables saillies, depuis leur ligne extérieure jusqu'à la ligne de séparation des deux propriétés.

SECTION IV.

SECTION IV.

De l'Égout des toits.

681.

Tout propriétaire doit établir des toits de manière que les eaux pluviales s'écoulent sur son terrain ou sur la voie publique; il ne peut les faire verser sur le fonds de son voisin.

SECTION V.

Du Droit de passage.

682.

Le propriétaire dont les fonds sont enclavés, et qui n'a aucune issue sur la voie publique, peut réclamer un passage sur les fonds de ses voisins pour l'exploitation de son héritage, à la charge d'une indemnité proportionnée au dommage qu'il peut occasionner.

683.

Le passage doit régulièrement être pris du côté où le trajet est le plus court du fonds enclavé à la voie publique.

684.

Néanmoins il doit être fixé dans l'endroit le moins dommageable à celui sur le fonds duquel il est accordé.

685.

L'action en indemnité, dans le cas prévu par l'art. 682,

Z

est prescriptible; et le passage doit être continué, quoique l'action en indemnité ne soit plus recevable.

CHAPITRE III.

DES SERVITUDES ÉTABLIES PAR LE FAIT DE L'HOMME.

SECTION I.re

Des diverses espèces de Servitudes qui peuvent être établies sur les Biens.

686.

Il est permis aux propriétaires d'établir sur leurs propriétés, ou en faveur de leurs propriétés, telles servitudes que bon leur semble, pourvu néanmoins que les services établis ne soient imposés ni à la personne, ni en faveur de la personne, mais seulement à un fonds et pour un fonds, et pourvu que ces services n'aient d'ailleurs rien de contraire à l'ordre public.

L'usage et l'étendue des servitudes ainsi établies se règlent par le titre qui les constitue; à défaut de titres, par les règles ci-après.

687.

Les servitudes sont établies ou pour l'usage des bâtimens, ou pour celui des fonds de terre.

Celles de la première espèce s'appellent *urbaines*, soit

que les bâtimens auxquels elles sont dues soient situés à la ville ou à la campagne;

Celles de la seconde espèce se nomment *rurales.*

688.

Les servitudes sont ou continues, ou discontinues.

Les servitudes continues sont celles dont l'usage est ou peut être continuel sans avoir besoin du fait actuel de l'homme : tels sont, les conduites d'eau, les égouts, les vues et autres de cette espèce.

Les servitudes discontinues sont celles qui ont besoin du fait actuel de l'homme pour être exercées : tels sont les droits de passage, puisage, pacage et autres semblables.

689.

Les servitudes sont apparentes, ou non apparentes.

Les servitudes apparentes sont celles qui s'annoncent par des ouvrages extérieurs, tels qu'une porte, une fenêtre, un aqueduc.

Les servitudes non apparentes sont celles qui n'ont pas de signe extérieur de leur existence, comme, par exemple, la prohibition de bâtir sur un fonds, ou de ne bâtir qu'à une hauteur déterminée.

SECTION II.

Comment s'établissent les Servitudes.

690.

Les servitudes continues et apparentes s'acquièrent par titre, ou par la possession de trente ans.

Z 2

691.

Les servitudes continues non apparentes, et les servitudes discontinues, apparentes ou non apparentes, ne peuvent s'établir que par titres.

La possession même immémoriale ne suffit pas pour les établir ; sans cependant qu'on puisse attaquer aujourd'hui les servitudes de cette nature déjà acquises par la possession, dans les pays où elles pouvaient s'acquérir de cette manière.

692.

La destination du père de famille vaut titre à l'égard des servitudes continues et apparentes.

693.

Il n'y a destination du père de famille que lorsqu'il est prouvé que les deux fonds actuellement divisés ont appartenu au même propriétaire, et que c'est par lui que les choses ont été mises dans l'état duquel résulte la servitude.

694.

Si le propriétaire de deux héritages entre lesquels il existe un signe apparent de servitude, dispose de l'un des héritages sans que le contrat contienne aucune convention relative à la servitude, elle continue d'exister activement ou passivement en faveur du fonds aliéné ou sur le fonds aliéné.

695.

Le titre constitutif de la servitude, à l'égard de celles

qui ne peuvent s'acquérir par la prescription, ne peut être remplacé que par un titre récognitif de la servitude, et émané du propriétaire du fonds asservi.

696.

Quand on établit une servitude, on est censé accorder tout ce qui est nécessaire pour en user.

Ainsi la servitude de puiser de l'eau à la fontaine d'autrui, emporte nécessairement le droit de passage.

SECTION III.

Des Droits du Propriétaire du fonds auquel la Servitude est due.

697.

Celui auquel est due une servitude, a droit de faire tous les ouvrages nécessaires pour en user et pour la conserver.

698.

Ces ouvrages sont à ses frais, et non à ceux du propriétaire du fonds assujetti, à moins que le titre d'établissement de la servitude ne dise le contraire.

699.

Dans le cas même où le propriétaire du fonds assujetti est chargé par le titre de faire à ses frais les ouvrages nécessaires pour l'usage ou la conservation de la servitude, il peut toujours s'affranchir de la charge, en abandonnant le fonds assujetti au propriétaire du fonds auquel la servitude est due.

700.

Si l'héritage pour lequel la servitude a été établie vient à être divisé, la servitude reste due pour chaque portion, sans néanmoins que la condition du fonds assujetti soit aggravée.

Ainsi, par exemple, s'il s'agit d'un droit de passage, tous les copropriétaires seront obligés de l'exercer par le même endroit.

701.

Le propriétaire du fonds débiteur de la servitude ne peut rien faire qui tende à en diminuer l'usage ou à le rendre plus incommode.

Ainsi il ne peut changer l'état des lieux, ni transporter l'exercice de la servitude dans un endroit différent de celui où elle a été primitivement assignée.

Mais cependant, si cette assignation primitive était devenue plus onéreuse au propriétaire du fonds assujetti, ou si elle l'empêchait d'y faire des réparations avantageuses, il pourrait offrir au propriétaire de l'autre fonds un endroit aussi commode pour l'exercice de ses droits, et celui-ci ne pourrait pas le refuser.

702.

De son côté, celui qui a un droit de servitude, ne peut en user que suivant son titre, sans pouvoir faire, ni dans le fonds qui doit la servitude, ni dans le fonds à qui elle est due, de changement qui aggrave la condition du premier.

SECTION IV.

Comment les Servitudes s'éteignent.

703.

Les servitudes cessent lorsque les choses se trouvent en tel état qu'on ne peut plus en user.

704.

Elles revivent si les choses sont rétablies de manière qu'on puisse en user; à moins qu'il ne se soit déjà écoulé un espace de temps suffisant pour faire présumer l'extinction de la servitude, ainsi qu'il est dit à l'article 707.

705.

Toute servitude est éteinte lorsque le fonds à qui elle est due, et celui qui la doit, sont réunis dans la même main.

706.

La servitude est éteinte par le non-usage pendant trente ans.

707.

Les trente ans commencent à courir, selon les diverses espèces de servitudes, ou du jour où l'on a cessé d'en jouir, lorsqu'il s'agit de servitudes discontinues, ou du jour où il a été fait un acte contraire à la servitude, lorsqu'il s'agit de servitudes continues.

708.

Le mode de la servitude peut se prescrire comme la servitude même, et de la même manière.

709.

Si l'héritage en faveur duquel la servitude est établie, appartient à plusieurs par indivis, la jouissance de l'un empêche la prescription à l'égard de tous.

710.

Si parmi les copropriétaires il s'en trouve un contre lequel la prescription n'ait pu courir, comme un mineur, il aura conservé le droit de tous les autres.

LIVRE III.

LIVRE III.

DES DIFFÉRENTES MANIÈRES DONT ON ACQUIERT LA PROPRIÉTÉ.

DISPOSITIONS GÉNÉRALES.

Décrétées le 19 Av
1803.
Promulguées le 29 d
même mois.

711.

LA propriété des biens s'acquiert et se transmet par succession, par donation entre-vifs ou testamentaire, et par l'effet des obligations.

712.

La propriété s'acquiert aussi par accession ou incorporation, et par prescription.

713.

Les biens qui n'ont pas de maître, appartiennent à l'État.

714.

Il est des choses qui n'appartiennent à personne et dont l'usage est commun à tous.

Des lois de police règlent la manière d'en jouir.

715.

La faculté de chasser ou de pêcher est également réglée par des lois particulières.

A a

716.

La propriété d'un trésor appartient à celui qui le trouve dans son propre fonds : si le trésor est trouvé dans le fonds d'autrui, il appartient pour moitié à celui qui l'a découvert, et pour l'autre moitié au propriétaire du fonds.

Le trésor est toute chose cachée ou enfouie, sur laquelle personne ne peut justifier sa propriété, et qui est découverte par le pur effet du hasard.

717.

Les droits sur les effets jetés à la mer, sur les objets que la mer rejette, de quelque nature qu'ils puissent être, sur les plantes et herbages qui croissent sur les rivages de la mer, sont aussi réglés par des lois particulières.

Il en est de même des choses perdues dont le maître ne se représente pas.

té le 19 Avril

algué le 29 du
nois.

TITRE PREMIER.

DES SUCCESSIONS.

CHAPITRE PREMIER.

DE L'OUVERTURE DES SUCCESSIONS, ET DE LA SAISINE DES HÉRITIERS.

718.

Les successions s'ouvrent par la mort naturelle et par la mort civile.

719.

La succession est ouverte par la mort civile, du moment où cette mort est encourue , conformément aux dispositions de la section II du chapitre II du titre *de la Jouissance et de la Privation des Droits civils.*

720.

Si plusieurs personnes, respectivement appelées à la succession l'une de l'autre, périssent dans un même événement, sans qu'on puisse reconnaître laquelle est décédée la première, la présomption de survie est déterminée par les circonstances du fait, et, à leur défaut, par la force de l'âge ou du sexe.

721.

Si ceux qui ont péri ensemble, avaient moins de quinze ans, le plus âgé sera présumé avoir survécu.

S'ils étaient tous au-dessus de soixante ans, le moins âgé sera présumé avoir survécu.

Si les uns avaient moins de quinze ans, et les autres plus de soixante, les premiers seront présumés avoir survécu.

722.

Si ceux qui ont péri ensemble, avaient quinze ans accomplis et moins de soixante, le mâle est toujours présumé avoir survécu, lorsqu'il y a égalité d'âge, ou si la différence qui existe n'excède pas une année.

S'ils étaient du même sexe, la présomption de survie qui donne ouverture à la succession dans l'ordre de la nature, doit être admise : ainsi le plus jeune est présumé avoir survécu au plus âgé.

723.

La loi règle l'ordre de succéder entre les héritiers légitimes : à leur défaut, les biens passent aux enfans naturels, ensuite à l'époux survivant; et s'il n'y en a pas, à l'Etat.

724.

Les héritiers légitimes sont saisis de plein droit des biens, droits et actions du défunt, sous l'obligation d'acquitter toutes les charges de la succession : les enfans naturels, l'époux survivant et l'État, doivent se faire envoyer en possession par justice dans les formes qui seront déterminées.

CHAPITRE II.

DES QUALITÉS REQUISES POUR SUCCÉDER.

725.

Pour succéder, il faut nécessairement exister à l'instant de l'ouverture de la succession.

Ainsi, sont incapables de succéder ;

1.° Celui qui n'est pas encore conçu ;

2.° L'enfant qui n'est pas né viable ;

3.° Celui qui est mort civilement.

726.

Un étranger n'est admis à succéder aux biens que son parent, étranger ou Français, possède dans le territoire de l'Empire, que dans les cas et de la manière dont un

Français succède à son parent possédant des biens dans le pays de cet étranger, conformément aux dispositions de l'article 11, au titre *de la Jouissance et de la Privation des Droits civils.*

727.

Sont indignes de succéder, et, comme tels, exclus des successions,

1.° Celui qui serait condamné pour avoir donné ou tenté de donner la mort au défunt;

2.° Celui qui a porté contre le défunt une accusation capitale jugée calomnieuse;

3.° L'héritier majeur qui, instruit du meurtre du défunt, ne l'aura pas dénoncé à la justice.

728.

Le défaut de dénonciation ne peut être opposé aux ascendans et descendans du meurtrier, ni à ses alliés au même degré, ni à son époux ou à son épouse, ni à ses frères ou sœurs, ni à ses oncles et tantes, ni à ses neveux et nièces.

729.

L'héritier exclu de la succession pour cause d'indignité, est tenu de rendre tous les fruits et les revenus dont il a eu la jouissance depuis l'ouverture de la succession.

730.

Les enfans de l'indigne, venant à la succession de leur chef, et sans le secours de la représentation, ne sont pas exclus pour la faute de leur père; mais celui-ci ne peut, en aucun cas, réclamer, sur les biens de cette succession, l'usufruit que la loi accorde aux pères et mères sur les biens de leurs enfans.

CHAPITRE III.

DES DIVERS ORDRES DE SUCCESSION.

SECTION I.re

Dispositions générales.

731.

Les successions sont déférées aux enfans et descendans du défunt, à ses ascendans et à ses parens collatéraux, dans l'ordre et suivant les règles ci-après déterminés.

732.

La loi ne considère ni la nature ni l'origine des biens pour en régler la succession.

733.

Toute succession échue à des ascendans ou à des collatéraux, se divise en deux parts égales ; l'une pour les parens de la ligne paternelle, l'autre pour les parens de la ligne maternelle.

Les parens utérins ou consanguins ne sont pas exclus par les germains ; mais ils ne prennent part que dans leur ligne, sauf ce qui sera dit à l'article 752. Les germains prennent part dans les deux lignes.

Il ne se fait aucune dévolution d'une ligne à l'autre, que lorsqu'il ne se trouve aucun ascendant ni collatéral de l'une des deux lignes.

734.

Cette première division opérée entre les lignes paternelle et maternelle, il ne se fait plus de division entre les diverses branches; mais la moitié dévolue à chaque ligne appartient à l'héritier ou aux héritiers les plus proches en degrés, sauf le cas de la représentation, ainsi qu'il sera dit ci-après.

735.

La proximité de parenté s'établit par le nombre de générations; chaque génération s'appelle un *degré*.

736.

La suite des degrés forme la ligne : on appelle *ligne directe* la suite des degrés entre personnes qui descendent l'une de l'autre; *ligne collatérale*, la suite des degrés entre personnes qui ne descendent pas les unes des autres, mais qui descendent d'un auteur commun.

On distingue la ligne directe, en ligne directe descendante et ligne directe ascendante.

La première est celle qui lie le chef avec ceux qui descendent de lui; la deuxième est celle qui lie une personne avec ceux dont elle descend.

737.

En ligne directe, on compte autant de degrés qu'il y a

de générations entre les personnes : ainsi, le fils est, à
l'égard du père, au premier degré ; le petit-fils au second ;
et réciproquement du père et de l'aïeul à l'égard des fils
et petits-fils.

738.

En ligne collatérale, les degrés se comptent par les générations, depuis l'un des parens jusques et non compris
l'auteur commun, et depuis celui-ci jusqu'à l'autre parent.

Ainsi, deux frères sont au deuxième degré ; l'oncle et le
neveu sont au troisième degré ; les cousins germains au
quatrième ; ainsi de suite.

SECTION II.

De la Représentation.

739.

La représentation est une fiction de la loi, dont l'effet
est de faire entrer les représentans dans la place, dans le
degré et dans les droits du représenté.

740.

La représentation a lieu à l'infini dans la ligne directe
descendante.

Elle est admise dans tous les cas, soit que les enfans du
défunt concourent avec les descendans d'un enfant prédécédé, soit que tous les enfans du défunt étant morts avant
lui, les descendans desdits enfans se trouvent entre eux en
degrés égaux ou inégaux.

741.

741.

La représentation n'a pas lieu en faveur des ascendans; le plus proche, dans chacune des deux lignes, exclut toujours le plus éloigné.

742.

En ligne collatérale, la représentation est admise en faveur des enfans et descendans de frères ou sœurs du défunt, soit qu'ils viennent à sa succession concurremment avec des oncles ou tantes, soit que tous les frères et sœurs du défunt étant prédécédés, la succession se trouve dévolue à leurs descendans en degrés égaux ou inégaux.

743.

Dans tous les cas où la représentation est admise, le partage s'opère par souche : si une même souche a produit plusieurs branches, la subdivision se fait aussi par souche dans chaque branche, et les membres de la même branche partagent entre eux par tête.

744.

On ne représente pas les personnes vivantes, mais seulement celles qui sont mortes naturellement ou civilement.

On peut représenter celui à la succession duquel on a renoncé.

SECTION III.

Des Successions déférées aux Descendans.

745.

Les enfans ou leurs descendans succèdent à leurs père

B b

et mère, aïeuls, aïeules, ou autres ascendans, sans distinction de sexe ni de primogéniture, et encore qu'ils soient issus de différens mariages.

Ils succèdent par égales portions et par tête, quand ils sont tous au premier degré et appelés de leur chef : ils succèdent par souche, lorsqu'ils viennent tous ou en partie par représentation.

SECTION IV.

Des Successions déférées aux Ascendans.

746.

Si le défunt n'a laissé ni postérité, ni frère, ni sœur, ni descendans d'eux, la succession se divise par moitié entre les ascendans de la ligne paternelle et les ascendans de la ligne maternelle.

L'ascendant qui se trouve au degré le plus proche, recueille la moitié affectée à sa ligne, à l'exclusion de tous autres.

Les ascendans au même degré succèdent par tête.

747.

Les ascendans succèdent, à l'exclusion de tous autres, aux choses par eux données à leurs enfans ou descendans décédés sans postérité, lorsque les objets donnés se retrouvent en nature dans la succession.

Si les objets ont été aliénés, les ascendans recueillent le prix qui peut en être dû. Ils succèdent aussi à l'action en reprise que pouvait avoir le donataire.

748.

Lorsque les père et mère d'une personne morte sans postérité lui ont survécu, si elle a laissé des frères, sœurs, ou des descendans d'eux, la succession se divise en deux portions égales, dont moitié seulement est déférée au père et à la mère, qui la partagent entre eux également.

L'autre moitié appartient aux frères, sœurs ou descendans d'eux, ainsi qu'il sera expliqué dans la section V du présent chapitre.

749.

Dans le cas où la personne morte sans postérité laisse des frères, sœurs, ou des descendans d'eux, si le père ou la mère est prédécédé, la portion qui lui aurait été dévolue, conformément au précédent article, se réunit à la moitié déférée aux frères, sœurs, ou à leurs représentans, ainsi qu'il sera expliqué à la section V du présent chapitre.

SECTION V.

Des Successions collatérales.

750.

En cas de prédécès des père et mère d'une personne morte sans postérité, ses frères, sœurs ou leurs descendans sont appelés à la succession, à l'exclusion des ascendans et des autres collatéraux.

Ils succèdent, ou de leur chef, ou par représentation, ainsi qu'il a été réglé dans la section II du présent chapitre.

B b 2

751.

Si les père et mère de la personne morte sans postérité lui ont survécu, ses frères, sœurs ou leurs représentans ne sont appelés qu'à la moitié de la succession. Si le père ou la mère seulement a survécu, ils sont appelés à recueillir les trois quarts.

752.

Le partage de la moitié ou des trois quarts dévolus aux frères ou sœurs, aux termes de l'article précédent, s'opère entre eux par égales portions, s'ils sont tous du même lit; s'ils sont de lits différens, la division se fait par moitié entre les deux lignes paternelle et maternelle du défunt; les germains prennent part dans les deux lignes, et les utérins ou consanguins chacun dans leur ligne seulement : s'il n'y a de frères ou sœurs que d'un côté, ils succèdent à la totalité, à l'exclusion de tous autres parens de l'autre ligne.

753.

A défaut de frères ou sœurs ou de descendans d'eux, et à défaut d'ascendans dans l'une ou l'autre ligne, la succession est déférée pour moitié aux ascendans survivans; et pour l'autre moitié, aux parens les plus proches de l'autre ligne.

S'il y a concours de parens collatéraux au même degré, ils partagent par tête.

754.

Dans le cas de l'article précédent, le père ou la mère

survivant a l'usufruit du tiers des biens auxquels il ne succède pas en propriété.

755.

Les parens au-delà du douzième degré ne succèdent pas.

A défaut de parens au degré successible dans une ligne,
les parens de l'autre ligne succèdent pour le tout.

CHAPITRE IV.

DES SUCCESSIONS IRRÉGULIÈRES.

SECTION I.re

*Des Droits des Enfans naturels sur les biens de leur père
ou mère, et de la succession aux Enfans naturels décédés
sans postérité.*

756.

Les enfans naturels ne sont point héritiers ; la loi ne
leur accorde de droits sur les biens de leur père ou mère
décédés, que lorsqu'ils ont été légalement reconnus. Elle
ne leur accorde aucun droit sur les biens des parens de
leur père ou mère.

757.

Le droit de l'enfant naturel sur les biens de ses père ou
mère décédés, est réglé ainsi qu'il suit :

Si le père ou la mère a laissé des descendans légitimes,
ce droit est d'un tiers de la portion héréditaire que l'enfant
naturel aurait eue s'il eût été légitime ; il est de la moitié

lorsque les père ou mère ne laissent pas de descendans, mais bien des ascendans ou des frères ou sœurs ; il est des trois quarts lorsque les père ou mère ne laissent ni descendans ni ascendans, ni frères ni sœurs.

758.

L'enfant naturel a droit à la totalité des biens, lorsque ses père ou mère ne laissent pas de parens au degré successible.

759.

En cas de prédécès de l'enfant naturel, ses enfans ou descendans peuvent réclamer les droits fixés par les articles précédens.

760.

L'enfant naturel ou ses descendans sont tenus d'imputer sur ce qu'ils ont droit de prétendre, tout ce qu'ils ont reçu du père ou de la mère dont la succession est ouverte, et qui serait sujet à rapport, d'après les règles établies à la section II du chapitre VI du présent titre.

761.

Toute réclamation leur est interdite, lorsqu'ils ont reçu, du vivant de leur père ou de leur mère, la moitié de ce qui leur est attribué par les articles précédens, avec déclaration expresse, de la part de leur père ou mère, que leur intention est de réduire l'enfant naturel à la portion qu'ils lui ont assignée.

Dans le cas où cette portion serait inférieure à la moitié

de ce qui devrait revenir à l'enfant naturel, il ne pourra réclamer que le supplément nécessaire pour parfaire cette moitié.

762.

Les dispositions des articles 757 et 758 ne sont pas applicables aux enfans adultérins ou incestueux.

La loi ne leur accorde que des alimens.

763.

Ces alimens sont réglés, eu égard aux facultés du père ou de la mère, au nombre et à la qualité des héritiers légitimes.

764.

Lorsque le père ou la mère de l'enfant adultérin ou incestueux lui auront fait apprendre un art mécanique, ou lorsque l'un d'eux lui aura assuré des alimens de son vivant, l'enfant ne pourra élever aucune réclamation contre leur succession.

765.

La succession de l'enfant naturel décédé sans postérité, est dévolue au père ou à la mère qui l'a reconnu; ou par moitié à tous les deux, s'il a été reconnu par l'un et par l'autre.

766.

En cas de prédécès des père et mère de l'enfant naturel, les biens qu'il en avait reçus, passent aux frères ou sœurs légitimes, s'ils se retrouvent en nature dans la succession :

les actions en reprise, s'il en existe, ou le prix de ces biens aliénés, s'il est encore dû, retournent également aux frères et sœurs légitimes. Tous les autres biens passent aux frères et sœurs naturels, ou à leurs descendans.

SECTION II.

Des Droits du Conjoint survivant et de l'État.

767.

Lorsque le défunt ne laisse ni parens au degré successible, ni enfans naturels, les biens de sa succession appartiennent au conjoint non divorcé qui lui survit.

768.

A défaut de conjoint survivant, la succession est acquise à l'État.

769.

Le conjoint survivant et l'administration des domaines qui prétendent droit à la succession, sont tenus de faire apposer les scellés, et de faire faire inventaire dans les formes prescrites pour l'acceptation des successions sous bénéfice d'inventaire.

770.

Ils doivent demander l'envoi en possession au tribunal de première instance dans le ressort duquel la succession est ouverte. Le tribunal ne peut statuer sur la demande qu'après trois publications et affiches dans les formes usitées, et après avoir entendu le procureur impérial.

771.

771.

L'époux survivant est encore tenu de faire emploi du mobilier, ou de donner caution suffisante pour en assurer la restitution, au cas où il se présenterait des héritiers du défunt, dans l'intervalle de trois ans : après ce délai, la caution est déchargée.

772.

L'époux survivant ou l'administration des domaines qui n'auraient pas rempli les formalités qui leur sont respectivement prescrites, pourront être condamnés aux dommages et intérêts envers les héritiers, s'il s'en représente.

773.

Les dispositions des articles 769, 770, 771 et 772, sont communes aux enfans naturels appelés à défaut de parens.

CHAPITRE V.

DE L'ACCEPTATION ET DE LA RÉPUDIATION DES SUCCESSIONS.

SECTION I.ʳᵉ

De l'Acceptation.

774.

Une succession peut être acceptée purement et simplement, ou sous bénéfice d'inventaire.

C c

775.

Nul n'est tenu d'accepter une succession qui lui est échue.

776.

Les femmes mariées ne peuvent pas valablement accepter une succession sans l'autorisation de leur mari ou de justice, conformément aux dispositions du chapitre VI du titre *du Mariage.*

Les successions échues aux mineurs et aux interdits, ne pourront être valablement acceptées que conformément aux dispositions du titre *de la Minorité, de la Tutelle et de l'Émancipation.*

777.

L'effet de l'acceptation remonte au jour de l'ouverture de la succession.

778.

L'acceptation peut être expresse ou tacite : elle est expresse, quand on prend le titre ou la qualité d'héritier dans un acte authentique ou privé; elle est tacite, quand l'héritier fait un acte qui suppose nécessairement son intention d'accepter, et qu'il n'aurait droit de faire qu'en sa qualité d'héritier.

779.

Les actes purement conservatoires, de surveillance et d'administration provisoire, ne sont pas des actes d'adition d'hérédité, si l'on n'y a pas pris le titre ou la qualité d'héritier.

780.

La donation, vente ou transport que fait de ses droits successifs un des cohéritiers, soit à un étranger, soit à tous ses cohéritiers, soit à quelques-uns d'eux, emporte de sa part acceptation de la succession.

Il en est de même, 1.° de la renonciation, même gratuite, que fait un des héritiers au profit d'un ou de plusieurs de ses cohéritiers;

2.° De la renonciation qu'il fait même au profit de tous ses cohéritiers indistinctement, lorsqu'il reçoit le prix de sa renonciation.

781.

Lorsque celui à qui une succession est échue, est décédé sans l'avoir répudiée ou sans l'avoir acceptée expressément ou tacitement, ses héritiers peuvent l'accepter ou la répudier de son chef.

782.

Si ces héritiers ne sont pas d'accord pour accepter ou pour répudier la succession, elle doit être acceptée sous bénéfice d'inventaire.

783.

Le majeur ne peut attaquer l'acceptation expresse ou tacite qu'il a faite d'une succession, que dans le cas où cette acceptation aurait été la suite d'un dol pratiqué envers lui : il ne peut jamais réclamer sous prétexte de lésion, excepté seulement dans le cas où la succession se trouverait absorbée

C c 2

ou diminuée de plus de moitié, par la découverte d'un testament inconnu au moment de l'acceptation.

SECTION II.

De la Renonciation aux Successions.

784.

La renonciation à une succession ne se présume pas : elle ne peut plus être faite qu'au greffe du tribunal de première instance dans l'arrondissement duquel la succession s'est ouverte, sur un registre particulier tenu à cet effet.

785.

L'héritier qui renonce, est censé n'avoir jamais été héritier.

786.

La part du renonçant accroît à ses cohéritiers ; s'il est seul, elle est dévolue au degré subséquent.

787.

On ne vient jamais par représentation d'un héritier qui a renoncé : si le renonçant est seul héritier de son degré, ou si tous ses cohéritiers renoncent, les enfans viennent de leur chef et succèdent par tête.

788.

Les créanciers de celui qui renonce au préjudice de leurs droits, peuvent se faire autoriser en justice à accepter la succession du chef de leur débiteur, en son lieu et place.

Dans ce cas, la renonciation n'est annullée qu'en faveur des créanciers, et jusqu'à concurrence seulement de leurs créances : elle ne l'est pas au profit de l'héritier qui a renoncé.

789.

La faculté d'accepter ou de répudier une succession, se prescrit par le laps de temps réquis pour la prescription la plus longue des droits immobiliers.

790.

Tant que la prescription du droit d'accepter n'est pas acquise contre les héritiers qui ont renoncé, ils ont la faculté d'accepter encore la succession, si elle n'a pas été déjà acceptée par d'autres héritiers ; sans préjudice néanmoins des droits qui peuvent être acquis à des tiers sur les biens de la succession, soit par prescription, soit par actes valablement faits avec le curateur à la succession vacante.

791.

On ne peut, même par contrat de mariage, renoncer à la succession d'un homme vivant, ni aliéner les droits éventuels qu'on peut avoir à cette succession.

792.

Les héritiers qui auraient diverti ou recélé des effets d'une succession, sont déchus de la faculté d'y renoncer : ils demeurent héritiers purs et simples, nonobstant leur renonciation, sans pouvoir prétendre aucune part dans les objets divertis ou recélés.

SECTION III.

Du Bénéfice d'inventaire, de ses Effets, et des Obligations de l'héritier bénéficiaire.

793.

La déclaration d'un héritier, qu'il entend ne prendre cette qualité que sous bénéfice d'inventaire, doit être faite au greffe du tribunal de première instance dans l'arrondissement duquel la succession s'est ouverte : elle doit être inscrite sur le registre destiné à recevoir les actes de renonciation.

794.

Cette déclaration n'a d'effet qu'autant qu'elle est précédée ou suivie d'un inventaire fidèle et exact des biens de la succession, dans les formes réglées par les lois sur la procédure, et dans les délais qui seront ci-après déterminés.

795.

L'héritier a trois mois pour faire inventaire, à compter du jour de l'ouverture de la succession.

Il a de plus, pour délibérer sur son acceptation ou sur sa renonciation, un délai de quarante jours, qui commencent à courir du jour de l'expiration des trois mois donnés pour l'inventaire, ou du jour de la clôture de l'inventaire s'il a été terminé avant les trois mois.

796.

Si cependant il existe dans la succession, des objets

susceptibles de dépérir ou dispendieux à conserver, l'héritier peut, en sa qualité d'habile à succéder, et sans qu'on puisse en induire de sa part une acceptation, se faire autoriser par justice à procéder à la vente de ces effets.

Cette vente doit être faite par officier public, après les affiches et publications réglées par les lois sur la procédure.

797.

Pendant la durée des délais pour faire inventaire et pour délibérer, l'héritier ne peut être contraint à prendre qualité, et il ne peut être obtenu contre lui de condamnation : s'il renonce lorsque les délais sont expirés ou avant, les frais par lui faits légitimement jusqu'à cette époque sont à la charge de la succession.

798.

Après l'expiration des délais ci-dessus, l'héritier, en cas de poursuite dirigée contre lui, peut demander un nouveau délai, que le tribunal saisi de la contestation accorde ou refuse suivant les circonstances.

799.

Les frais de poursuite, dans le cas de l'article précédent, sont à la charge de la succession, si l'héritier justifie, ou qu'il n'avait pas eu connaissance du décès, ou que les délais ont été insuffisans, soit à raison de la situation des biens, soit à raison des contestations survenues : s'il n'en justifie pas, les frais restent à sa charge personnelle.

800.

L'héritier conserve néanmoins, après l'expiration des

délais accordés par l'article 795, même de ceux donnés par le juge conformément à l'article 798, la faculté de faire encore inventaire et de se porter héritier bénéficiaire, s'il n'a pas fait d'ailleurs acte d'héritier, ou s'il n'existe pas contre lui de jugement passé en force de chose jugée, qui le condamne en qualité d'héritier pur et simple.

801.

L'héritier qui s'est rendu coupable de recélé, ou qui a omis, sciemment et de mauvaise foi, de comprendre dans l'inventaire, des effets de la succession, est déchu du bénéfice d'inventaire.

802.

L'effet du bénéfice d'inventaire est de donner à l'héritier l'avantage,

1.º De n'être tenu du paiement des dettes de la succession que jusqu'à concurrence de la valeur des biens qu'il a recueillis, même de pouvoir se décharger du paiement des dettes en abandonnant tous les biens de la succession aux créanciers et aux légataires;

2.º De ne pas confondre ses biens personnels avec ceux de la succession, et de conserver contre elle le droit de réclamer le paiement de ses créances.

803.

L'héritier bénéficiaire est chargé d'administrer les biens de la succession, et doit rendre compte de son administration aux créanciers et aux légataires.

Il ne peut être contraint sur ses biens personnels qu'après avoir

avoir été mis en demeure de présenter son compte, et faute d'avoir satisfait à cette obligation.

Après l'apurement du compte, il ne peut être contraint sur ses biens personnels que jusqu'à concurrence seulement des sommes dont il se trouve reliquataire.

804.

Il n'est tenu que des fautes graves dans l'administration dont il est chargé.

805.

Il ne peut vendre les meubles de la succession que par le ministère d'un officier public, aux enchères, et après les affiches et publications accoutumées.

S'il les représente en nature, il n'est tenu que de la dépréciation ou de la détérioration causée par sa négligence.

806.

Il ne peut vendre les immeubles que dans les formes prescrites par les lois sur la procédure ; il est tenu d'en déléguer le prix aux créanciers hypothécaires qui se sont fait connaître.

807.

Il est tenu, si les créanciers ou autres personnes intéressées l'exigent, de donner caution bonne et solvable de la valeur du mobilier compris dans l'inventaire, et de la portion du prix des immeubles non déléguée aux créanciers hypothécaires.

Faute par lui de fournir cette caution, les meubles sont vendus, et leur prix est déposé, ainsi que la portion non déléguée du prix des immeubles, pour être employés à l'acquit des charges de la succession.

808.

S'il y a des créanciers opposans, l'héritier bénéficiaire ne peut payer que dans l'ordre et de la manière réglés par le juge.

S'il n'y a pas de créanciers opposans, il paye les créanciers et les légataires à mesure qu'ils se présentent.

809.

Les créanciers non opposans qui ne se présentent qu'après l'apurement du compte et le paiement du reliquat, n'ont de recours à exercer que contre les légataires.

Dans l'un et l'autre cas, le recours se prescrit par le laps de trois ans, à compter du jour de l'apurement du compte et du paiement du reliquat.

810.

Les frais de scellés, s'il en a été apposé, d'inventaire et de compte, sont à la charge de la succession.

SECTION IV.

Des Successions vacantes.

811.

Lorsqu'après l'expiration des délais pour faire inventaire et pour délibérer, il ne se présente personne qui réclame une succession, qu'il n'y a pas d'héritier connu, ou que les héritiers connus y ont renoncé, cette succession est réputée vacante.

8 1 2.

Le tribunal de première instance dans l'arrondissement duquel elle est ouverte, nomme un curateur sur la demande des personnes intéressées, ou sur la réquisition du procureur impérial.

8 1 3.

Le curateur à une succession vacante est tenu, avant tout, d'en faire constater l'état par un inventaire : il en exerce et poursuit les droits ; il répond aux demandes formées contre elle ; il administre, sous la charge de faire verser le numéraire qui se trouve dans la succession, ainsi que les deniers provenant du prix des meubles ou immeubles vendus, dans la caisse du receveur de la régie impériale, pour la conservation des droits, et à la charge de rendre compte à qui il appartiendra.

8 1 4.

Les dispositions de la section III du présent chapitre, sur les formes de l'inventaire, sur le mode d'administration et sur les comptes à rendre de la part de l'héritier bénéficiaire, sont, au surplus, communes aux curateurs à successions vacantes.

CHAPITRE VI.

DU PARTAGE ET DES RAPPORTS.

SECTION I.re

De l'Action en partage, et de sa forme.

8 1 5.

Nul ne peut être contraint à demeurer dans l'indivision; et le partage peut être toujours provoqué, nonobstant prohibitions et conventions contraires.

On peut cependant convenir de suspendre le partage pendant un temps limité : cette convention ne peut être obligatoire au-delà de cinq ans; mais elle peut être renouvelée.

8 1 6.

Le partage peut être demandé, même quand l'un des cohéritiers aurait joui séparément de partie des biens de la succession, s'il n'y a eu un acte de partage, ou possession suffisante pour acquérir la prescription.

8 1 7.

L'action en partage, à l'égard des cohéritiers mineurs ou interdits, peut être exercée par leurs tuteurs, spécialement autorisés par un conseil de famille.

A l'égard des cohéritiers absens, l'action appartient aux parens envoyés en possession.

818.

Le mari peut, sans le concours de sa femme, provoquer le partage des objets meubles ou immeubles à elle échus qui tombent dans la communauté : à l'égard des objets qui ne tombent pas en communauté, le mari ne peut en provoquer le partage sans le concours de sa femme ; il peut seulement, s'il a le droit de jouir de ses biens, demander un partage provisionnel.

Les cohéritiers de la femme ne peuvent provoquer le partage définitif qu'en mettant en cause le mari et la femme.

819.

Si tous les héritiers sont présens et majeurs, l'apposition de scellés sur les effets de la succession n'est pas nécessaire, et le partage peut être fait dans la forme et par tel acte que les parties intéressées jugent convenables.

Si tous les héritiers ne sont pas présens, s'il y a parmi eux des mineurs ou des interdits, le scellé doit être apposé dans le plus bref délai, soit à la requête des héritiers, soit à la diligence du procureur impérial au tribunal de première instance, soit d'office par le juge de paix dans l'arrondissement duquel la succession est ouverte.

820.

Les créanciers peuvent aussi requérir l'apposition des scellés, en vertu d'un titre exécutoire ou d'une permission du juge.

821.

Lorsque le scellé a été apposé, tous créanciers peuvent

y former opposition, encore qu'ils n'aient ni titre exécutoire ni permission du juge.

Les formalités pour la levée des scellés et la confection de l'inventaire, sont réglées par les lois sur la procédure.

822.

L'action en partage, et les contestations qui s'élèvent dans le cours des opérations, sont soumises au tribunal du lieu de l'ouverture de la succession.

C'est devant ce tribunal qu'il est procédé aux licitations, et que doivent être portées les demandes relatives à la garantie des lots entre copartageans et celles en rescision du partage.

823.

Si l'un des cohéritiers refuse de consentir au partage, ou s'il s'élève des contestations soit sur le mode d'y procéder, soit sur la manière de le terminer, le tribunal prononce comme en matière sommaire, ou commet, s'il y a lieu, pour les opérations du partage, un des juges, sur le rapport duquel il décide les contestations.

824.

L'estimation des immeubles est faite par experts choisis par les parties intéressées, ou, à leur refus, nommés d'office.

Le procès-verbal des experts doit présenter les bases de l'estimation : il doit indiquer si l'objet estimé peut être commodément partagé; de quelle manière; fixer enfin, en cas de division, chacune des parts qu'on peut en former, et leur valeur.

825.

L'estimation des meubles, s'il n'y a pas eu de prisée faite dans un inventaire régulier, doit être faite par gens à ce connaissant, à juste prix et sans crue.

826.

Chacun des cohéritiers peut demander sa part en nature des meubles et immeubles de la succession : néanmoins, s'il y a des créanciers saisissans ou opposans, ou si la majorité des cohéritiers juge la vente nécessaire pour l'acquit des dettes et charges de la succession, les meubles sont vendus publiquement en la forme ordinaire.

827.

Si les immeubles ne peuvent pas se partager commodément, il doit être procédé à la vente par licitation devant le tribunal.

Cependant les parties, si elles sont toutes majeures, peuvent consentir que la licitation soit faite devant un notaire, sur le choix duquel elles s'accordent.

828.

Après que les meubles et immeubles ont été estimés et vendus, s'il y a lieu, le juge commissaire renvoie les parties devant un notaire dont elles conviennent, ou nommé d'office, si les parties ne s'accordent pas sur le choix.

On procède, devant cet officier, aux comptes que les copartageans peuvent se devoir, à la formation de la masse générale, à la composition des lots, et aux fournissemens à faire à chacun des copartageans.

829.

Chaque cohéritier fait rapport à la masse, suivant les règles qui seront ci-après établies, des dons qui lui ont été faits, et des sommes dont il est débiteur.

830.

Si le rapport n'est pas fait en nature, les cohéritiers à qui il est dû, prélèvent une portion égale sur la masse de la succession.

Les prélèvemens se font, autant que possible, en objets de même nature, qualité et bonté que les objets non rapportés en nature.

831.

Après ces prélèvemens, il est procédé, sur ce qui reste dans la masse, à la composition d'autant de lots égaux qu'il y a d'héritiers copartageans, ou de souches copartageantes.

832.

Dans la formation et composition des lots, on doit éviter, autant que possible, de morceler les héritages et de diviser les exploitations; et il convient de faire entrer dans chaque lot, s'il se peut, la même quantité de meubles, d'immeubles, de droits ou de créances de même nature et valeur.

833.

L'inégalité des lots en nature se compense par un retour, soit en rente, soit en argent.

834.

834.

Les lots sont faits par l'un des cohéritiers, s'ils peuvent convenir entre eux sur le choix, et si celui qu'ils avaient choisi accepte la commission : dans le cas contraire, les lots sont faits par un expert que le juge commissaire désigne.

Ils sont ensuite tirés au sort.

835.

Avant de procéder au tirage des lots, chaque coparta-geant est admis à proposer ses réclamations contre leur formation.

836.

Les règles établies pour la division des masses à partager, sont également observées dans la subdivision à faire entre les souches copartageantes.

837.

Si, dans les opérations renvoyées devant un notaire, il s'élève des contestations, le notaire dressera procès-verbal des difficultés et des dires respectifs des parties, les renverra devant le commissaire nommé pour le partage; et, au sur-plus, il sera procédé suivant les formes prescrites par les lois sur la procédure.

838.

Si tous les cohéritiers ne sont pas présens, ou s'il y a parmi eux des interdits, ou des mineurs, même émanci-pés, le partage doit être fait en justice, conformément aux règles prescrites par les articles 819 et suivans, jusques et

E e

compris l'article précédent. S'il y a plusieurs mineurs qui aient des intérêts opposés dans le partage, il doit leur être donné à chacun un tuteur spécial et particulier.

839.

S'il y a lieu à licitation, dans le cas du précédent article, elle ne peut être faite qu'en justice avec les formalités prescrites pour l'aliénation des biens des mineurs. Les étrangers y sont toujours admis.

840.

Les partages faits conformément aux règles ci-dessus prescrites, soit par les tuteurs, avec l'autorisation d'un conseil de famille, soit par les mineurs émancipés, assistés de leurs curateurs, soit au nom des absens ou non présens, sont définitifs : ils ne sont que provisionnels, si les règles prescrites n'ont pas été observées.

841.

Toute personne, même parente du défunt, qui n'est pas son successible, et à laquelle un cohéritier aurait cédé son droit à la succession, peut être écartée du partage, soit par tous les cohéritiers, soit par un seul, en lui remboursant le prix de la cession.

842.

Après le partage, remise doit être faite à chacun des copartageans, des titres particuliers aux objets qui lui seront échus.

Les titres d'une propriété divisée restent à celui qui a la

plus grande part, à la charge d'en aider ceux de ses co-partageans qui y auront intérêt, quand il en sera requis.

Les titres communs à toute l'hérédité sont remis à celui que tous les héritiers ont choisi pour en être le dépositaire, à la charge d'en aider les copartageans, à toute réquisition. S'il y a difficulté sur ce choix, il est réglé par le juge.

SECTION II.

Des Rapports.

843.

Tout héritier, même bénéficiaire, venant à une succession, doit rapporter à ses cohéritiers tout ce qu'il a reçu du défunt, par donation entre-vifs, directement ou indirectement : il ne peut retenir les dons ni réclamer les legs à lui faits par le défunt, à moins que les dons et legs ne lui aient été faits expressément par préciput et hors part, ou avec dispense du rapport.

844.

Dans le cas même où les dons et legs auraient été faits par préciput ou avec dispense du rapport, l'héritier venant à partage ne peut les retenir que jusqu'à concurrence de la quotité disponible : l'excédant est sujet à rapport.

845.

L'héritier qui renonce à la succession, peut cependant retenir le don entre-vifs, ou réclamer le legs à lui fait, jusqu'à concurrence de la portion disponible.

E e 2

846.

Le donataire qui n'était pas héritier présomptif lors de la donation, mais qui se trouve successible au jour de l'ouverture de la succession, doit également le rapport, à moins que le donateur ne l'en ait dispensé.

847.

Les dons et legs faits au fils de celui qui se trouve successible à l'époque de l'ouverture de la succession, sont toujours réputés faits avec dispense du rapport.

Le père venant à la succession du donateur, n'est pas tenu de les rapporter.

848.

Pareillement, le fils venant de son chef à la succession du donateur, n'est pas tenu de rapporter le don fait à son père, même quand il aurait accepté la succession de celui-ci : mais si le fils ne vient que par représentation, il doit rapporter ce qui avait été donné à son père, même dans le cas où il aurait répudié sa succession.

849.

Les dons et legs faits au conjoint d'un époux successible, sont réputés faits avec dispense du rapport.

Si les dons et legs sont faits conjointement à deux époux, dont l'un seulement est successible, celui-ci en rapporte la moitié ; si les dons sont faits à l'époux successible, il les rapporte en entier.

850.

Le rapport ne se fait qu'à la succession du donateur.

851.

Le rapport est dû de ce qui a été employé pour l'établissement d'un des cohéritiers, ou pour le paiement de ses dettes.

852.

Les frais de nourriture, d'entretien, d'éducation, d'apprentissage, les frais ordinaires d'équipement, ceux de noces et présens d'usage, ne doivent pas être rapportés.

853.

Il en est de même des profits que l'héritier a pu retirer de conventions passées avec le défunt, si ces conventions ne présentaient aucun avantage indirect, lorsqu'elles ont été faites.

854.

Pareillement, il n'est pas dû de rapport pour les associations faites sans fraude entre le défunt et l'un de ses héritiers, lorsque les conditions en ont été réglées par un acte authentique.

855.

L'immeuble qui a péri par cas fortuit et sans la faute du donataire, n'est pas sujet à rapport.

856.

Les fruits et les intérêts des choses sujettes à rapport ne sont dus qu'à compter du jour de l'ouverture de la succession.

857.

Le rapport n'est dû que par le cohéritier à son cohéritier; il n'est pas dû aux légataires ni aux créanciers de la succession.

858.

Le rapport se fait en nature ou en moins prenant.

859.

Il peut être exigé en nature, à l'égard des immeubles, toutes les fois que l'immeuble donné n'a pas été aliéné par le donataire, et qu'il n'y a pas, dans la succession, d'immeubles de même nature, valeur et bonté, dont on puisse former des lots à-peu-près égaux pour les autres cohéritiers.

860.

Le rapport n'a lieu qu'en moins prenant, quand le donataire a aliéné l'immeuble avant l'ouverture de la succession; il est dû de la valeur de l'immeuble à l'époque de l'ouverture.

861.

Dans tous les cas, il doit être tenu compte au donataire, des impenses qui ont amélioré la chose, eu égard à ce dont sa valeur se trouve augmentée au temps du partage.

862.

Il doit être pareillement tenu compte au donataire, des impenses nécessaires qu'il a faites pour la conservation de la chose, encore qu'elles n'aient point amélioré le fonds.

863.

Le donataire, de son côté, doit tenir compte des dégradations et détériorations qui ont diminué la valeur de l'immeuble, par son fait ou par sa faute et négligence.

864.

Dans le cas où l'immeuble a été aliéné par le donataire, les améliorations ou dégradations faites par l'acquéreur doivent être imputées conformément aux trois articles précédens.

865.

Lorsque le rapport se fait en nature, les biens se réunissent à la masse de la succession, francs et quittes de toutes charges créées par le donataire; mais les créanciers ayant hypothèque peuvent intervenir au partage, pour s'opposer à ce que le rapport se fasse en fraude de leurs droits.

866.

Lorsque le don d'un immeuble fait à un successible avec dispense du rapport, excède la portion disponible, le rapport de l'excédant se fait en nature, si le retranchement de cet excédant peut s'opérer commodément.

Dans le cas contraire, si l'excédant est de plus de moitié de la valeur de l'immeuble, le donataire doit rapporter l'immeuble en totalité, sauf à prélever sur la masse la valeur de la portion disponible : si cette portion excède la moitié de la valeur de l'immeuble, le donataire peut retenir l'immeuble en totalité, sauf à moins prendre, et à récompenser ses cohéritiers en argent ou autrement.

867.

Le cohéritier qui fait le rapport en nature d'un immeuble, peut en retenir la possession jusqu'au remboursement effectif des sommes qui lui sont dues pour impenses ou améliorations.

868.

Le rapport du mobilier ne se fait qu'en moins prenant. Il se fait sur le pied de la valeur du mobilier lors de la donation, d'après l'état estimatif annexé à l'acte ; et, à défaut de cet état, d'après une estimation par experts, à juste prix et sans crue.

869.

Le rapport de l'argent donné se fait en moins prenant dans le numéraire de la succession.

En cas d'insuffisance, le donataire peut se dispenser de rapporter du numéraire, en abandonnant, jusqu'à due concurrence, du mobilier, et à défaut de mobilier, des immeubles de la succession.

SECTION III.

Du Paiement des Dettes.

870.

Les cohéritiers contribuent entre eux au paiement des dettes et charges de la succession, chacun dans la proportion de ce qu'il y prend.

871.

Le légataire à titre universel contribue avec les héritiers,

au

au prorata de son émolument ; mais le légataire particulier n'est pas tenu des dettes et charges, sauf toutefois l'action hypothécaire sur l'immeuble légué.

872.

Lorsque des immeubles d'une succession sont grevés de rentes par hypothèque spéciale, chacun des cohéritiers peut exiger que les rentes soient remboursées et les immeubles rendus libres avant qu'il soit procédé à la formation des lots. Si les cohéritiers partagent la succession dans l'état où elle se trouve, l'immeuble grevé doit être estimé au même taux que les autres immeubles ; il est fait déduction du capital de la rente sur le prix total ; l'héritier dans le lot duquel tombe cet immeuble, demeure seul chargé du service de la rente, et il doit en garantir ses cohéritiers.

873.

Les héritiers sont tenus des dettes et charges de la succession, personnellement pour leur part et portion virile, et hypothécairement pour le tout ; sauf leur recours, soit contre leurs cohéritiers, soit contre les légataires universels, à raison de la part pour laquelle ils doivent y contribuer.

874.

Le légataire particulier qui a acquitté la dette dont l'immeuble légué était grevé, demeure subrogé aux droits du créancier contre les héritiers et successeurs à titre universel.

875.

Le cohéritier ou successeur à titre universel, qui, par

F f

l'effet de l'hypothèque, a payé au-delà de sa part de la dette commune, n'a de recours contre les autres cohéritiers ou successeurs à titre universel, que pour la part que chacun d'eux doit personnellement en supporter, même dans le cas où le cohéritier qui a payé la dette se serait fait subroger aux droits des créanciers; sans préjudice néanmoins des droits d'un cohéritier qui, par l'effet du bénéfice d'inventaire, aurait conservé la faculté de réclamer le paiement de sa créance personnelle, comme tout autre créancier.

876.

En cas d'insolvabilité d'un des cohéritiers ou successeurs à titre universel, sa part dans la dette hypothécaire est répartie sur tous les autres, au marc le franc.

877.

Les titres exécutoires contre le défunt sont pareillement exécutoires contre l'héritier personnellement; et néanmoins les créanciers ne pourront en poursuivre l'exécution que huit jours après la signification de ces titres à la personne ou au domicile de l'héritier.

878.

Ils peuvent demander, dans tous les cas, et contre tout créancier, la séparation du patrimoine du défunt d'avec le patrimoine de l'héritier.

879.

Ce droit ne peut cependant plus être exercé, lorsqu'il

y a novation dans la créance contre le défunt , par
l'acceptation de l'héritier pour débiteur.

880.

Il se prescrit, relativement aux meubles, par le laps de
trois ans.

A l'égard des immeubles, l'action peut être exercée tant
qu'ils existent dans la main de l'héritier.

881.

Les créanciers de l'héritier ne sont point admis à demander la séparation des patrimoines contre les créanciers
de la succession.

882.

Les créanciers d'un copartageant , pour éviter que le
partage ne soit fait en fraude de leurs droits, peuvent
s'opposer à ce qu'il y soit procédé hors de leur présence :
ils ont le droit d'y intervenir à leurs frais ; mais ils ne
peuvent attaquer un partage consommé, à moins toutefois
qu'il n'y ait été procédé sans eux et au préjudice d'une
opposition qu'ils auraient formée.

SECTION IV.

Des effets du Partage, et de la garantie des Lots.

883.

Chaque cohéritier est censé avoir succédé seul et immédiatement à tous les effets compris dans son lot, ou à lui

F f 2

échus sur licitation, et n'avoir jamais eu la propriété des autres effets de la succession.

884.

Les cohéritiers demeurent respectivement garans, les uns envers les autres, des troubles et évictions seulement qui procèdent d'une cause antérieure au partage.

La garantie n'a pas lieu, si l'espèce d'éviction soufferte a été exceptée par une clause particulière et expresse de l'acte de partage; elle cesse, si c'est par sa faute que le cohéritier souffre l'éviction.

885.

Chacun des cohéritiers est personnellement obligé, en proportion de sa part héréditaire, d'indemniser son cohéritier de la perte que lui a causée l'éviction.

Si l'un des cohéritiers se trouve insolvable, la portion dont il est tenu doit être également répartie entre le garanti et tous les cohéritiers solvables.

886.

La garantie de la solvabilité du débiteur d'une rente ne peut être exercée que dans les cinq ans qui suivent le partage. Il n'y a pas lieu à garantie à raison de l'insolvabilité du débiteur, quand elle n'est survenue que depuis le partage consommé.

SECTION V.

De la Rescision en matière de partage.

887.

Les partages peuvent être rescindés pour cause de violence ou de dol.

Il peut aussi y avoir lieu à rescision, lorsqu'un des cohéritiers établit, à son préjudice, une lésion de plus du quart. La simple omission d'un objet de la succession ne donne pas ouverture à l'action en rescision, mais seulement à un supplément à l'acte de partage.

888.

L'action en rescision est admise contre tout acte qui a pour objet de faire cesser l'indivision entre cohéritiers, encore qu'il fût qualifié de vente, d'échange et de transaction, ou de toute autre manière.

Mais après le partage, ou l'acte qui en tient lieu, l'action en rescision n'est plus admissible contre la transaction faite sur les difficultés réelles que présentait le premier acte, même quand il n'y aurait pas eu à ce sujet de procès commencé.

889.

L'action n'est pas admise contre une vente de droit successif faite sans fraude à l'un des cohéritiers, à ses risques et périls, par ses autres cohéritiers, ou par l'un d'eux.

890.

Pour juger s'il y a eu lésion, on estime les objets suivant leur valeur à l'époque du partage.

891.

Le défendeur à la demande en rescision peut en arrêter le cours et empêcher un nouveau partage, en offrant et en fournissant au demandeur le supplément de sa portion héréditaire, soit en numéraire, soit en nature.

892.

Le cohéritier qui a aliéné son lot en tout ou partie, n'est plus recevable à intenter l'action en rescision pour dol ou violence, si l'aliénation qu'il a faite est postérieure à la découverte du dol, ou à la cessation de la violence.

Décrété le 3 Mai 03.
Promulgué le 13 du ème mois.

TITRE II.

DES DONATIONS ENTRE-VIFS ET DES TESTAMENS.

CHAPITRE PREMIER.

DISPOSITIONS GÉNÉRALES.

893.

ON ne pourra disposer de ses biens, à titre gratuit, que par donation entre-vifs ou par testament, dans les formes ci-après établies.

894.

La donation entre-vifs est un acte par lequel le donateur

se dépouille actuellement et irrévocablement de la chose donnée, en faveur du donataire qui l'accepte.

895.

Le testament est un acte par lequel le testateur dispose, pour le temps où il n'existera plus, de tout ou partie de ses biens, et qu'il peut révoquer.

896.

Les substitutions sont prohibées.

Toute disposition par laquelle le donataire, l'héritier institué, ou le légataire, sera chargé de conserver et de rendre à un tiers, sera nulle, même à l'égard du donataire, de l'héritier institué, ou du légataire.

Néanmoins les biens libres formant la dotation d'un titre héréditaire que l'Empereur aurait érigé en faveur d'un prince ou d'un chef de famille, pourront être transmis héréditairement, ainsi qu'il est réglé par l'acte impérial du 30 mars 1806, et par le sénatus-consulte du 14 août suivant.

897.

Sont exceptées des deux premiers paragraphes de l'article précédent les dispositions permises aux pères et mères et aux frères et sœurs, au chapitre VI du présent titre.

898.

La disposition par laquelle un tiers serait appelé à recueillir le don, l'hérédité ou le legs, dans le cas où le donataire, l'héritier institué ou le légataire, ne le recueillerait pas, ne sera pas regardée comme une substitution, et sera valable.

899.

Il en sera de même de la disposition entre-vifs ou testamentaire par laquelle l'usufruit sera donné à l'un, et la nue propriété à l'autre.

900.

Dans toute disposition entre-vifs ou testamentaire, les conditions impossibles, celles qui seront contraires aux lois ou aux mœurs, seront réputées non écrites.

CHAPITRE II.

DE LA CAPACITÉ DE DISPOSER OU DE RECEVOIR PAR DONATION ENTRE-VIFS OU PAR TESTAMENT.

901.

Pour faire une donation entre-vifs ou un testament, il faut être sain d'esprit.

902.

Toutes personnes peuvent disposer et recevoir, soit par donation entre-vifs, soit par testament, excepté celles que la loi en déclare incapables.

903.

Le mineur âgé de moins de seize ans ne pourra aucunement disposer, sauf ce qui est réglé au chapitre IX du présent titre.

904.

Le mineur parvenu à l'âge de seize ans ne pourra disposer
que

que par testament, et jusqu'à concurrence seulement de la moitié des biens dont la loi permet au majeur de disposer.

905.

La femme mariée ne pourra donner entre-vifs sans l'assistance ou le consentement spécial de son mari, ou sans y être autorisée par la justice, conformément à ce qui est prescrit par les articles 217 et 219, au titre *du Mariage*.

Elle n'aura besoin ni de consentement du mari, ni d'autorisation de la justice, pour disposer par testament.

906.

Pour être capable de recevoir entre-vifs, il suffit d'être conçu au moment de la donation.

Pour être capable de recevoir par testament, il suffit d'être conçu à l'époque du décès du testateur.

Néanmoins la donation ou le testament n'auront leur effet qu'autant que l'enfant sera né viable.

907.

Le mineur, quoique parvenu à l'âge de seize ans, ne pourra, même par testament, disposer au profit de son tuteur.

Le mineur, devenu majeur, ne pourra disposer, soit par donation entre-vifs, soit par testament, au profit de celui qui aura été son tuteur, si le compte définitif de la tutelle n'a été préalablement rendu et apuré.

Sont exceptés, dans les deux cas ci-dessus, les ascendans des mineurs, qui sont ou qui ont été leurs tuteurs.

908.

Les enfans naturels ne pourront, par donation entre-vifs ou par testament, rien recevoir au-delà de ce qui leur est accordé au titre *des Successions.*

909.

Les docteurs en médecine ou en chirurgie, les officiers de santé et les pharmaciens qui auront traité une personne pendant la maladie dont elle meurt, ne pourront profiter des dispositions entre-vifs ou testamentaires qu'elle aurait faites en leur faveur pendant le cours de cette maladie.

Sont exceptées, 1.° les dispositions rémunératoires faites à titre particulier, eu égard aux facultés du disposant et aux services rendus ;

2.° Les dispositions universelles, dans le cas de parenté jusqu'au quatrième degré inclusivement, pourvu toutefois que le décédé n'ait pas d'héritiers en ligne directe ; à moins que celui au profit de qui la disposition a été faite, ne soit lui-même du nombre de ces héritiers.

Les mêmes règles seront observées à l'égard du ministre du culte.

910.

Les dispositions entre-vifs ou par testament, au profit des hospices, des pauvres d'une commune, ou d'établissemens d'utilité publique, n'auront leur effet qu'autant qu'elles seront autorisées par un décret impérial.

911.

Toute disposition au profit d'un incapable sera nulle,

soit qu'on la déguise sous la forme d'un contrat onéreux, soit qu'on la fasse sous le nom de personnes interposées.

Seront réputés personnes interposées les père et mère, les enfans et descendans, et l'époux de la personne incapable.

912.

On ne pourra disposer au profit d'un étranger, que dans le cas où cet étranger pourrait disposer au profit d'un Français.

CHAPITRE III.

DE LA PORTION DE BIENS DISPONIBLE,
ET DE LA RÉDUCTION.

SECTION I.re

De la Portion de biens disponible.

913.

Les libéralités, soit par actes entre-vifs, soit par testament, ne pourront excéder la moitié des biens du disposant, s'il ne laisse à son décès qu'un enfant légitime; le tiers, s'il laisse deux enfans; le quart, s'il en laisse trois ou un plus grand nombre.

914.

Sont compris dans l'article précédent, sous le nom d'*enfans*, les descendans en quelque degré que ce soit; néanmoins ils ne sont comptés que pour l'enfant qu'ils représentent dans la succession du disposant.

915.

Les libéralités, par actes entre-vifs ou par testament, ne pourront excéder la moitié des biens, si, à défaut d'enfant, le défunt laisse un ou plusieurs ascendans dans chacune des lignes paternelle et maternelle ; et les trois quarts, s'il ne laisse d'ascendans que dans une ligne.

Les biens ainsi réservés au profit des ascendans, seront par eux recueillis dans l'ordre où la loi les appelle à succéder; ils auront seuls droit à cette réserve, dans tous les cas où un partage en concurrence avec des collatéraux ne leur donnerait pas la quotité de biens à laquelle elle est fixée.

916.

A défaut d'ascendans et de descendans, les libéralités par actes entre-vifs ou testamentaires pourront épuiser la totalité des biens.

917.

Si la disposition par acte entre-vifs ou par testament est d'un usufruit ou d'une rente viagère dont la valeur excède la quotité disponible, les héritiers au profit desquels la loi fait une réserve, auront l'option, ou d'exécuter cette disposition, ou de faire l'abandon de la propriété de la quotité disponible.

918.

La valeur en pleine propriété des biens aliénés, soit à charge de rente viagère, soit à fonds perdu, ou avec réserve d'usufruit, à l'un des successibles en ligne directe, sera imputée sur la portion disponible ; et l'excédant, s'il y en a, sera rapporté à la masse. Cette imputation et ce rapport ne pourront être demandés par ceux des autres successibles en ligne directe qui auraient consenti à ces aliénations, ni, dans aucun cas, par les successibles en ligne collatérale.

919.

La quotité disponible pourra être donnée en tout ou en partie, soit par acte entre-vifs, soit par testament, aux enfans ou autres successibles du donateur, sans être sujette au rapport par le donataire ou le légataire venant à la succession, pourvu que la disposition ait été faite expressément à titre de préciput ou hors part.

La déclaration que le don ou le legs est à titre de préciput ou hors part, pourra être faite, soit par l'acte qui contiendra la disposition, soit postérieurement dans la forme des dispositions entre-vifs ou testamentaires.

SECTION II.
De la Réduction des Donations et Legs.

920.

Les dispositions soit entre-vifs, soit à cause de mort, qui excéderont la quotité disponible, seront réductibles à cette quotité lors de l'ouverture de la succession.

921.

La réduction des dispositions entre-vifs ne pourra être demandée que par ceux au profit desquels la loi fait la réserve, par leurs héritiers ou ayant-cause; les donataires, les légataires, ni les créanciers du défunt, ne pourront demander cette réduction, ni en profiter.

922.

La réduction se détermine en formant une masse de tous les biens existans au décès du donateur ou testateur. On y réunit fictivement ceux dont il a été disposé par donations entre-vifs, d'après leur état à l'époque des donations et leur valeur au temps du décès du donateur. On calcule sur tous ces biens, après en avoir déduit les dettes, quelle est, eu égard à la qualité des héritiers qu'il laisse, la quotité dont il a pu disposer.

923.

Il n'y aura jamais lieu à réduire les donations entre-vifs, qu'après avoir épuisé la valeur de tous les biens compris dans les dispositions testamentaires; et lorsqu'il y aura lieu à cette réduction, elle se fera en commençant par la dernière donation, et ainsi de suite en remontant des dernières aux plus anciennes.

924.

Si la donation entre-vifs réductible a été faite à l'un des successibles, il pourra retenir, sur les biens donnés, la valeur de la portion qui lui appartiendrait, comme héritier, dans les biens non disponibles; s'ils sont de la même nature.

925.

Lorsque la valeur des donations entre-vifs excédera ou

égalera la quotité disponible, toutes les dispositions testamentaires seront caduques.

926.

Lorsque les dispositions testamentaires excéderont, soit la quotité disponible, soit la portion de cette quotité qui resterait après avoir déduit la valeur des donations entre-vifs, la réduction sera faite au marc le franc, sans aucune distinction entre les legs universels et les legs particuliers.

927.

Néanmoins, dans tous les cas où le testateur aura expressément déclaré qu'il entend que tel legs soit acquitté de préférence aux autres, cette préférence aura lieu ; et le legs qui en sera l'objet, ne sera réduit qu'autant que la valeur des autres ne remplirait pas la réserve légale.

928.

Le donataire restituera les fruits de ce qui excédera la portion disponible, à compter du jour du décès du donateur, si la demande en réduction a été faite dans l'année ; sinon, du jour de la demande.

929.

Les immeubles à recouvrer par l'effet de la réduction, le seront sans charge de dettes ou hypothèques créées par le donataire.

930.

L'action en réduction ou revendication pourra être exercée par les héritiers contre les tiers détenteurs des immeubles faisant partie des donations et aliénés par les donataires, de la même manière et dans le même ordre que contre les donataires eux-mêmes, et discussion préalablement faite de leurs biens. Cette action devra être exercée suivant l'ordre des dates des aliénations, en commençant par la plus récente.

CHAPITRE IV.

DES DONATIONS ENTRE-VIFS.

SECTION Ire

De la Forme des Donations entre-vifs.

931.

Tous actes portant donation entre-vifs seront passés devant notaires, dans la forme ordinaire des contrats; et il en restera minute, sous peine de nullité.

932.

La donation entre-vifs n'engagera le donateur, et ne produira aucun effet, que du jour qu'elle aura été acceptée en termes exprès.

L'acceptation pourra être faite du vivant du donateur, par un acte postérieur et authentique, dont il restera minute; mais alors la donation n'aura d'effet, à l'égard du donateur, que du jour où l'acte qui constatera cette acceptation lui aura été notifié.

933.

933.

Si le donataire est majeur, l'acceptation doit être faite par lui, ou, en son nom, par la personne fondée de sa procuration, portant pouvoir d'accepter la donation faite, ou un pouvoir général d'accepter les donations qui auraient été ou qui pourraient être faites.

Cette procuration devra être passée devant notaires; et une expédition devra en être annexée à la minute de la donation, ou à la minute de l'acceptation qui serait faite par acte séparé.

934.

La femme mariée ne pourra accepter une donation sans le consentement de son mari, ou, en cas de refus du mari, sans autorisation de la justice, conformément à ce qui est prescrit par les articles 217 et 219, au titre *du Mariage.*

935.

La donation faite à un mineur non émancipé ou à un interdit, devra être acceptée par son tuteur, conformément à l'article 463, au titre *de la Minorité, de la Tutelle et de l'Émancipation.*

Le mineur émancipé pourra accepter avec l'assistance de son curateur.

Néanmoins les père et mère du mineur émancipé ou non émancipé, ou les autres ascendans, même du vivant des père et mère, quoiqu'ils ne soient ni tuteurs ni curateurs du mineur, pourront accepter pour lui.

H h

936.

Le sourd-muet qui saura écrire, pourra accepter lui-même ou par un fondé de pouvoir.

S'il ne sait pas écrire, l'acceptation doit être faite par un curateur nommé à cet effet, suivant les règles établies au titre *de la Minorité, de la Tutelle et de l'Émancipation.*

937.

Les donations faites au profit d'hospices, des pauvres d'une commune, ou d'établissemens d'utilité publique, seront acceptées par les administrateurs de ces communes ou établissemens, après y avoir été dûment autorisés.

938.

La donation dûment acceptée sera parfaite par le seul consentement des parties; et la propriété des objets donnés sera transférée au donataire, sans qu'il soit besoin d'autre tradition.

939.

Lorsqu'il y aura donation de biens susceptibles d'hypothèques, la transcription des actes contenant la donation et l'acceptation, ainsi que la notification de l'acceptation qui aurait eu lieu par acte séparé, devra être faite aux bureaux des hypothèques dans l'arrondissement desquels les biens sont situés.

940.

Cette transcription sera faite à la diligence du mari, lorsque les biens auront été donnés à sa femme; et si le mari ne remplit pas cette formalité, la femme pourra y faire procéder sans autorisation.

Lorsque la donation sera faite à des mineurs, à des interdits, ou à des établissemens publics, la transcription sera faite à la diligence des tuteurs, curateurs ou administrateurs.

941.

Le défaut de transcription pourra être opposé par toutes personnes ayant intérêt, excepté toutefois celles qui sont chargées de faire faire la transcription, ou leurs ayant-cause, et le donateur.

942.

Les mineurs, les interdits, les femmes mariées, ne seront point restitués contre le défaut d'acceptation ou de transcription des donations ; sauf leur recours contre leurs tuteurs ou maris, s'il y échet, et sans que la restitution puisse avoir lieu, dans le cas même où lesdits tuteurs et maris se trouveraient insolvables.

943.

La donation entre-vifs ne pourra comprendre que les biens présens du donateur; si elle comprend des biens à venir, elle sera nulle à cet égard.

944.

Toute donation entre-vifs faite sous des conditions dont l'exécution dépend de la seule volonté du donateur, sera nulle.

945.

Elle sera pareillement nulle, si elle a été faite sous la condition d'acquitter d'autres dettes ou charges que celles qui existaient à l'époque de la donation, ou qui seraient exprimées, soit dans l'acte de donation, soit dans l'état qui devrait y être annexé.

946.

En cas que le donateur se soit réservé la liberté de disposer d'un effet compris dans la donation, ou d'une somme fixe sur les biens donnés; s'il meurt sans en avoir disposé, ledit effet ou ladite somme appartiendra aux héritiers du donateur, nonobstant toutes clauses et stipulations à ce contraires.

947.

Les quatre articles précédens ne s'appliquent point aux donations dont est mention aux chapitres VIII et IX du présent titre.

948.

Tout acte de donation d'effets mobiliers ne sera valable que pour les effets dont un état estimatif, signé du donateur, et du donataire, ou de ceux qui acceptent pour lui, aura été annexé à la minute de la donation.

949.

Il est permis au donateur de faire la réserve à son profit, ou de disposer au profit d'un autre, de la jouissance ou de l'usufruit des biens meubles ou immeubles donnés.

950.

Lorsque la donation d'effets mobiliers aura été faite avec réserve d'usufruit, le donataire sera tenu, à l'expiration de l'usufruit, de prendre les effets donnés qui se trouveront en nature, dans l'état où ils seront; et il aura action contre le donateur ou ses héritiers, pour raison des objets non existans, jusqu'à concurrence de la valeur qui leur aura été donnée dans l'état estimatif.

951.

Le donateur pourra stipuler le droit de retour des objets donnés, soit pour le cas du prédécès du donataire seul, soit pour le cas du prédécès du donataire et de ses descendans.

Ce droit ne pourra être stipulé qu'au profit du donateur seul.

952.

L'effet du droit de retour sera de résoudre toutes les aliénations des biens donnés, et de faire revenir ces biens au donateur, francs et quittes de toutes charges et hypothèques, sauf néanmoins l'hypothèque de la dot et des conventions matrimoniales, si les autres biens de l'époux donataire ne suffisent pas, et dans le cas seulement où la donation lui aura été faite par le même contrat de mariage duquel résultent ces droits et hypothèques.

SECTION II.

Des Exceptions à la règle de l'Irrévocabilité des Donations entre-vifs.

953.

La donation entre-vifs ne pourra être révoquée que pour cause d'inexécution des conditions sous lesquelles elle aura été faite, pour cause d'ingratitude, et pour cause de survenance d'enfans.

954.

Dans le cas de la révocation pour cause d'inexécution des conditions, les biens rentreront dans les mains du donateur, libres de toutes charges et hypothèques du chef du donataire; et le donateur aura, contre les tiers détenteurs des immeubles donnés, tous les droits qu'il aurait contre le donataire lui-même.

955.

La donation entre-vifs ne pourra être révoquée pour cause d'ingratitude que dans les cas suivans :

1.º Si le donataire a attenté à la vie du donateur ;

2.º S'il s'est rendu coupable envers lui de sévices, délits ou injures graves ;

3.º S'il lui refuse des alimens.

956.

La révocation pour cause d'inexécution des conditions,

ou pour cause d'ingratitude, n'aura jamais lieu de plein droit.

957.

La demande en révocation pour cause d'ingratitude devra être formée dans l'année, à compter du jour du délit imputé par le donateur au donataire, ou du jour que le délit aura pu être connu par le donateur.

Cette révocation ne pourra être demandée par le donateur contre les héritiers du donataire, ni par les héritiers du donateur contre le donataire, à moins que, dans ce dernier cas, l'action n'ait été intentée par le donateur, ou qu'il ne soit décédé dans l'année du délit.

958.

La révocation pour cause d'ingratitude ne préjudiciera ni aux aliénations faites par le donataire, ni aux hypothèques et autres charges réelles qu'il aura pu imposer sur l'objet de la donation, pourvu que le tout soit antérieur à l'inscription qui aurait été faite de l'extrait de la demande en révocation, en marge de la transcription prescrite par l'article 939.

Dans le cas de révocation, le donataire sera condamné à restituer la valeur des objets aliénés, eu égard au temps de la demande, et les fruits, à compter du jour de cette demande.

959.

Les donations en faveur de mariage ne seront pas révocables pour cause d'ingratitude.

960.

Toutes donations entre-vifs faites par personnes qui n'avaient point d'enfans ou de descendans actuellement vivans dans le temps de la donation, de quelque valeur que ces donations puissent être, et à quelque titre qu'elles aient été faites, et encore qu'elles fussent mutuelles ou rémunératoires, même celles qui auraient été faites en faveur de mariage par autres que par les ascendans aux conjoints, ou par les conjoints l'un à l'autre, demeureront révoquées de plein droit par la survenance d'un enfant légitime du donateur, même d'un posthume, ou par la légitimation d'un enfant naturel par mariage subséquent, s'il est né depuis la donation.

961.

Cette révocation aura lieu, encore que l'enfant du donateur ou de la donatrice fût conçu au temps de la donation.

962.

La donation demeurera pareillement révoquée, lors même que le donataire serait entré en possession des biens donnés, et qu'il y aurait été laissé par le donateur depuis la survenance de l'enfant; sans néanmoins que le donataire soit tenu de restituer les fruits par lui perçus, de quelque nature qu'ils soient, si ce n'est du jour que la naissance de l'enfant ou sa légitimation par mariage subséquent lui aura été notifiée par exploit ou autre acte en bonne forme; et ce, quand même la demande pour rentrer dans les biens
donnés

donnés n'aurait été formée que postérieurement à cette notification.

963.

Les biens compris dans la donation révoquée de plein droit, rentreront dans le patrimoine du donateur, libres de toutes charges et hypothèques du chef du donataire, sans qu'ils-puissent demeurer affectés, même subsidiairement, à la restitution de la dot de la femme de ce donataire, de ses reprises ou autres conventions matrimoniales ; ce qui aura lieu quand même la donation aurait été faite en faveur du mariage du donataire et insérée dans le contrat, et que le donateur se serait obligé comme caution, par la donation, à l'exécution du contrat de mariage.

964.

Les donations ainsi révoquées ne pourront revivre ou avoir de nouveau leur effet, ni par la mort de l'enfant du donateur, ni par aucun acte confirmatif ; et si le donateur veut donner les mêmes biens au même donataire, soit avant ou après la mort de l'enfant par la naissance duquel la donation avait été révoquée, il ne le pourra faire que par une nouvelle disposition.

965.

Toute clause ou convention par laquelle le donateur aurait renoncé à la révocation de la donation pour survenance d'enfant, sera regardée comme nulle, et ne pourra produire aucun effet.

I i

966.

Le donataire, ses héritiers ou ayant-cause, ou autres détenteurs des choses données, ne pourront opposer la prescription pour faire valoir la donation révoquée par la survenance d'enfant, qu'après une possession de trente années, qui ne pourront commencer à courir que du jour de la naissance du dernier enfant du donateur, même posthume; et ce, sans préjudice des interruptions, telles que de droit.

CHAPITRE V.

DES DISPOSITIONS TESTAMENTAIRES.

SECTION I.re

Des Règles générales sur la Forme des Testamens.

967.

Toute personne pourra disposer par testament, soit sous le titre d'institution d'héritier, soit sous le titre de legs, soit sous toute autre dénomination propre à manifester sa volonté.

968.

Un testament ne pourra être fait dans le même acte par deux ou plusieurs personnes, soit au profit d'un tiers, soit à titre de disposition réciproque et mutuelle.

969.

Un testament pourra être olographe, ou fait par acte public ou dans la forme mystique.

970.

Le testament olographe ne sera point valable, s'il n'est écrit en entier, daté et signé de la main du testateur : il n'est assujetti à aucune autre forme.

971.

Le testament par acte public est celui qui est reçu par deux notaires, en présence de deux témoins, ou par un notaire, en présence de quatre témoins.

972.

Si le testament est reçu par deux notaires, il leur est dicté par le testateur, et il doit être écrit par l'un de ces notaires, tel qu'il est dicté.

S'il n'y a qu'un notaire, il doit également être dicté par le testateur, et écrit par ce notaire.

Dans l'un et l'autre cas, il doit en être donné lecture au testateur, en présence des témoins.

Il est fait du tout mention expresse.

973.

Ce testament doit être signé par le testateur : s'il déclare qu'il ne sait ou ne peut signer, il sera fait dans l'acte mention expresse de sa déclaration, ainsi que de la cause qui l'empêche de signer.

974.

Le testament devra être signé par les témoins ; et néanmoins, dans les campagnes, il suffira qu'un des deux témoins signe, si le testament est reçu par deux notaires, et que deux des quatre témoins signent, s'il est reçu par un notaire.

975.

Ne pourront être pris pour témoins du testament par acte public, ni les légataires, à quelque titre qu'ils soient, ni leurs parens ou alliés jusqu'au quatrième degré inclusivement, ni les clercs des notaires par lesquels les actes seront reçus.

976.

Lorsque le testateur voudra faire un testament mystique ou secret, il sera tenu de signer ses dispositions, soit qu'il les ait écrites lui-même, ou qu'il les ait fait écrire par un autre. Sera le papier qui contiendra ses dispositions, ou le papier qui servira d'enveloppe, s'il y en a une, clos et scellé. Le testateur le présentera ainsi clos et scellé au notaire, et à six témoins au moins, ou il le fera clore et sceller en leur présence ; et il déclarera que le contenu en ce papier est son testament écrit et signé de lui, ou écrit par un autre et signé de lui : le notaire en dressera l'acte de suscription, qui sera écrit sur ce papier ou sur la feuille qui servira d'enveloppe ; cet acte sera signé tant par le testateur que par le notaire, ensemble par les témoins. Tout ce que dessus sera fait de suite et sans divertir à autres actes ; et en cas que le testateur, par un empêchement survenu depuis la signature du testament, ne puisse signer l'acte de suscription, il sera fait mention de la déclaration qu'il en aura faite, sans qu'il soit besoin, en ce cas, d'augmenter le nombre des témoins.

977.

Si le testateur ne sait signer, ou s'il n'a pu le faire lorsqu'il a fait écrire ses dispositions, il sera appelé à l'acte de suscription un témoin, outre le nombre porté par l'article précédent, lequel signera l'acte avec les autres témoins; et il y sera fait mention de la cause pour laquelle ce témoin aura été appelé.

978.

Ceux qui ne savent ou ne peuvent lire, ne pourront faire de dispositions dans la forme du testament mystique.

979.

En cas que le testateur ne puisse parler, mais qu'il puisse écrire, il pourra faire un testament mystique, à la charge que le testament sera entièrement écrit, daté et signé de sa main, qu'il le présentera au notaire et aux témoins, et qu'au haut de l'acte de suscription, il écrira, en leur présence, que le papier qu'il présente est son testament : après quoi le notaire écrira l'acte de suscription, dans lequel il sera fait mention que le testateur a écrit ces mots en présence du notaire et des témoins ; et sera, au surplus, observé tout ce qui est prescrit par l'article 976.

980.

Les témoins appelés pour être présens aux testamens

devront être mâles, majeurs, sujets de l'Empereur, jouissant des droits civils.

SECTION II.

Des Règles particulières sur la Forme de certains Testamens.

981.

Les testamens des militaires et des individus employés dans les armées pourront, en quelque pays que ce soit, être reçus par un chef de bataillon ou d'escadron, ou par tout autre officier d'un grade supérieur, en présence de deux témoins, ou par deux commissaires des guerres, ou par un de ces commissaires en présence de deux témoins.

982.

Ils pourront encore, si le testateur est malade ou blessé, être reçus par l'officier de santé en chef, assisté du commandant militaire chargé de la police de l'hospice.

983.

Les dispositions des articles ci-dessus n'auront lieu qu'en faveur de ceux qui seront en expédition militaire, ou en quartier, ou en garnison hors du territoire français, ou prisonniers chez l'ennemi ; sans que ceux qui seront en quartier ou en garnison dans l'intérieur puissent en profiter, à moins qu'ils ne se trouvent dans une place assiégée ou dans une citadelle et autres lieux dont les portes soient fermées et les communications interrompues à cause de la guerre.

984.

Le testament fait dans la forme ci-dessus établie, sera nul six mois après que le testateur sera revenu dans un lieu où il aura la liberté d'employer les formes ordinaires.

985.

Les testamens faits dans un lieu avec lequel toute communication sera interceptée à cause de la peste ou autre maladie contagieuse, pourront être faits devant le juge de paix, ou devant l'un des officiers municipaux de la commune, en présence de deux témoins.

986.

Cette disposition aura lieu, tant à l'égard de ceux qui seraient attaqués de ces maladies, que de ceux qui seraient dans les lieux qui en sont infectés, encore qu'ils ne fussent pas actuellement malades.

987.

Les testamens mentionnés aux deux précédens articles, deviendront nuls six mois après que les communications auront été rétablies dans le lieu où le testateur se trouve, ou six mois après qu'il aura passé dans un lieu où elles ne seront point interrompues.

988.

Les testamens faits sur mer, dans le cours d'un voyage, pourront être reçus, savoir,

A bord des vaisseaux et autres bâtimens de l'Empereur, par l'officier commandant le bâtiment, ou, à son défaut, par celui qui le supplée dans l'ordre du service, l'un ou l'autre conjointement avec l'officier d'administration ou avec celui qui en remplit les fonctions;

Et à bord des bâtimens de commerce, par l'écrivain du navire ou celui qui en fait les fonctions, l'un ou l'autre conjointement avec le capitaine, le maître ou le patron, ou, à leur défaut, par ceux qui les remplacent.

Dans tous les cas, ces testamens devront être reçus en présence de deux témoins.

989.

Sur les bâtimens de l'Empereur, le testament du capitaine ou celui de l'officier d'administration, et, sur les bâtimens de commerce, celui du capitaine, du maître ou patron, ou celui de l'écrivain, pourront être reçus par ceux qui viennent après eux dans l'ordre du service, en se conformant pour le surplus aux dispositions de l'article précédent.

990.

Dans tous les cas, il sera fait un double original des testamens mentionnés aux deux articles précédens.

991.

Si le bâtiment aborde dans un port étranger dans lequel se trouve un consul de France, ceux qui auront reçu le testament, seront tenus de déposer l'un des originaux, clos ou cacheté, entre les mains de ce consul, qui le fera

parvenir

parvenir au ministre de la marine; et celui-ci en fera faire le dépôt au greffe de la justice de paix du lieu du domicile du testateur.

992.

Au retour du bâtiment en France, soit dans le port de l'armement, soit dans un port autre que celui de l'armement, les deux originaux du testament, également clos et cachetés, ou l'original qui resterait, si, conformément à l'article précédent, l'autre avait été déposé pendant le cours du voyage, seront remis au bureau du préposé de l'inscription maritime; ce préposé les fera passer sans délai au ministre de la marine, qui en ordonnera le dépôt, ainsi qu'il est dit au même article.

993.

Il sera fait mention sur le rôle du bâtiment, à la marge, du nom du testateur, de la remise qui aura été faite des originaux du testament, soit entre les mains d'un consul, soit au bureau d'un préposé de l'inscription maritime.

994.

Le testament ne sera point réputé fait en mer, quoiqu'il l'ait été dans le cours du voyage, si, au temps où il a été fait, le navire avait abordé une terre, soit étrangère, soit de la domination française, où il y aurait un officier public français; auquel cas, il ne sera valable qu'autant qu'il aura été dressé suivant les formes prescrites en France, ou suivant celles usitées dans les pays où il aura été fait.

K k

995.

Les dispositions ci-dessus seront communes aux testamens faits par les simples passagers qui ne feront point partie de l'équipage.

996.

Le testament fait sur mer, en la forme prescrite par l'article 988, ne sera valable qu'autant que le testateur mourra en mer, ou dans les trois mois après qu'il sera descendu à terre, et dans un lieu où il aura pu le refaire dans les formes ordinaires.

997.

Le testament fait sur mer ne pourra contenir aucune disposition au profit des officiers du vaisseau, s'ils ne sont parens du testateur.

998.

Les testamens compris dans les articles ci-dessus de la présente section, seront signés par les testateurs et par ceux qui les auront reçus.

Si le testateur déclare qu'il ne sait ou ne peut signer, il sera fait mention de sa déclaration, ainsi que de la cause qui l'empêche de signer.

Dans les cas où la présence de deux témoins est requise, le testament sera signé au moins par l'un d'eux, et il sera fait mention de la cause pour laquelle l'autre n'aura pas signé.

999.

Un Français qui se trouvera en pays étranger, pourra

faire ses dispositions testamentaires par acte sous signature privée, ainsi qu'il est prescrit en l'article 970, ou par acte authentique, avec les formes usitées dans le lieu où cet acte sera passé.

1000.

Les testamens faits en pays étranger ne pourront être exécutés sur les biens situés en France, qu'après avoir été enregistrés au bureau du domicile du testateur, s'il en a conservé un, sinon au bureau de son dernier domicile connu en France; et dans le cas où le testament contiendrait des dispositions d'immeubles qui y seraient situés, il devra être, en outre, enregistré au bureau de la situation de ces immeubles, sans qu'il puisse être exigé un double droit.

1001.

Les formalités auxquelles les divers testamens sont assujettis par les dispositions de la présente section et de la précédente, doivent être observées à peine de nullité.

SECTION III.

Des Institutions d'héritier, et des Legs en général.

1002.

Les dispositions testamentaires sont ou universelles, ou à titre universel, ou à titre particulier.

Chacune de ces dispositions, soit qu'elle ait été faite sous la dénomination d'institution d'héritier, soit qu'elle ait été faite sous la dénomination de legs, produira son effet suivant les règles ci-après établies pour les legs universels, pour les legs à titre universel, et pour les legs particuliers.

SECTION IV.

Du Legs universel.

1003.

Le legs universel est la disposition testamentaire par laquelle le testateur donne à une ou plusieurs personnes l'universalité des biens qu'il laissera à son décès.

1004.

Lorsqu'au décès du testateur il y a des héritiers auxquels une quotité de ses biens est réservée par la loi, ces héritiers sont saisis de plein droit, par sa mort, de tous les biens de la succession; et le légataire universel est tenu de leur demander la délivrance des biens compris dans le testament.

1005.

Néanmoins, dans les mêmes cas, le légataire universel aura la jouissance des biens compris dans le testament, à compter du jour du décès, si la demande en délivrance a été faite dans l'année, depuis cette époque; sinon, cette jouissance ne commencera que du jour de la demande formée en justice, ou du jour que la délivrance aurait été volontairement consentie.

1006.

Lorsqu'au décès du testateur il n'y aura pas d'héritiers auxquels une quotité de ses biens soit réservée par la loi, le légataire universel sera saisi de plein droit par la mort du testateur, sans être tenu de demander la délivrance.

1007.

Tout testament olographe sera, avant d'être mis à exécution, présenté au président du tribunal de première instance de l'arrondissement dans lequel la succession est ouverte. Ce testament sera ouvert, s'il est cacheté. Le président dressera procès-verbal de la présentation, de l'ouverture et de l'état du testament, dont il ordonnera le dépôt entre les mains du notaire par lui commis.

Si le testament est dans la forme mystique, sa présentation, son ouverture, sa description et son dépôt, seront faits de la même manière; mais l'ouverture ne pourra se faire qu'en présence de ceux des notaires et des témoins signataires de l'acte de suscription, qui se trouveront sur les lieux, ou eux appelés.

1008.

Dans le cas de l'article 1006, si le testament est olographe ou mystique, le légataire universel sera tenu de se faire envoyer en possession, par une ordonnance du président, mise au bas d'une requête, à laquelle sera joint l'acte de dépôt.

1009.

Le légataire universel qui sera en concours avec un héritier auquel la loi réserve une quotité des biens, sera tenu des dettes et charges de la succession du testateur, personnellement pour sa part et portion, et hypothécaire-

ment pour le tout ; et il sera tenu d'acquitter tous les legs ;
sauf le cas de réduction, ainsi qu'il est expliqué aux articles
926 et 927.

SECTION V.

Du Legs à titre universel.

1010.

Le legs à titre universel est celui par lequel le testateur
lègue une quote-part des biens dont la loi lui permet de
disposer, telle qu'une moitié, un tiers, ou tous ses immeubles, ou tout son mobilier, ou une quotité fixe de
tous ses immeubles ou de tout son mobilier.

Tout autre legs ne forme qu'une disposition à titre particulier.

1011.

Les légataires à titre universel seront tenus de demander
la délivrance aux héritiers auxquels une quotité des biens
est réservée par la loi ; à leur défaut, aux légataires universels ; et à défaut de ceux-ci, aux héritiers appelés dans
l'ordre établi au titre *des Successions.*

1012.

Le légataire à titre universel sera tenu, comme le légataire universel, des dettes et charges de la succession du
testateur, personnellement pour sa part et portion, et
hypothécairement pour le tout.

1013.

Lorsque le testateur n'aura disposé que d'une quotité de

la portion disponible, et qu'il l'aura fait à titre universel, ce légataire sera tenu d'acquitter les legs particuliers par contribution avec les héritiers naturels.

Section VI.

Des Legs particuliers.

1014.

Tout legs pur et simple donnera au légataire, du jour du décès du testateur, un droit à la chose léguée, droit transmissible à ses héritiers ou ayant-cause.

Néanmoins le légataire particulier ne pourra se mettre en possession de la chose léguée, ni en prétendre les fruits ou intérêts, qu'à compter du jour de sa demande en délivrance, formée suivant l'ordre établi par l'article 1011, ou du jour auquel cette délivrance lui aurait été volontairement consentie.

1015.

Les intérêts ou fruits de la chose léguée courront au profit du légataire, dès le jour du décès, et sans qu'il ait formé sa demande en justice,

1.° Lorsque le testateur aura expressément déclaré sa volonté, à cet égard, dans le testament;

2.° Lorsqu'une rente viagère ou une pension aura été léguée à titre d'alimens.

1016.

Les frais de la demande en délivrance seront à la charge

de la succession, sans néanmoins qu'il puisse en résulter de réduction de la réserve légale.

Les droits d'enregistrement seront dus par le légataire.

Le tout, s'il n'en a été autrement ordonné par le testament.

Chaque legs pourra être enregistré séparément, sans que cet enregistrement puisse profiter à aucun autre qu'au légataire ou à ses ayant-cause.

1017.

Les héritiers du testateur, ou autres débiteurs d'un legs, seront personnellement tenus de l'acquitter, chacun au prorata de la part et portion dont ils profiteront dans la succession.

Ils en seront tenus hypothécairement pour le tout, jusqu'à concurrence de la valeur des immeubles de la succession dont ils seront détenteurs.

1018.

La chose léguée sera délivrée avec les accessoires nécessaires, et dans l'état où elle se trouvera au jour du décès du donateur.

1019.

Lorsque celui qui a légué la propriété d'un immeuble, l'a ensuite augmentée par des acquisitions, ces acquisitions, fussent-elles contiguës, ne seront pas censées, sans une nouvelle disposition, faire partie du legs.

Il en sera autrement des embellissemens, ou des constructions nouvelles faites sur le fonds légué, ou d'un enclos dont le testateur aurait augmenté l'enceinte.

1020.

Si, avant le testament ou depuis, la chose léguée a été hypothéquée pour une dette de la succession, ou même pour la dette d'un tiers, ou si elle est grevée d'un usufruit, celui qui doit acquitter le legs n'est point tenu de la dégager, à moins qu'il n'ait été chargé de le faire par une disposition expresse du testateur.

1021.

Lorsque le testateur aura légué la chose d'autrui, le legs sera nul, soit que le testateur ait connu ou non qu'elle ne lui appartenait pas.

1022.

Lorsque le legs sera d'une chose indéterminée, l'héritier ne sera pas obligé de la donner de la meilleure qualité, et il ne pourra l'offrir de la plus mauvaise.

1023.

Le legs fait au créancier ne sera pas censé en compensation de sa créance, ni le legs fait au domestique en compensation de ses gages.

1024.

Le légataire à titre particulier ne sera point tenu des dettes de la succession, sauf la réduction du legs ainsi qu'il est dit ci-dessus, et sauf l'action hypothécaire des créanciers.

SECTION VII.

Des Exécuteurs testamentaires.

1025.

Le testateur pourra nommer un ou plusieurs exécuteurs testamentaires.

1026.

Il pourra leur donner la saisine du tout, ou seulement d'une partie de son mobilier; mais elle ne pourra durer au-delà de l'an et jour à compter de son décès.

S'il ne la leur a pas donnée, ils ne pourront l'exiger.

1027.

L'héritier pourra faire cesser la saisine, en offrant de remettre aux exécuteurs testamentaires somme suffisante pour le paiement des legs mobiliers, ou en justifiant de ce paiement.

1028.

Celui qui ne peut s'obliger, ne peut pas être exécuteur testamentaire.

1029.

La femme mariée ne pourra accepter l'exécution testamentaire qu'avec le consentement de son mari.

Si elle est séparée de biens, soit par contrat de mariage, soit par jugement, elle le pourra avec le consentement de son mari, ou, à son refus, autorisée par la justice, conformément à ce qui est prescrit par les articles 217 et 219, au titre *du Mariage*.

1030.

Le mineur ne pourra être exécuteur testamentaire, même avec l'autorisation de son tuteur ou curateur.

1031.

Les exécuteurs testamentaires feront apposer les scellés, s'il y a des héritiers mineurs, interdits ou absens.

Ils feront faire, en présence de l'héritier présomptif, ou lui dûment appelé, l'inventaire des biens de la succession.

Ils provoqueront la vente du mobilier, à défaut de deniers suffisans pour acquitter les legs.

Ils veilleront à ce que le testament soit exécuté ; et ils pourront, en cas de contestation sur son exécution, intervenir pour en soutenir la validité.

Ils devront, à l'expiration de l'année du décès du testateur, rendre compte de leur gestion.

1032.

Les pouvoirs de l'exécuteur testamentaire ne passeront point à ses héritiers.

1033.

S'il y a plusieurs exécuteurs testamentaires qui aient accepté, un seul pourra agir au défaut des autres ; et ils seront solidairement responsables du compte du mobilier qui leur a été confié, à moins que le testateur n'ait divisé leurs fonctions, et que chacun d'eux ne se soit renfermé dans celle qui lui était attribuée.

1034.

Les frais faits par l'exécuteur testamentaire pour l'apposition des scellés, l'inventaire, le compte et les autres frais relatifs à ses fonctions, seront à la charge de la succession.

SECTION VIII.

De la Révocation des Testamens, et de leur Caducité.

1035.

Les testamens ne pourront être révoqués, en tout ou en partie, que par un testament postérieur, ou par un acte devant notaires, portant déclaration du changement de volonté.

1036.

Les testamens postérieurs qui ne révoqueront pas d'une manière expresse les précédens, n'annulleront, dans ceux-ci, que celles des dispositions y contenues qui se trouveront incompatibles avec les nouvelles, ou qui seront contraires.

1037.

La révocation faite dans un testament postérieur aura tout son effet, quoique ce nouvel acte reste sans exécution par l'incapacité de l'héritier institué ou du légataire, ou par leur refus de recueillir.

1038.

Toute aliénation, celle même par vente avec faculté de rachat ou par échange, que fera le testateur de tout ou de partie de la chose léguée, emportera la révocation du legs pour tout ce qui a été aliéné, encore que l'aliénation postérieure soit nulle, et que l'objet soit rentré dans la main du testateur.

1039.

Toute disposition testamentaire sera caduque, si celui en faveur de qui elle est faite, n'a pas survécu au testateur.

1040.

Toute disposition testamentaire faite sous une condition dépendante d'un événement incertain, et telle que, dans l'intention du testateur, cette disposition ne doive être exécutée qu'autant que l'événement arrivera ou n'arrivera pas, sera caduque, si l'héritier institué ou le légataire décède avant l'accomplissement de la condition.

1041.

La condition qui, dans l'intention du testateur, ne fait que suspendre l'exécution de la disposition, n'empêchera pas l'héritier institué, ou le légataire, d'avoir un droit acquis et transmissible à ses héritiers.

1042.

Le legs sera caduc, si la chose léguée a totalement péri pendant la vie du testateur.

Il en sera de même, si elle a péri depuis sa mort, sans le fait et la faute de l'héritier, quoique celui-ci ait été mis en retard de la délivrer, lorsqu'elle eût également dû périr entre les mains du légataire.

1043.

La disposition testamentaire sera caduque, lorsque l'héritier institué ou le légataire la répudiera, ou se trouvera incapable de la recueillir.

1044.

Il y aura lieu à accroissement au profit des légataires, dans le cas où le legs sera fait à plusieurs conjointement.

Le legs sera réputé fait conjointement, lorsqu'il le sera par une seule et même disposition, et que le testateur n'aura pas assigné la part de chacun des colégataires dans la chose léguée.

1045.

Il sera encore réputé fait conjointement, quand une chose qui n'est pas susceptible d'être divisée sans détérioration, aura été donnée par le même acte à plusieurs personnes, même séparément.

1046.

Les mêmes causes qui, suivant l'article 954 et les deux premières dispositions de l'article 955, autoriseront la demande en révocation de la donation entre-vifs, seront admises pour la demande en révocation des dispositions testamentaires.

1047.

Si cette demande est fondée sur une injure grave faite à la mémoire du testateur, elle doit être intentée dans l'année, à compter du jour du délit.

CHAPITRE VI.

DES DISPOSITIONS PERMISES EN FAVEUR DES PETITS-ENFANS DU DONATEUR OU TESTATEUR, OU DES ENFANS DE SES FRÈRES ET SŒURS.

1048.

Les biens dont les pères et mères ont la faculté de disposer, pourront être par eux donnés, en tout ou en partie, à un ou plusieurs de leurs enfans, par actes entre-vifs ou testamentaires, avec la charge de rendre ces biens aux enfans nés et à naître, au premier degré seulement, desdits donataires.

1049.

Sera valable, en cas de mort sans enfans, la disposition que le défunt aura faite par acte entre-vifs ou testamentaire, au profit d'un ou plusieurs de ses frères ou sœurs, de tout ou partie des biens qui ne sont point réservés par la loi dans sa succession, avec la charge de rendre ces biens aux enfans nés et à naître, au premier degré seulement, desdits frères ou sœurs donataires.

1050.

Les dispositions permises par les deux articles précédens ne seront valables qu'autant que la charge de restitution sera au profit de tous les enfans nés et à naître du grevé, sans exception ni préférence d'âge ou de sexe.

1051.

Si, dans les cas ci-dessus, le grevé de restitution au

profit de ses enfans, meurt, laissant des enfans au premier degré et des descendans d'un enfant prédécédé, ces derniers recueilleront, par représentation, la portion de l'enfant prédécédé.

1052.

Si l'enfant, le frère ou la sœur auxquels des biens auraient été donnés par acte entre-vifs, sans charge de restitution, acceptent une nouvelle libéralité faite par acte entre-vifs ou testamentaire, sous la condition que les biens précédemment donnés demeureront grevés de cette charge, il ne leur est plus permis de diviser les deux dispositions faites à leur profit, et de renoncer à la seconde pour s'en tenir à la première, quand même ils offriraient de rendre les biens compris dans la seconde disposition.

1053.

Les droits des appelés seront ouverts à l'époque où, par quelque cause que ce soit, la jouissance de l'enfant, du frère ou de la sœur, grevés de restitution, cessera : l'abandon anticipé de la jouissance au profit des appelés, ne pourra préjudicier aux créanciers du grevé antérieurs à l'abandon.

1054.

Les femmes des grevés ne pourront avoir, sur les biens à rendre, de recours subsidiaire, en cas d'insuffisance des biens libres, que pour le capital des deniers dotaux, et dans le cas seulement où le testateur l'aurait expressément ordonné.

1055.

Celui qui fera les dispositions autorisées par les articles précédens, pourra, par le même acte, ou par un acte postérieur, en forme authentique, nommer un tuteur chargé de l'exécution de ces dispositions : ce tuteur ne pourra être dispensé que pour une des causes exprimées à la section VI du chapitre II du titre *de la Minorité, de la Tutelle et de l'Émancipation.*

1056.

A défaut de ce tuteur, il en sera nommé un à la diligence du grevé, ou de son tuteur s'il est mineur, dans le délai d'un mois, à compter du jour du décès du donateur ou testateur, ou du jour que, depuis cette mort, l'acte contenant la disposition aura été connu.

1057.

Le grevé qui n'aura pas satisfait à l'article précédent, sera déchu du bénéfice de la disposition; et dans ce cas, le droit pourra être déclaré ouvert au profit des appelés, à la diligence, soit des appelés s'ils sont majeurs, soit de leur tuteur ou curateur s'ils sont mineurs ou interdits, soit de tout parent des appelés majeurs, mineurs ou interdits, ou même d'office, à la diligence du procureur impérial au tribunal de première instance du lieu où la succession est ouverte.

1058.

Après le décès de celui qui aura disposé à la charge de

M m

restitution, il sera procédé, dans les formes ordinaires, à l'inventaire de tous les biens et effets qui composeront sa succession, excepté néanmoins le cas où il ne s'agirait que d'un legs particulier. Cet inventaire contiendra la prisée à juste prix des meubles et effets mobiliers.

1059.

Il sera fait à la requête du grevé de restitution, et dans le délai fixé au titre *des Successions,* en présence du tuteur nommé pour l'exécution. Les frais seront pris sur les biens compris dans la disposition.

1060.

Si l'inventaire n'a pas été fait à la requête du grevé dans le délai ci-dessus, il y sera procédé dans le mois suivant, à la diligence du tuteur nommé pour l'exécution, en présence du grevé ou de son tuteur.

1061.

S'il n'a point été satisfait aux deux articles précédens, il sera procédé au même inventaire, à la diligence des personnes désignées en l'article 1057, en y appelant le grevé ou son tuteur, et le tuteur nommé pour l'exécution.

1062.

Le grevé de restitution sera tenu de faire procéder à la vente, par affiches et enchères, de tous les meubles et effets compris dans la disposition, à l'exception néanmoins de ceux dont il est mention dans les deux articles suivans.

1063.

Les meubles meublans et autres choses mobilières qui auraient été compris dans la disposition, à la condition expresse de les conserver en nature, seront rendus dans l'état où ils se trouveront lors de la restitution.

1064.

Les bestiaux et ustensiles servant à faire valoir les terres, seront censés compris dans les donations entre-vifs ou testamentaires desdites terres ; et le grevé sera seulement tenu de les faire priser et estimer, pour en rendre une égale valeur lors de la restitution.

1065.

Il sera fait par le grevé, dans le délai de six mois, à compter du jour de la clôture de l'inventaire, un emploi des deniers comptans, de ceux provenant du prix des meubles et effets qui auront été vendus, et de ce qui aura été reçu des effets actifs.

Ce délai pourra être prolongé, s'il y a lieu.

1066.

Le grevé sera pareillement tenu de faire emploi des deniers provenant des effets actifs qui seront recouvrés et des remboursemens de rentes ; et ce, dans trois mois au plus tard après qu'il aura reçu ces deniers.

1067.

Cet emploi sera fait conformément à ce qui aura été

Mm 2

ordonné par l'auteur de la disposition, s'il a désigné la nature des effets dans lesquels l'emploi doit être fait; sinon, il ne pourra l'être qu'en immeubles, ou avec privilége sur des immeubles.

1068.

L'emploi ordonné par les articles précédens sera fait en présence et à la diligence du tuteur nommé pour l'exécution.

1069.

Les dispositions par actes entre-vifs ou testamentaires, à charge de restitution, seront, à la diligence, soit du grevé, soit du tuteur nommé pour l'exécution, rendues publiques; savoir, quant aux immeubles, par la transcription des actes sur les registres du bureau des hypothèques du lieu de la situation; et quant aux sommes colloquées avec privilége sur des immeubles, par l'inscription sur les biens affectés au privilége.

1070.

Le défaut de transcription de l'acte contenant la disposition, pourra être opposé par les créanciers et tiers acquéreurs, même aux mineurs ou interdits, sauf le recours contre le grevé et contre le tuteur à l'exécution, et sans que les mineurs ou interdits puissent être restitués contre ce défaut de transcription, quand même le grevé et le tuteur se trouveraient insolvables.

1071.

Le défaut de transcription ne pourra être suppléé ni

regardé comme couvert par la connaissance que les créanciers ou les tiers acquéreurs pourraient avoir eue de la disposition par d'autres voies que celle de la transcription.

1072.

Les donataires, les légataires, ni même les héritiers légitimes de celui qui aura fait la disposition, ni pareillement leurs donataires, légataires ou héritiers, ne pourront, en aucun cas, opposer aux appelés le défaut de transcription ou inscription.

1073.

Le tuteur nommé pour l'exécution sera personnellement responsable, s'il ne s'est pas, en tout point, conformé aux règles ci-dessus établies pour constater les biens, pour la vente du mobilier, pour l'emploi des deniers, pour la transcription et l'inscription, et, en général, s'il n'a pas fait toutes les diligences nécessaires pour que la charge de restitution soit bien et fidèlement acquittée.

1074.

Si le grevé est mineur, il ne pourra, dans le cas même de l'insolvabilité de son tuteur, être restitué contre l'inexécution des règles qui lui sont prescrites par les articles du présent chapitre.

CHAPITRE VII.

DES PARTAGES FAITS PAR PÈRE, MÈRE, OU AUTRES ASCENDANS, ENTRE LEURS DESCENDANS.

1075.

Les père et mère et autres ascendans pourront faire, entre leurs enfans et descendans, la distribution et le partage de leurs biens.

1076.

Ces partages pourront être faits par actes entre-vifs ou testamentaires, avec les formalités, conditions et règles prescrites pour les donations entre-vifs et testamens.

Les partages faits par actes entre-vifs ne pourront avoir pour objet que les biens présens.

1077.

Si tous les biens que l'ascendant laissera au jour de son décès n'ont pas été compris dans le partage, ceux de ces biens qui n'y auront pas été compris, seront partagés conformément à la loi.

1078.

Si le partage n'est pas fait entre tous les enfans qui existeront à l'époque du décès et les descendans de ceux prédécédés, le partage sera nul pour le tout. Il en pourra être provoqué un nouveau dans la forme légale, soit par les enfans ou descendans qui n'y auront reçu aucune part, soit même par ceux entre qui le partage aurait été fait.

1079.

Le partage fait par l'ascendant pourra être attaqué pour cause de lésion de plus du quart : il pourra l'être aussi dans le cas où il résulterait du partage et des dispositions faites par préciput, que l'un des copartagés aurait un avantage plus grand que la loi ne le permet.

1080.

L'enfant qui, pour une des causes exprimées en l'article précédent, attaquera le partage fait par l'ascendant, devra faire l'avance des frais de l'estimation; et il les supportera en définitif, ainsi que les dépens de la contestation, si la réclamation n'est pas fondée.

CHAPITRE VIII.

DES DONATIONS FAITES PAR CONTRAT DE MARIAGE AUX ÉPOUX, ET AUX ENFANS À NAÎTRE DU MARIAGE.

1081.

Toute donation entre-vifs de biens présens, quoique faite par contrat de mariage aux époux, ou à l'un d'eux, sera soumise aux règles générales prescrites pour les donations faites à ce titre.

Elle ne pourra avoir lieu au profit des enfans à naître, si ce n'est dans les cas énoncés au chapitre VI du présent titre.

1082.

Les pères et mères, les autres ascendans, les parens

collatéraux des époux, et même les étrangers, pourront, par contrat de mariage, disposer de tout ou partie des biens qu'ils laisseront au jour de leur décès, tant au profit desdits époux, qu'au profit des enfans à naître de leur mariage, dans le cas où le donateur survivrait à l'époux donataire.

Pareille donation, quoique faite au profit seulement des époux ou de l'un d'eux, sera toujours, dans ledit cas de survie du donateur, présumée faite au profit des enfans et descendans à naître du mariage.

1083.

La donation, dans la forme portée au précédent article, sera irrévocable, en ce sens seulement que le donateur ne pourra plus disposer, à titre gratuit, des objets compris dans la donation, si ce n'est pour sommes modiques, à titre de récompense ou autrement.

1084.

La donation par contrat de mariage pourra être faite cumulativement des biens présens et à venir, en tout ou en partie, à la charge qu'il sera annexé à l'acte un état des dettes et charges du donateur existantes au jour de la donation; auquel cas il sera libre au donataire, lors du décès du donateur, de s'en tenir aux biens présens, en renonçant au surplus des biens du donateur.

1085.

Si l'état dont est mention au précédent article n'a point été annexé à l'acte contenant donation des biens présens et à venir, le donataire sera obligé d'accepter ou

de

de répudier cette donation pour le tout. En cas d'acceptation, il ne pourra réclamer que les biens qui se trouveront existans au jour du décès du donateur, et il sera
soumis au paiement de toutes les dettes et charges de la
succession.

1086.

La donation par contrat de mariage en faveur des époux
et des enfans à naître de leur mariage, pourra encore être
faite, à condition de payer indistinctement toutes les dettes
et charges de la succession du donateur, ou sous d'autres
conditions dont l'exécution dépendrait de sa volonté, par
quelque personne que la donation soit faite : le donataire
sera tenu d'accomplir ces conditions, s'il n'aime mieux
renoncer à la donation ; et en cas que le donateur, par
contrat de mariage, se soit réservé la liberté de disposer
d'un effet compris dans la donation de ses biens présens,
ou d'une somme fixe à prendre sur ces mêmes biens, l'effet
ou la somme, s'il meurt sans en avoir disposé, seront
censés compris dans la donation, et appartiendront au
donataire ou à ses héritiers.

1087.

Les donations faites par contrat de mariage ne pourront
être attaquées, ni déclarées nulles, sous prétexte de défaut
d'acceptation.

1088.

Toute donation faite en faveur du mariage sera caduque,
si le mariage ne s'ensuit pas.

N n

1089.

Les donations faites à l'un des époux, dans les termes des articles 1082, 1084 et 1086 ci-dessus, deviendront caduques, si le donateur survit à l'époux donataire et à sa postérité.

1090.

Toutes donations faites aux époux par leur contrat de mariage, seront, lors de l'ouverture de la succession du donateur, réductibles à la portion dont la loi lui permettait de disposer.

CHAPITRE IX.

DES DISPOSITIONS ENTRE ÉPOUX, SOIT PAR CONTRAT DE MARIAGE, SOIT PENDANT LE MARIAGE.

1091.

Les époux pourront, par contrat de mariage, se faire réciproquement, ou l'un des deux à l'autre, telle donation qu'ils jugeront à propos, sous les modifications ci-après exprimées.

1092.

Toute donation entre-vifs de biens présens, faite entre époux par contrat de mariage, ne sera point censée faite sous la condition de survie du donataire, si cette condition n'est formellement exprimée ; et elle sera soumise à toutes les règles et formes ci-dessus prescrites pour ces sortes de donations.

1093.

La donation de biens à venir, ou de biens présens et à venir, faite entre époux par contrat de mariage, soit simple, soit réciproque, sera soumise aux règles établies par le chapitre précédent, à l'égard des donations pareilles qui leur seront faites par un tiers; sauf qu'elle ne sera point transmissible aux enfans issus du mariage, en cas de décès de l'époux donataire avant l'époux donateur.

1094.

L'époux pourra, soit par contrat de mariage, soit pendant le mariage, pour le cas où il ne laisserait point d'enfans ni descendans, disposer en faveur de l'autre époux, en propriété, de tout ce dont il pourrait disposer en faveur d'un étranger, et, en outre, de l'usufruit de la totalité de la portion dont la loi prohibe la disposition au préjudice des héritiers.

Et pour le cas où l'époux donateur laisserait des enfans ou descendans, il pourra donner à l'autre époux, ou un quart en propriété et un autre quart en usufruit, ou la moitié de tous ses biens en usufruit seulement.

1095.

Le mineur ne pourra, par contrat de mariage, donner à l'autre époux, soit par donation simple, soit par donation réciproque, qu'avec le consentement et l'assistance de ceux dont le consentement est requis pour la validité de son mariage; et, avec ce consentement, il pourra donner tout ce que la loi permet à l'époux majeur de donner à l'autre conjoint.

1096.

Toutes donations faites entre époux pendant le mariage, quoique qualifiées entre-vifs, seront toujours révocables.

La révocation pourra être faite par la femme, sans y être autorisée par le mari ni par justice.

Ces donations ne seront point révoquées par la survenance d'enfans.

1097.

Les époux ne pourront, pendant le mariage, se faire, ni par acte entre-vifs, ni par testament, aucune donation mutuelle et réciproque par un seul et même acte.

1098.

L'homme ou la femme qui, ayant des enfans d'un autre lit, contractera un second ou subséquent mariage, ne pourra donner à son nouvel époux qu'une part d'enfant légitime le moins prenant, et sans que, dans aucun cas, ces donations puissent excéder le quart des biens.

1099.

Les époux ne pourront se donner indirectement au-delà de ce qui leur est permis par les dispositions ci-dessus.

Toute donation, ou déguisée, ou faite à personnes interposées, sera nulle.

1100.

Seront réputées faites à personnes interposées, les

donations de l'un des époux aux enfans ou à l'un des enfans de l'autre époux issus d'un autre mariage, et celles faites par le donateur aux parens dont l'autre époux sera héritier présomptif au jour de la donation, encore que ce dernier n'ait point survécu à son parent donataire.

~~~~~~

TITRE III.

Décrété le 7 F 1804.
Promulgué le même mois.

DES CONTRATS OU DES OBLIGATIONS CONVENTIONNELLES EN GÉNÉRAL.

CHAPITRE PREMIER.

DISPOSITIONS PRÉLIMINAIRES.

1101.

Le contrat est une convention par laquelle une ou plusieurs personnes s'obligent, envers une ou plusieurs autres, à donner, à faire ou à ne pas faire quelque chose.

1102.

Le contrat est *synallagmatique* ou *bilatéral* lorsque les contractans s'obligent réciproquement les uns envers les autres.

1103.

Il est *unilatéral* lorsqu'une ou plusieurs personnes sont obligées envers une ou plusieurs autres, sans que de la part de ces dernières il y ait d'engagement.

1104.

Il est *commutatif* lorsque chacune des parties s'engage à donner ou à faire une chose qui est regardée comme l'équivalent de ce qu'on lui donne, ou de ce qu'on fait pour elle.

Lorsque l'équivalent consiste dans la chance de gain ou de perte pour chacune des parties, d'après un événement incertain, le contrat est *aléatoire.*

1105.

Le contrat *de bienfaisance* est celui dans lequel l'une des parties procure à l'autre un avantage purement gratuit.

1106.

Le contrat *à titre onéreux* est celui qui assujettit chacune des parties à donner ou à faire quelque chose.

1107.

Les contrats, soit qu'ils aient une dénomination propre, soit qu'ils n'en aient pas, sont soumis à des règles générales, qui sont l'objet du présent titre.

Les règles particulières à certains contrats sont établies sous les titres relatifs à chacun d'eux; et les règles particulières aux transactions commerciales sont établies par les lois relatives au commerce.

CHAPITRE II.

DES CONDITIONS ESSENTIELLES POUR LA VALIDITÉ DES CONVENTIONS.

1108.

Quatre conditions sont essentielles pour la validité d'une convention :

Le consentement de la partie qui s'oblige ;

Sa capacité de contracter ;

Un objet certain qui forme la matière de l'engagement ;

Une cause licite dans l'obligation.

SECTION I.re

Du Consentement.

1109.

Il n'y a point de consentement valable, si le consentement n'a été donné que par erreur, ou s'il a été extorqué par violence ou surpris par dol.

1110.

L'erreur n'est une cause de nullité de la convention que lorsqu'elle tombe sur la substance même de la chose qui en est l'objet.

Elle n'est point une cause de nullité, lorsqu'elle ne tombe que sur la personne avec laquelle on a intention de contracter, à moins que la considération de cette personne ne soit la cause principale de la convention.

1 1 1 1.

La violence exercée contre celui qui a contracté l'obligation, est une cause de nullité, encore qu'elle ait été exercée par un tiers autre que celui au profit duquel la convention a été faite.

1 1 1 2.

Il y a violence, lorsqu'elle est de nature à faire impression sur une personne raisonnable, et qu'elle peut lui inspirer la crainte d'exposer sa personne ou sa fortune à un mal considérable et présent.

On a égard, en cette matière, à l'âge, au sexe et à la condition des personnes.

1 1 1 3.

La violence est une cause de nullité du contrat, non-seulement lorsqu'elle a été exercée sur la partie contractante, mais encore lorsqu'elle l'a été sur son époux ou sur son épouse, sur ses descendans ou ses ascendans.

1 1 1 4.

La seule crainte révérentielle envers le père, la mère, ou autre ascendant, sans qu'il y ait eu de violence exercée, ne suffit point pour annuller le contrat.

1 1 1 5.

Un contrat ne peut plus être attaqué pour cause de violence, si, depuis que la violence a cessé, ce contrat a été approuvé, soit expressément, soit tacitement, soit en laissant passer le temps de la restitution fixé par la loi.

1116.

1116.

Le dol est une cause de nullité de la convention lorsque les manœuvres pratiquées par l'une des parties sont telles, qu'il est évident que, sans ces manœuvres, l'autre partie n'aurait pas contracté.

Il ne se présume pas, et doit être prouvé.

1117.

La convention contractée par erreur, violence ou dol, n'est point nulle de plein droit; elle donne seulement lieu à une action en nullité ou en rescision, dans les cas et de la manière expliqués à la section VII du chapitre V du présent titre.

1118.

La lésion ne vicie les conventions que dans certains contrats ou à l'égard de certaines personnes, ainsi qu'il sera expliqué en la même section.

1119.

On ne peut, en général, s'engager, ni stipuler en son propre nom, que pour soi-même.

1120.

Néanmoins on peut se porter fort pour un tiers, en promettant le fait de celui-ci; sauf l'indemnité contre celui qui s'est porté fort ou qui a promis de faire ratifier, si le tiers refuse de tenir l'engagement.

1121.

On peut pareillement stipuler au profit d'un tiers, lorsque

O o

telle est la condition d'une stipulation que l'on fait pour soi-même ou d'une donation que l'on fait à un autre. Celui qui a fait cette stipulation, ne peut plus la révoquer, si le tiers a déclaré vouloir en profiter.

1122.

On est censé avoir stipulé pour soi et pour ses héritiers et ayant-cause, à moins que le contraire ne soit exprimé ou ne résulte de la nature de la convention.

SECTION II.

De la Capacité des Parties contractantes.

1123.

Toute personne peut contracter, si elle n'en est pas déclarée incapable par la loi.

1124.

Les incapables de contracter sont,

Les mineurs,

Les interdits,

Les femmes mariées, dans les cas exprimés par la loi,

Et généralement tous ceux à qui la loi a interdit certains contrats.

1125.

Le mineur, l'interdit et la femme mariée, ne peuvent attaquer, pour cause d'incapacité, leurs engagemens, que dans les cas prévus par la loi.

Les personnes capables de s'engager ne peuvent opposer

l'incapacité du mineur, de l'interdit ou de la femme mariée, avec qui elles ont contracté.

SECTION III.

De l'objet et de la matière des Contrats.

1126.

Tout contrat a pour objet une chose qu'une partie s'oblige à donner, ou qu'une partie s'oblige à faire ou à ne pas faire.

1127.

Le simple usage ou la simple possession d'une chose peut être, comme la chose même, l'objet du contrat.

1128.

Il n'y a que les choses qui sont dans le commerce qui puissent être l'objet des conventions.

1129.

Il faut que l'obligation ait pour objet une chose au moins déterminée quant à son espèce.

La quotité de la chose peut être incertaine, pourvu qu'elle puisse être déterminée.

1130.

Les choses futures peuvent être l'objet d'une obligation.

On ne peut cependant renoncer à une succession non ouverte, ni faire aucune stipulation sur une pareille succession, même avec le consentement de celui de la succession duquel il s'agit.

SECTION IV.

De la Cause.

1131.

L'obligation sans cause, ou sur une fausse cause, ou sur une cause illicite, ne peut avoir aucun effet.

1132.

La convention n'est pas moins valable, quoique la cause n'en soit pas exprimée.

1133.

La cause est illicite, quand elle est prohibée par la loi, quand elle est contraire aux bonnes mœurs ou à l'ordre public.

CHAPITRE III.

DE L'EFFET DES OBLIGATIONS.

SECTION I.re

Dispositions générales.

1134.

Les conventions légalement formées tiènnent lieu de loi à ceux qui les ont faites.

Elles ne peuvent être révoquées que de leur consentement mutuel, ou pour les causes que la loi autorise.

Elles doivent être exécutées de bonne foi.

1135.

Les conventions obligent non-seulement à ce qui y est exprimé, mais encore à toutes les suites que l'équité, l'usage ou la loi donnent à l'obligation d'après sa nature.

SECTION II.

De l'Obligation de donner.

1136.

L'obligation de donner emporte celle de livrer la chose et de la conserver jusqu'à la livraison, à peine de dommages et intérêts envers le créancier.

1137.

L'obligation de veiller à la conservation de la chose, soit que la convention n'ait pour objet que l'utilité de l'une des parties, soit qu'elle ait pour objet leur utilité commune, soumet celui qui en est chargé à y apporter tous les soins d'un bon père de famille.

Cette obligation est plus ou moins étendue relativement à certains contrats, dont les effets, à cet égard, sont expliqués sous les titres qui les concernent.

1138.

L'obligation de livrer la chose est parfaite par le seul consentement des parties contractantes.

Elle rend le créancier propriétaire et met la chose à ses risques dès l'instant où elle a dû être livrée, encore que la tradition n'en ait point été faite, à moins que le débiteur ne soit en demeure de la livrer ; auquel cas la chose reste aux risques de ce dernier.

1139.

Le débiteur est constitué en demeure, soit par une sommation ou par autre acte équivalent, soit par l'effet de la convention, lorsqu'elle porte que, sans qu'il soit besoin d'acte, et par la seule échéance du terme, le débiteur sera en demeure.

1140.

Les effets de l'obligation de donner ou de livrer un immeuble sont réglés au titre *de la Vente* et au titre *des Priviléges et Hypothèques.*

1141.

Si la chose qu'on s'est obligé de donner ou de livrer à deux personnes successivement, est purement mobilière, celle des deux qui en a été mise en possession réelle est préférée et en demeure propriétaire, encore que son titre soit postérieur en date, pourvu toutefois que la possession soit de bonne foi.

SECTION III.

De l'Obligation de faire ou de ne pas faire.

1142.

Toute obligation de faire ou de ne pas faire se résout en dommages et intérêts, en cas d'inexécution de la part du débiteur.

1143.

Néanmoins le créancier a le droit de demander que ce qui aurait été fait par contravention à l'engagement, soit détruit; et il peut se faire autoriser à le détruire aux dépens du débiteur, sans préjudice des dommages et intérêts, s'il y a lieu.

1144.

Le créancier peut aussi, en cas d'inexécution, être autorisé à faire exécuter lui-même l'obligation aux dépens du débiteur.

1145.

Si l'obligation est de ne pas faire, celui qui y contrevient doit les dommages et intérêts par le seul fait de la contravention.

SECTION IV.

Des Dommages et Intérêts résultant de l'inexécution de l'Obligation.

1146.

Les dommages et intérêts ne sont dus que lorsque le débiteur est en demeure de remplir son obligation, excepté néanmoins lorsque la chose que le débiteur s'était obligé de donner ou de faire ne pouvait être donnée ou faite que dans un certain temps qu'il a laissé passer.

1147.

Le débiteur est condamné, s'il y a lieu, au paiement

de dommages et intérêts, soit à raison de l'inexécution de l'obligation, soit à raison du retard dans l'exécution, toutes les fois qu'il ne justifie pas que l'inexécution provient d'une cause étrangère qui ne peut lui être imputée, encore qu'il n'y ait aucune mauvaise foi de sa part.

1148.

Il n'y a lieu à aucuns dommages et intérêts lorsque, par suite d'une force majeure ou d'un cas fortuit, le débiteur a été empêché de donner ou de faire ce à quoi il était obligé, ou a fait ce qui lui était interdit.

1149.

Les dommages et intérêts dus au créancier sont, en général, de la perte qu'il a faite et du gain dont il a été privé, sauf les exceptions et modifications ci-après.

1150.

Le débiteur n'est tenu que des dommages et intérêts qui ont été prévus ou qu'on a pu prévoir lors du contrat, lorsque ce n'est point par son dol que l'obligation n'est point exécutée.

1151.

Dans le cas même où l'inexécution de la convention résulte du dol du débiteur, les dommages et intérêts ne doivent comprendre, à l'égard de la perte éprouvée par le créancier et du gain dont il a été privé, que ce qui est une suite immédiate et directe de l'inexécution de la convention.

1152.

1152.

Lorsque la convention porte que celui qui manquera de l'exécuter paiera une certaine somme à titre de dommages-intérêts, il ne peut être alloué à l'autre partie une somme plus forte ni moindre.

1153.

Dans les obligations qui se bornent au paiement d'une certaine somme, les dommages et intérêts résultant du retard dans l'exécution ne consistent jamais que dans la condamnation aux intérêts fixés par la loi; sauf les règles particulières au commerce et au cautionnement.

Ces dommages et intérêts sont dus sans que le créancier soit tenu de justifier d'aucune perte.

Ils ne sont dus que du jour de la demande, excepté dans les cas où la loi les fait courir de plein droit.

1154.

Les intérêts échus des capitaux peuvent produire des intérêts, ou par une demande judiciaire, ou par une convention spéciale, pourvu que, soit dans la demande, soit dans la convention, il s'agisse d'intérêts dus au moins pour une année entière.

1155.

Néanmoins les revenus échus, tels que fermages, loyers, arrérages de rentes perpétuelles ou viagères, produisent intérêt du jour de la demande ou de la convention.

La même règle s'applique aux restitutions de fruits, et

P p

aux intérêts payés par un tiers au créancier en acquit du débiteur.

SECTION V.

De l'Interprétation des Conventions.

1156.

On doit dans les conventions rechercher quelle a été la commune intention des parties contractantes, plutôt que de s'arrêter au sens littéral des termes.

1157.

Lorsqu'une clause est susceptible de deux sens, on doit plutôt l'entendre dans celui avec lequel elle peut avoir quelque effet, que dans le sens avec lequel elle n'en pourrait produire aucun.

1158.

Les termes susceptibles de deux sens doivent être pris dans le sens qui convient le plus à la matière du contrat.

1159.

Ce qui est ambigu s'interprète par ce qui est d'usage dans le pays où le contrat est passé.

1160.

On doit suppléer dans le contrat les clauses qui y sont d'usage, quoiqu'elles n'y soient pas exprimées.

1161.

Toutes les clauses des conventions s'interprètent les

unes par les autres, en donnant à chacune le sens qui résulte de l'acte entier.

1162.

Dans le doute, la convention s'interprète contre celui qui a stipulé, et en faveur de celui qui a contracté l'obligation.

1163.

Quelque généraux que soient les termes dans lesquels une convention est conçue, elle ne comprend que les choses sur lesquelles il paraît que les parties se sont proposé de contracter.

1164.

Lorsque dans un contrat on a exprimé un cas pour l'explication de l'obligation, on n'est pas censé avoir voulu par-là restreindre l'étendue que l'engagement reçoit de droit aux cas non exprimés.

SECTION VI.

De l'effet des Conventions à l'égard des Tiers.

1165.

Les conventions n'ont d'effet qu'entre les parties contractantes; elles ne nuisent point au tiers, et elles ne lui profitent que dans le cas prévu par l'article 1121.

1166.

Néanmoins les créanciers peuvent exercer tous les droits

et actions de leur débiteur, à l'exception de ceux qui sont exclusivement attachés à la personne.

1167.

Ils peuvent aussi, en leur nom personnel, attaquer les actes faits par leur débiteur en fraude de leurs droits.

Ils doivent néanmoins, quant à leurs droits énoncés au titre *des Successions* et au titre *du Contrat de Mariage et des Droits respectifs des époux*, se conformer aux règles qui y sont prescrites.

CHAPITRE IV.

DES DIVERSES ESPÈCES D'OBLIGATIONS.

SECTION Ire

Des Obligations conditionnelles.

§. Ier

De la condition en général, et de ses diverses espèces.

1168.

L'obligation est conditionnelle lorsqu'on la fait dépendre d'un événement futur et incertain, soit en la suspendant jusqu'à ce que l'événement arrive, soit en la résiliant, selon que l'événement arrivera ou n'arrivera pas.

1169.

La condition *casuelle* est celle qui dépend du hasard, et qui n'est nullement au pouvoir du créancier ni du débiteur.

1170.

La condition *potestative* est celle qui fait dépendre l'exécution de la convention, d'un événement qu'il est au pouvoir de l'une ou de l'autre des parties contractantes de faire arriver ou d'empêcher.

1171.

La condition *mixte* est celle qui dépend tout-à-la-fois de la volonté d'une des parties contractantes, et de la volonté d'un tiers.

1172.

Toute condition d'une chose impossible, ou contraire aux bonnes mœurs, ou prohibée par la loi, est nulle, et rend nulle la convention qui en dépend.

1173.

La condition de ne pas faire une chose impossible ne rend pas nulle l'obligation contractée sous cette condition.

1174.

Toute obligation est nulle lorsqu'elle a été contractée sous une condition potestative de la part de celui qui s'oblige.

1175.

Toute condition doit être accomplie de la manière que les parties ont vraisemblablement voulu et entendu qu'elle le fût.

1176.

Lorsqu'une obligation est contractée sous la condition qu'un événement arrivera dans un temps fixe, cette condition est censée défaillie lorsque le temps est expiré sans que l'événement soit arrivé. S'il n'y a point de temps fixe, la condition peut toujours être accomplie; et elle n'est censée défaillie que lorsqu'il est devenu certain que l'événement n'arrivera pas.

1177.

Lorsqu'une obligation est contractée sous la condition qu'un événement n'arrivera pas dans un temps fixe, cette condition est accomplie lorsque ce temps est expiré sans que l'événement soit arrivé: elle l'est également, si avant le terme il est certain que l'événement n'arrivera pas; et s'il n'y a pas de temps déterminé, elle n'est accomplie que lorsqu'il est certain que l'événement n'arrivera pas.

1178.

La condition est réputée accomplie lorsque c'est le débiteur, obligé sous cette condition, qui en a empêché l'accomplissement.

1179.

La condition accomplie a un effet rétroactif au jour auquel l'engagement a été contracté. Si le créancier est mort avant l'accomplissement de la condition, ses droits passent à son héritier.

1180.

Le créancier peut, avant que la condition soit accomplie, exercer tous les actes conservatoires de son droit.

§. II.

De la condition suspensive.

1181.

L'obligation contractée sous une condition suspensive est celle qui dépend ou d'un événement futur et incertain, ou d'un événement actuellement arrivé, mais encore inconnu des parties.

Dans le premier cas, l'obligation ne peut être exécutée qu'après l'événement.

Dans le second cas, l'obligation a son effet du jour où elle a été contractée.

1182.

Lorsque l'obligation a été contractée sous une condition suspensive, la chose qui fait la matière de la convention demeure aux risques du débiteur qui ne s'est obligé de la livrer que dans le cas de l'événement de la condition.

Si la chose est entièrement périe sans la faute du débiteur, l'obligation est éteinte.

Si la chose s'est détériorée sans la faute du débiteur, le créancier a le choix ou de résoudre l'obligation, ou d'exiger la chose dans l'état où elle se trouve, sans diminution du prix.

Si la chose s'est détériorée par la faute du débiteur, le

créancier a le droit ou de résoudre l'obligation, ou d'exiger la chose dans l'état où elle se trouve, avec des dommages et intérêts.

§. III.

De la condition résolutoire.

1183.

La condition résolutoire est celle qui, lorsqu'elle s'accomplit, opère la révocation de l'obligation, et qui remet les choses au même état que si l'obligation n'avait pas existé.

Elle ne suspend point l'exécution de l'obligation; elle oblige seulement le créancier à restituer ce qu'il a reçu, dans le cas où l'événement prévu par la condition arrive.

1184.

La condition résolutoire est toujours sous-entendue dans les contrats synallagmatiques, pour le cas où l'une des deux parties ne satisfera point à son engagement.

Dans ce cas, le contrat n'est point résolu de plein droit. La partie envers laquelle l'engagement n'a point été exécuté, a le choix ou de forcer l'autre à l'exécution de la convention lorsqu'elle est possible, ou d'en demander la résolution avec dommages et intérêts.

La résolution doit être demandée en justice, et il peut être accordé au défendeur un délai selon les circonstances.

SECTION II.

SECTION II.

Des Obligations à terme.

1185.

Le terme diffère de la condition, en ce qu'il ne suspend point l'engagement, dont il retarde seulement l'exécution.

1186.

Ce qui n'est dû qu'à terme, ne peut être exigé avant l'échéance du terme; mais ce qui a été payé d'avance, ne peut être répété.

1187.

Le terme est toujours présumé stipulé en faveur du débiteur, à moins qu'il ne résulte de la stipulation ou des circonstances, qu'il a été aussi convenu en faveur du créancier.

1188.

Le débiteur ne peut plus réclamer le bénéfice du terme lorsqu'il a fait faillite, ou lorsque par son fait il a diminué les sûretés qu'il avait données par le contrat à son créancier.

SECTION III.

Des Obligations alternatives.

1189.

Le débiteur d'une obligation alternative est libéré par la délivrance de l'une des deux choses qui étaient comprises dans l'obligation.

1190.

Le choix appartient au débiteur, s'il n'a pas été expressément accordé au créancier.

1191.

Le débiteur peut se libérer en délivrant l'une des deux choses promises ; mais il ne peut pas forcer le créancier à recevoir une partie de l'une et une partie de l'autre.

1192.

L'obligation est pure et simple, quoique contractée d'une manière alternative, si l'une des deux choses promises ne pouvait être le sujet de l'obligation.

1193.

L'obligation alternative devient pure et simple, si l'une des choses promises périt et ne peut plus être livrée, même par la faute du débiteur. Le prix de cette chose ne peut pas être offert à sa place.

Si toutes deux sont péries, et que le débiteur soit en faute à l'égard de l'une d'elles, il doit payer le prix de celle qui a péri la dernière.

1194.

Lorsque, dans les cas prévus par l'article précédent, le choix avait été déféré par la convention au créancier,

Ou l'une des choses seulement est périe ; et alors, si c'est sans la faute du débiteur, le créancier doit avoir celle qui reste ; si le débiteur est en faute, le créancier peut demander la chose qui reste, ou le prix de celle qui est périe ;

Ou les deux choses sont péries ; et alors, si le débiteur est en faute à l'égard des deux, ou même à l'égard de l'une d'elles seulement, le créancier peut demander le prix de l'une ou de l'autre à son choix.

1195.

Si les deux choses sont péries sans la faute du débiteur, et avant qu'il soit en demeure, l'obligation est éteinte, conformément à l'article 1302.

1196.

Les mêmes principes s'appliquent aux cas où il y a plus de deux choses comprises dans l'obligation alternative.

SECTION IV.

Des Obligations solidaires.

§. I.er

De la solidarité entre les créanciers.

1197.

L'obligation est solidaire entre plusieurs créanciers lorsque le titre donne expressément à chacun d'eux le droit de demander le paiement du total de la créance, et que le paiement fait à l'un d'eux libère le débiteur, encore que le bénéfice de l'obligation soit partageable et divisible entre les divers créanciers.

1198.

Il est au choix du débiteur de payer à l'un ou à l'autre

des créanciers solidaires, tant qu'il n'a pas été prévenu par les poursuites de l'un d'eux.

Néanmoins la remise qui n'est faite que par l'un des créanciers solidaires, ne libère le débiteur que pour la part de ce créancier.

1199.

Tout acte qui interrompt la prescription à l'égard de l'un des créanciers solidaires, profite aux autres créanciers.

§. II.

De la solidarité de la part des débiteurs.

1200.

Il y a solidarité de la part des débiteurs, lorsqu'ils sont obligés à une même chose, de manière que chacun puisse être contraint pour la totalité, et que le paiement fait par un seul libère les autres envers le créancier.

1201.

L'obligation peut être solidaire quoique l'un des débiteurs soit obligé différemment de l'autre au paiement de la même chose; par exemple, si l'un n'est obligé que conditionnellement, tandis que l'engagement de l'autre est pur et simple, ou si l'un a pris un terme qui n'est point accordé à l'autre.

1202.

La solidarité ne se présume point; il faut qu'elle soit expressément stipulée.

Cette règle ne cesse que dans les cas où la solidarité a lieu de plein droit, en vertu d'une disposition de la loi.

1203.

Le créancier d'une obligation contractée solidairement peut s'adresser à celui des débiteurs qu'il veut choisir, sans que celui-ci puisse lui opposer le bénéfice de division.

1204.

Les poursuites faites contre l'un des débiteurs n'empêchent pas le créancier d'en exercer de pareilles contre les autres.

1205.

Si la chose due a péri par la faute ou pendant la demeure de l'un ou de plusieurs des débiteurs solidaires, les autres codébiteurs ne sont point déchargés de l'obligation de payer le prix de la chose : mais ceux-ci ne sont point tenus des dommages et intérêts.

Le créancier peut seulement répéter les dommages et intérêts tant contre les débiteurs par la faute desquels la chose a péri, que contre ceux qui étaient en demeure.

1206.

Les poursuites faites contre l'un des débiteurs solidaires interrompent la prescription à l'égard de tous.

1207.

La demande d'intérêts formée contre l'un des débiteurs solidaires fait courir les intérêts à l'égard de tous.

1208.

Le codébiteur solidaire poursuivi par le créancier peut opposer toutes les exceptions qui résultent de la nature de l'obligation, et toutes celles qui lui sont personnelles, ainsi que celles qui sont communes à tous les codébiteurs.

Il ne peut opposer les exceptions qui sont purement personnelles à quelques-uns des autres codébiteurs.

1209.

Lorsque l'un des débiteurs devient héritier unique du créancier, ou lorsque le créancier devient l'unique héritier de l'un des débiteurs, la confusion n'éteint la créance solidaire que pour la part et portion du débiteur ou du créancier.

1210.

Le créancier qui consent à la division de la dette à l'égard de l'un des codébiteurs, conserve son action solidaire contre les autres, mais sous la déduction de la part du débiteur qu'il a déchargé de la solidarité.

1211.

Le créancier qui reçoit divisément la part de l'un des débiteurs, sans réserver dans la quittance la solidarité ou ses droits en général, ne renonce à la solidarité qu'à l'égard de ce débiteur.

Le créancier n'est pas censé remettre la solidarité au débiteur lorsqu'il reçoit de lui une somme égale à la portion dont il est tenu, si la quittance ne porte pas que c'est *pour sa part.*

Il en est de même de la simple demande formée contre l'un des codébiteurs *pour sa part*, si celui-ci n'a pas acquiescé à la demande, ou s'il n'est pas intervenu un jugement de condamnation.

1212.

Le créancier qui reçoit divisément et sans réserve la portion de l'un des codébiteurs dans les arrérages ou intérêts de la dette, ne perd la solidarité que pour les arrérages ou intérêts échus, et non pour ceux à échoir, ni pour le capital, à moins que le paiement divisé n'ait été continué pendant dix ans consécutifs.

1213.

L'obligation contractée solidairement envers le créancier se divise de plein droit entre les débiteurs, qui n'en sont tenus entre eux que chacun pour sa part et portion.

1214.

Le codébiteur d'une dette solidaire, qui l'a payée en entier, ne peut répéter contre les autres que les part et portion de chacun d'eux.

Si l'un d'eux se trouve insolvable, la perte qu'occasionne son insolvabilité, se répartit par contribution entre tous les autres codébiteurs solvables et celui qui a fait le paiement.

1215.

Dans le cas où le créancier a renoncé à l'action solidaire envers l'un des débiteurs, si l'un ou plusieurs des autres codébiteurs deviennent insolvables, la portion des insolvables sera contributoirement répartie entre tous les débiteurs, même entre ceux précédemment déchargés de la solidarité par le créancier.

1216.

Si l'affaire pour laquelle la dette a été contractée solidairement ne concernait que l'un des coobligés solidaires, celui-ci serait tenu de toute la dette vis-à-vis des autres codébiteurs, qui ne seraient considérés par rapport à lui que comme ses cautions.

SECTION V.

Des Obligations divisibles et indivisibles.

1217.

L'obligation est divisible ou indivisible selon qu'elle a pour objet ou une chose qui dans sa livraison, ou un fait qui dans l'exécution, est ou n'est pas susceptible de division, soit matérielle, soit intellectuelle.

1218.

L'obligation est indivisible, quoique la chose ou le fait qui en est l'objet soit divisible par sa nature, si le rapport sous lequel elle est considérée dans l'obligation ne la rend pas susceptible d'exécution partielle.

1219.

La solidarité stipulée ne donne point à l'obligation le caractère d'indivisibilité.

§. I.er

§. Ier

Des effets de l'obligation divisible.

1220.

L'obligation qui est susceptible de division, doit être exécutée entre le créancier et le débiteur comme si elle était indivisible. La divisibilité n'a d'application qu'à l'égard de leurs héritiers, qui ne peuvent demander la dette ou qui ne sont tenus de la payer que pour les parts dont ils sont saisis ou dont ils sont tenus comme représentant le créancier ou le débiteur.

1221.

Le principe établi dans l'article précédent reçoit exception à l'égard des héritiers du débiteur,

1.° Dans le cas où la dette est hypothécaire;

2.° Lorsqu'elle est d'un corps certain;

3.° Lorsqu'il s'agit de la dette alternative de choses au choix du créancier, dont l'une est indivisible;

4.° Lorsque l'un des héritiers est chargé seul, par le titre, de l'exécution de l'obligation;

5.° Lorsqu'il résulte, soit de la nature de l'engagement, soit de la chose qui en fait l'objet, soit de la fin qu'on s'est proposée dans le contrat, que l'intention des contractans a été que la dette ne pût s'acquitter partiellement.

Dans les trois premiers cas, l'héritier qui possède la chose due ou le fonds hypothéqué à la dette, peut être poursuivi pour le tout sur la chose due ou sur le fonds hypothéqué, sauf le recours contre ses cohéritiers. Dans

R r

le quatrième cas, l'héritier seul chargé de la dette, et dans le cinquième cas, chaque héritier, peut aussi être poursuivi pour le tout; sauf son recours contre ses cohéritiers.

§. II.

Des effets de l'obligation indivisible.

1222.

Chacun de ceux qui ont contracté conjointement une dette indivisible, en est tenu pour le total, encore que l'obligation n'ait pas été contractée solidairement.

1223.

Il en est de même à l'égard des héritiers de celui qui a contracté une pareille obligation.

1224.

Chaque héritier du créancier peut exiger en totalité l'exécution de l'obligation indivisible.

Il ne peut seul faire la remise de la totalité de la dette; il ne peut recevoir seul le prix au lieu de la chose. Si l'un des héritiers a seul remis la dette ou reçu le prix de la chose, son cohéritier ne peut demander la chose indivisible qu'en tenant compte de la portion du cohéritier qui a fait la remise ou qui a reçu le prix.

1225.

L'héritier du débiteur, assigné pour la totalité de l'obligation, peut demander un délai pour mettre en cause ses cohéritiers, à moins que la dette ne soit de nature à ne pouvoir être acquittée que par l'héritier assigné, qui peut alors être condamné seul, sauf son recours en indemnité contre ses cohéritiers.

SECTION VI.

Des Obligations avec clauses pénales.

1226.

La clause pénale est celle par laquelle une personne, pour assurer l'exécution d'une convention, s'engage à quelque chose en cas d'inexécution.

1227.

La nullité de l'obligation principale entraîne celle de la clause pénale.

La nullité de celle-ci n'entraîne point celle de l'obligation principale.

1228.

Le créancier, au lieu de demander la peine stipulée contre le débiteur qui est en demeure, peut poursuivre l'exécution de l'obligation principale.

1229.

La clause pénale est la compensation des dommages et intérêts que le créancier souffre de l'inexécution de l'obligation principale.

Il ne peut demander en même temps le principal et la peine, à moins qu'elle n'ait été stipulée pour le simple retard.

1230.

Soit que l'obligation primitive contienne, soit qu'elle ne contienne pas un terme dans lequel elle doive être accomplie, la peine n'est encourue que lorsque celui qui s'est obligé soit à livrer, soit à prendre, soit à faire, est en demeure.

1231.

La peine peut être modifiée par le juge lorsque l'obligation principale a été exécutée en partie.

1232.

Lorsque l'obligation primitive contractée avec une clause pénale est d'une chose indivisible, la peine est encourue par la contravention d'un seul des héritiers du débiteur, et elle peut être demandée, soit en totalité contre celui qui a fait la contravention, soit contre chacun des cohéritiers pour leur part et portion, et hypothécairement pour le tout, sauf leur recours contre celui qui a fait encourir la peine.

1233.

Lorsque l'obligation primitive contractée sous une peine est divisible, la peine n'est encourue que par celui des héritiers du débiteur qui contrevient à cette obligation, et pour la part seulement dont il était tenu dans l'obligation principale, sans qu'il y ait d'action contre ceux qui l'ont exécutée.

Cette règle reçoit exception lorsque la clause pénale ayant été ajoutée dans l'intention que le paiement ne pût se faire partiellement, un cohéritier a empêché l'exécution de l'obligation pour la totalité. En ce cas, la peine entière peut être exigée contre lui, et contre les autres cohéritiers pour leur portion seulement, sauf leur recours.

CHAPITRE V.

DE L'EXTINCTION DES OBLIGATIONS.

1234.

Les obligations s'éteignent,

Par le paiement,

Par la novation,

Par la remise volontaire,

Par la compensation,

Par la confusion,

Par la perte de la chose,

Par la nullité ou la rescision,

Par l'effet de la condition résolutoire, qui a été expliquée au chapitre précédent,

Et par la prescription, qui fera l'objet d'un titre particulier.

SECTION I.re

Du Paiement.

§. I.er

Du paiement en général.

1235.

Tout paiement suppose une dette : ce qui a été payé sans être dû, est sujet à répétition.

La répétition n'est pas admise à l'égard des obligations naturelles qui ont été volontairement acquittées.

1236.

Une obligation peut être acquittée par toute personne qui y est intéressée, telle qu'un coobligé ou une caution.

L'obligation peut même être acquittée par un tiers qui n'y est point intéressé, pourvu que ce tiers agisse au nom et en l'acquit du débiteur, ou que, s'il agit en son nom propre, il ne soit pas subrogé aux droits du créancier.

1237.

L'obligation de faire ne peut être acquittée par un tiers contre le gré du créancier, lorsque ce dernier a intérêt qu'elle soit remplie par le débiteur lui-même.

1238.

Pour payer valablement, il faut être propriétaire de la chose donnée en paiement, et capable de l'aliéner.

Néanmoins le paiement d'une somme en argent ou autre chose qui se consomme par l'usage, ne peut être répété contre le créancier qui l'a consommée de bonne foi, quoique le paiement en ait été fait par celui qui n'en était pas propriétaire ou qui n'était pas capable de l'aliéner.

1239.

Le paiement doit être fait au créancier, ou à quelqu'un ayant pouvoir de lui, ou qui soit autorisé par justice ou par la loi à recevoir pour lui.

Le paiement fait à celui qui n'aurait pas pouvoir de

recevoir pour le créancier, est valable, si celui-ci le ratifie, ou s'il en a profité.

1240.

Le paiement fait de bonne foi à celui qui est en possession de la créance, est valable, encore que le possesseur en soit par la suite évincé.

1241.

Le paiement fait au créancier n'est point valable s'il était incapable de le recevoir, à moins que le débiteur ne prouve que la chose payée a tourné au profit du créancier.

1242.

Le paiement fait par le débiteur à son créancier, au préjudice d'une saisie ou d'une opposition, n'est pas valable à l'égard des créanciers saisissans ou opposans : ceux-ci peuvent selon leur droit, le contraindre à payer de nouveau, sauf, en ce cas seulement, son recours contre le créancier.

1243.

Le créancier ne peut être contraint de recevoir une autre chose que celle qui lui est due, quoique la valeur de la chose offerte soit égale ou même plus grande.

1244.

Le débiteur ne peut point forcer le créancier à recevoir en partie le paiement d'une dette, même divisible.

Les juges peuvent néanmoins, en considération de la position du débiteur, et en usant de ce pouvoir avec une grande réserve, accorder des délais modérés pour le paiement, et surseoir l'exécution des poursuites, toutes choses demeurant en état.

1245.

Le débiteur d'un corps certain et déterminé est libéré par la remise de la chose en l'état où elle se trouve lors de la livraison, pourvu que les détériorations qui y sont survenues ne viennent point de son fait ou de sa faute, ni de celle des personnes dont il est responsable, ou qu'avant ces détériorations il ne fût pas en demeure.

1246.

Si la dette est d'une chose qui ne soit déterminée que par son espèce, le débiteur ne sera pas tenu, pour être libéré, de la donner de la meilleure espèce; mais il ne pourra l'offrir de la plus mauvaise.

1247.

Le paiement doit être exécuté dans le lieu désigné par la convention. Si le lieu n'y est pas désigné, le paiement, lorsqu'il s'agit d'un corps certain et déterminé, doit être fait dans le lieu où était, au temps de l'obligation, la chose qui en fait l'objet.

Hors ces deux cas, le paiement doit être fait au domicile du débiteur.

1248.

Les frais du paiement sont à la charge du débiteur.

§. II.

§. II.

Du paiement avec subrogation.

1249.

La subrogation dans les droits du créancier au profit d'une tierce personne qui le paye, est ou conventionnelle ou légale.

1250.

Cette subrogation est conventionnelle,

1.° Lorsque le créancier recevant son paiement d'une tierce personne la subroge dans ses droits, actions, priviléges ou hypothèques contre le débiteur : cette subrogation doit être expresse et faite en même temps que le paiement ;

2.° Lorsque le débiteur emprunte une somme à l'effet de payer sa dette, et de subroger le prêteur dans les droits du créancier. Il faut, pour que cette subrogation soit valable, que l'acte d'emprunt et la quittance soient passés devant notaires ; que dans l'acte d'emprunt il soit déclaré que la somme a été empruntée pour faire le paiement, et que dans la quittance il soit déclaré que le paiement a été fait des deniers fournis à cet effet par le nouveau créancier. Cette subrogation s'opère sans le concours de la volonté du créancier.

1251.

La subrogation a lieu de plein droit,

1.° Au profit de celui qui, étant lui-même créancier,

S s

paye un autre créancier qui lui est préférable à raison de ses priviléges ou hypothèques ;

2.° Au profit de l'acquéreur d'un immeuble, qui emploie le prix de son acquisition au paiement des créanciers auxquels cet héritage était hypothéqué ;

3.° Au profit de celui qui, étant tenu avec d'autres ou pour d'autres au paiement de la dette, avait intérêt de l'acquitter ;

4.° Au profit de l'héritier bénéficiaire qui a payé de ses deniers les dettes de la succession.

1252.

La subrogation établie par les articles précédens a lieu tant contre les cautions que contre les débiteurs : elle ne peut nuire au créancier lorsqu'il n'a été payé qu'en partie ; en ce cas, il peut exercer ses droits, pour ce qui lui reste dû, par préférence à celui dont il n'a reçu qu'un paiement partiel.

§. III.

De l'imputation des paiemens.

1253.

Le débiteur de plusieurs dettes a le droit de déclarer, lorsqu'il paye, quelle dette il entend acquitter.

1254.

Le débiteur d'une dette qui porte intérêt ou produit des arrérages, ne peut point, sans le consentement du créancier, imputer le paiement qu'il fait sur le capital par préférence aux arrérages ou intérêts : le paiement fait sur le capital et intérêts, mais qui n'est point intégral, s'impute d'abord sur les intérêts.

1255.

Lorsque le débiteur de diverses dettes a accepté une quittance par laquelle le créancier a imputé ce qu'il a reçu sur l'une de ces dettes spécialement, le débiteur ne peut plus demander l'imputation sur une dette différente, à moins qu'il n'y ait eu dol ou surprise de la part du créancier.

1256.

Lorsque la quittance ne porte aucune imputation, le paiement doit être imputé sur la dette que le débiteur avait pour lors le plus d'intérêt d'acquitter entre celles qui sont pareillement échues; sinon, sur la dette échue, quoique moins onéreuse que celles qui ne le sont point.

Si les dettes sont d'égale nature, l'imputation se fait sur la plus ancienne : toutes choses égales, elle se fait proportionnellement.

§. IV.

Des offres de paiement, et de la consignation.

1257.

Lorsque le créancier refuse de recevoir son paiement, le débiteur peut lui faire des offres réelles, et, au refus du créancier de les accepter, consigner la somme ou la chose offerte.

Les offres réelles suivies d'une consignation libèrent le

débiteur; elles tiennent lieu à son égard de paiement, lorsqu'elles sont valablement faites, et la chose ainsi consignée demeure aux risques du créancier.

1258.

Pour que les offres réelles soient valables, il faut;

1.° Qu'elles soient faites au créancier ayant la capacité de recevoir, ou à celui qui a pouvoir de recevoir pour lui;

2.° Qu'elles soient faites par une personne capable de payer;

3.° Qu'elles soient de la totalité de la somme exigible, des arrérages ou intérêts dus, des frais liquidés, et d'une somme pour les frais non liquidés, sauf à la parfaire;

4.° Que le terme soit échu, s'il a été stipulé en faveur du créancier;

5.° Que la condition sous laquelle la dette a été contractée soit arrivée;

6.° Que les offres soient faites au lieu dont on est convenu pour le paiement, et que, s'il n'y a pas de convention spéciale sur le lieu du paiement, elles soient faites ou à la personne du créancier, ou à son domicile, ou au domicile élu pour l'exécution de la convention;

7.° Que les offres soient faites par un officier ministériel ayant caractère pour ces sortes d'actes.

1259.

Il n'est pas nécessaire pour la validité de la consignation, qu'elle ait été autorisée par le juge : il suffit,

1.° Qu'elle ait été précédée d'une sommation signifiée

au créancier, et contenant l'indication du jour, de l'heure et du lieu où la chose offerte sera déposée ;

2.° Que le débiteur se soit dessaisi de la chose offerte, en la remettant dans le dépôt indiqué par la loi pour recevoir les consignations, avec les intérêts jusqu'au jour du dépôt ;

3.° Qu'il y ait eu procès-verbal dressé par l'officier ministériel, de la nature des espèces offertes, du refus qu'a fait le créancier de les recevoir, ou de sa non-comparution, et enfin du dépôt ;

4.° Qu'en cas de non-comparution de la part du créancier, le procès-verbal du dépôt lui ait été signifié avec sommation de retirer la chose déposée.

1260.

Les frais des offres réelles et de la consignation sont à la charge du créancier, si elles sont valables.

1261.

Tant que la consignation n'a point été acceptée par le créancier, le débiteur peut la retirer ; et s'il la retire, ses codébiteurs ou ses cautions ne sont point libérés.

1262.

Lorsque le débiteur a lui-même obtenu un jugement passé en force de chose jugée, qui a déclaré ses offres et sa consignation bonnes et valables, il ne peut plus, même du consentement du créancier, retirer sa consignation au préjudice de ses codébiteurs ou de ses cautions.

1263.

Le créancier qui a consenti que le débiteur retirât sa consignation après qu'elle a été déclarée valable par un jugement qui a acquis force de chose jugée, ne peut plus pour le paiement de sa créance exercer les priviléges ou hypothèques qui y étaient attachés : il n'a plus d'hypothèque que du jour où l'acte par lequel il a consenti que la consignation fût retirée, aura été revêtu des formes requises pour emporter l'hypothèque.

1264.

Si la chose due est un corps certain qui doit être livré au lieu où il se trouve, le débiteur doit faire sommation au créancier de l'enlever, par acte notifié à sa personne ou à son domicile, ou au domicile élu pour l'exécution de la convention. Cette sommation faite, si le créancier n'enlève pas la chose, et que le débiteur ait besoin du lieu dans lequel elle est placée, celui-ci pourra obtenir de la justice la permission de la mettre en dépôt dans quelque autre lieu.

§. V.

De la cession de biens.

1265.

La cession de biens est l'abandon qu'un débiteur fait de tous ses biens à ses créanciers, lorsqu'il se trouve hors d'état de payer ses dettes.

1266.

La cession de biens est volontaire ou judiciaire.

1267.

Là cession de biens volontaire est celle que les créanciers acceptent volontairement, et qui n'a d'effet que celui résultant des stipulations mêmes du contrat passé entre eux et le débiteur.

1268.

La cession judiciaire est un bénéfice que la loi accorde au débiteur malheureux et de bonne foi, auquel il est permis, pour avoir la liberté de sa personne, de faire en justice l'abandon de tous ses biens à ses créanciers, nonobstant toute stipulation contraire.

1269.

La cession judiciaire ne confère point la propriété aux créanciers ; elle leur donne seulement le droit de faire vendre les biens à leur profit, et d'en percevoir les revenus jusqu'à la vente.

1270.

Les créanciers ne peuvent refuser la cession judiciaire, si ce n'est dans les cas exceptés par la loi.

Elle opère la décharge de la contrainte par corps.

Au surplus, elle ne libère le débiteur que jusqu'à concurrence de la valeur des biens abandonnés ; et dans le cas où ils auraient été insuffisans, s'il lui en survient d'autres, il est obligé de les abandonner jusqu'au parfait paiement.

SECTION II.

De la Novation.

1271.

La novation s'opère de trois manières :

1.º Lorsque le débiteur contracte envers son créancier une nouvelle dette qui est substituée à l'ancienne, laquelle est éteinte ;

2.º Lorsqu'un nouveau débiteur est substitué à l'ancien qui est déchargé par le créancier ;

3.º Lorsque, par l'effet d'un nouvel engagement, un nouveau créancier est substitué à l'ancien, envers lequel le débiteur se trouve déchargé.

1272.

La novation ne peut s'opérer qu'entre personnes capables de contracter.

1273.

La novation ne se présume point ; il faut que la volonté de l'opérer résulte clairement de l'acte.

1274.

La novation par la substitution d'un nouveau débiteur, peut s'opérer sans le concours du premier débiteur.

1275.

La délégation par laquelle un débiteur donne au créancier un autre débiteur qui s'oblige envers le créancier, n'opère point de novation, si le créancier n'a expressément
déclaré

déclaré qu'il entendait décharger son débiteur qui a fait la délégation.

1276.

Le créancier qui a déchargé le débiteur par qui a été faite la délégation, n'a point de recours contre ce débiteur, si le délégué devient insolvable; à moins que l'acte n'en contienne une réserve expresse, ou que le délégué ne fût déjà en faillite ouverte, ou tombé en déconfiture au moment de la délégation.

1277.

La simple indication faite par le débiteur, d'une personne qui doit payer à sa place, n'opère point novation.

Il en est de même de la simple indication faite par le créancier, d'une personne qui doit recevoir pour lui.

1278.

Les priviléges et hypothèques de l'ancienne créance ne passent point à celle qui lui est substituée; à moins que le créancier ne les ait expressément réservés.

1279.

Lorsque la novation s'opère par la substitution d'un nouveau débiteur, les priviléges et hypothèques primitifs de la créance ne peuvent point passer sur les biens du nouveau débiteur.

1280.

Lorsque la novation s'opère entre le créancier et l'un des débiteurs solidaires, les priviléges et hypothèques de

T t

l'ancienne créance ne peuvent être réservés que sur les biens de celui qui contracte la nouvelle dette.

1281.

Par la novation faite entre le créancier et l'un des débiteurs solidaires, les codébiteurs sont libérés.

La novation opérée à l'égard du débiteur principal libère les cautions.

Néanmoins, si le créancier a exigé, dans le premier cas, l'accession des codébiteurs, ou, dans le second, celle des cautions, l'ancienne créance subsiste, si les codébiteurs ou les cautions refusent d'accéder au nouvel arrangement.

SECTION III.

De la Remise de la Dette.

1282.

La remise volontaire du titre original sous signature privée, par le créancier au débiteur, fait preuve de la libération.

1283.

La remise volontaire de la grosse du titre fait présumer la remise de la dette ou le paiement, sans préjudice de la preuve contraire.

1284.

La remise du titre original sous signature privée, ou de la grosse du titre, à l'un des débiteurs solidaires, a le même effet au profit de ses codébiteurs.

1285.

La remise ou décharge conventionnelle au profit de l'un des codébiteurs solidaires, libère tous les autres, à moins que le créancier n'ait expressément réservé ses droits contre ces derniers.

Dans ce dernier cas, il ne peut plus répéter la dette que déduction faite de la part de celui auquel il a fait la remise.

1286.

La remise de la chose donnée en nantissement ne suffit point pour faire présumer la remise de la dette.

1287.

La remise ou décharge, conventionnelle accordée au débiteur principal libère les cautions;

Celle accordée à la caution ne libère pas le débiteur principal;

Celle accordée à l'une des cautions ne libère pas les autres.

1288.

Ce que le créancier a reçu d'une caution pour la décharge de son cautionnement, doit être imputé sur la dette, et tourner à la décharge du débiteur principal et des autres cautions.

SECTION IV.

De la Compensation.

1289.

Lorsque deux personnes se trouvent débitrices l'une envers l'autre, il s'opère entre elles une compensation qui éteint les deux dettes, de la manière et dans les cas ci-après exprimés.

1290.

La compensation s'opère de plein droit par la seule force de la loi, même à l'insu des débiteurs ; les deux dettes s'éteignent réciproquement, à l'instant où elles se trouvent exister à-la-fois, jusqu'à concurrence de leurs quotités respectives.

1291.

La compensation n'a lieu qu'entre deux dettes qui ont également pour objet une somme d'argent, ou une certaine quantité de choses fungibles de la même espèce et qui sont également liquides et exigibles.

Les prestations en grains ou denrées, non contestées, et dont le prix est réglé par les mercuriales, peuvent se compenser avec des sommes liquides et exigibles.

1292.

Le terme de grâce n'est point un obstacle à la compensation.

1293.

La compensation a lieu, quelles que soient les causes de l'une ou l'autre des dettes, excepté dans le cas,

1.º De la demande en restitution d'une chose dont le propriétaire a été injustement dépouillé;

2.º De la demande en restitution d'un dépôt et du prêt à usage;

3.º D'une dette qui a pour cause des alimens déclarés insaisissables.

1294.

La caution peut opposer la compensation de ce que le créancier doit au débiteur principal;

Mais le débiteur principal ne peut opposer la compensation de ce que le créancier doit à la caution.

Le débiteur solidaire ne peut pareillement opposer la compensation de ce que le créancier doit à son codébiteur.

1295.

Le débiteur qui a accepté purement et simplement la cession qu'un créancier a faite de ses droits à un tiers, ne peut plus opposer au cessionnaire la compensation qu'il eût pu, avant l'acceptation, opposer au cédant.

A l'égard de la cession qui n'a point été acceptée par le débiteur, mais qui lui a été signifiée, elle n'empêche que la compensation des créances postérieures à cette notification.

1296.

Lorsque les deux dettes ne sont pas payables au même

lieu, on n'en peut opposer la compensation qu'en faisant raison des frais de la remise.

1297.

Lorsqu'il y a plusieurs dettes compensables dues par la même personne, on suit, pour la compensation, les règles établies pour l'imputation par l'article 1256.

1298.

La compensation n'a pas lieu au préjudice des droits acquis à un tiers. Ainsi celui qui, étant débiteur, est devenu créancier depuis la saisie-arrêt faite par un tiers entre ses mains, ne peut, au préjudice du saisissant, opposer la compensation.

1299.

Celui qui a payé une dette qui était, de droit, éteinte par la compensation, ne peut plus, en exerçant la créance dont il n'a point opposé la compensation, se prévaloir, au préjudice des tiers, des priviléges ou hypothèques qui y étaient attachés, à moins qu'il n'ait eu une juste cause d'ignorer la créance qui devait compenser sa dette.

SECTION V.

De la Confusion.

1300.

Lorsque les qualités de créancier et de débiteur se réunissent dans la même personne, il se fait une confusion de droit qui éteint les deux créances.

1301.

La confusion qui s'opère dans la personne du débiteur principal, profite à ses cautions;

Celle qui s'opère dans la personne de la caution, n'entraîne point l'extinction de l'obligation principale;

Celle qui s'opère dans la personne du créancier, ne profite à ses codébiteurs solidaires que pour la portion dont il était débiteur.

SECTION VI.

De la Perte de la chose due.

1302.

Lorsque le corps certain et déterminé qui était l'objet de l'obligation, vient à périr, est mis hors du commerce, ou se perd de manière qu'on en ignore absolument l'existence, l'obligation est éteinte si la chose a péri ou a été perdue sans la faute du débiteur et avant qu'il fût en demeure.

Lors même que le débiteur est en demeure, et s'il ne s'est pas chargé des cas fortuits, l'obligation est éteinte dans le cas où la chose fût également périe chez le créancier si elle lui eût été livrée.

Le débiteur est tenu de prouver le cas fortuit qu'il allègue.

De quelque manière que la chose volée ait péri ou ait été perdue, sa perte ne dispense pas celui qui l'a soustraite, de la restitution du prix.

1303.

Lorsque la chose est périe, mise hors du commerce ou perdue, sans la faute du débiteur, il est tenu, s'il y a quelques droits ou actions en indemnité par rapport à cette chose, de les céder à son créancier.

SECTION VII.

De l'Action en nullité ou en rescision des Conventions.

1304.

Dans tous les cas où l'action en nullité ou en rescision d'une convention n'est pas limitée à un moindre temps par une loi particulière, cette action dure dix ans.

Ce temps ne court, dans le cas de violence, que du jour où elle a cessé; dans le cas d'erreur ou de dol, du jour où ils ont été découverts; et pour les actes passés par les femmes mariées non autorisées, du jour de la dissolution du mariage.

Le temps ne court, à l'égard des actes faits par les interdits, que du jour où l'interdiction est levée; et à l'égard de ceux faits par les mineurs, que du jour de la majorité.

1305.

La simple lésion donne lieu à la rescision en faveur du mineur non émancipé, contre toutes sortes de conventions; et en faveur du mineur émancipé, contre toutes conventions qui excèdent les bornes de sa capacité, ainsi qu'elle est déterminée au titre *de la Minorité, de la Tutelle et de l'Émancipation.*

1306.

1306.

Le mineur n'est pas restituable pour cause de lésion, lorsqu'elle ne résulte que d'un événement casuel et imprévu.

1307.

La simple déclaration de majorité, faite par le mineur, ne fait point obstacle à sa restitution.

1308.

Le mineur commerçant, banquier ou artisan, n'est point restituable contre les engagemens qu'il a pris à raison de son commerce ou de son art.

1309.

Le mineur n'est point restituable contre les conventions portées en son contrat de mariage, lorsqu'elles ont été faites avec le consentement et l'assistance de ceux dont le consentement est requis pour la validité de son mariage.

1310.

Il n'est point restituable contre les obligations résultant de son délit ou quasi-délit.

1311.

Il n'est plus recevable à revenir contre l'engagement qu'il avait souscrit en minorité, lorsqu'il l'a ratifié en majorité, soit que cet engagement fût nul en sa forme, soit qu'il fût seulement sujet à restitution.

V v

1312.

Lorsque les mineurs, les interdits ou les femmes mariées sont admis, en ces qualités, à se faire restituer contre leurs engagemens, le remboursement de ce qui aurait été, en conséquence de ces engagemens, payé pendant la minorité, l'interdiction ou le mariage, ne peut en être exigé, à moins qu'il ne soit prouvé que ce qui a été payé a tourné à leur profit.

1313.

Les majeurs ne sont restitués pour cause de lésion que dans les cas et sous les conditions spécialement exprimés dans le présent Code.

1314.

Lorsque les formalités requises à l'égard des mineurs ou des interdits, soit pour aliénation d'immeubles, soit dans un partage de succession, ont été remplies, ils sont, relativement à ces actes, considérés comme s'ils les avaient faits en majorité ou avant l'interdiction.

CHAPITRE VI.

DE LA PREUVE DES OBLIGATIONS, ET DE CELLE DU PAIEMENT.

1315.

Celui qui réclame l'exécution d'une obligation, doit la prouver.

Réciproquement, celui qui se prétend libéré doit justifier

le paiement ou le fait qui a produit l'extinction de son obligation.

1316.

Les règles qui concernent la preuve littérale, la preuve testimoniale, les présomptions, l'aveu de la partie et le serment, sont expliquées dans les sections suivantes.

SECTION I.re

De la Preuve littérale.

§. I.er

Du titre authentique.

1317.

L'acte authentique est celui qui a été reçu par officiers publics ayant le droit d'instrumenter dans le lieu où l'acte a été rédigé, et avec les solennités requises.

1318.

L'acte qui n'est point authentique par l'incompétence ou l'incapacité de l'officier, ou par un défaut de forme, vaut comme écriture privée, s'il a été signé des parties.

1319.

L'acte authentique fait pleine foi de la convention qu'il renferme entre les parties contractantes et leurs héritiers ou ayant-cause.

Néanmoins, en cas de plaintes en faux principal, l'exécution de l'acte argué de faux sera suspendue par la mise

en accusation; et, en cas d'inscription de faux faite inci-
demment, les tribunaux pourront, suivant les circonstances,
suspendre provisoirement l'exécution de l'acte.

1320.

L'acte, soit authentique, soit sous seing privé, fait foi
entre les parties, même de ce qui n'y est exprimé qu'en
termes énonciatifs, pourvu que l'énonciation ait un rapport direct à la disposition. Les énonciations étrangères à
la disposition ne peuvent servir que d'un commencement
de preuve.

1321.

Les contre-lettres ne peuvent avoir leur effet qu'entre
les parties contractantes : elles n'ont point d'effet contre
les tiers.

§. II.

De l'acte sous seing privé.

1322.

L'acte sous seing privé, reconnu par celui auquel on
l'oppose, ou légalement tenu pour reconnu, a, entre ceux
qui l'ont souscrit et entre leurs héritiers et ayant-cause,
la même foi que l'acte authentique.

1323.

Celui auquel on oppose un acte sous seing privé, est
obligé d'avouer ou de désavouer formellement son écriture
ou sa signature.

Ses héritiers ou ayant-cause peuvent se contenter de

déclarer qu'ils ne connaissent point l'écriture ou la signature de leur auteur.

1324.

Dans le cas où la partie désavoue son écriture ou sa signature, et dans le cas où ses héritiers ou ayant-cause déclarent ne les point connaître, la vérification en est ordonnée en justice.

1325.

Les actes sous seing privé qui contiennent des conventions synallagmatiques, ne sont valables qu'autant qu'ils ont été faits en autant d'originaux qu'il y a de parties ayant un intérêt distinct.

Il suffit d'un original pour toutes les personnes ayant le même intérêt.

Chaque original doit contenir la mention du nombre des originaux qui en ont été faits.

Néanmoins le défaut de mention que les originaux ont été faits doubles, triples, &c. ne peut être opposé par celui qui a exécuté de sa part la convention portée dans l'acte.

1326.

Le billet ou la promesse sous seing privé par lequel une seule partie s'engage envers l'autre à lui payer une somme d'argent ou une chose appréciable, doit être écrit en entier de la main de celui qui le souscrit; ou du moins il faut qu'outre sa signature, il ait écrit de sa main un *bon* ou un *approuvé*, portant en toutes lettres la somme ou la quantité de la chose ;

Excepté dans le cas où l'acte émane de marchands, artisans, laboureurs, vignerons, gens de journée et de service.

1327.

Lorsque la somme exprimée au corps de l'acte est différente de celle exprimée au *bon*, l'obligation est présumée n'être que de la somme moindre, lors même que l'acte ainsi que le *bon* sont écrits en entier de la main de celui qui s'est obligé, à moins qu'il ne soit prouvé de quel côté est l'erreur.

1328.

Les actes sous seing privé n'ont de date contre les tiers que du jour où ils ont été enregistrés, du jour de la mort de celui ou de l'un de ceux qui les ont souscrits, ou du jour où leur substance est constatée dans des actes dressés par des officiers publics, tels que procès-verbaux de scellé ou d'inventaire.

1329.

Les registres des marchands ne font point, contre les personnes non marchandes, preuve des fournitures qui y sont portées, sauf ce qui sera dit à l'égard du serment.

1330.

Les livres des marchands font preuve contre eux; mais celui qui en veut tirer avantage, ne peut les diviser en ce qu'ils contiennent de contraire à sa prétention.

1331.

Les registres et papiers domestiques ne font point un

titre pour celui qui les a écrits. Ils font foi contre lui,
1.° dans tous les cas où ils énoncent formellement un paiement reçu; 2.° lorsqu'ils contiennent la mention expresse
que la note a été faite pour suppléer le défaut du titre en
faveur de celui au profit duquel ils énoncent une obligation.

1332.

L'écriture mise par le créancier à la suite, en marge ou
au-dos d'un titre qui est toujours resté en sa possession,
fait foi, quoique non signée ni datée par lui, lorsqu'elle
tend à établir la libération du débiteur.

Il en est de même de l'écriture mise par le créancier au
dos, ou en marge, ou à la suite du double d'un titre ou
d'une quittance, pourvu que ce double soit entre les mains
du débiteur.

§. III.

Des tailles.

1333.

Les tailles corrélatives à leurs échantillons font foi entre
les personnes qui sont dans l'usage de constater ainsi les
fournitures qu'elles font et reçoivent en détail.

§. IV.

Des copies des titres.

1334.

Les copies, lorsque le titre original subsiste, ne font foi
que de ce qui est contenu au titre, dont la représentation
peut toujours être exigée.

1335.

Lorsque le titre original n'existe plus, les copies font foi d'après les distinctions suivantes :

1.° Les grosses ou premières expéditions font la même foi que l'original : il en est de même des copies qui ont été tirées par l'autorité du magistrat, parties présentes ou dûment appelées, ou de celles qui ont été tirées en présence des parties et de leur consentement réciproque.

2.° Les copies qui, sans l'autorité du magistrat, ou sans le consentement des parties, et depuis la délivrance des grosses ou premières expéditions, auront été tirées sur la minute de l'acte par le notaire qui l'a reçu, ou par l'un de ses successeurs, ou par officiers publics qui, en cette qualité, sont dépositaires des minutes, peuvent, en cas de perte de l'original, faire foi quand elles sont anciennes.

Elles sont considérées comme anciennes quand elles ont plus de trente ans ;

Si elles ont moins de trente ans, elles ne peuvent servir que de commencement de preuve par écrit.

3.° Lorsque les copies tirées sur la minute d'un acte ne l'auront pas été par le notaire qui l'a reçu, ou par l'un de ses successeurs, ou par officiers publics qui, en cette qualité, sont dépositaires des minutes, elles ne pourront servir, quelle que soit leur ancienneté, que de commencement de preuve par écrit.

4.° Les copies de copies pourront, suivant les circonstances, être considérées comme simples renseignemens.

1336.

1336.

La transcription d'un acte sur les registres publics ne pourra servir que de commencement de preuve par écrit ; et il faudra même pour cela,

1.° Qu'il soit constant que toutes les minutes du notaire, de l'année dans laquelle l'acte paraît avoir été fait, soient perdues, ou que l'on prouve que la perte de la minute de cet acte a été faite par un accident particulier ;

2.° Qu'il existe un répertoire en règle du notaire, qui constate que l'acte a été fait à la même date.

Lorsqu'au moyen du concours de ces deux circonstances la preuve par témoins sera admise, il sera nécessaire que ceux qui ont été témoins de l'acte, s'ils existent encore, soient entendus.

§. V.

Des actes récognitifs et confirmatifs.

1337.

Les actes récognitifs ne dispensent point de la représentation du titre primordial, à moins que sa teneur n'y soit spécialement relatée.

Ce qu'ils contiennent de plus que le titre primordial, ou ce qui s'y trouve de différent, n'a aucun effet.

Néanmoins, s'il y avait plusieurs reconnaissances conformes, soutenues de la possession, et dont l'une eût trente ans de date, le créancier pourrait être dispensé de représenter le titre primordial.

X x

1338.

L'acte de confirmation ou ratification d'une obligation contre laquelle la loi admet l'action en nullité ou en rescision, n'est valable que lorsqu'on y trouve la substance de cette obligation, la mention du motif de l'action en rescision, et l'intention de réparer le vice sur lequel cette action est fondée.

A défaut d'acte de confirmation ou ratification, il suffit que l'obligation soit exécutée volontairement après l'époque à laquelle l'obligation pouvait être valablement confirmée ou ratifiée.

La confirmation, ratification, ou exécution volontaire dans les formes et à l'époque déterminées par la loi, emporte la renonciation aux moyens et exceptions que l'on pouvait opposer contre cet acte, sans préjudice néanmoins du droit des tiers.

1339.

Le donateur ne peut réparer par aucun acte confirmatif les vices d'une donation entre-vifs ; nulle en la forme, il faut qu'elle soit refaite en la forme légale.

1340.

La confirmation ou ratification, ou exécution volontaire d'une donation par les héritiers ou ayant-cause du donateur, après son décès, emporte leur renonciation à opposer soit les vices de forme, soit toute autre exception.

SECTION II.

De la Preuve testimoniale.

1341.

Il doit être passé acte devant notaires ou sous signature privée, de toutes choses excédant la somme ou valeur de cent cinquante francs, même pour dépôts volontaires; et il n'est reçu aucune preuve par témoins contre et outre le contenu aux actes, ni sur ce qui serait allégué avoir été dit avant, lors ou depuis les actes, encore qu'il s'agisse d'une somme ou valeur moindre de cent cinquante francs;

Le tout sans préjudice de ce qui est prescrit dans les lois relatives au commerce.

1342.

La règle ci-dessus s'applique au cas où l'action contient, outre la demande du capital, une demande d'intérêts qui, réunis au capital, excèdent la somme de cent cinquante francs.

1343.

Celui qui a formé une demande excédant cent cinquante francs, ne peut plus être admis à la preuve testimoniale, même en restreignant sa demande primitive.

1344.

La preuve testimoniale, sur la demande d'une somme même moindre de cent cinquante francs, ne peut être admise lorsque cette somme est déclarée être le restant ou faire partie d'une créance plus forte qui n'est point prouvée par écrit.

1345.

Si dans la même instance une partie fait plusieurs demandes dont il n'y ait point de titre par écrit, et que, jointes ensemble, elles excèdent la somme de cent cinquante francs, la preuve par témoins n'en peut être admise, encore que la partie allègue que ces créances proviennent de différentes causes, et qu'elles se soient formées en différens temps, si ce n'était que ces droits procédassent, par succession, donation ou autrement, de personnes différentes.

1346.

Toutes les demandes, à quelque titre que ce soit, qui ne seront pas entièrement justifiées par écrit, seront formées par un même exploit, après lequel les autres demandes dont il n'y aura point de preuves par écrit ne seront pas reçues.

1347.

Les règles ci-dessus reçoivent exception lorsqu'il existe un commencement de preuve par écrit.

On appelle ainsi tout acte par écrit qui est émané de celui contre lequel la demande est formée, ou de celui qu'il représente, et qui rend vraisemblable le fait allégué.

1348.

Elles reçoivent encore exception toutes les fois qu'il n'a pas été possible au créancier de se procurer une preuve littérale de l'obligation qui a été contractée envers lui.

Cette seconde exception s'applique,

1.º Aux obligations qui naissent des quasi-contrats et des délits ou quasi-délits;

2.º Aux dépôts nécessaires faits en cas d'incendie, ruine, tumulte ou naufrage, et à ceux faits par les voyageurs en logeant dans une hôtellerie, le tout suivant la qualité des personnes et les circonstances du fait;

3.º Aux obligations contractées en cas d'accidens imprévus, où l'on ne pourrait pas avoir fait des actes par écrit;

4.º Au cas où le créancier a perdu le titre qui lui servait de preuve littérale, par suite d'un cas fortuit, imprévu et résultant d'une force majeure.

SECTION III.

Des Présomptions.

1349.

Les présomptions sont des conséquences que la loi ou le magistrat tire d'un fait connu à un fait inconnu.

§. I.er

Des présomptions établies par la loi.

1350.

La présomption légale est celle qui est attachée par une loi spéciale à certains actes ou à certains faits : tels sont,

1.º Les actes que la loi déclare nuls, comme présumés faits en fraude de ses dispositions, d'après leur seule qualité;

2.° Les cas dans lesquels la loi déclare la propriété ou la libération résulter de certaines circonstances déterminées;

3.° L'autorité que la loi attribue à la chose jugée;

4.° La force que la loi attache à l'aveu de la partie ou à son serment.

1351.

L'autorité de la chose jugée n'a lieu qu'à l'égard de ce qui a fait l'objet du jugement. Il faut que la chose demandée soit la même ; que la demande soit fondée sur la même cause ; que la demande soit entre les mêmes parties, et formée par elles et contre elles en la même qualité.

1352.

La présomption légale dispense de toute preuve celui au profit duquel elle existe.

Nulle preuve n'est admise contre la présomption de la loi, lorsque, sur le fondement de cette présomption, elle annulle certains actes ou dénie l'action en justice, à moins qu'elle n'ait réservé la preuve contraire, et sauf ce qui sera dit sur le serment et l'aveu judiciaires.

§. II.

Des présomptions qui ne sont point établies par la loi.

1353.

Les présomptions qui ne sont point établies par la loi, sont abandonnées aux lumières et à la prudence du magistrat, qui ne doit admettre que des présomptions graves, précises et concordantes, et dans les cas seulement où la loi admet les preuves testimoniales, à moins que l'acte ne soit attaqué pour cause de fraude ou de dol.

SECTION IV.

De l'Aveu de la Partie.

1354.

L'aveu qui est opposé à une partie, est ou extrajudiciaire ou judiciaire.

1355.

L'allégation d'un aveu extrajudiciaire purement verbal est inutile toutes les fois qu'il s'agit d'une demande dont la preuve testimoniale ne serait point admissible.

1356.

L'aveu judiciaire est la déclaration que fait en justice la partie ou son fondé de pouvoir spécial.

Il fait pleine foi contre celui qui l'a fait.

Il ne peut être divisé contre lui.

Il ne peut être révoqué, à moins qu'on ne prouve qu'il a été la suite d'une erreur de fait. Il ne pourrait être révoqué sous prétexte d'une erreur de droit.

SECTION V.

Du Serment.

1357.

Le serment judiciaire est de deux espèces:

1.° Celui qu'une partie défère à l'autre pour en faire dépendre le jugement de la cause : il est appelé *décisoire ;*

2.° Celui qui est déféré d'office par le juge à l'une ou à l'autre des parties.

§. I.er

Du serment décisoire.

1358.

Le serment décisoire peut être déféré sur quelque espèce de contestation que ce soit.

1359.

Il ne peut être déféré que sur un fait personnel à la partie à laquelle on le défère.

1360.

Il peut être déféré en tout état de cause, et encore qu'il n'existe aucun commencement de preuve de la demande ou de l'exception sur laquelle il est provoqué.

1361.

Celui auquel le serment est déféré, qui le refuse ou ne consent pas à le référer à son adversaire, ou l'adversaire à qui il a été référé et qui le refuse, doit succomber dans sa demande ou dans son exception.

1362.

Le serment ne peut être référé quand le fait qui en est l'objet n'est point celui des deux parties, mais est purement personnel à celui auquel le serment avait été déféré.

1363.

1363.

Lorsque le serment déféré ou référé a été fait, l'adversaire n'est point recevable à en prouver la fausseté.

1364.

La partie qui a déféré ou référé le serment, ne peut plus se rétracter lorsque l'adversaire a déclaré qu'il est prêt à faire ce serment.

1365.

Le serment fait ne forme preuve qu'au profit de celui qui l'a déféré ou contre lui, et au profit de ses héritiers et ayant-cause ou contre eux.

Néanmoins le serment déféré par l'un des créanciers solidaires au débiteur ne libère celui-ci que pour la part de ce créancier ;

Le serment déféré au débiteur principal libère également les cautions ;

Celui déféré à l'un des débiteurs solidaires profite aux codébiteurs ;

Et celui déféré à la caution profite au débiteur principal.

Dans ces deux derniers cas, le serment du codébiteur solidaire ou de la caution ne profite aux autres codébiteurs ou au débiteur principal que lorsqu'il a été déféré sur la dette, et non sur le fait de la solidarité ou du cautionnement.

Y y

§. II.

Du serment déféré d'office.

1366.

Le juge peut déférer à l'une des parties le serment, ou pour en faire dépendre la décision de la cause, ou seulement pour déterminer le montant de la condamnation.

1367.

Le juge ne peut déférer d'office le serment, soit sur la demande, soit sur l'exception qui y est opposée, que sous les deux conditions suivantes : il faut,

1.º Que la demande ou l'exception ne soit pas pleinement justifiée ;

2.º Qu'elle ne soit pas totalement dénuée de preuves.

Hors ces deux cas, le juge doit ou adjuger ou rejeter purement et simplement la demande.

1368.

Le serment déféré d'office par le juge à l'une des parties, ne peut être par elle référé à l'autre.

1369.

Le serment sur la valeur de la chose demandée, ne peut être déféré par le juge au demandeur que lorsqu'il est d'ailleurs impossible de constater autrement cette valeur.

Le juge doit même, en ce cas, déterminer la somme jusqu'à concurrence de laquelle le demandeur en sera cru sur son serment.

TITRE IV.

DES ENGAGEMENS QUI SE FORMENT SANS CONVENTION.

Décrété le 9 Févr. 1804.
Promulgué le 19 même mois.

1370.

CERTAINS engagemens se forment sans qu'il intervienne aucune convention, ni de la part de celui qui s'oblige, ni de la part de celui envers lequel il est obligé.

Les uns résultent de l'autorité seule de la loi; les autres naissent d'un fait personnel à celui qui se trouve obligé.

Les premiers sont les engagemens formés involontairement, tels que ceux entre propriétaires voisins, ou ceux des tuteurs et des autres administrateurs qui ne peuvent refuser la fonction qui leur est déférée.

Les engagemens qui naissent d'un fait personnel à celui qui se trouve obligé, résultent ou des quasi-contrats, ou des délits ou quasi-délits; ils font la matière du présent titre.

CHAPITRE PREMIER.

DES QUASI-CONTRATS.

1371.

Les quasi-contrats sont les faits purement volontaires de l'homme, dont il résulte un engagement quelconque envers un tiers, et quelquefois un engagement réciproque des deux parties.

Y y 2

1372.

Lorsque volontairement on gère l'affaire d'autrui, soit que le propriétaire connaisse la gestion, soit qu'il l'ignore, celui qui gère contracte l'engagement tacite de continuer la gestion qu'il a commencée, et de l'achever jusqu'à ce que le propriétaire soit en état d'y pourvoir lui-même; il doit se charger également de toutes les dépendances de cette même affaire.

Il se soumet à toutes les obligations qui résulteraient d'un mandat exprès que lui aurait donné le propriétaire.

1373.

Il est obligé de continuer sa gestion, encore que le maître vienne à mourir avant que l'affaire soit consommée, jusqu'à ce que l'héritier ait pu en prendre la direction.

1374.

Il est tenu d'apporter à la gestion de l'affaire tous les soins d'un bon père de famille.

Néanmoins les circonstances qui l'ont conduit à se charger de l'affaire, peuvent autoriser le juge à modérer les dommages et intérêts qui résulteraient des fautes ou de la négligence du gérent.

1375.

Le maître dont l'affaire a été bien administrée, doit remplir les engagemens que le gérent a contractés en son nom; l'indemniser de tous les engagemens personnels qu'il a pris, et lui rembourser toutes les dépenses utiles ou nécessaires qu'il a faites.

1376.

Celui qui reçoit par erreur ou sciemment ce qui ne lui est pas dû, s'oblige à le restituer à celui de qui il l'a indûment reçu.

1377.

Lorsqu'une personne qui, par erreur, se croyait débitrice, a acquitté une dette, elle a le droit de répétition contre le créancier.

Néanmoins ce droit cesse dans le cas où le créancier a supprimé son titre par suite du paiement, sauf le recours de celui qui a payé contre le véritable débiteur.

1378.

S'il y a eu mauvaise foi de la part de celui qui a reçu, il est tenu de restituer, tant le capital que les intérêts ou les fruits, du jour du paiement.

1379.

Si la chose indûment reçue est un immeuble ou un meuble corporel, celui qui l'a reçue s'oblige à la restituer en nature, si elle existe, ou sa valeur, si elle est périe ou détériorée par sa faute; il est même garant de sa perte par cas fortuit, s'il l'a reçue de mauvaise foi.

1380.

Si celui qui a reçu de bonne foi, a vendu la chose, il ne doit restituer que le prix de la vente.

1381.

Celui auquel la chose est restituée, doit tenir compte, même au possesseur de mauvaise foi, de toutes les dépenses nécessaires et utiles qui ont été faites pour la conservation de la chose.

CHAPITRE II.

DES DÉLITS ET DES QUASI-DÉLITS.

1382.

Tout fait quelconque de l'homme, qui cause à autrui un dommage, oblige celui par la faute duquel il est arrivé, à le réparer.

1383.

Chacun est responsable du dommage qu'il a causé non-seulement par son fait, mais encore par sa négligence ou par son imprudence.

1384.

On est responsable non-seulement du dommage que l'on cause par son propre fait, mais encore de celui qui est causé par le fait des personnes dont on doit répondre, ou des choses que l'on a sous sa garde.

Le père, et la mère après le décès du mari, sont responsables du dommage causé par leurs enfans mineurs habitant avec eux;

Les maîtres et les commettans, du dommage causé par leurs domestiques et préposés dans les fonctions auxquelles ils les ont employés;

Les instituteurs et les artisans, du dommage causé par leurs élèves et apprentis pendant le temps qu'ils sont sous leur surveillance.

La responsabilité ci-dessus a lieu, à moins que les père et mère, instituteurs et artisans, ne prouvent qu'ils n'ont pu empêcher le fait qui donne lieu à cette responsabilité.

1385.

Le propriétaire d'un animal, ou celui qui s'en sert, pendant qu'il est à son usage, est responsable du dommage que l'animal a causé, soit que l'animal fût sous sa garde, soit qu'il fût égaré ou échappé.

1386.

Le propriétaire d'un bâtiment est responsable du dommage causé par sa ruine, lorsqu'elle est arrivée par une suite du défaut d'entretien ou par le vice de sa construction.

TITRE V.

DU CONTRAT DE MARIAGE ET DES DROITS RESPECTIFS DES ÉPOUX.

Décrété le 10 Févr 1804.
Promulgué le 20 même mois.

CHAPITRE I.er

DISPOSITIONS GÉNÉRALES.

1387.

Lᴀ loi ne régit l'association conjugale, quant aux biens,

qu'à défaut de conventions spéciales, que les époux peuvent faire comme ils le jugent à propos, pourvu qu'elles ne soient pas contraires aux bonnes mœurs, et, en outre, sous les modifications qui suivent.

1388.

Les époux ne peuvent déroger ni aux droits résultant de la puissance maritale sur la personne de la femme et des enfans, ou qui appartiennent au mari comme chef, ni aux droits conférés au survivant des époux par le titre *de la Puissance paternelle* et par le titre *de la Minorité, de la Tutelle et de l'Émancipation*, ni aux dispositions prohibitives du présent Code.

1389.

Ils ne peuvent faire aucune convention ou renonciation dont l'objet serait de changer l'ordre légal des successions, soit par rapport à eux-mêmes dans la succession de leurs enfans ou descendans, soit par rapport à leurs enfans entre eux; sans préjudice des donations entre-vifs ou testamentaires qui pourront avoir lieu selon les formes et dans les cas déterminés par le présent Code.

1390.

Les époux ne peuvent plus stipuler d'une manière générale que leur association sera réglée par l'une des coutumes, lois ou statuts locaux qui régissaient ci-devant les diverses parties du territoire français, et qui sont abrogés par le présent Code.

1391.

1391.

Ils peuvent cependant déclarer, d'une manière générale, qu'ils entendent se marier ou sous le régime de la communauté, ou sous le régime dotal.

Au premier cas, et sous le régime de la communauté, les droits des époux et de leurs héritiers seront réglés par les dispositions du chapitre II du présent titre.

Au deuxième cas, et sous le régime dotal, leurs droits seront réglés par les dispositions du chapitre III.

1392.

La simple stipulation que la femme se constitue ou qu'il lui est constitué des biens en dot, ne suffit pas pour soumettre ces biens au régime dotal, s'il n'y a dans le contrat de mariage une déclaration expresse à cet égard.

La soumission au régime dotal ne résulte pas non plus de la simple déclaration faite par les époux, qu'ils se marient sans communauté, ou qu'ils seront séparés de biens.

1393.

A défaut de stipulations spéciales qui dérogent au régime de la communauté ou le modifient, les règles établies dans la première partie du chapitre II formeront le droit commun de la France.

1394.

Toutes conventions matrimoniales seront rédigées, avant le mariage, par acte devant notaire.

Z z

1395.

Elles ne peuvent recevoir aucun changement après la célébration du mariage.

1396.

Les changemens qui y seraient faits avant cette célébration, doivent être constatés par acte passé dans la même forme que le contrat de mariage.

Nul changement ou contre-lettre n'est, au surplus, valable sans la présence et le consentement simultané de toutes les personnes qui ont été parties dans le contrat de mariage.

1397.

Tous changemens et contre-lettres, même revêtus des formes prescrites par l'article précédent, seront sans effet à l'égard des tiers, s'ils n'ont été rédigés à la suite de la minute du contrat de mariage; et le notaire ne pourra, à peine des dommages et intérêts des parties, et sous plus grande peine s'il y a lieu, délivrer ni grosses ni expéditions du contrat de mariage sans transcrire à la suite le changement ou la contre-lettre.

1398.

Le mineur habile à contracter mariage est habile à consentir toutes les conventions dont ce contrat est susceptible; et les conventions et donations qu'il y a faites, sont valables, pourvu qu'il ait été assisté, dans le contrat, des personnes dont le consentement est nécessaire pour la validité du mariage.

CHAPITRE II.

DU RÉGIME EN COMMUNAUTÉ.

1399.

La communauté, soit légale, soit conventionnelle, commence du jour du mariage contracté devant l'officier de l'état civil : on ne peut stipuler qu'elle commencera à une autre époque.

I.re PARTIE.

DE LA COMMUNAUTÉ LÉGALE.

1400.

La communauté qui s'établit par la simple déclaration qu'on se marie sous le régime de la communauté, ou à défaut de contrat, est soumise aux règles expliquées dans les six sections qui suivent.

SECTION I.re

De ce qui compose la Communauté activement et passivement.

§. I.er

De l'actif de la communauté.

1401.

La communauté se compose activement;

1.º De tout le mobilier que les époux possédaient au jour de la célébration du mariage, ensemble de tout le mobilier qui leur échoit pendant le mariage à titre de succession ou même de donation, si le donateur n'a exprimé le contraire;

2.° De tous les fruits, revenus, intérêts et arrérages, de quelque nature qu'ils soient, échus ou perçus pendant le mariage, et provenant des biens qui appartenaient aux époux lors de sa célébration, ou de ceux qui leur sont échus pendant le mariage, à quelque titre que ce soit;

3.° De tous les immeubles qui sont acquis pendant le mariage.

1402.

Tout immeuble est réputé acquêt de communauté, s'il n'est prouvé que l'un des époux en avait la propriété ou possession légale antérieurement au mariage, ou qu'il lui est échu depuis à titre de succession ou donation.

1403.

Les coupes de bois et les produits des carrières et mines tombent dans la communauté pour tout ce qui en est considéré comme usufruit, d'après les règles expliquées au titre *de l'Usufruit, de l'Usage et de l'Habitation.*

Si les coupes de bois qui, en suivant ces règles, pouvaient être faites durant la communauté, ne l'ont point été, il en sera dû récompense à l'époux non propriétaire du fonds ou à ses héritiers.

Si les carrières et mines ont été ouvertes pendant le mariage, les produits n'en tombent dans la communauté que sauf récompense ou indemnité à celui des époux à qui elle pourra être due.

1404.

Les immeubles que les époux possèdent au jour de la célébration du mariage, ou qui leur échoient pendant son cours à titre de succession, n'entrent point en communauté.

Néanmoins, si l'un des époux avait acquis un immeuble depuis le contrat de mariage, contenant stipulation de communauté, et avant la célébration du mariage, l'immeuble acquis dans cet intervalle entrera dans la communauté, à moins que l'acquisition n'ait été faite en exécution de quelque clause du mariage, auquel cas elle serait réglée suivant la convention.

1405.

Les donations d'immeubles qui ne sont faites pendant le mariage qu'à l'un des deux époux, ne tombent point en communauté, et appartiennent au donataire seul, à moins que la donation ne contienne expressément que la chose donnée appartiendra à la communauté.

1406.

L'immeuble abandonné ou cédé par père, mère ou autre ascendant, à l'un des deux époux, soit pour le remplir de ce qu'il lui doit, soit à la charge de payer les dettes du donateur à des étrangers, n'entre point en communauté; sauf récompense ou indemnité.

1407.

L'immeuble acquis pendant le mariage à titre d'échange contre l'immeuble appartenant à l'un des deux époux, n'entre point en communauté, et est subrogé au lieu et place de celui qui a été aliéné ; sauf la récompense s'il y a soulte.

1408.

L'acquisition faite pendant le mariage, à titre de licitation ou autrement, de portion d'un immeuble dont l'un des époux était propriétaire par indivis, ne forme point un conquêt; sauf à indemniser la communauté de la somme qu'elle a fournie pour cette acquisition.

Dans le cas où le mari deviendrait seul, et en son nom personnel, acquéreur ou adjudicataire de portion ou de la totalité d'un immeuble appartenant par indivis à la femme, celle-ci, lors de la dissolution de la communauté, a le choix ou d'abandonner l'effet à la communauté, laquelle devient alors débitrice envers la femme de la portion appartenant à celle-ci dans le prix, ou de retirer l'immeuble, en remboursant à la communauté le prix de l'acquisition.

§. II.

Du passif de la communauté, et des actions qui en résultent contre la communauté.

1409.

La communauté se compose passivement,

1.° De toutes les dettes mobilières dont les époux étaient

grevés au jour de la célébration de leur mariage, ou dont se trouvent chargées les successions qui leur échoient durant le mariage, sauf la récompense pour celles relatives aux immeubles propres à l'un ou à l'autre des époux;

2.° Des dettes, tant en capitaux qu'arrérages ou intérêts, contractées par le mari pendant la communauté, ou par la femme du consentement du mari, sauf la récompense dans les cas où elle a lieu;

3.° Des arrérages et intérêts seulement des rentes ou dettes passives qui sont personnelles aux deux époux;

4.° Des réparations usufructuaires des immeubles qui n'entrent point en communauté;

5.° Des alimens des époux, de l'éducation et entretien des enfans, et de toute autre charge du mariage.

1410.

La communauté n'est tenue des dettes mobilières contractées avant le mariage par la femme, qu'autant qu'elles résultent d'un acte authentique antérieur au mariage, ou ayant reçu avant la même époque une date certaine, soit par l'enregistrement, soit par le décès d'un ou de plusieurs signataires dudit acte.

Le créancier de la femme, en vertu d'un acte n'ayant pas de date certaine avant le mariage, ne peut en poursuivre contre elle le paiement que sur la nue propriété de ses immeubles personnels.

Le mari qui prétendrait avoir payé pour sa femme une dette de cette nature, n'en peut demander la récompense ni à sa femme ni à ses héritiers.

1411.

Les dettes des successions purement mobilières qui sont échues aux époux pendant le mariage, sont pour le tout à la charge de la communauté.

1412.

Les dettes d'une succession purement immobilière qui échoit à l'un des époux pendant le mariage, ne sont point à la charge de la communauté; sauf le droit qu'ont les créanciers de poursuivre leur paiement sur les immeubles de ladite succession.

Néanmoins, si la succession est échue au mari, les créanciers de la succession peuvent poursuivre leur paiement, soit sur tous les biens propres au mari, soit même sur ceux de la communauté; sauf, dans ce second cas, la récompense due à la femme ou à ses héritiers.

1413.

Si la succession purement immobilière est échue à la femme, et que celle-ci l'ait acceptée du consentement de son mari, les créanciers de la succession peuvent poursuivre leur paiement sur tous les biens personnels de la femme : mais, si la succession n'a été acceptée par la femme que comme autorisée en justice au refus du mari, les créanciers, en cas d'insuffisance des immeubles de la succession, ne peuvent se pourvoir que sur la nue propriété des autres biens personnels de la femme.

1414.

Lorsque la succession échue à l'un des époux est en
partie

partie mobilière et en partie immobilière, les dettes dont elle est grevée ne sont à la charge de la communauté que jusqu'à concurrence de la portion contributoire du mobilier dans les dettes, eu égard à la valeur de ce mobilier comparée à celle des immeubles.

Cette portion contributoire se règle d'après l'inventaire auquel le mari doit faire procéder, soit de son chef, si la succession le concerne personnellement, soit comme dirigeant et autorisant les actions de sa femme, s'il s'agit d'une succession à elle échue.

1415.

A défaut d'inventaire, et dans tous les cas où ce défaut préjudicie à la femme, elle ou ses héritiers peuvent, lors de la dissolution de la communauté, poursuivre les récompenses de droit, et même faire preuve tant par titres et papiers domestiques que par témoins, et au besoin par la commune renommée, de la consistance et valeur du mobilier non inventorié.

Le mari n'est jamais recevable à faire cette preuve.

1416.

Les dispositions de l'article 1414 ne font point obstacle à ce que les créanciers d'une succession en partie mobilière et en partie immobilière poursuivent leur paiement sur les biens de la communauté, soit que la succession soit échue au mari, soit qu'elle soit échue à la femme lorsque celle-ci l'a acceptée du consentement de son mari; le tout sauf les récompenses respectives.

A a a

Il en est de même si la succession n'a été acceptée par la femme que comme autorisée en justice, et que néanmoins le mobilier en ait été confondu dans celui de la communauté sans un inventaire préalable.

1417.

Si la succession n'a été acceptée par la femme que comme autorisée en justice au refus du mari, et s'il y a eu inventaire, les créanciers ne peuvent poursuivre leur paiement que sur les biens tant mobiliers qu'immobiliers de ladite succession, et, en cas d'insuffisance, sur la nue propriété des autres biens personnels de la femme.

1418.

Les règles établies par les articles 1411 et suivans régissent les dettes dépendantes d'une donation, comme celles résultant d'une succession.

1419.

Les créanciers peuvent poursuivre le paiement des dettes que la femme a contractées avec le consentement du mari, tant sur tous les biens de la communauté, que sur ceux du mari ou de la femme ; sauf la récompense due à la communauté, ou l'indemnité due au mari.

1420.

Toute dette qui n'est contractée par la femme qu'en vertu de la procuration générale ou spéciale du mari, est à la charge de la communauté ; et le créancier n'en peut poursuivre le paiement ni contre la femme ni sur ses biens personnels.

SECTION II.

De l'Administration de la Communauté, et de l'effet des Actes de l'un ou de l'autre époux relativement à la Société conjugale.

1421.

Le mari administre seul les biens de la communauté.

Il peut les vendre, aliéner et hypothéquer sans le concours de la femme.

1422.

Il ne peut disposer entre-vifs à titre gratuit des immeubles de la communauté, ni de l'universalité ou d'une quotité du mobilier, si ce n'est pour l'établissement des enfans communs.

Il peut néanmoins disposer des effets mobiliers à titre gratuit et particulier, au profit de toutes personnes, pourvu qu'il ne s'en réserve pas l'usufruit.

1423.

La donation testamentaire faite par le mari ne peut excéder sa part dans la communauté.

S'il a donné en cette forme un effet de la communauté, le donataire ne peut le réclamer en nature, qu'autant que l'effet, par l'événement du partage, tombe au lot des héritiers du mari : si l'effet ne tombe point au lot de ces héritiers, le légataire a la récompense de la valeur totale de l'effet donné, sur la part des héritiers du mari dans la communauté et sur les biens personnels de ce dernier.

1424.

Les amendes encourues par le mari pour crime n'emportant pas mort civile, peuvent se poursuivre sur les biens de la communauté, sauf la récompense due à la femme; celles encourues par la femme ne peuvent s'exécuter que sur la nue propriété de ses biens personnels, tant que dure la communauté.

1425.

Les condamnations prononcées contre l'un des deux époux pour crime emportant mort civile, ne frappent que sa part de la communauté et ses biens personnels.

1426.

Les actes faits par la femme sans le consentement du mari, et même avec l'autorisation de la justice, n'engagent point les biens de la communauté, si ce n'est lorsqu'elle contracte comme marchande publique et pour le fait de son commerce.

1427.

La femme ne peut s'obliger ni engager les biens de la communauté, même pour tirer son mari de prison, ou pour l'établissement de ses enfans en cas d'absence du mari, qu'après y avoir été autorisée par justice.

1428.

Le mari a l'administration de tous les biens personnels de la femme.

Il peut exercer seul toutes les actions mobilières et possessoires qui appartiennent à la femme.

Il ne peut aliéner les immeubles personnels de sa femme sans son consentement.

Il est responsable de tout dépérissement des biens personnels de sa femme, causé par défaut d'actes conservatoires.

1429.

Les baux que le mari seul a faits des biens de sa femme pour un temps qui excède neuf ans, ne sont, en cas de dissolution de la communauté, obligatoires vis-à-vis de la femme ou de ses héritiers que pour le temps qui reste à courir soit de la première période de neuf ans, si les parties s'y trouvent encore, soit de la seconde, et ainsi de suite, de manière que le fermier n'ait que le droit d'achever la jouissance de la période de neuf ans où il se trouve.

1430.

Les baux de neuf ans ou au-dessous que le mari seul a passés ou renouvelés des biens de sa femme, plus de trois ans avant l'expiration du bail courant s'il s'agit de biens ruraux, et plus de deux ans avant la même époque s'il s'agit de maisons, sont sans effet, à moins que leur exécution n'ait commencé avant la dissolution de la communauté.

1431.

La femme qui s'oblige solidairement avec son mari pour les affaires de la communauté ou du mari, n'est réputée, à l'égard de celui-ci, s'être obligée que comme caution; elle doit être indemnisée de l'obligation qu'elle a contractée.

1432.

Le mari qui garantit solidairement ou autrement la vente que sa femme a faite d'un immeuble personnel, a pareillement un recours contre elle, soit sur sa part dans la communauté, soit sur ses biens personnels, s'il est inquiété.

1433.

S'il est vendu un immeuble appartenant à l'un des époux, de même que si l'on s'est rédimé en argent de services fonciers dus à des héritages propres à l'un d'eux, et que le prix en ait été versé dans la communauté, le tout sans remploi, il y a lieu au prélèvement de ce prix sur la communauté, au profit de l'époux qui était propriétaire, soit de l'immeuble vendu, soit des services rachetés.

1434.

Le remploi est censé fait à l'égard du mari, toutes les fois que, lors d'une acquisition, il a déclaré qu'elle était faite des deniers provenus de l'aliénation de l'immeuble qui lui était personnel, et pour lui tenir lieu de remploi.

1435.

La déclaration du mari que l'acquisition est faite des deniers provenus de l'immeuble vendu par la femme et pour lui servir de remploi, ne suffit point, si ce remploi n'a été formellement accepté par la femme : si elle ne l'a pas accepté, elle a simplement droit, lors de la dissolution

de la communauté, à la récompense du prix de son immeuble vendu.

1436.

La récompense du prix de l'immeuble appartenant au
mari ne s'exerce que sur la masse de la communauté; celle
du prix de l'immeuble appartenant à la femme s'exerce sur
les biens personnels du mari, en cas d'insuffisance des biens
de la communauté. Dans tous les cas, la récompense n'a
lieu que sur le pied de la vente, quelque allégation qui soit
faite touchant la valeur de l'immeuble aliéné.

1437.

Toutes les fois qu'il est pris sur la communauté une
somme soit pour acquitter les dettes ou charges personnelles
à l'un des époux, telles que le prix ou partie du prix d'un
immeuble à lui propre ou le rachat de services fonciers,
soit pour le recouvrement, la conservation ou l'amélioration de ses biens personnels, et généralement toutes les
fois que l'un des deux époux a tiré un profit personnel des
biens de la communauté, il en doit la récompense.

1438.

Si le père et la mère ont doté conjointement l'enfant
commun, sans exprimer la portion pour laquelle ils enten-
daient y contribuer, ils sont censés avoir doté chacun pour
moitié, soit que la dot ait été fournie ou promise en effets
de la communauté, soit qu'elle l'ait été en biens personnels
à l'un des deux époux.

Au second cas, l'époux dont l'immeuble ou l'effet

personnel a été constitué en dot, a, sur les biens de l'autre, une action en indemnité pour la moitié de ladite dot, eu égard à la valeur de l'effet donné, au temps de la donation.

1439.

La dot constituée par le mari seul à l'enfant commun, en effets de la communauté, est à la charge de la communauté; et dans le cas où la communauté est acceptée par la femme, celle-ci doit supporter la moitié de la dot, à moins que le mari n'ait déclaré expressément qu'il s'en chargeait pour le tout, ou pour une portion plus forte que la moitié.

1440.

La garantie de la dot est due par toute personne qui l'a constituée; et ses intérêts courent du jour du mariage, encore qu'il y ait terme pour le paiement, s'il n'y a stipulation contraire.

SECTION III.

De la Dissolution de la Communauté, et de quelques-unes de ses suites.

1441.

La communauté se dissout, 1.° par la mort naturelle; 2.° par la mort civile; 3.° par le divorce; 4.° par la séparation de corps; 5.° par la séparation de biens.

1442.

Le défaut d'inventaire après la mort naturelle ou civile de l'un des époux, ne donne pas lieu à la continuation de
la

la communauté; sauf les poursuites des parties intéressées, relativement à la consistance des biens et effets communs, dont la preuve pourra être faite tant par titre que par la commune renommée.

S'il y a des enfans mineurs, le défaut d'inventaire fait perdre en outre à l'époux survivant la jouissance de leurs revenus; et le subrogé tuteur qui ne l'a point obligé à faire inventaire, est solidairement tenu avec lui de toutes les condamnations qui peuvent être prononcées au profit des mineurs.

1443.

La séparation de biens ne peut être poursuivie qu'en justice par la femme dont la dot est mise en péril, et lorsque le désordre des affaires du mari donne lieu de craindre que les biens de celui-ci ne soient point suffisans pour remplir les droits et reprises de la femme.

Toute séparation volontaire est nulle.

1444.

La séparation de biens, quoique prononcée en justice, est nulle si elle n'a point été exécutée par le paiement réel des droits et reprises de la femme, effectué par acte authentique, jusqu'à concurrence des biens du mari, ou au moins par des poursuites commencées dans la quinzaine qui a suivi le jugement, et non interrompues depuis.

1445.

Toute séparation de biens doit, avant son exécution, être rendue publique par l'affiche sur un tableau à ce

B b b

destiné, dans la principale salle du tribunal de première instance, et de plus, si le mari est marchand, banquier ou commerçant, dans celle du tribunal de commerce du lieu de son domicile; et ce, à peine de nullité de l'exécution.

Le jugement qui prononce la séparation de biens, remonte, quant à ses effets, au jour de la demande.

1446.

Les créanciers personnels de la femme ne peuvent, sans son consentement, demander la séparation de biens.

Néanmoins, en cas de faillite ou de déconfiture du mari, ils peuvent exercer les droits de leur débitrice jusqu'à concurrence du montant de leurs créances.

1447.

Les créanciers du mari peuvent se pourvoir contre la séparation de biens prononcée et même exécutée en fraude de leurs droits; ils peuvent même intervenir dans l'instance sur la demande en séparation pour la contester.

1448.

La femme qui a obtenu la séparation de biens, doit contribuer, proportionnellement à ses facultés et à celles du mari, tant aux frais du ménage qu'à ceux d'éducation des enfans communs.

Elle doit supporter entièrement ces frais, s'il ne reste rien au mari.

1449.

La femme séparée soit de corps et de biens, soit de biens seulement, en reprend la libre administration.

Elle peut disposer de son mobilier, et l'aliéner.

Elle ne peut aliéner ses immeubles sans le consentement du mari, ou sans être autorisée en justice à son refus.

1450.

Le mari n'est point garant du défaut d'emploi ou de remploi du prix de l'immeuble que la femme séparée a aliéné sous l'autorisation de la justice, à moins qu'il n'ait concouru au contrat, ou qu'il ne soit prouvé que les deniers ont été reçus par lui, ou ont tourné à son profit.

Il est garant du défaut d'emploi ou de remploi, si la vente a été faite en sa présence et de son consentement : il ne l'est point de l'utilité de cet emploi.

1451.

La communauté dissoute par la séparation soit de corps et de biens, soit de biens seulement, peut être rétablie du consentement des deux parties.

Elle ne peut l'être que par un acte passé devant notaires et avec minute, dont une expédition doit être affichée dans la forme de l'article 1445.

En ce cas, la communauté rétablie reprend son effet du jour du mariage ; les choses sont remises au même état que s'il n'y avait point eu de séparation, sans préjudice néanmoins de l'exécution des actes qui, dans cet intervalle, ont pu être faits par la femme en conformité de l'article 1449.

Toute convention par laquelle les époux rétabliraient

leur communauté sous des conditions différentes de celles qui la réglaient antérieurement, est nulle.

1452.

La dissolution de communauté opérée par le divorce ou par la séparation soit de corps et de biens, soit de biens seulement, ne donne pas ouverture aux droits de survie de la femme ; mais celle-ci conserve la faculté de les exercer lors de la mort naturelle ou civile de son mari.

SECTION IV.

De l'Acceptation de la Communauté, et de la Renonciation qui peut y être faite, avec les conditions qui y sont relatives.

1453.

Après la dissolution de la communauté, la femme ou ses héritiers et ayant-cause ont la faculté de l'accepter ou d'y renoncer : toute convention contraire est nulle.

1454.

La femme qui s'est immiscée dans les biens de la communauté, ne peut y renoncer.

Les actes purement administratifs ou conservatoires n'emportent point immixtion.

1455.

La femme majeure qui a pris dans un acte la qualité de commune, ne peut plus y renoncer ni se faire restituer contre cette qualité, quand même elle l'aurait prise avant d'avoir fait inventaire, s'il n'y a eu dol de la part des héritiers du mari.

1456.

La femme survivante qui veut conserver la faculté de renoncer à la communauté, doit, dans les trois mois du jour du décès du mari, faire faire un inventaire fidèle et exact de tous les biens de la communauté, contradictoirement avec les héritiers du mari, ou eux dûment appelés.

Cet inventaire doit être par elle affirmé sincère et véritable, lors de sa clôture, devant l'officier public qui l'a reçu.

1457.

Dans les trois mois et quarante jours après le décès du mari, elle doit faire sa renonciation au greffe du tribunal de première instance dans l'arrondissement duquel le mari avait son domicile; cet acte doit être inscrit sur le registre établi pour recevoir les renonciations à succession.

1458.

La veuve peut, suivant les circonstances, demander au tribunal de première instance une prorogation du délai prescrit par l'article précédent pour sa renonciation; cette prorogation est, s'il y a lieu, prononcée contradictoirement avec les héritiers du mari, ou eux dûment appelés.

1459.

La veuve qui n'a point fait sa renonciation dans le délai ci-dessus prescrit, n'est pas déchue de la faculté de renoncer si elle ne s'est point immiscée et qu'elle ait fait inventaire;

elle peut seulement être poursuivie comme commune jusqu'à ce qu'elle ait renoncé, et elle doit les frais faits contre elle jusqu'à sa renonciation.

Elle peut également être poursuivie après l'expiration des quarante jours depuis la clôture de l'inventaire, s'il a été clos avant les trois mois.

1460.

La veuve qui a diverti ou recélé quelques effets de la communauté, est déclarée commune, nonobstant sa renonciation; il en est de même à l'égard de ses héritiers.

1461.

Si la veuve meurt avant l'expiration des trois mois sans avoir fait ou terminé l'inventaire, les héritiers auront, pour faire ou pour terminer l'inventaire, un nouveau délai de trois mois, à compter du décès de la veuve, et de quarante jours pour délibérer, après la clôture de l'inventaire.

Si la veuve meurt ayant terminé l'inventaire, ses héritiers auront, pour délibérer, un nouveau délai de quarante jours à compter de son décès.

Ils peuvent, au surplus, renoncer à la communauté dans les formes établies ci-dessus; et les articles 1458 et 1459 leur sont applicables.

1462.

Les dispositions des articles 1456 et suivans sont applicables aux femmes des individus morts civilement, à partir du moment où la mort civile a commencé.

1463.

La femme divorcée ou séparée de corps, qui n'a point, dans les trois mois et quarante jours après le divorce ou la séparation définitivement prononcés, accepté la communauté, est censée y avoir renoncé, à moins qu'étant encore dans le délai, elle n'en ait obtenu la prorogation en justice, contradictoirement avec le mari, ou lui dûment appelé.

1464.

Les créanciers de la femme peuvent attaquer la renonciation qui aurait été faite par elle ou par ses héritiers en fraude de leurs créances, et accepter la communauté de leur chef.

1465.

La veuve, soit qu'elle accepte, soit qu'elle renonce, a droit, pendant les trois mois et quarante jours qui lui sont accordés pour faire inventaire et délibérer, de prendre sa nourriture et celle de ses domestiques sur les provisions existantes, et, à défaut, par emprunt au compte de la masse commune, à la charge d'en user modérément.

Elle ne doit aucun loyer à raison de l'habitation qu'elle a pu faire, pendant ces délais, dans une maison dépendante de la communauté ou appartenant aux héritiers du mari; et si la maison qu'habitaient les époux à l'époque de la dissolution de la communauté, était tenue par eux à titre de loyer, la femme ne contribuera point, pendant les mêmes délais, au paiement dudit loyer, lequel sera pris sur la masse.

1466.

Dans le cas de dissolution de la communauté par la mort de la femme, ses héritiers peuvent renoncer à la communauté dans les délais et dans les formes que la loi prescrit à la femme survivante.

SECTION V.

Du Partage de la Communauté après l'acceptation.

1467.

Après l'acceptation de la communauté par la femme ou ses héritiers, l'actif se partage, et le passif est supporté de la manière ci-après déterminée.

§. I.er

Du partage de l'actif.

1468.

Les époux ou leurs héritiers rapportent à la masse des biens existans, tout ce dont ils sont débiteurs envers la communauté à titre de récompense ou d'indemnité, d'après les règles ci-dessus prescrites, à la section II de la I.re partie du présent chapitre.

1469.

Chaque époux ou son héritier rapporte également les sommes qui ont été tirées de la communauté, ou la valeur des biens que l'époux y a pris pour doter un enfant d'un autre lit, ou pour doter personnellement l'enfant commun.

1470.

1470.

Sur la masse des biens, chaque époux ou son héritier prélève,

1.° Ses biens personnels qui ne sont point entrés en communauté, s'ils existent en nature, ou ceux qui ont été acquis en remploi;

2.° Le prix de ses immeubles qui ont été aliénés pendant la communauté, et dont il n'a point été fait remploi;

3.° Les indemnités qui lui sont dues par la communauté.

1471.

Les prélèvemens de la femme s'exercent avant ceux du mari.

Ils s'exercent pour les biens qui n'existent plus en nature, d'abord sur l'argent comptant, ensuite sur le mobilier, et subsidiairement sur les immeubles de la communauté: dans ce dernier cas, le choix des immeubles est déféré à la femme et à ses héritiers.

1472.

Le mari ne peut exercer ses reprises que sur les biens de la communauté.

La femme et ses héritiers, en cas d'insuffisance de la communauté, exercent leurs reprises sur les biens personnels du mari.

1473.

Les remplois et récompenses dus par la communauté aux époux, et les récompenses et indemnités par eux dues à la communauté, emportent les intérêts de plein droit du jour de la dissolution de la communauté.

1474.

Après que tous les prélèvemens des deux époux ont été exécutés sur la masse, le surplus se partage par moitié entre les époux ou ceux qui les représentent.

1475.

Si les héritiers de la femme sont divisés, en sorte que l'un ait accepté la communauté à laquelle l'autre a renoncé, celui qui a accepté ne peut prendre que sa portion virile et héréditaire dans les biens qui échoient au lot de la femme.

Le surplus reste au mari, qui demeure chargé, envers l'héritier renonçant, des droits que la femme aurait pu exercer en cas de renonciation, mais jusqu'à concurrence seulement de la portion virile héréditaire du renonçant.

1476.

Au surplus, le partage de la communauté, pour tout ce qui concerne ses formes, la licitation des immeubles quand il y a lieu, les effets du partage, la garantie qui en résulte, et les soultes, est soumis à toutes les règles qui sont établies au titre *des Successions* pour les partages entre cohéritiers.

1477.

Celui des époux qui aurait diverti ou recélé quelques effets de la communauté, est privé de sa portion dans lesdits effets.

1478.

Après le partage consommé, si l'un des deux époux est créancier personnel de l'autre, comme lorsque le prix de son bien a été employé à payer une dette personnelle de l'autre époux, ou pour toute autre cause, il exerce sa créance sur la part qui est échue à celui-ci dans la communauté ou sur ses biens personnels.

1479.

Les créances personnelles que les époux ont à exercer l'un contre l'autre, ne portent intérêt que du jour de la demande en justice.

1480.

Les donations que l'un des époux a pu faire à l'autre, ne s'exécutent que sur la part du donateur dans la communauté, et sur ses biens personnels.

1481.

Le deuil de la femme est aux frais des héritiers du mari prédécédé.

La valeur de ce deuil est réglée selon la fortune du mari.

Il est dû même à la femme qui renonce à la communauté.

§. II.

Du passif de la communauté, et de la contribution aux dettes.

1482.

Les dettes de la communauté sont pour moitié à la

Ccc 2

charge de chacun des époux ou de leurs héritiers : les frais de scellé, inventaire, vente de mobilier, liquidation, licitation et partage, font partie de ces dettes.

1483.

La femme n'est tenue des dettes de la communauté, soit à l'égard du mari, soit à l'égard des créanciers, que jusqu'à concurrence de son émolument, pourvu qu'il y ait eu bon et fidèle inventaire, et en rendant compte tant du contenu de cet inventaire que de ce qui lui est échu par le partage.

1484.

Le mari est tenu, pour la totalité, des dettes de la communauté par lui contractées; sauf son recours contre la femme ou ses héritiers pour la moitié desdites dettes.

1485.

Il n'est tenu que pour moitié, de celles personnelles à la femme et qui étaient tombées à la charge de la communauté.

1486.

La femme peut être poursuivie pour la totalité des dettes qui procèdent de son chef et étaient entrées dans la communauté, sauf son recours contre le mari ou son héritier pour la moitié desdites dettes.

1487.

La femme, même personnellement obligée pour une dette de communauté, ne peut être poursuivie que pour la moitié de cette dette, à moins que l'obligation ne soit solidaire.

1488.

La femme qui a payé une dette de la communauté au-delà de sa moitié, n'a point de répétition contre le créancier pour l'excédant, à moins que la quittance n'exprime que ce qu'elle a payé était pour sa moitié.

1489.

Celui des deux époux qui, par l'effet de l'hypothèque exercée sur l'immeuble à lui échu en partage, se trouve poursuivi pour la totalité d'une dette de communauté, a de droit son recours pour la moitié de cette dette contre l'autre époux ou ses héritiers.

1490.

Les dispositions précédentes ne font point obstacle à ce que, par le partage, l'un ou l'autre des copartageans soit chargé de payer une quotité de dettes autre que la moitié, même de les acquitter entièrement.

Toutes les fois que l'un des copartageans a payé des dettes de la communauté au-delà de la portion dont il était tenu, il y a lieu au recours de celui qui a trop payé contre l'autre.

1491.

Tout ce qui est dit ci-dessus à l'égard du mari ou de la femme, a lieu à l'égard des héritiers de l'un ou de l'autre; et ces héritiers exercent les mêmes droits et sont soumis aux mêmes actions que le conjoint qu'ils représentent.

SECTION VI.

De la Renonciation à la Communauté, et de ses effets.

1492.

La femme qui renonce, perd toute espèce de droit sur les biens de la communauté, et même sur le mobilier qui y est entré de son chef.

Elle retire seulement les linges et hardes à son usage.

1493.

La femme renonçante a le droit de reprendre,

1.° Les immeubles à elle appartenant, lorsqu'ils existent en nature, ou l'immeuble qui a été acquis en remploi ;

2.° Le prix de ses immeubles aliénés dont le remploi n'a pas été fait et accepté comme il est dit ci-dessus ;

3.° Toutes les indemnités qui peuvent lui être dues par la communauté.

1494.

La femme renonçante est déchargée de toute contribution aux dettes de la communauté, tant à l'égard du mari qu'à l'égard des créanciers. Elle reste néanmoins tenue envers ceux-ci lorsqu'elle s'est obligée conjointement avec son mari, ou lorsque la dette, devenue dette de la communauté, provenait originairement de son chef ; le tout sauf son recours contre le mari ou ses héritiers.

1495.

Elle peut exercer toutes les actions et reprises ci-dessus

détaillées, tant sur les biens de la communauté que sur les biens personnels du mari.

Ses héritiers le peuvent de même, sauf en ce qui concerne le prélèvement des linges et hardes, ainsi que le logement et la nourriture pendant le délai donné pour faire inventaire et délibérer; lesquels droits sont purement personnels à la femme survivante.

Disposition relative à la Communauté légale, lorsque l'un des époux ou tous deux ont des enfans de précédens mariages.

1496.

Tout ce qui est dit ci-dessus, sera observé même lorsque l'un des époux ou tous deux auront des enfans de précédens mariages.

Si toutefois la confusion du mobilier et des dettes opérait, au profit de l'un des époux, un avantage supérieur à celui qui est autorisé par l'article 1098, au titre *des Donations entre-vifs et des Testamens,* les enfans du premier lit de l'autre époux auront l'action en retranchement.

II.ᵉ PARTIE.

DE LA COMMUNAUTÉ CONVENTIONNELLE, ET DES CONVENTIONS QUI PEUVENT MODIFIER OU MÊME EXCLURE LA COMMUNAUTÉ LÉGALE.

1497.

Les époux peuvent modifier la communauté légale par toute espèce de conventions non contraires aux articles 1387, 1388, 1389 et 1390.

Les principales modifications sont celles qui ont lieu en stipulant de l'une ou de l'autre des manières qui suivent ; savoir ;

1.º Que la communauté n'embrassera que les acquêts ;

2.º Que le mobilier présent ou futur n'entrera point en communauté, ou n'y entrera que pour une partie ;

3.º Qu'on y comprendra tout ou partie des immeubles présens ou futurs, par la voie de l'ameublissement ;

4.º Que les époux paieront séparément leurs dettes antérieures au mariage ;

5.º Qu'en cas de renonciation, la femme pourra reprendre ses apports francs et quittes ;

6.º Que le survivant aura un préciput ;

7.º Que les époux auront des parts inégales ;

8.º Qu'il y aura entre eux communauté à titre universel.

SECTION I.re

De la Communauté réduite aux acquêts.

1498.

Lorsque les époux stipulent qu'il n'y aura entre eux qu'une communauté d'acquêts, ils sont censés exclure de la communauté et les dettes de chacun d'eux actuelles et futures, et leur mobilier respectif présent et futur.

En ce cas, et après que chacun des époux a prélevé ses apports dûment justifiés, le partage se borne aux acquêts faits par les époux ensemble ou séparément durant le mariage, et provenant tant de l'industrie commune que des
économies

économies faites sur les fruits et revenus des biens des deux époux.

1499.

Si le mobilier existant lors du mariage, ou échu depuis, n'a pas été constaté par inventaire ou état en bonne forme, il est réputé acquêt.

SECTION II.

De la Clause qui exclut de la Communauté le mobilier en tout ou partie.

1500.

Les époux peuvent exclure de leur communauté tout leur mobilier présent et futur.

Lorsqu'ils stipulent qu'ils en mettront réciproquement dans la communauté jusqu'à concurrence d'une somme ou d'une valeur déterminée, ils sont, par cela seul, censés se réserver le surplus.

1501.

Cette clause rend l'époux débiteur envers la communauté, de la somme qu'il a promis d'y mettre, et l'oblige à justifier de cet apport.

1502.

L'apport est suffisamment justifié, quant au mari, par la déclaration portée au contrat de mariage que son mobilier est de telle valeur.

Il est suffisamment justifié, à l'égard de la femme, par

D d d

la quittance que le mari lui donne, ou à ceux qui l'ont dotée.

1503.

Chaque époux a le droit de reprendre et de prélever, lors de la dissolution de la communauté, la valeur de ce dont le mobilier qu'il a apporté lors du mariage, ou qui lui est échu depuis, excédait sa mise en communauté.

1504.

Le mobilier qui échoit à chacun des époux pendant le mariage, doit être constaté par un inventaire.

A défaut d'inventaire du mobilier échu au mari, ou d'un titre propre à justifier de sa consistance et valeur, déduction faite des dettes, le mari ne peut en exercer la reprise.

Si le défaut d'inventaire porte sur un mobilier échu à la femme, celle-ci ou ses héritiers sont admis à faire preuve, soit par titres, soit par témoins, soit même par commune renommée, de la valeur de ce mobilier.

SECTION III.

De la Clause d'ameublissement.

1505.

Lorsque les époux ou l'un d'eux font entrer en communauté tout ou partie de leurs immeubles présens ou futurs, cette clause s'appelle *ameublissement.*

1506.

L'ameublissement peut être déterminé ou indéterminé.

Il est déterminé quand l'époux a déclaré ameublir et mettre en communauté un tel immeuble en tout ou jusqu'à concurrence d'une certaine somme.

Il est indéterminé quand l'époux a simplement déclaré apporter en communauté ses immeubles, jusqu'à concurrence d'une certaine somme.

1507.

L'effet de l'ameublissement déterminé est de rendre l'immeuble ou les immeubles qui en sont frappés, biens de la communauté comme les meubles mêmes.

Lorsque l'immeuble ou les immeubles de la femme sont ameublis en totalité, le mari en peut disposer comme des autres effets de la communauté, et les aliéner en totalité.

Si l'immeuble n'est ameubli que pour une certaine somme, le mari ne peut l'aliéner qu'avec le consentement de la femme ; mais il peut l'hypothéquer sans son consentement, jusqu'à concurrence seulement de la portion ameublie.

1508.

L'ameublissement indéterminé ne rend point la communauté propriétaire des immeubles qui en sont frappés ; son effet se réduit à obliger l'époux qui l'a consenti, à comprendre dans la masse, lors de la dissolution de la communauté, quelques-uns de ses immeubles jusqu'à concurrence de la somme par lui promise.

Le mari ne peut, comme en l'article précédent, aliéner en tout ou en partie, sans le consentement de sa femme, les immeubles sur lesquels est établi l'ameublissement indéterminé ; mais il peut les hypothéquer jusqu'à concurrence de cet ameublissement.

1509.

L'époux qui a ameubli un héritage, a, lors du partage, la faculté de le retenir en le précomptant sur sa part pour le prix qu'il vaut alors ; et ses héritiers ont le même droit.

SECTION IV.

De la Clause de séparation des dettes.

1510.

La clause par laquelle les époux stipulent qu'ils paieront séparément leurs dettes personnelles, les oblige à se faire, lors de la dissolution de la communauté, respectivement raison des dettes qui sont justifiées avoir été acquittées par la communauté à la décharge de celui des époux qui en était débiteur.

Cette obligation est la même, soit qu'il y ait eu inventaire ou non : mais, si le mobilier apporté par les époux n'a pas été constaté par un inventaire ou état authentique antérieur au mariage, les créanciers de l'un et de l'autre des époux peuvent, sans avoir égard à aucune des distinctions qui seraient réclamées, poursuivre leur paiement sur le mobilier non inventorié, comme sur tous les autres biens de la communauté.

Les créanciers ont le même droit sur le mobilier qui serait échu aux époux pendant la communauté, s'il n'a pas été pareillement constaté par un inventaire ou état authentique.

1511.

Lorsque les époux apportent dans la communauté une somme certaine ou un corps certain, un tel apport emporte la convention tacite qu'il n'est point grevé de dettes antérieures au mariage ; et il doit être fait raison par l'époux débiteur à l'autre, de toutes celles qui diminueraient l'apport promis.

1512.

La clause de séparation des dettes n'empêche point que la communauté ne soit chargée des intérêts et arrérages qui ont couru depuis le mariage.

1513.

Lorsque la communauté est poursuivie pour les dettes de l'un des époux, déclaré, par contrat, franc et quitte de toutes dettes antérieures au mariage, le conjoint a droit à une indemnité qui se prend soit sur la part de communauté revenant à l'époux débiteur, soit sur les biens personnels dudit époux ; et, en cas d'insuffisance, cette indemnité peut être poursuivie par voie de garantie contre le père, la mère, l'ascendant ou le tuteur qui l'auraient déclaré franc et quitte.

Cette garantie peut même être exercée par le mari durant la communauté, si la dette provient du chef de la femme ; sauf, en ce cas, le remboursement dû par la femme ou ses héritiers aux garans, après la dissolution de la communauté.

SECTION V.

De la Faculté accordée à la femme de reprendre son Apport franc et quitte.

1514.

La femme peut stipuler qu'en cas de renonciation à la communauté, elle reprendra tout ou partie de ce qu'elle y aura apporté, soit lors du mariage, soit depuis; mais cette stipulation ne peut s'étendre au-delà des choses formellement exprimées, ni au profit de personnes autres que celles désignées.

Ainsi la faculté de reprendre le mobilier que la femme a apporté lors du mariage, ne s'étend point à celui qui serait échu pendant le mariage.

Ainsi la faculté accordée à la femme ne s'étend point aux enfans; celle accordée à la femme et aux enfans ne s'étend point aux héritiers ascendans ou collatéraux.

Dans tous les cas, les apports ne peuvent être repris que déduction faite des dettes personnelles à la femme, et que la communauté aurait acquittées.

SECTION VI.

Du Préciput conventionnel.

1515.

La clause par laquelle l'époux survivant est autorisé à

prélever, avant tout partage, une certaine somme ou une certaine quantité d'effets mobiliers en nature, ne donne droit à ce prélèvement, au profit de la femme survivante, que lorsqu'elle accepte la communauté, à moins que le contrat de mariage ne lui ait réservé ce droit, même en renonçant.

Hors le cas de cette réserve, le préciput ne s'exerce que sur la masse partageable, et non sur les biens personnels de l'époux prédécédé.

1516.

Le préciput n'est point regardé comme un avantage sujet aux formalités des donations, mais comme une convention de mariage.

1517.

La mort naturelle ou civile donne ouverture au préciput.

1518.

Lorsque la dissolution de la communauté s'opère par le divorce ou par la séparation de corps, il n'y a pas lieu à la délivrance actuelle du préciput ; mais l'époux qui a obtenu soit le divorce, soit la séparation de corps, conserve ses droits au préciput en cas de survie. Si c'est la femme, la somme ou la chose qui constitue le préciput reste toujours provisoirement au mari, à la charge de donner caution.

1519.

Les créanciers de la communauté ont toujours le droit

de faire vendre les effets compris dans le préciput, sauf le recours de l'époux, conformément à l'article 1515.

SECTION VII.

Des Clauses par lesquelles on assigne à chacun des époux des Parts inégales dans la Communauté.

1520.

Les époux peuvent déroger au partage égal établi par la loi, soit en ne donnant à l'époux survivant ou à ses héritiers, dans la communauté, qu'une part moindre que la moitié, soit en ne lui donnant qu'une somme fixe pour tout droit de communauté, soit en stipulant que la communauté entière, en certains cas, appartiendra à l'époux survivant, ou à l'un d'eux seulement.

1521.

Lorsqu'il a été stipulé que l'époux ou ses héritiers n'auront qu'une certaine part dans la communauté, comme le tiers ou le quart, l'époux ainsi réduit ou ses héritiers ne supportent les dettes de la communauté que proportionnellement à la part qu'ils prennent dans l'actif.

La convention est nulle si elle oblige l'époux ainsi réduit ou ses héritiers à supporter une plus forte part, ou si elle les dispense de supporter une part dans les dettes égale à celle qu'ils prennent dans l'actif.

1522.

Lorsqu'il est stipulé que l'un des époux ou ses héritiers ne pourront prétendre qu'une certaine somme pour tout

droit

droit de communauté, la clause est un forfait qui oblige l'autre époux ou ses héritiers à payer la somme convenue, soit que la communauté soit bonne ou mauvaise, suffisante ou non pour acquitter la somme.

1523.

Si la clause n'établit le forfait qu'à l'égard des héritiers de l'époux, celui-ci, dans le cas où il survit, a droit au partage légal par moitié.

1524.

Le mari ou ses héritiers qui retiennent, en vertu de la clause énoncée en l'article 1520, la totalité de la communauté, sont obligés d'en acquitter toutes les dettes.

Les créanciers n'ont, en ce cas, aucune action contre la femme ni contre ses héritiers.

Si c'est la femme survivante qui a, moyennant une somme convenue, le droit de retenir toute la communauté contre les héritiers du mari, elle a le choix ou de leur payer cette somme, en demeurant obligée à toutes les dettes, ou de renoncer à la communauté, et d'en abandonner aux héritiers du mari les biens et les charges.

1525.

Il est permis aux époux de stipuler que la totalité de la communauté appartiendra au survivant ou à l'un d'eux seulement, sauf aux héritiers de l'autre à faire la reprise des apports et capitaux tombés dans la communauté, du chef de leur auteur.

Cette stipulation n'est point réputée un avantage sujet

aux règles relatives aux donations, soit quant au fond, soit quant à la forme, mais simplement une convention de mariage et entre associés.

SECTION VIII.

De la Communauté à titre universel.

1526.

Les époux peuvent établir par leur contrat de mariage une communauté universelle de leurs biens tant meubles qu'immeubles, présens et à venir, ou de tous leurs biens présens seulement, ou de tous leurs biens à venir seulement.

DISPOSITIONS communes aux huit Sections ci-dessus.

1527.

Ce qui est dit aux huit sections ci-dessus, ne limite pas à leurs dispositions précises les stipulations dont est susceptible la communauté conventionnelle.

Les époux peuvent faire toutes autres conventions, ainsi qu'il est dit à l'article 1387, et sauf les modifications portées par les articles 1388, 1389 et 1390.

Néanmoins, dans le cas où il y aurait des enfans d'un précédent mariage, toute convention qui tendrait dans ses effets à donner à l'un des époux au-delà de la portion réglée par l'article 1098, au titre *des Donations entre-vifs et des Testamens,* sera sans effet pour tout l'excédant de cette portion : mais les simples bénéfices résultant des travaux communs et des économies faites sur les revenus respectifs, quoique inégaux, des deux époux, ne sont pas considérés comme un avantage fait au préjudice des enfans du premier lit.

1528.

La communauté conventionnelle reste soumise aux règles de la communauté légale, pour tous les cas auxquels il n'y a pas été dérogé implicitement ou explicitement par le contrat.

SECTION IX.

Des Conventions exclusives de la Communauté.

1529.

Lorsque, sans se soumettre au régime dotal, les époux déclarent qu'ils se marient sans communauté, ou qu'ils seront séparés de biens, les effets de cette stipulation sont réglés comme il suit :

§. I.er

De la clause portant que les époux se marient sans communauté.

1530.

La clause portant que les époux se marient sans communauté, ne donne point à la femme le droit d'administrer ses biens, ni d'en percevoir les fruits : ces fruits sont censés apportés au mari pour soutenir les charges du mariage.

1531.

Le mari conserve l'administration des biens meubles et

immeubles de la femme, et, par suite, le droit de percevoir tout le mobilier qu'elle apporte en dot, ou qui lui échoit pendant le mariage, sauf la restitution qu'il en doit faire après la dissolution du mariage, ou après la séparation de biens qui serait prononcée par justice.

1532.

Si, dans le mobilier apporté en dot par la femme, ou qui lui échoit pendant le mariage, il y a des choses dont on ne peut faire usage sans les consommer, il en doit être joint un état estimatif au contrat de mariage, ou il doit en être fait inventaire lors de l'échéance, et le mari en doit rendre le prix d'après l'estimation.

1533.

Le mari est tenu de toutes les charges de l'usufruit.

1534.

La clause énoncée au présent paragraphe ne fait point obstacle à ce qu'il soit convenu que la femme touchera annuellement, sur ses seules quittances, certaine portion de ses revenus pour son entretien et ses besoins personnels.

1535.

Les immeubles constitués en dot, dans le cas du présent paragraphe, ne sont point inaliénables.

Néanmoins ils ne peuvent être aliénés sans le consentement du mari, et, à son refus, sans l'autorisation de la justice.

§. II.

De la clause de séparation de biens.

1536.

Lorsque les époux ont stipulé par leur contrat de mariage qu'ils seraient séparés de biens, la femme conserve
l'entière administration de ses biens meubles et immeubles,
et la jouissance libre de ses revenus.

1537.

Chacun des époux contribue aux charges du mariage,
suivant les conventions contenues en leur contrat ; et, s'il
n'en existe point à cet égard, la femme contribue à ces
charges jusqu'à concurrence du tiers de ses revenus.

1538.

Dans aucun cas, ni à la faveur d'aucune stipulation, la
femme ne peut aliéner ses immeubles sans le consentement
spécial de son mari, ou, à son refus, sans être autorisée
par justice.

Toute autorisation générale d'aliéner les immeubles
donnée à la femme, soit par contrat de mariage, soit
depuis, est nulle.

1539.

Lorsque la femme séparée a laissé la jouissance de ses
biens à son mari, celui-ci n'est tenu, soit sur la demande
que sa femme pourrait lui faire, soit à la dissolution du
mariage, qu'à la représentation des fruits existans, et il

n'est point comptable de ceux qui ont été consommés jusqu'alors.

CHAPITRE III.

DU RÉGIME DOTAL.

1540.

La dot, sous ce régime comme sous celui du chapitre II, est le bien que la femme apporte au mari pour supporter les charges du mariage.

1541.

Tout ce que la femme se constitue ou qui lui est donné en contrat de mariage, est dotal s'il n'y a stipulation contraire.

SECTION I.re

De la Constitution de dot.

1542.

La constitution de dot peut frapper tous les biens présens et à venir de la femme, ou tous ses biens présens seulement, ou une partie de ses biens présens et à venir, ou même un objet individuel.

La constitution, en termes généraux, de tous les biens de la femme, ne comprend pas les biens à venir.

1543.

La dot ne peut être constituée ni même augmentée pendant le mariage.

1544.

Si les père et mère constituent conjointement une dot, sans distinguer la part de chacun, elle sera censée constituée par portions égales.

Si la dot est constituée par le père seul pour droits paternels et maternels, la mère, quoique présente au contrat, ne sera point engagée, et la dot demeurera en entier à la charge du père.

1545.

Si le survivant des père ou mère constitue une dot pour biens paternels et maternels, sans spécifier les portions, la dot se prendra d'abord sur les droits du futur époux dans les biens du conjoint prédécédé, et le surplus sur les biens du constituant.

1546.

Quoique la fille dotée par ses père et mère ait des biens à elle propres dont ils jouissent, la dot sera prise sur les biens des constituans, s'il n'y a stipulation contraire.

1547.

Ceux qui constituent une dot, sont tenus à la garantie des objets constitués.

1548.

Les intérêts de la dot courent de plein droit, du jour du mariage, contre ceux qui l'ont promise, encore qu'il y ait terme pour le paiement, s'il n'y a stipulation contraire.

SECTION II.

Des Droits du mari sur les biens dotaux, et de l'inaliénabilité du Fonds dotal.

1549.

Le mari seul a l'administration des biens dotaux pendant le mariage.

Il a seul le droit d'en poursuivre les débiteurs et détenteurs, d'en percevoir les fruits et les intérêts, et de recevoir le remboursement des capitaux.

Cependant il peut être convenu, par le contrat de mariage, que la femme touchera annuellement, sur ses seules quittances, une partie de ses revenus pour son entretien et ses besoins personnels.

1550.

Le mari n'est pas tenu de fournir caution pour la réception de la dot, s'il n'y a pas été assujetti par le contrat de mariage.

1551.

Si la dot ou partie de la dot consiste en objets mobiliers mis à prix par le contrat, sans déclaration que l'estimation n'en fait pas vente, le mari en devient propriétaire, et n'est débiteur que du prix donné au mobilier.

1552.

L'estimation donnée à l'immeuble constitué en dot n'en transporte point la propriété au mari, s'il n'y en a déclaration expresse.

1553.

1553.

L'immeuble acquis des deniers dotaux n'est pas dotal si la condition de l'emploi n'a été stipulée par le contrat de mariage.

Il en est de même de l'immeuble donné en paiement de la dot constituée en argent.

1554.

Les immeubles constitués en dot ne peuvent être aliénés ou hypothéqués pendant le mariage, ni par le mari, ni par la femme, ni par les deux conjointement, sauf les exceptions qui suivent.

1555.

La femme peut, avec l'autorisation de son mari, ou, sur son refus, avec permission de justice, donner ses biens dotaux pour l'établissement des enfans qu'elle aurait d'un mariage antérieur ; mais, si elle n'est autorisée que par justice, elle doit réserver la jouissance à son mari.

1556.

Elle peut aussi, avec l'autorisation de son mari, donner ses biens dotaux pour l'établissement de leurs enfans communs.

1557.

L'immeuble dotal peut être aliéné lorsque l'aliénation en a été permise par le contrat de mariage.

F f f

1558.

L'immeuble dotal peut encore être aliéné avec permission de justice, et aux enchères, après trois affiches,

Pour tirer de prison le mari ou la femme ;

Pour fournir des alimens à la famille dans les cas prévus par les articles 203, 205 et 206, au titre *du Mariage ;*

Pour payer les dettes de la femme ou de ceux qui ont constitué la dot, lorsque ces dettes ont une date certaine antérieure au contrat de mariage ;

Pour faire de grosses réparations indispensables pour la conservation de l'immeuble dotal ;

Enfin, lorsque cet immeuble se trouve indivis avec des tiers, et qu'il est reconnu impartageable.

Dans tous ces cas, l'excédant du prix de la vente au-dessus des besoins reconnus restera dotal, et il en sera fait emploi comme tel au profit de la femme.

1559.

L'immeuble dotal peut être échangé, mais avec le consentement de la femme, contre un autre immeuble de même valeur, pour les quatre cinquièmes au moins, en justifiant de l'utilité de l'échange, en obtenant l'autorisation en justice, et d'après une estimation par experts nommés d'office par le tribunal.

Dans ce cas, l'immeuble reçu en échange sera dotal ; l'excédant du prix, s'il y en a, le sera aussi, et il en sera fait emploi comme tel au profit de la femme.

1560.

Si, hors les cas d'exception qui viennent d'être expliqués, la femme ou le mari, ou tous les deux conjointement, aliènent le fonds dotal, la femme ou ses héritiers pourront faire révoquer l'aliénation après la dissolution du mariage, sans qu'on puisse leur opposer aucune prescription pendant sa durée : la femme aura le même droit après la séparation de biens.

Le mari lui-même pourra faire révoquer l'aliénation pendant le mariage, en demeurant néanmoins sujet aux dommages et intérêts de l'acheteur, s'il n'a pas déclaré dans le contrat que le bien vendu était dotal.

1561.

Les immeubles dotaux non déclarés aliénables par le contrat de mariage, sont imprescriptibles pendant le mariage, à moins que la prescription n'ait commencé auparavant.

Ils deviennent néanmoins prescriptibles après la séparation de biens, quelle que soit l'époque à laquelle la prescription a commencé.

1562.

Le mari est tenu, à l'égard des biens dotaux, de toutes les obligations de l'usufruitier.

Il est responsable de toutes prescriptions acquises et détériorations survenues par sa négligence.

1563.

Si la dot est mise en péril, la femme peut poursuivre

la séparation de biens, ainsi qu'il est dit aux articles 1443 et suivans.

SECTION III.

De la Restitution de la Dot.

1564.

Si la dot consiste en immeubles,

Ou en meubles non estimés par le contrat de mariage, ou bien mis à prix, avec déclaration que l'estimation n'en ôte pas la propriété à la femme,

Le mari ou ses héritiers peuvent être contraints de la restituer sans délai, après la dissolution du mariage.

1565.

Si elle consiste en une somme d'argent,

Ou en meubles mis à prix par le contrat, sans déclaration que l'estimation n'en rend pas le mari propriétaire,

La restitution n'en peut être exigée qu'un an après la dissolution.

1566.

Si les meubles dont la propriété reste à la femme ont dépéri par l'usage et sans la faute du mari, il ne sera tenu de rendre que ceux qui resteront, et dans l'état où ils se trouveront.

Et néanmoins la femme pourra, dans tous les cas, retirer les linges et hardes à son usage actuel, sauf à précompter leur valeur, lorsque ces linges et hardes auront été primitivement constitués avec estimation.

1567.

Si la dot comprend des obligations ou constitutions de rente qui ont péri, ou souffert des retranchemens qu'on ne puisse imputer à la négligence du mari, il n'en sera point tenu, et il en sera quitte en restituant les contrats.

1568.

Si un usufruit a été constitué en dot, le mari ou ses héritiers ne sont obligés, à la dissolution du mariage, que de restituer le droit d'usufruit, et non les fruits échus durant le mariage.

1569.

Si le mariage a duré dix ans depuis l'échéance des termes pris pour le paiement de la dot, la femme ou ses héritiers pourront la répéter contre le mari après la dissolution du mariage, sans être tenus de prouver qu'il l'a reçue, à moins qu'il ne justifiât de diligences inutilement par lui faites pour s'en procurer le paiement.

1570

Si le mariage est dissous par la mort de la femme, l'intérêt et les fruits de la dot à restituer courent de plein droit au profit de ses héritiers depuis le jour de la dissolution.

Si c'est par la mort du mari, la femme a le choix d'exiger les intérêts de sa dot pendant l'an du deuil, ou de se faire fournir des alimens pendant ledit temps aux dépens de la succession du mari; mais, dans les deux cas, l'habitation durant cette année, et les habits de deuil, doivent lui être fournis sur la succession, et sans imputation sur les intérêts à elle dus.

1571.

A la dissolution du mariage, les fruits des immeubles dotaux se partagent entre le mari et la femme ou leurs héritiers, à proportion du temps qu'il a duré, pendant la dernière année.

L'année commence à partir du jour où le mariage a été célébré.

1572.

La femme et ses héritiers n'ont point de privilège pour la répétition de la dot sur les créanciers antérieurs à elle en hypothèque.

1573.

Si le mari était déjà insolvable, et n'avait ni art ni profession lorsque le père a constitué une dot à sa fille, celle-ci ne sera tenue de rapporter à la succession du père que l'action qu'elle a contre celle de son mari, pour s'en faire rembourser.

Mais si le mari n'est devenu insolvable que depuis le mariage,

Ou s'il avait un métier ou une profession qui lui tenait lieu de bien,

La perte de la dot tombe uniquement sur la femme.

SECTION IV.

Des Biens paraphernaux.

1574.

Tous les biens de la femme qui n'ont pas été constitués en dot, sont paraphernaux.

1575.

Si tous les biens de la femme sont paraphernaux, et s'il n'y a pas de convention dans le contrat pour lui faire supporter une portion des charges du mariage, la femme y contribue jusqu'à concurrence du tiers de ses revenus.

1576.

La femme a l'administration et la jouissance de ses biens paraphernaux.

Mais elle ne peut les aliéner ni paraître en jugement à raison desdits biens, sans l'autorisation du mari, ou, à son refus, sans la permission de la justice.

1577.

Si la femme donne sa procuration au mari pour administrer ses biens paraphernaux, avec charge de lui rendre compte des fruits, il sera tenu vis-à-vis d'elle comme tout mandataire.

1578.

Si le mari a joui des biens paraphernaux de sa femme, sans mandat, et néanmoins sans opposition de sa part, il n'est tenu, à la dissolution du mariage, ou à la première demande de la femme, qu'à la représentation des fruits existans, et il n'est point comptable de ceux qui ont été consommés jusqu'alors.

1579.

Si le mari a joui des biens paraphernaux malgré l'opposition constatée de la femme, il est comptable envers elle de tous les fruits tant existans que consommés.

1580.

Le mari qui jouit des biens paraphernaux, est tenu de toutes les obligations de l'usufruitier.

DISPOSITION PARTICULIÈRE.

1581.

En se soumettant au régime dotal, les époux peuvent néanmoins stipuler une société d'acquêts, et les effets de cette société sont réglés comme il est dit aux articles 1498 et 1499.

TITRE VI.

DE LA VENTE.

CHAPITRE I.er

DE LA NATURE ET DE LA FORME DE LA VENTE.

1582.

LA vente est une convention par laquelle l'un s'oblige à livrer une chose, et l'autre à la payer.

Elle

Décrété le 6 Mars 1804.
Promulgué le 16 du même mois.

Elle peut être faite par acte authentique ou sous seing privé.

1583.

Elle est parfaite entre les parties, et la propriété est acquise de droit à l'acheteur à l'égard du vendeur, dès qu'on est convenu de la chose et du prix, quoique la chose n'ait pas encore été livrée ni le prix payé.

1584.

La vente peut être faite purement et simplement, ou sous une condition soit suspensive, soit résolutoire.

Elle peut aussi avoir pour objet deux ou plusieurs choses alternatives.

Dans tous ces cas, son effet est réglé par les principes généraux des conventions.

1585.

Lorsque des marchandises ne sont pas vendues en bloc, mais au poids, au compte ou à la mesure, la vente n'est point parfaite, en ce sens que les choses vendues sont aux risques du vendeur jusqu'à ce qu'elles soient pesées, comptées ou mesurées ; mais l'acheteur peut en demander ou la délivrance ou des dommages-intérêts, s'il y a lieu, en cas d'inexécution de l'engagement.

1586.

Si, au contraire, les marchandises ont été vendues en bloc, la vente est parfaite, quoique les marchandises n'aient pas encore été pesées, comptées ou mesurées.

G g g

1587.

A l'égard du vin, de l'huile, et des autres choses que l'on est dans l'usage de goûter avant d'en faire l'achat, il n'y a point de vente tant que l'acheteur ne les a pas goûtées et agréées.

1588.

La vente faite à l'essai est toujours présumée faite sous une condition suspensive.

1589.

La promesse de vente vaut vente, lorsqu'il y a consentement réciproque des deux parties sur la chose et sur le prix.

1590.

Si la promesse de vendre a été faite avec des arrhes, chacun des contractans est maître de s'en départir,

Celui qui les a données, en les perdant,

Et celui qui les a reçues, en restituant le double.

1591.

Le prix de la vente doit être déterminé et désigné par les parties.

1592.

Il peut cependant être laissé à l'arbitrage d'un tiers : si le tiers ne veut ou ne peut faire l'estimation, il n'y a point de vente.

1593.

Les frais d'actes et autres accessoires à la vente sont à la charge de l'acheteur.

CHAPITRE II.

QUI PEUT ACHETER OU VENDRE.

1594.

Tous ceux auxquels la loi ne l'interdit pas, peuvent acheter ou vendre.

1595.

Le contrat de vente ne peut avoir lieu entre époux que dans les trois cas suivans :

1.º Celui où l'un des deux époux cède des biens à l'autre, séparé judiciairement d'avec lui, en paiement de ses droits;

2.º Celui où la cession que le mari fait à sa femme, même non séparée, a une cause légitime, telle que le remploi de ses immeubles aliénés, ou de deniers à elle appartenant, si ces immeubles ou deniers ne tombent pas en communauté;

3.º Celui où la femme cède des biens à son mari en paiement d'une somme qu'elle lui aurait promise en dot, et lorsqu'il y a exclusion de communauté;

Sauf, dans ces trois cas, les droits des héritiers des parties contractantes, s'il y a avantage indirect.

1596.

Ne peuvent se rendre adjudicataires, sous peine de nullité, ni par eux-mêmes, ni par personnes interposées,

Les tuteurs, des biens de ceux dont ils ont la tutelle;

Les mandataires, des biens qu'ils sont chargés de vendre;

Les administrateurs, de ceux des communes ou des établissemens publics confiés à leurs soins ;

Les officiers publics, des biens nationaux dont les ventes se font par leur ministère.

1597.

Les juges, leurs suppléans, les magistrats remplissant le ministère public, les greffiers, huissiers, avoués, défenseurs officieux et notaires, ne peuvent devenir cessionnaires des procès, droits et actions litigieux qui sont de la compétence du tribunal dans le ressort duquel ils exercent leurs fonctions, à peine de nullité, et des dépens, dommages et intérêts.

CHAPITRE III.

DES CHOSES QUI PEUVENT ÊTRE VENDUES.

1598.

Tout ce qui est dans le commerce, peut être vendu, lorsque des lois particulières n'en ont pas prohibé l'aliénation.

1599.

La vente de la chose d'autrui est nulle : elle peut donner lieu à des dommages-intérêts lorsque l'acheteur a ignoré que la chose fût à autrui.

1600.

On ne peut vendre la succession d'une personne vivante, même de son consentement.

1601.

Si au moment de la vente la chose vendue était périe en totalité, la vente serait nulle.

Si une partie seulement de la chose est périe, il est au choix de l'acquéreur d'abandonner la vente, ou de demander la partie conservée, en faisant déterminer le prix par la ventilation.

CHAPITRE IV.

DES OBLIGATIONS DU VENDEUR.

SECTION I.re

Dispositions générales.

1602.

Le vendeur est tenu d'expliquer clairement ce à quoi il s'oblige.

Tout pacte obscur ou ambigu s'interprète contre le vendeur.

1603.

Il a deux obligations principales, celle de délivrer et celle de garantir la chose qu'il vend.

SECTION II.

De la Délivrance.

1604.

La délivrance est le transport de la chose vendue en la puissance et possession de l'acheteur.

1605.

L'obligation de délivrer les immeubles est remplie de la part du vendeur lorsqu'il a remis les clefs, s'il s'agit d'un bâtiment, ou lorsqu'il a remis les titres de propriété.

1606.

La délivrance des effets mobiliers s'opère,

Ou par la tradition réelle,

Ou par la remise des clefs des bâtimens qui les contiennent,

Ou même par le seul consentement des parties, si le transport ne peut pas s'en faire au moment de la vente, ou si l'acheteur les avait déjà en son pouvoir à un autre titre.

1607.

La tradition des droits incorporels se fait, ou par la remise des titres, ou par l'usage que l'acquéreur en fait du consentement du vendeur.

1608.

Les frais de la délivrance sont à la charge du vendeur, et ceux de l'enlèvement à la charge de l'acheteur, s'il n'y a eu stipulation contraire.

1609.

La délivrance doit se faire au lieu où était, au temps de la vente, la chose qui en a fait l'objet, s'il n'en a été autrement convenu.

1610.

Si le vendeur manque à faire la délivrance dans le temps convenu entre les parties, l'acquéreur pourra, à son choix, demander la résolution de la vente, ou sa mise en possession, si le retard ne vient que du fait du vendeur.

1611.

Dans tous les cas, le vendeur doit être condamné aux dommages et intérêts, s'il résulte un préjudice pour l'acquéreur, du défaut de délivrance au terme convenu.

1612.

Le vendeur n'est pas tenu de délivrer la chose si l'acheteur n'en paye pas le prix, et que le vendeur ne lui ait pas accordé un délai pour le paiement.

1613.

Il ne sera pas non plus obligé à la délivrance, quand même il aurait accordé un délai pour le paiement, si, depuis la vente, l'acheteur est tombé en faillite ou en état de déconfiture, en sorte que le vendeur se trouve en danger imminent de perdre le prix; à moins que l'acheteur ne lui donne caution de payer au terme.

1614.

La chose doit être délivrée en l'état où elle se trouve au moment de la vente.

Depuis ce jour, tous les fruits appartiennent à l'acquéreur.

1615.

L'obligation de délivrer la chose comprend ses accessoires et tout ce qui a été destiné à son usage perpétuel.

1616.

Le vendeur est tenu de délivrer la contenance telle qu'elle est portée au contrat, sous les modifications ci-après exprimées.

1617.

Si la vente d'un immeuble a été faite avec indication de la contenance, à raison de tant la mesure, le vendeur est obligé de délivrer à l'acquéreur, s'il l'exige, la quantité indiquée au contrat;

Et si la chose ne lui est pas possible, ou si l'acquéreur ne l'exige pas, le vendeur est obligé de souffrir une diminution proportionnelle du prix.

1618.

Si, au contraire, dans le cas de l'article précédent, il se trouve une contenance plus grande que celle exprimée au contrat, l'acquéreur a le choix de fournir le supplément du prix, ou de se désister du contrat, si l'excédant est d'un vingtième au-dessus de la contenance déclarée.

1619.

Dans tous les autres cas,

Soit que la vente soit faite d'un corps certain et limité,

Soit qu'elle ait pour objet des fonds distincts et séparés,

Soit

Soit qu'elle commence par la mesure, ou par la désignation de l'objet vendu suivie de la mesure,

L'expression de cette mesure ne donne lieu à aucun supplément de prix, en faveur du vendeur, pour l'excédant de mesure, ni en faveur de l'acquéreur, à aucune diminution du prix pour moindre mesure, qu'autant que la différence de la mesure réelle à celle exprimée au contrat est d'un vingtième en plus ou en moins, eu égard à la valeur de la totalité des objets vendus, s'il n'y a stipulation contraire.

1620.

Dans le cas où, suivant l'article précédent, il y a lieu à augmentation de prix pour excédant de mesure, l'acquéreur a le choix ou de se désister du contrat ou de fournir le supplément du prix, et ce, avec les intérêts s'il a gardé l'immeuble.

1621.

Dans tous les cas où l'acquéreur a le droit de se désister du contrat, le vendeur est tenu de lui restituer, outre le prix, s'il l'a reçu, les frais de ce contrat.

1622.

L'action en supplément de prix de la part du vendeur, et celle en diminution de prix ou en résiliation du contrat de la part de l'acquéreur, doivent être intentées dans l'année, à compter du jour du contrat, à peine de déchéance.

H h h

1623.

S'il a été vendu deux fonds par le même contrat, et pour un seul et même prix, avec désignation de la mesure de chacun, et qu'il se trouve moins de contenance en l'un et plus en l'autre, on fait compensation jusqu'à due concurrence ; et l'action, soit en supplément, soit en diminution du prix, n'a lieu que suivant les règles ci-dessus établies.

1624.

La question de savoir sur lequel, du vendeur ou de l'acquéreur, doit tomber la perte ou la détérioration de la chose vendue avant la livraison, est jugée d'après les règles prescrites au titre *des Contrats ou des Obligations conventionnelles en général.*

SECTION III.

De la Garantie.

1625.

La garantie que le vendeur doit à l'acquéreur, a deux objets : le premier est la possession paisible de la chose vendue ; le second, les défauts cachés de cette chose ou les vices redhibitoires.

§. I.er

De la garantie en cas d'éviction.

1626.

Quoique lors de la vente il n'ait été fait aucune

stipulation sur la garantie, le vendeur est obligé de droit à garantir l'acquéreur de l'éviction qu'il souffre dans la totalité ou partie de l'objet vendu, ou des charges prétendues sur cet objet, et non déclarées lors de la vente.

1627.

Les parties peuvent, par des conventions particulières, ajouter à cette obligation de droit, ou en diminuer l'effet ; elles peuvent même convenir que le vendeur ne sera soumis à aucune garantie.

1628.

Quoiqu'il soit dit que le vendeur ne sera soumis à aucune garantie, il demeure cependant tenu de celle qui résulte d'un fait qui lui est personnel : toute convention contraire est nulle.

1629.

Dans le même cas de stipulation de non-garantie, le vendeur, en cas d'éviction, est tenu à la restitution du prix, à moins que l'acquéreur n'ait connu lors de la vente le danger de l'éviction, ou qu'il n'ait acheté à ses périls et risques.

1630.

Lorsque la garantie a été promise, ou qu'il n'a rien été stipulé à ce sujet, si l'acquéreur est évincé, il a droit de demander contre le vendeur,

1.° La restitution du prix ;

2.° Celle des fruits, lorsqu'il est obligé de les rendre au propriétaire qui l'évince ;

3.° Les frais faits sur la demande en garantie de l'acheteur, et ceux faits par le demandeur originaire ;

4.° Enfin les dommages et intérêts, ainsi que les frais et loyaux coûts du contrat.

1631.

Lorsqu'à l'époque de l'éviction, la chose vendue se trouve diminuée de valeur, ou considérablement détériorée, soit par la négligence de l'acheteur, soit par des accidens de force majeure, le vendeur n'en est pas moins tenu de restituer la totalité du prix.

1632.

Mais si l'acquéreur a tiré profit des dégradations par lui faites, le vendeur a droit de retenir sur le prix une somme égale à ce profit.

1633.

Si la chose vendue se trouve avoir augmenté de prix à l'époque de l'éviction, indépendamment même du fait de l'acquéreur, le vendeur est tenu de lui payer ce qu'elle vaut au-dessus du prix de la vente.

1634.

Le vendeur est tenu de rembourser, ou de faire rembourser à l'acquéreur, par celui qui l'évince, toutes les réparations et améliorations utiles qu'il aura faites au fonds.

1635.

Si le vendeur avait vendu de mauvaise foi le fonds

d'autrui, il sera obligé de rembourser à l'acquéreur toutes les dépenses, même voluptuaires ou d'agrément, que celui-ci aura faites au fonds.

1636.

Si l'acquéreur n'est évincé que d'une partie de la chose, et qu'elle soit de telle conséquence, relativement au tout, que l'acquéreur n'eût point acheté sans la partie dont il a été évincé, il peut faire résilier la vente.

1637.

Si, dans le cas de l'éviction d'une partie du fonds vendu, la vente n'est pas résiliée, la valeur de la partie dont l'acquéreur se trouve évincé, lui est remboursée suivant l'estimation à l'époque de l'éviction, et non proportionnellement au prix total de la vente, soit que la chose vendue ait augmenté ou diminué de valeur.

1638.

Si l'héritage vendu se trouve grevé, sans qu'il en ait été fait de déclaration, de servitudes non apparentes, et qu'elles soient de telle importance qu'il y ait lieu de présumer que l'acquéreur n'aurait pas acheté s'il en avait été instruit, il peut demander la résiliation du contrat, si mieux il n'aime se contenter d'une indemnité.

1639.

Les autres questions auxquelles peuvent donner lieu les dommages et intérêts résultant pour l'acquéreur de l'inexécution de la vente, doivent être décidées suivant les règles générales établies au titre *des Contrats ou des Obligations conventionnelles en général.*

1640.

La garantie pour cause d'éviction cesse lorsque l'acquéreur s'est laissé condamner par un jugement en dernier ressort, ou dont l'appel n'est plus recevable, sans appeler son vendeur, si celui-ci prouve qu'il existait des moyens suffisans pour faire rejeter la demande.

§. II.

De la garantie des défauts de la chose vendue.

1641.

Le vendeur est tenu de la garantie à raison des défauts cachés de la chose vendue qui la rendent impropre à l'usage auquel on la destine, ou qui diminuent tellement cet usage, que l'acheteur ne l'aurait pas acquise, ou n'en aurait donné qu'un moindre prix, s'il les avait connus.

1642.

Le vendeur n'est pas tenu des vices apparens et dont l'acheteur a pu se convaincre lui-même.

1643.

Il est tenu des vices cachés, quand même il ne les aurait pas connus, à moins que dans ce cas il n'ait stipulé qu'il ne sera obligé à aucune garantie.

1644.

Dans le cas des articles 1641 et 1643, l'acheteur a le

choix de rendre la chose et de se faire restituer le prix, ou de garder la chose et de se faire rendre une partie du prix, telle qu'elle sera arbitrée par experts.

1645.

Si le vendeur connaissait les vices de la chose, il est tenu, outre la restitution du prix qu'il en a reçu, de tous les dommages et intérêts envers l'acheteur.

1646.

Si le vendeur ignorait les vices de la chose, il ne sera tenu qu'à la restitution du prix, et à rembourser à l'acquéreur les frais occasionnés par la vente.

1647.

Si la chose qui avait des vices, a péri par suite de sa mauvaise qualité, la perte est pour le vendeur, qui sera tenu envers l'acheteur à la restitution du prix, et aux autres dédommagemens expliqués dans les deux articles précédens.

Mais la perte arrivée par cas fortuit sera pour le compte de l'acheteur.

1648.

L'action résultant des vices redhibitoires doit être intentée par l'acquéreur, dans un bref délai, suivant la nature des vices redhibitoires, et l'usage du lieu où la vente a été faite.

1649.

Elle n'a pas lieu dans les ventes faites par autorité de justice.

CHAPITRE V.

DES OBLIGATIONS DE L'ACHETEUR.

1650.

La principale obligation de l'acheteur est de payer le prix au jour et au lieu réglés par la vente.

1651.

S'il n'a rien été réglé à cet égard lors de la vente, l'acheteur doit payer au lieu et dans le temps où doit se faire la délivrance.

1652.

L'acheteur doit l'intérêt du prix de la vente jusqu'au paiement du capital, dans les trois cas suivans :

S'il a été ainsi convenu lors de la vente ;

Si la chose vendue et livrée produit des fruits ou autres revenus ;

Si l'acheteur a été sommé de payer.

Dans ce dernier cas, l'intérêt ne court que depuis la sommation.

1653.

Si l'acheteur est troublé ou a juste sujet de craindre d'être troublé par une action soit hypothécaire, soit en revendication, il peut suspendre le paiement du prix jusqu'à ce que le vendeur ait fait cesser le trouble, si mieux n'aime celui-ci donner caution, ou à moins qu'il n'ait été stipulé que, nonobstant le trouble, l'acheteur paiera.

1654.

1654.

Si l'acheteur ne paye pas le prix, le vendeur peut demander la résolution de la vente.

1655.

La résolution de la vente d'immeubles est prononcée de suite, si le vendeur est en danger de perdre la chose et le prix.

Si ce danger n'existe pas, le juge peut accorder à l'acquéreur un délai plus ou moins long suivant les circonstances.

Ce délai passé sans que l'acquéreur ait payé, la résolution de la vente sera prononcée.

1656.

S'il a été stipulé lors de la vente d'immeubles, que, faute de paiement du prix dans le terme convenu, la vente serait résolue de plein droit, l'acquéreur peut néanmoins payer après l'expiration du délai, tant qu'il n'a pas été mis en demeure par une sommation : mais après cette sommation, le juge ne peut pas lui accorder de délai.

1657.

En matière de vente de denrées et effets mobiliers, la résolution de la vente aura lieu de plein droit et sans sommation, au profit du vendeur, après l'expiration du terme convenu pour le retirement.

CHAPITRE VI.

DE LA NULLITÉ ET DE LA RÉSOLUTION DE LA VENTE.

1658.

Indépendamment des causes de nullité ou de résolution déjà expliquées dans ce titre, et de celles qui sont communes à toutes les conventions, le contrat de vente peut être résolu par l'exercice de la faculté de rachat et par la vilité du prix.

SECTION I.re

De la Faculté de rachat.

1659.

La faculté de rachat ou de réméré est un pacte par lequel le vendeur se réserve de reprendre la chose vendue, moyennant la restitution du prix principal, et le remboursement dont il est parlé à l'article 1673.

1660.

La faculté de rachat ne peut être stipulée pour un terme excédant cinq années.

Si elle a été stipulée pour un terme plus long, elle est réduite à ce terme.

1661.

Le terme fixé est de rigueur, et ne peut être prolongé par le juge.

1662.

Faute par le vendeur d'avoir exercé son action de réméré

dans le terme prescrit, l'acquéreur demeure propriétaire irrévocable.

1663.

Le délai court contre toutes personnes, même contre le mineur, sauf, s'il y a lieu, le recours contre qui de droit.

1664.

Le vendeur à pacte de rachat peut exercer son action contre un second acquéreur, quand même la faculté de réméré n'aurait pas été déclarée dans le second contrat.

1665.

L'acquéreur à pacte de rachat exerce tous les droits de son vendeur ; il peut prescrire tant contre le véritable maître que contre ceux qui prétendraient des droits ou hypothèques sur la chose vendue.

1666.

Il peut opposer le bénéfice de la discussion aux créanciers de son vendeur.

1667.

Si l'acquéreur à pacte de réméré d'une partie indivise d'un héritage, s'est rendu adjudicataire de la totalité sur une licitation provoquée contre lui, il peut obliger le vendeur à retirer le tout lorsque celui-ci veut user du pacte.

1668.

Si plusieurs ont vendu conjointement, et par un seul

contrat, un héritage commun entre eux, chacun ne peut, exercer l'action en réméré que pour la part qu'il y avait.

1669.

Il en est de même, si celui qui a vendu seul un héritage a laissé plusieurs héritiers.

Chacun de ces cohéritiers ne peut user de la faculté de rachat que pour la part qu'il prend dans la succession.

1670.

Mais, dans le cas des deux articles précédens, l'acquéreur peut exiger que tous les covendeurs ou tous les cohéritiers soient mis en cause, afin de se concilier entre eux pour la reprise de l'héritage entier ; et, s'ils ne se concilient pas, il sera renvoyé de la demande.

1671.

Si la vente d'un héritage appartenant à plusieurs n'a pas été faite conjointement et de tout l'héritage ensemble, et que chacun n'ait vendu que la part qu'il y avait, ils peuvent exercer séparément l'action en réméré sur la portion qui leur appartenait ;

Et l'acquéreur ne peut forcer celui qui l'exercera de cette manière, à retirer le tout.

1672.

Si l'acquéreur a laissé plusieurs héritiers, l'action en réméré ne peut être exercée contre chacun d'eux que pour sa part, dans le cas où elle est encore indivise, et dans celui où la chose vendue a été partagée entre eux.

Mais s'il y a eu partage de l'hérédité, et que la chose vendue soit échue au lot de l'un des héritiers, l'action en réméré peut être intentée contre lui pour le tout.

1673.

Le vendeur qui use du pacte de rachat, doit rembourser non-seulement le prix principal, mais encore les frais et loyaux coûts de la vente, les réparations nécessaires, et celles qui ont augmenté la valeur du fonds, jusqu'à concurrence de cette augmentation. Il ne peut entrer en possession qu'après avoir satisfait à toutes ces obligations.

Lorsque le vendeur rentre dans son héritage par l'effet du pacte de rachat, il le reprend exempt de toutes les charges et hypothèques dont l'acquéreur l'aurait grevé : il est tenu d'exécuter les baux faits sans fraude par l'acquéreur.

SECTION II.

De la Rescision de la Vente pour cause de lésion.

1674.

Si le vendeur a été lésé de plus de sept douzièmes dans le prix d'un immeuble, il a le droit de demander la rescision de la vente, quand même il aurait expressément renoncé dans le contrat à la faculté de demander cette rescision, et qu'il aurait déclaré donner la plus-value.

1675.

Pour savoir s'il y a lésion de plus de sept douzièmes, il faut estimer l'immeuble suivant son état et sa valeur au moment de la vente.

1676.

La demande n'est plus recevable après l'expiration de deux années, à compter du jour de la vente.

Ce délai court contre les femmes mariées, et contre les absens, les interdits, et les mineurs venant du chef d'un majeur qui a vendu.

Ce délai court aussi et n'est pas suspendu pendant la durée du temps stipulé pour le pacte de rachat.

1677.

La preuve de la lésion ne pourra être admise que par jugement, et dans le cas seulement où les faits articulés seraient assez vraisemblables et assez graves pour faire présumer la lésion.

1678.

Cette preuve ne pourra se faire que par un rapport de trois experts, qui seront tenus de dresser un seul procès-verbal commun, et de ne former qu'un seul avis à la pluralité des voix.

1679.

S'il y a des avis différens, le procès-verbal en contiendra les motifs, sans qu'il soit permis de faire connaître de quel avis chaque expert a été.

1680.

Les trois experts seront nommés d'office, à moins que les parties ne se soient accordées pour les nommer tous les trois conjointement.

1681.

Dans le cas où l'action en rescision est admise, l'acquéreur a le choix ou de rendre la chose en retirant le prix qu'il en a payé, ou de garder le fonds en payant le supplément du juste prix, sous la déduction du dixième du prix total.

Le tiers possesseur a le même droit, sauf sa garantie contre son vendeur.

1682.

Si l'acquéreur préfère garder la chose en fournissant le supplément réglé par l'article précédent, il doit l'intérêt du supplément, du jour de la demande en rescision.

S'il préfère la rendre et recevoir le prix, il rend les fruits du jour de la demande.

L'intérêt du prix qu'il a payé, lui est aussi compté du jour de la même demande, ou du jour du paiement, s'il n'a touché aucuns fruits.

1683.

La rescision pour lésion n'a pas lieu en faveur de l'acheteur.

1684.

Elle n'a pas lieu en toutes ventes qui, d'après la loi, ne peuvent être faites que d'autorité de justice.

1685.

Les règles expliquées dans la section précédente pour les cas où plusieurs ont vendu conjointement ou séparément, et pour celui où le vendeur ou l'acheteur a laissé plusieurs héritiers, sont pareillement observées pour l'exercice de l'action en rescision,

CHAPITRE VII.

DE LA LICITATION.

1686.

Si une chose commune à plusieurs ne peut être partagée commodément et sans perte;

Ou si, dans un partage fait de gré à gré de biens communs, il s'en trouve quelques-uns qu'aucun des copartageans ne puisse ou ne veuille prendre,

La vente s'en fait aux enchères, et le prix en est partagé entre les copropriétaires.

1687.

Chacun des copropriétaires est le maître de demander que les étrangers soient appelés à la licitation; ils sont nécessairement appelés lorsque l'un des copropriétaires est mineur.

1688.

Le mode et les formalités à observer pour la licitation sont expliqués au titre *des Successions* et au Code judiciaire.

CHAPITRE VIII.

CHAPITRE VIII.

DU TRANSPORT DES CRÉANCES ET AUTRES DROITS INCORPORELS.

1689.

Dans le transport d'une créance, d'un droit ou d'une action sur un tiers, la délivrance s'opère entre le cédant et le cessionnaire par la remise du titre.

1690.

Le cessionnaire n'est saisi à l'égard des tiers que par la signification du transport faite au débiteur.

Néanmoins le cessionnaire peut être également saisi par l'acceptation du transport faite par le débiteur dans un acte authentique.

1691.

Si, avant que le cédant ou le cessionnaire eût signifié le transport au débiteur, celui-ci avait payé le cédant, il sera valablement libéré.

1692.

La vente ou cession d'une créance comprend les accessoires de la créance, tels que caution, privilége et hypothèque.

1693.

Celui qui vend une créance ou autre droit incorporel, doit en garantir l'existence au temps du transport, quoiqu'il soit fait sans garantie.

1694.

Il ne répond de la solvabilité du débiteur que lorsqu'il s'y est engagé, et jusqu'à concurrence seulement du prix qu'il a retiré de la créance.

1695.

Lorsqu'il a promis la garantie de la solvabilité du débiteur, cette promesse ne s'entend que de la solvabilité actuelle, et ne s'étend pas au temps à venir, si le cédant ne l'a expressément stipulé.

1696.

Celui qui vend une hérédité sans en spécifier en détail les objets, n'est tenu de garantir que sa qualité d'héritier.

1697.

S'il avait déjà profité des fruits de quelque fonds, ou reçu le montant de quelque créance appartenant à cette hérédité, ou vendu quelques effets de la succession, il est tenu de les rembourser à l'acquéreur, s'il ne les a expressément réservés lors de la vente.

1698.

L'acquéreur doit de son côté rembourser au vendeur ce que celui-ci a payé pour les dettes et charges de la succession, et lui faire raison de tout ce dont il était créancier, s'il n'y a stipulation contraire.

1699.

Celui contre lequel on a cédé un droit litigieux peut

s'en faire tenir quitte par le cessionnaire, en lui remboursant le prix réel de la cession avec les frais et loyaux coûts,
et avec les intérêts à compter du jour où le cessionnaire
a payé le prix de la cession à lui faite.

1700.

La chose est censée litigieuse dès qu'il y a procès et contestation sur le fond du droit.

1701.

La disposition portée en l'article 1699 cesse,

1.° Dans le cas où la cession a été faite à un cohéritier
ou copropriétaire du droit cédé ;

2.° Lorsqu'elle a été faite à un créancier en paiement
de ce qui lui est dû ;

3.° Lorsqu'elle a été faite au possesseur de l'héritage sujet
au droit litigieux.

TITRE VII.

DE L'ÉCHANGE.

Décrété le
1804.
Promulgué le
même mois.

1702.

L'ÉCHANGE est un contrat par lequel les parties se
donnent respectivement une chose pour une autre.

1703.

L'échange s'opère par le seul consentement, de la même
manière que la vente.

1704.

Si l'un des copermutans a déjà reçu la chose à lui donnée en échange, et qu'il prouve ensuite que l'autre contractant n'est pas propriétaire de cette chose, il ne peut pas être forcé à livrer celle qu'il a promise en contre-échange, mais seulement à rendre celle qu'il a reçue.

1705.

Le copermutant qui est évincé de la chose qu'il a reçue en échange, a le choix de conclure à des dommages et intérêts, ou de répéter sa chose.

1706.

La rescision pour cause de lésion n'a pas lieu dans le contrat d'échange.

1707.

Toutes les autres règles prescrites pour le contrat de vente s'appliquent d'ailleurs à l'échange.

~~~~~~~~~~~~~~~~~~~~~~~~~~~~~~~~~~~

Décrété le 7 Mars 4.
Promulgué le 17 du ne mois.

TITRE VIII.

DU CONTRAT DE LOUAGE.

CHAPITRE I.er

DISPOSITIONS GÉNÉRALES.

1708.

IL y a deux sortes de contrats de louage :

Celui des choses,

Et celui d'ouvrage.

1709.

Le louage des choses est un contrat par lequel l'une des parties s'oblige à faire jouir l'autre d'une chose pendant un certain temps, et moyennant un certain prix que celle-ci s'oblige de lui payer.

1710.

Le louage d'ouvrage est un contrat par lequel l'une des parties s'engage à faire quelque chose pour l'autre, moyennant un prix convenu entre elles.

1711.

Ces deux genres de louage se subdivisent encore en plusieurs espèces particulières :

On appelle *bail à loyer,* le louage des maisons et celui des meubles ;

Bail à ferme, celui des héritages ruraux ;

Loyer, le louage du travail ou du service ;

Bail à cheptel, celui des animaux dont le profit se partage entre le propriétaire et celui à qui il les confie.

Les *devis, marché* ou *prix fait,* pour l'entreprise d'un ouvrage moyennant un prix déterminé, sont aussi un louage, lorsque la matière est fournie par celui pour qui l'ouvrage se fait.

Ces trois dernières espèces ont des règles particulières.

1712.

Les baux des biens nationaux, des biens des communes

et des établissemens publics, sont soumis à des réglemens particuliers.

CHAPITRE II.

DU LOUAGE DES CHOSES.

1713.

On peut louer toutes sortes de biens meubles ou immeubles.

SECTION I.re

Des Règles communes aux Baux des Maisons et des Biens ruraux.

1714.

On peut louer ou par écrit, ou verbalement.

1715.

Si le bail fait sans écrit n'a encore reçu aucune exécution, et que l'une des parties le nie, la preuve ne peut être reçue par témoins; quelque modique qu'en soit le prix, et quoiqu'on allègue qu'il y a eu des arrhes données.

Le serment peut seulement être déféré à celui qui nie le bail.

1716.

Lorsqu'il y aura contestation sur le prix du bail verbal dont l'exécution a commencé, et qu'il n'existera point de quittance, le propriétaire en sera cru sur son serment, si mieux n'aime le locataire demander l'estimation par experts;

auquel cas les frais de l'expertise restent à sa charge, si l'estimation excède le prix qu'il a déclaré.

1717.

Le preneur a le droit de sous-louer, et même de céder son bail à un autre, si cette faculté ne lui a pas été interdite.

Elle peut être interdite pour le tout ou partie.

Cette clause est toujours de rigueur.

1718.

Les articles du titre *du Contrat de mariage et des Droits respectifs des Époux,* relatifs aux baux des biens des femmes mariées, sont applicables aux baux des biens des mineurs.

1719.

Le bailleur est obligé, par la nature du contrat, et sans qu'il soit besoin d'aucune stipulation particulière,

1.º De délivrer au preneur la chose louée;

2.º D'entretenir cette chose en état de servir à l'usage pour lequel elle a été louée;

3.º D'en faire jouir paisiblement le preneur pendant la durée du bail.

1720.

Le bailleur est tenu de délivrer la chose en bon état de réparations de toute espèce.

Il doit y faire, pendant la durée du bail, toutes les réparations qui peuvent devenir nécessaires, autres que les locatives.

1721.

Il est dû garantie au preneur pour tous les vices ou défauts de la chose louée qui en empêchent l'usage, quand même le bailleur ne les aurait pas connus lors du bail.

S'il résulte de ces vices ou défauts quelque perte pour le preneur, le bailleur est tenu de l'indemniser.

1722.

Si, pendant la durée du bail, la chose louée est détruite en totalité par cas fortuit, le bail est résilié de plein droit; si elle n'est détruite qu'en partie, le preneur peut, suivant les circonstances, demander ou une diminution du prix, ou la résiliation même du bail. Dans l'un et l'autre cas, il n'y a lieu à aucun dédommagement.

1723.

Le bailleur ne peut, pendant la durée du bail, changer la forme de la chose louée.

1724.

Si, durant le bail, la chose louée a besoin de réparations urgentes et qui ne puissent être différées jusqu'à sa fin, le preneur doit les souffrir, quelque incommodité qu'elles lui causent, et quoiqu'il soit privé, pendant qu'elles se font, d'une partie de la chose louée.

Mais, si ces réparations durent plus de quarante jours, le prix du bail sera diminué à proportion du temps et de la partie de la chose louée dont il aura été privé.

Si les réparations sont de telle nature qu'elles rendent inhabitable

inhabitable ce qui est nécessaire au logement du preneur et de sa famille, celui-ci pourra faire résilier le bail.

1725.

Le bailleur n'est pas tenu de garantir le preneur du trouble que des tiers apportent par voies de fait à sa jouissance, sans prétendre d'ailleurs aucun droit sur la chose louée ; sauf au preneur à les poursuivre en son nom personnel.

1726.

Si, au contraire, le locataire ou le fermier ont été troublés dans leur jouissance par suite d'une action concernant la propriété du fonds, ils ont droit à une diminution proportionnée sur le prix du bail à loyer ou à ferme, pourvu que le trouble et l'empêchement aient été dénoncés au propriétaire.

1727.

Si ceux qui ont commis les voies de fait, prétendent avoir quelque droit sur la chose louée, ou si le preneur est lui-même cité en justice pour se voir condamner au délaissement de la totalité ou de partie de cette chose, ou à souffrir l'exercice de quelque servitude, il doit appeler le bailleur en garantie, et doit être mis hors d'instance, s'il l'exige, en nommant le bailleur pour lequel il possède.

1728.

Le preneur est tenu de deux obligations principales,

1.° D'user de la chose louée en bon père de famille, et

L I I

suivant la destination qui lui a été donnée par le bail, ou suivant celle présumée d'après les circonstances, à défaut de convention;

2.º De payer le prix du bail aux termes convenus.

1729.

Si le preneur emploie la chose louée à un autre usage que celui auquel elle a été destinée, ou dont il puisse résulter un dommage pour le bailleur, celui-ci peut, suivant les circonstances, faire résilier le bail.

1730.

S'il a été fait un état des lieux entre le bailleur et le preneur, celui-ci doit rendre la chose telle qu'il l'a reçue, suivant cet état, excepté ce qui a péri ou a été dégradé par vétusté ou force majeure.

1731.

S'il n'a pas été fait d'état des lieux, le preneur est présumé les avoir reçus en bon état de réparations locatives, et doit les rendre tels, sauf la preuve contraire.

1732.

Il répond des dégradations ou des pertes qui arrivent pendant sa jouissance, à moins qu'il ne prouve qu'elles ont eu lieu sans sa faute.

1733.

Il répond de l'incendie, à moins qu'il ne prouve

Que l'incendie est arrivé par cas fortuit ou force majeure, ou par vice de construction,

Ou que le feu a été communiqué par une maison voisine.

1734.

S'il y a plusieurs locataires, tous sont solidairement responsables de l'incendie ;

A moins qu'ils ne prouvent que l'incendie a commencé dans l'habitation de l'un d'eux, auquel cas celui-là seul en est tenu ;

Ou que quelques-uns ne prouvent que l'incendie n'a pu commencer chez eux, auquel cas ceux-là n'en sont pas tenus.

1735.

Le preneur est tenu des dégradations et des pertes qui arrivent par le fait des personnes de sa maison ou de ses sous-locataires.

1736.

Si le bail a été fait sans écrit, l'une des parties ne pourra donner congé à l'autre qu'en observant les délais fixés par l'usage des lieux.

1737.

Le bail cesse de plein droit à l'expiration du terme fixé, lorsqu'il a été fait par écrit, sans qu'il soit nécessaire de donner congé.

1738.

Si, à l'expiration des baux écrits, le preneur reste et est laissé en possession, il s'opère un nouveau bail dont l'effet est réglé par l'article relatif aux locations faites sans écrit.

1739.

Lorsqu'il y a un congé signifié, le preneur, quoiqu'il ait continué sa jouissance, ne peut invoquer la tacite réconduction.

1740.

Dans le cas des deux articles précédens, la caution donnée pour le bail ne s'étend pas aux obligations résultant de la prolongation.

1741.

Le contrat de louage se résout par la perte de la chose louée, et par le défaut respectif du bailleur et du preneur, de remplir leurs engagemens.

1742.

Le contrat de louage n'est point résolu par la mort du bailleur, ni par celle du preneur.

1743.

Si le bailleur vend la chose louée, l'acquéreur ne peut expulser le fermier ou le locataire qui a un bail authentique ou dont la date est certaine, à moins qu'il ne se soit réservé ce droit par le contrat de bail.

1744.

S'il a été convenu, lors du bail, qu'en cas de vente l'acquéreur pourrait expulser le fermier ou locataire, et qu'il n'ait été fait aucune stipulation sur les dommages et intérêts, le bailleur est tenu d'indemniser le fermier ou le locataire de la manière suivante.

1745.

S'il s'agit d'une maison, appartement ou boutique, le bailleur paye, à titre de dommages et intérêts, au locataire évincé, une somme égale au prix du loyer, pendant le temps qui, suivant l'usage des lieux, est accordé entre le congé et la sortie.

1746.

S'il s'agit de biens ruraux, l'indemnité que le bailleur doit payer au fermier, est du tiers du prix du bail pour tout le temps qui reste à courir.

1747.

L'indemnité se réglera par experts, s'il s'agit de manufactures, usines, ou autres établissemens qui exigent de grandes avances.

1748.

L'acquéreur qui veut user de la faculté réservée par le bail, d'expulser le fermier ou locataire en cas de vente, est, en outre, tenu d'avertir le locataire au temps d'avance usité dans le lieu pour les congés.

Il doit aussi avertir le fermier de biens ruraux au moins un an à l'avance.

1749.

Les fermiers ou les locataires ne peuvent être expulsés qu'ils ne soient payés par le bailleur, ou, à son défaut, par le nouvel acquéreur, des dommages et intérêts ci-dessus expliqués.

1750.

Si le bail n'est pas fait par acte authentique, ou n'a point de date certaine, l'acquéreur n'est tenu d'aucuns dommages et intérêts.

1751.

L'acquéreur à pacte de rachat ne peut user de la faculté d'expulser le preneur, jusqu'à ce que, par l'expiration du délai fixé pour le réméré, il devienne propriétaire incommutable.

SECTION II.

Des Règles particulières aux Baux à loyer.

1752.

Le locataire qui ne garnit pas la maison de meubles suffisans, peut être expulsé, à moins qu'il ne donne des sûretés capables de répondre du loyer.

1753.

Le sous-locataire n'est tenu envers le propriétaire que jusqu'à concurrence du prix de sa sous-location dont il peut être débiteur au moment de la saisie, et sans qu'il puisse opposer des paiemens faits par anticipation.

Les paiemens faits par le sous-locataire, soit en vertu d'une stipulation portée en son bail, soit en conséquence de l'usage des lieux, ne sont pas réputés faits par anticipation.

1754.

Les réparations locatives ou de menu entretien dont le locataire est tenu, s'il n'y a clause contraire, sont celles désignées comme telles par l'usage des lieux, et, entre autres, les réparations à faire,

Aux âtres, contre-cœurs, chambranles et tablettes des cheminées ;

Au recrépiment du bas des murailles des appartemens et autres lieux d'habitation, à la hauteur d'un mètre ;

Aux pavés et carreaux des chambres, lorsqu'il y en a seulement quelques-uns de cassés ;

Aux vitres, à moins qu'elles ne soient cassées par la grêle, ou autres accidens extraordinaires et de force majeure, dont le locataire ne peut être tenu ;

Aux portes, croisées, planches de cloison ou de fermeture de boutiques, gonds, targettes et serrures.

1755.

Aucune des réparations réputées locatives n'est à la charge des locataires, quand elles ne sont occasionnées que par vétusté ou force majeure.

1756.

Le curement des puits et celui des fosses d'aisance sont à la charge du bailleur, s'il n'y a clause contraire.

1757.

Le bail des meubles fournis pour garnir une maison entière, un corps de logis entier, une boutique, ou tous autres appartemens, est censé fait pour la durée ordinaire des baux de maisons, corps de logis, boutiques ou autres appartemens, selon l'usage des lieux.

1758.

Le bail d'un appartement meublé est censé fait à l'année, quand il a été fait à tant par an ;

Au mois, quand il a été fait à tant par mois ;

Au jour, s'il a été fait à tant par jour.

Si rien ne constate que le bail soit fait à tant par an, par mois ou par jour, la location est censée faite suivant l'usage des lieux.

1759.

Si le locataire d'une maison ou d'un appartement continue sa jouissance après l'expiration du bail par écrit, sans opposition de la part du bailleur, il sera censé les occuper aux mêmes conditions, pour le terme fixé par l'usage des lieux, et ne pourra plus en sortir ni en être expulsé qu'après un congé donné suivant le délai fixé par l'usage des lieux.

1760.

En cas de résiliation par la faute du locataire, celui-ci est tenu de payer le prix du bail pendant le temps nécessaire à la relocation, sans préjudice des dommages et intérêts qui ont pu résulter de l'abus.

1761.

Le bailleur ne peut résoudre la location, encore qu'il déclare vouloir occuper par lui-même la maison louée, s'il n'y a eu convention contraire.

1762.

1762.

S'il a été convenu dans le contrat de louage, que le bailleur pourrait venir occuper la maison, il est tenu de signifier d'avance un congé aux époques déterminées par l'usage des lieux.

SECTION III.

Des Règles particulières aux Baux à ferme.

1763.

Celui qui cultive sous la condition d'un partage de fruits avec le bailleur, ne peut ni sous-louer ni céder, si la faculté ne lui en a été expressément accordée par le bail.

1764.

En cas de contravention, le propriétaire a droit de rentrer en jouissance, et le preneur est condamné aux dommages-intérêts résultant de l'inexécution du bail.

1765.

Si, dans un bail à ferme, on donne aux fonds une contenance moindre ou plus grande que celle qu'ils ont réellement, il n'y a lieu à augmentation ou diminution de prix pour le fermier, que dans les cas et suivant les règles exprimés au titre *de la Vente.*

1766.

Si le preneur d'un héritage rural ne le garnit pas des bestiaux et des ustensiles nécessaires à son exploitation, s'il abandonne la culture, s'il ne cultive pas en bon père

M m m

de famille, s'il emploie la chose louée à un autre usage que celui auquel elle a été destinée, ou, en général, s'il n'exécute pas les clauses du bail, et qu'il en résulte un dommage pour le bailleur, celui-ci peut, suivant les circonstances, faire résilier le bail.

En cas de résiliation provenant du fait du preneur, celui-ci est tenu des dommages et intérêts, ainsi qu'il est dit en l'article 1764.

1767.

Tout preneur de bien rural est tenu d'engranger dans les lieux à ce destinés d'après le bail.

1768.

Le preneur d'un bien rural est tenu, sous peine de tous dépens, dommages et intérêts, d'avertir le propriétaire des usurpations qui peuvent être commises sur les fonds.

Cet avertissement doit être donné dans le même délai que celui qui est réglé en cas d'assignation suivant la distance des lieux.

1769.

Si le bail est fait pour plusieurs années, et que, pendant la durée du bail, la totalité ou la moitié d'une récolte au moins soit enlevée par des cas fortuits, le fermier peut demander une remise du prix de sa location, à moins qu'il ne soit indemnisé par les récoltes précédentes.

S'il n'est pas indemnisé, l'estimation de la remise ne peut avoir lieu qu'à la fin du bail, auquel temps il se fait une compensation de toutes les années de jouissance;

Et cependant le juge peut provisoirement dispenser le preneur de payer une partie du prix en raison de la perte soufferte.

1770.

Si le bail n'est que d'une année, et que la perte soit de la totalité des fruits, ou au moins de la moitié, le preneur sera déchargé d'une partie proportionnelle du prix de la location.

Il ne pourra prétendre aucune remise, si la perte est moindre de moitié.

1771.

Le fermier ne peut obtenir de remise, lorsque la perte des fruits arrive après qu'ils sont séparés de la terre, à moins que le bail ne donne au propriétaire une quotité de la récolte en nature; auquel cas le propriétaire doit supporter sa part de la perte, pourvu que le preneur ne fût pas en demeure de lui délivrer sa portion de récolte.

Le fermier ne peut également demander une remise, lorsque la cause du dommage était existante et connue à l'époque où le bail a été passé.

1772.

Le preneur peut être chargé des cas fortuits par une stipulation expresse.

1773.

Cette stipulation ne s'entend que des cas fortuits ordinaires, tels que grêle, feu du ciel, gelée ou coulure.

Elle ne s'entend pas des cas fortuits extraordinaires, tels

que les ravages de la guerre, ou une inondation, auxquels le pays n'est pas ordinairement sujet, à moins que le preneur n'ait été chargé de tous les cas fortuits prévus ou imprévus.

1774.

Le bail, sans écrit, d'un fonds rural, est censé fait pour le temps qui est nécessaire afin que le preneur recueille tous les fruits de l'héritage affermé.

Ainsi le bail à ferme d'un pré, d'une vigne, et de tout autre fonds dont les fruits se recueillent en entier dans le cours de l'année, est censé fait pour un an.

Le bail des terres labourables, lorsqu'elles se divisent par soles ou saisons, est censé fait pour autant d'années qu'il y a de soles.

1775.

Le bail des héritages ruraux, quoique fait sans écrit, cesse de plein droit à l'expiration du temps pour lequel il est censé fait, selon l'article précédent.

1776.

Si, à l'expiration des baux ruraux écrits, le preneur reste et est laissé en possession, il s'opère un nouveau bail dont l'effet est réglé par l'article 1774.

1777.

Le fermier sortant doit laisser à celui qui lui succède dans la culture, les logemens convenables et autres facilités pour les travaux de l'année suivante; et réciproquement, le fermier entrant doit procurer à celui qui sort les

logemens convenables et autres facilités pour la consommation des fourrages, et pour les récoltes restant à faire.

Dans l'un et l'autre cas, on doit se conformer à l'usage
des lieux.

1778.

Le fermier sortant doit aussi laisser les pailles et engrais
de l'année, s'il les a reçus lors de son entrée en jouissance;
et quand même il ne les aurait pas reçus, le propriétaire
pourra les retenir suivant l'estimation.

CHAPITRE III.

DU LOUAGE D'OUVRAGE ET D'INDUSTRIE.

1779.

Il y a trois espèces principales de louage d'ouvrage et
d'industrie :

1.º Le louage des gens de travail qui s'engagent au service
de quelqu'un;

2.º Celui des voituriers, tant par terre que par eau, qui
se chargent du transport des personnes ou des marchandises;

3.º Celui des entrepreneurs d'ouvrages par suite de devis
ou marchés.

SECTION I.re

Du Louage des Domestiques et Ouvriers.

1780.

On ne peut engager ses services qu'à temps, ou pour
une entreprise déterminée.

1781.

Le maître est cru sur son affirmation,
Pour la quotité des gages ;
Pour le paiement du salaire de l'année échue ;
Et pour les à-comptes donnés pour l'année courante.

SECTION II.

Des Voituriers par terre et par eau.

1782.

Les voituriers par terre et par eau sont assujettis, pour la garde et la conservation des choses qui leur sont confiées, aux mêmes obligations que les aubergistes, dont il est parlé au titre *du Dépôt et du Séquestre.*

1783.

Ils répondent non-seulement de ce qu'ils ont déjà reçu dans leur bâtiment ou voiture, mais encore de ce qui leur a été remis sur le port ou dans l'entrepôt, pour être placé dans leur bâtiment ou voiture.

1784.

Ils sont responsables de la perte et des avaries des choses qui leur sont confiées, à moins qu'ils ne prouvent qu'elles ont été perdues et avariées par cas fortuit ou force majeure.

1785.

Les entrepreneurs de voitures publiques par terre et par eau, et ceux des roulages publics, doivent tenir registre de l'argent, des effets et des paquets dont ils se chargent.

1786.

Les entrepreneurs et directeurs de voitures et roulages publics, les maîtres de barques et navires, sont en outre assujettis à des réglemens particuliers, qui font la loi entre eux et les autres citoyens.

SECTION III.

Des Devis et des Marchés.

1787.

Lorsqu'on charge quelqu'un de faire un ouvrage, on peut convenir qu'il fournira seulement son travail ou son industrie, ou bien qu'il fournira aussi la matière.

1788.

Si, dans le cas où l'ouvrier fournit la matière, la chose vient à périr, de quelque manière que ce soit, avant d'être livrée, la perte en est pour l'ouvrier, à moins que le maître ne fût en demeure de recevoir la chose.

1789.

Dans le cas où l'ouvrier fournit seulement son travail ou son industrie, si la chose vient à périr, l'ouvrier n'est tenu que de sa faute.

1790.

Si, dans le cas de l'article précédent, la chose vient à périr, quoique sans aucune faute de la part de l'ouvrier, avant que l'ouvrage ait été reçu, et sans que le maître fût en demeure de le vérifier, l'ouvrier n'a point de salaire à réclamer, à moins que la chose n'ait péri par le vice de la matière.

1791.

S'il s'agit d'un ouvrage à plusieurs pièces ou à la mesure, la vérification peut s'en faire par parties : elle est censée faite pour toutes les parties payées, si le maître paye l'ouvrier en proportion de l'ouvrage fait.

1792.

Si l'édifice construit à prix fait, périt en tout ou en partie par le vice de la construction, même par le vice du sol, les architecte et entrepreneur en sont responsables pendant dix ans.

1793.

Lorsqu'un architecte ou un entrepreneur s'est chargé de la construction à forfait d'un bâtiment, d'après un plan arrêté et convenu avec le propriétaire du sol, il ne peut demander aucune augmentation de prix, ni sous le prétexte d'augmentation de la main-d'œuvre ou des matériaux, ni sous celui de changemens ou d'augmentations faits sur ce plan, si ces changemens ou augmentations n'ont pas été autorisés par écrit, et le prix convenu avec le propriétaire.

1794.

Le maître peut résilier, par sa seule volonté, le marché à forfait, quoique l'ouvrage soit déjà commencé, en dédommageant l'entrepreneur de toutes ses dépenses, de tous

ses

ses travaux, et de tout ce qu'il aurait pu gagner dans cette entreprise.

1795.

Le contrat de louage d'ouvrage est dissous par la mort de l'ouvrier, de l'architecte ou entrepreneur.

1796.

Mais le propriétaire est tenu de payer en proportion du prix porté par la convention, à leur succession, la valeur des ouvrages faits et celle des matériaux préparés, lors seulement que ces travaux ou ces matériaux peuvent lui être utiles.

1797.

L'entrepreneur répond du fait des personnes qu'il emploie.

1798.

Les maçons, charpentiers et autres ouvriers qui ont été employés à la construction d'un bâtiment ou d'autres ouvrages faits à l'entreprise, n'ont d'action contre celui pour lequel les ouvrages ont été faits, que jusqu'à concurrence de ce dont il se trouve débiteur envers l'entrepreneur, au moment où leur action est intentée.

1799.

Les maçons, charpentiers, serruriers, et autres ouvriers qui font directement des marchés à prix fait, sont astreints aux règles prescrites dans la présente section : ils sont entrepreneurs dans la partie qu'ils traitent.

N n n

CHAPITRE IV.

DU BAIL À CHEPTEL.

SECTION Ire

Dispositions générales.

1800.

Le bail à cheptel est un contrat par lequel l'une des parties donne à l'autre un fonds de bétail pour le garder, le nourrir et le soigner, sous les conditions convenues entre elles.

1801.

Il y a plusieurs sortes de cheptels :

Le cheptel simple ou ordinaire,

Le cheptel à moitié,

Le cheptel donné au fermier ou au colon partiaire.

Il y a encore une quatrième espèce de contrat improprement appelée *cheptel.*

1802.

On peut donner à cheptel toute espèce d'animaux susceptibles de croît ou de profit pour l'agriculture ou le commerce.

1803.

A défaut de conventions particulières, ces contrats se règlent par les principes qui suivent.

SECTION II.
Du Cheptel simple.

1804.

Le bail à cheptel simple est un contrat par lequel on donne à un autre des bestiaux à garder, nourrir et soigner, à condition que le preneur profitera de la moitié du croît, et qu'il supportera aussi la moitié de la perte.

1805.

L'estimation donnée au cheptel dans le bail n'en transporte pas la propriété au preneur; elle n'a d'autre objet que de fixer la perte ou le profit qui pourra se trouver à l'expiration du bail.

1806.

Le preneur doit les soins d'un bon père de famille à la conservation du cheptel.

1807.

Il n'est tenu du cas fortuit que lorsqu'il a été précédé de quelque faute de sa part, sans laquelle la perte ne serait pas arrivée.

1808.

En cas de contestation, le preneur est tenu de prouver le cas fortuit, et le bailleur est tenu de prouver la faute qu'il impute au preneur.

1809.

Le preneur qui est déchargé par le cas fortuit, est toujours tenu de rendre compte des peaux des bêtes.

1 8 1 0.

Si le cheptel périt en entier sans la faute du preneur, la perte en est pour le bailleur.

S'il n'en périt qu'une partie, la perte est supportée en commun, d'après le prix de l'estimation originaire, et celui de l'estimation à l'expiration du cheptel.

1 8 1 1.

On ne peut stipuler,

Que le preneur supportera la perte totale du cheptel, quoique arrivée par cas fortuit et sans sa faute,

Ou qu'il supportera, dans la perte, une part plus grande que dans le profit,

Ou que le bailleur prélevera, à la fin du bail, quelque chose de plus que le cheptel qu'il a fourni.

Toute convention semblable est nulle.

Le preneur profite seul des laitages, du fumier et du travail des animaux donnés à cheptel.

La laine et le croît se partagent.

1 8 1 2.

Le preneur ne peut disposer d'aucune bête du troupeau, soit du fonds, soit du croît, sans le consentement du bailleur, qui ne peut lui-même en disposer sans le consentement du preneur.

1 8 1 3.

Lorsque le cheptel est donné au fermier d'autrui, il doit être notifié au propriétaire de qui ce fermier tient; sans quoi il peut le saisir et le faire vendre pour ce que son fermier lui doit.

1814.

Le preneur ne pourra tondre sans en prévenir le bailleur.

1815.

S'il n'y a pas de temps fixé par la convention pour la durée du cheptel, il est censé fait pour trois ans.

1816.

Le bailleur peut en demander plutôt la résolution, si le preneur ne remplit pas ses obligations.

1817.

A la fin du bail, ou lors de sa résolution, il se fait une nouvelle estimation du cheptel.

Le bailleur peut prélever des bêtes de chaque espèce, jusqu'à concurrence de la première estimation : l'excédant se partage.

S'il n'existe pas assez de bêtes pour remplir la première estimation, le bailleur prend ce qui reste, et les parties se font raison de la perte.

SECTION III.

Du Cheptel à moitié.

1818.

Le cheptel à moitié est une société dans laquelle chacun des contractans fournit la moitié des bestiaux, qui demeurent communs pour le profit ou pour la perte.

1819.

Le preneur profite seul, comme dans le cheptel simple, des laitages, du fumier et des travaux des bêtes.

Le bailleur n'a droit qu'à la moitié des laines et du croît.

Toute convention contraire est nulle, à moins que le bailleur ne soit propriétaire de la métairie dont le preneur est fermier ou colon partiaire.

1820.

Toutes les autres règles du cheptel simple s'appliquent au cheptel à moitié.

SECTION IV.

Du Cheptel donné par le Propriétaire à son Fermier ou Colon partiaire.

§. I.er

Du cheptel donné au fermier.

1821.

Ce cheptel (aussi appelé *cheptel de fer*) est celui par lequel le propriétaire d'une métairie la donne à ferme, à la charge qu'à l'expiration du bail, le fermier laissera des bestiaux d'une valeur égale au prix de l'estimation de ceux qu'il aura reçus.

1822.

L'estimation du cheptel donné au fermier ne lui en transfère pas la propriété, mais néanmoins le met à ses risques.

1823.

Tous les profits appartiennent au fermier pendant la durée de son bail, s'il n'y a convention contraire.

1824.

Dans les cheptels donnés au fermier, le fumier n'est point dans les profits personnels des preneurs, mais appartient à la métairie, à l'exploitation de laquelle il doit être uniquement employé.

1825.

La perte, même totale et par cas fortuit, est en entier pour le fermier, s'il n'y a convention contraire.

1826.

A la fin du bail, le fermier ne peut retenir le cheptel en en payant l'estimation originaire ; il doit en laisser un de valeur pareille à celui qu'il a reçu.

S'il y a du déficit, il doit le payer ; et c'est seulement l'excédant qui lui appartient.

§. II.

Du cheptel donné au colon partiaire.

1827.

Si le cheptel périt en entier sans la faute du colon, la perte est pour le bailleur.

1828.

On peut stipuler que le colon délaissera au bailleur sa part de la toison à un prix inférieur à la valeur ordinaire ;

Que le bailleur aura une plus grande part du profit;

Qu'il aura la moitié des laitages :

Mais on ne peut pas stipuler que le colon sera tenu de toute la perte.

1 8 2 9.

Ce cheptel finit avec le bail à métairie.

1 8 3 0.

Il est d'ailleurs soumis à toutes les règles du cheptel simple.

SECTION V.

Du Contrat improprement appelé Cheptel.

1 8 3 1.

Lorsqu'une ou plusieurs vaches sont données pour les loger et les nourrir, le bailleur en conserve la propriété : il a seulement le profit des veaux qui en naissent.

TITRE IX.

DU CONTRAT DE SOCIÉTÉ.

Décrété le 8 Mars 804.
Promulgué le 18 du même mois.

CHAPITRE PREMIER.

DISPOSITIONS GÉNÉRALES.

1 8 3 2.

LA société est un contrat par lequel deux ou plusieurs personnes

personnes conviennent de mettre quelque chose en commun, dans la vue de partager le bénéfice qui pourra en résulter.

1833.

Toute société doit avoir un objet licite, et être contractée pour l'intérêt commun des parties.

Chaque associé doit y apporter ou de l'argent, ou d'autres biens, ou son industrie.

1834.

Toutes sociétés doivent être rédigées par écrit, lorsque leur objet est d'une valeur de plus de cent cinquante francs.

La preuve testimoniale n'est point admise contre et outre le contenu en l'acte de société, ni sur ce qui serait allégué avoir été dit avant, lors ou depuis cet acte, encore qu'il s'agisse d'une somme ou valeur moindre de cent cinquante francs.

CHAPITRE II.

DES DIVERSES ESPÈCES DE SOCIÉTÉS.

1835.

Les sociétés sont universelles ou particulières.

SECTION I.re

Des Sociétés universelles.

1836.

On distingue deux sortes de sociétés universelles, la

O o o

société de tous biens présens, et la société universelle de gains.

1837.

La société de tous biens présens est celle par laquelle les parties mettent en commun tous les biens meubles et immeubles qu'elles possèdent actuellement, et les profits qu'elles pourront en tirer.

Elles peuvent aussi y comprendre toute autre espèce de gains; mais les biens qui pourraient leur avenir par succession, donation ou legs, n'entrent dans cette société que pour la jouissance : toute stipulation tendant à y faire entrer la propriété de ces biens est prohibée, sauf entre époux, et conformément à ce qui est réglé à leur égard.

1838.

La société universelle de gains renferme tout ce que les parties acquerront par leur industrie, à quelque titre que ce soit, pendant le cours de la société : les meubles que chacun des associés possède au temps du contrat, y sont aussi compris; mais leurs immeubles personnels n'y entrent que pour la jouissance seulement.

1839.

La simple convention de société universelle, faite sans autre explication, n'emporte que la société universelle de gains.

1840.

Nulle société universelle ne peut avoir lieu qu'entre

personnes respectivement capables de se donner ou de recevoir l'une de l'autre, et auxquelles il n'est point défendu de s'avantager au préjudice d'autres personnes.

SECTION II.

De la Société particulière.

1841.

La société particulière est celle qui ne s'applique qu'à certaines choses déterminées, ou à leur usage, ou aux fruits à en percevoir.

1842.

Le contrat par lequel plusieurs personnes s'associent, soit pour une entreprise désignée, soit pour l'exercice de quelque métier ou profession, est aussi une société particulière.

CHAPITRE III.

DES ENGAGEMENS DES ASSOCIÉS ENTRE EUX ET À L'ÉGARD DES TIERS.

SECTION I.re

Des Engagemens des Associés entre eux.

1843.

La société commence à l'instant même du contrat, s'il ne désigne une autre époque.

1844.

S'il n'y a pas de convention sur la durée de la société,

elle est censée contractée pour toute la vie des associés, sous la modification portée en l'article 1869; ou, s'il s'agit d'une affaire dont la durée soit limitée, pour tout le temps que doit durer cette affaire.

1845.

Chaque associé est débiteur envers la société, de tout ce qu'il a promis d'y apporter.

Lorsque cet apport consiste en un corps certain, et que la société en est évincée, l'associé en est garant envers la société, de la même manière qu'un vendeur l'est envers son acheteur.

1846.

L'associé qui devait apporter une somme dans la société, et qui ne l'a point fait, devient, de plein droit et sans demande, débiteur des intérêts de cette somme, à compter du jour où elle devait être payée.

Il en est de même à l'égard des sommes qu'il a prises dans la caisse sociale, à compter du jour où il les en a tirées pour son profit particulier;

Le tout sans préjudice de plus amples dommages-intérêts, s'il y a lieu.

1847.

Les associés qui se sont soumis à apporter leur industrie à la société, lui doivent compte de tous les gains qu'ils ont faits par l'espèce d'industrie qui est l'objet de cette société.

1848.

Lorsque l'un des associés est, pour son compte particulier, créancier d'une somme exigible envers une personne qui se trouve aussi devoir à la société une somme également exigible, l'imputation de ce qu'il reçoit de ce débiteur, doit se faire sur la créance de la société et sur la sienne dans la proportion des deux créances, encore qu'il eût par sa quittance dirigé l'imputation intégrale sur sa créance particulière : mais s'il a exprimé dans sa quittance que l'imputation serait faite en entier sur la créance de la société, cette stipulation sera exécutée.

1849.

Lorsqu'un des associés a reçu sa part entière de la créance commune, et que le débiteur est depuis devenu insolvable, cet associé est tenu de rapporter à la masse commune ce qu'il a reçu, encore qu'il eût spécialement donné quittance *pour sa part.*

1850.

Chaque associé est tenu envers la société, des dommages qu'il lui a causés par sa faute, sans pouvoir compenser avec ces dommages les profits que son industrie lui aurait procurés dans d'autres affaires.

1851.

Si les choses dont la jouissance seulement a été mise dans la société sont des corps certains et déterminés, qui ne se consomment point par l'usage, elles sont aux risques de l'associé propriétaire.

Si ces choses se consomment, si elles se détériorent en les gardant, si elles ont été destinées à être vendues, ou si elles ont été mises dans la société sur une estimation portée par un inventaire, elles sont aux risques de la société.

Si la chose a été estimée, l'associé ne peut répéter que le montant de son estimation.

1852.

Un associé a action contre la société, non-seulement à raison des sommes qu'il a déboursées pour elle, mais encore à raison des obligations qu'il a contractées de bonne foi pour les affaires de la société, et des risques inséparables de sa gestion.

1853.

Lorsque l'acte de société ne détermine point la part de chaque associé dans les bénéfices ou pertes, la part de chacun est en proportion de sa mise dans le fonds de la société.

A l'égard de celui qui n'a apporté que son industrie, sa part dans les bénéfices ou dans les pertes est réglée comme si sa mise eût été égale à celle de l'associé qui a le moins apporté.

1854.

Si les associés sont convenus de s'en rapporter à l'un d'eux ou à un tiers pour le réglement des parts, ce réglement ne peut être attaqué s'il n'est évidemment contraire à l'équité.

Nulle réclamation n'est admise à ce sujet, s'il s'est écoulé plus de trois mois depuis que la partie qui se prétend lésée a eu connaissance du réglement, ou si ce réglement a reçu de sa part un commencement d'exécution.

1855.

La convention qui donnerait à l'un des associés la totalité des bénéfices, est nulle.

Il en est de même de la stipulation qui affranchirait de toute contribution aux pertes, les sommes ou effets mis dans le fonds de la société par un ou plusieurs des associés.

1856.

L'associé chargé de l'administration par une clause spéciale du contrat de société, peut faire, nonobstant l'opposition des autres associés, tous les actes qui dépendent de son administration, pourvu que ce soit sans fraude.

Ce pouvoir ne peut être révoqué sans cause légitime, tant que la société dure; mais, s'il n'a été donné que par acte postérieur au contrat de société, il est révocable comme un simple mandat.

1857.

Lorsque plusieurs associés sont chargés d'administrer, sans que leurs fonctions soient déterminées, ou sans qu'il ait été exprimé que l'un ne pourrait agir sans l'autre, ils peuvent faire chacun séparément tous les actes de cette administration.

1858.

S'il a été stipulé que l'un des administrateurs ne pourra rien faire sans l'autre, un seul ne peut, sans une nouvelle convention, agir en l'absence de l'autre, lors même que celui-ci serait dans l'impossibilité actuelle de concourir aux actes d'administration.

1859.

A défaut de stipulations spéciales sur le mode d'administration, l'on suit les règles suivantes :

1.º Les associés sont censés s'être donné réciproquement le pouvoir d'administrer l'un pour l'autre. Ce que chacun fait, est valable même pour la part de ses associés, sans qu'il ait pris leur consentement; sauf le droit qu'ont ces derniers, ou l'un d'eux, de s'opposer à l'opération avant qu'elle soit conclue.

2.º Chaque associé peut se servir des choses appartenant à la société, pourvu qu'il les emploie à leur destination fixée par l'usage, et qu'il ne s'en serve pas contre l'intérêt de la société, ou de manière à empêcher ses associés d'en user selon leur droit.

3.º Chaque associé a le droit d'obliger ses associés à faire avec lui les dépenses qui sont nécessaires pour la conservation des choses de la société.

4.º L'un des associés ne peut faire d'innovations sur les immeubles dépendans de la société, même quand il les soutiendrait avantageuses à cette société, si les autres associés n'y consentent.

1860.

1860.

L'associé qui n'est point administrateur, ne peut aliéner ni engager les choses même mobilières qui dépendent de la société.

1861.

Chaque associé peut, sans le consentement de ses associés, s'associer une tierce personne relativement à la part qu'il a dans la société ; il ne peut pas, sans ce consentement, l'associer à la société, lors même qu'il en aurait l'administration.

SECTION II.

Des Engagemens des Associés à l'égard des Tiers.

1862.

Dans les sociétés autres que celles de commerce, les associés ne sont pas tenus solidairement des dettes sociales, et l'un des associés ne peut obliger les autres si ceux-ci ne lui en ont conféré le pouvoir.

1863.

Les associés sont tenus envers le créancier avec lequel ils ont contracté, chacun pour une somme et part égales, encore que la part de l'un d'eux dans la société fût moindre, si l'acte n'a pas spécialement restreint l'obligation de celui-ci sur le pied de cette dernière part.

1864.

La stipulation que l'obligation est contractée pour le

compte de la société, ne lie que l'associé contractant et non les autres, à moins que ceux-ci ne lui aient donné pouvoir, ou que la chose n'ait tourné au profit de la société.

CHAPITRE IV.

DES DIFFÉRENTES MANIÈRES DONT FINIT LA SOCIÉTÉ.

1865.

La société finit,

1.º Par l'expiration du temps pour lequel elle a été contractée;

2.º Par l'extinction de la chose, ou la consommation de la négociation;

3.º Par la mort naturelle de quelqu'un des associés;

4.º Par la mort civile, l'interdiction ou la déconfiture de l'un d'eux;

5.º Par la volonté qu'un seul ou plusieurs expriment de n'être plus en société.

1866.

La prorogation d'une société à temps limité ne peut être prouvée que par un écrit revêtu des mêmes formes que le contrat de société.

1867.

Lorsque l'un des associés a promis de mettre en commun la propriété d'une chose, la perte survenue avant que la mise en soit effectuée, opère la dissolution de la société par rapport à tous les associés.

La société est également dissoute dans tous les cas par la perte de la chose, lorsque la jouissance seule a été mise en commun, et que la propriété en est restée dans la main de l'associé.

Mais la société n'est pas rompue par la perte de la chose dont la propriété a déjà été apportée à la société.

1868.

S'il a été stipulé qu'en cas de mort de l'un des associés, la société continuerait avec son héritier, ou seulement entre les associés survivans, ces dispositions seront suivies : au second cas, l'héritier du décédé n'a droit qu'au partage de la société, eu égard à la situation de cette société lors du décès, et ne participe aux droits ultérieurs qu'autant qu'ils sont une suite nécessaire de ce qui s'est fait avant la mort de l'associé auquel il succède.

1869.

La dissolution de la société par la volonté de l'une des parties ne s'applique qu'aux sociétés dont la durée est illimitée, et s'opère par une renonciation notifiée à tous les associés, pourvu que cette renonciation soit de bonne foi et non faite à contre-temps.

1870.

La renonciation n'est pas de bonne foi lorsque l'associé renonce pour s'approprier à lui seul le profit que les associés s'étaient proposé de retirer en commun.

Elle est faite à contre-temps lorsque les choses ne sont

plus entières, et qu'il importe à la société que sa dissolution soit différée.

1871.

La dissolution des sociétés à terme ne peut être demandée par l'un des associés avant le terme convenu, qu'autant qu'il y en a de justes motifs, comme lorsqu'un autre associé manque à ses engagemens, ou qu'une infirmité habituelle le rend inhabile aux affaires de la société, ou autres cas semblables, dont la légitimité et la gravité sont laissées à l'arbitrage des juges.

1872.

Les règles concernant le partage des successions, la forme de ce partage, et les obligations qui en résultent entre les cohéritiers, s'appliquent aux partages entre associés.

DISPOSITION relative aux Sociétés de commerce.

1873.

Les dispositions du présent titre ne s'appliquent aux sociétés de commerce que dans les points qui n'ont rien de contraire aux lois et usages du commerce.

~~~~~~~~~~~~~~~~~~~~

TITRE X.

DU PRÊT.

Décrété le 9 Mars 04.
Promulgué le 19 du me mois.

1874.

Il y a deux sortes de prêt :

Celui des choses dont on peut user sans les détruire,

Et celui des choses qui se consomment par l'usage qu'on en fait.

La première espèce s'appelle *prêt à usage,* ou *commodat;*

La deuxième s'appelle *prêt de consommation,* ou simplement *prêt.*

CHAPITRE I.er

DU PRÊT À USAGE, OU COMMODAT.

SECTION I.re

De la nature du Prêt à usage.

1875.

Le prêt à usage ou commodat est un contrat par lequel l'une des parties livre une chose à l'autre pour s'en servir, à la charge par le preneur de la rendre après s'en être servi.

1876.

Ce prêt est essentiellement gratuit.

1877.

Le prêteur demeure propriétaire de la chose prêtée.

1878.

Tout ce qui est dans le commerce, et qui ne se consomme pas par l'usage, peut être l'objet de cette convention.

1879.

Les engagemens qui se forment par le commodat, passent aux héritiers de celui qui prête, et aux héritiers de celui qui emprunte.

Mais si l'on n'a prêté qu'en considération de l'emprunteur, et à lui personnellement, alors ses héritiers ne peuvent continuer de jouir de la chose prêtée.

SECTION II.

Des Engagemens de l'Emprunteur.

1880.

L'emprunteur est tenu de veiller, en bon père de famille, à la garde et à la conservation de la chose prêtée. Il ne peut s'en servir qu'à l'usage déterminé par sa nature ou par la convention; le tout à peine de dommages-intérêts, s'il y a lieu.

1881.

Si l'emprunteur emploie la chose à un autre usage, ou pour un temps plus long qu'il ne le devait, il sera tenu de la perte arrivée, même par cas fortuit.

1882.

Si la chose prêtée périt par cas fortuit dont l'emprunteur aurait pu la garantir en employant la sienne propre, ou si, ne pouvant conserver que l'une des deux, il a préféré la sienne, il est tenu de la perte de l'autre.

1883.

Si la chose a été estimée en la prêtant, la perte qui arrive, même par cas fortuit, est pour l'emprunteur, s'il n'y a convention contraire.

1884.

Si la chose se détériore par le seul effet de l'usage pour lequel elle a été empruntée, et sans aucune faute de la part de l'emprunteur, il n'est pas tenu de la détérioration.

1885.

L'emprunteur ne peut pas retenir la chose par compensation de ce que le prêteur lui doit.

1886.

Si, pour user de la chose, l'emprunteur a fait quelque dépense, il ne peut pas la répéter.

1887.

Si plusieurs ont conjointement emprunté la même chose, ils en sont solidairement responsables envers le prêteur.

SECTION III.

Des Engagemens de celui qui prête à usage.

1888.

Le prêteur ne peut retirer la chose prêtée qu'après le terme convenu, ou, à défaut de convention, qu'après qu'elle a servi à l'usage pour lequel elle a été empruntée.

1889.

Néanmoins, si, pendant ce délai, ou avant que le besoin de l'emprunteur ait cessé, il survient au prêteur un besoin pressant et imprévu de sa chose, le juge peut, suivant les circonstances, obliger l'emprunteur à la lui rendre.

1890.

Si, pendant la durée du prêt, l'emprunteur a été obligé, pour la conservation de la chose, à quelque dépense extraordinaire, nécessaire, et tellement urgente qu'il n'ait pas pu en prévenir le prêteur, celui-ci sera tenu de la lui rembourser.

1891.

Lorsque la chose prêtée a des défauts tels, qu'elle puisse causer du préjudice à celui qui s'en sert, le prêteur est responsable, s'il connaissait les défauts et n'en a pas averti l'emprunteur.

CHAPITRE II.

DU PRÊT DE CONSOMMATION, OU SIMPLE PRÊT.

SECTION I.re

De la nature du Prêt de consommation.

1892.

Le prêt de consommation est un contrat par lequel l'une des parties livre à l'autre une certaine quantité de choses qui se consomment par l'usage, à la charge par cette dernière de lui en rendre autant de même espèce et qualité.

1893.

Par l'effet de ce prêt, l'emprunteur devient le propriétaire de la chose prêtée; et c'est pour lui qu'elle périt, de quelque manière que cette perte arrive.

1894.

1894.

On ne peut pas donner à titre de prêt de consommation, des choses qui, quoique de même espèce, diffèrent dans l'individu, comme les animaux : alors c'est un prêt à usage.

1895.

L'obligation qui résulte d'un prêt en argent, n'est toujours que de la somme numérique énoncée au contrat.

S'il y a eu augmentation ou diminution d'espèces avant l'époque du paiement, le débiteur doit rendre la somme numérique prêtée, et ne doit rendre que cette somme dans les espèces ayant cours au moment du paiement.

1896.

La règle portée en l'article précédent n'a pas lieu, si le prêt a été fait en lingots.

1897.

Si ce sont des lingots ou des denrées qui ont été prêtés, quelle que soit l'augmentation ou la diminution de leur prix, le débiteur doit toujours rendre la même quantité et qualité, et ne doit rendre que cela.

Section II.

Des Obligations du Prêteur.

1898.

Dans le prêt de consommation, le prêteur est tenu de

Q q q

la responsabilité établie par l'article 1891 pour le prêt à usage.

1899.

Le prêteur ne peut pas redemander les choses prêtées, avant le terme convenu.

1900.

S'il n'a pas été fixé de terme pour la restitution, le juge peut accorder à l'emprunteur un délai suivant les circonstances.

1901.

S'il a été seulement convenu que l'emprunteur paierait quand il le pourrait, ou quand il en aurait les moyens, le juge lui fixera un terme de paiement suivant les circonstances.

SECTION III.

Des Engagemens de l'Emprunteur.

1902.

L'emprunteur est tenu de rendre les choses prêtées, en même quantité et qualité, et au terme convenu.

1903.

S'il est dans l'impossibilité d'y satisfaire, il est tenu d'en payer la valeur, eu égard au temps et au lieu où la chose devait être rendue d'après la convention.

Si ce temps et ce lieu n'ont pas été réglés, le paiement se fait au prix du temps et du lieu où l'emprunt a été fait.

1904.

Si l'emprunteur ne rend pas les choses prêtées ou leur valeur au terme convenu, il en doit l'intérêt du jour de la demande en justice.

CHAPITRE III.

DU PRÊT À INTÉRÊT.

1905.

Il est permis de stipuler des intérêts pour simple prêt soit d'argent, soit de denrées, ou autres choses mobilières.

1906.

L'emprunteur qui a payé des intérêts qui n'étaient pas stipulés, ne peut ni les répéter ni les imputer sur le capital.

1907.

L'intérêt est légal ou conventionnel. L'intérêt légal est fixé par la loi. L'intérêt conventionnel peut excéder celui de la loi toutes les fois que la loi ne le prohibe pas.

Le taux de l'intérêt conventionnel doit être fixé par écrit.

1908.

La quittance du capital donnée sans réserve des intérêts, en fait présumer le paiement, et en opère la libération.

1909.

On peut stipuler un intérêt moyennant un capital que le prêteur s'interdit d'exiger.

Qqq 2

Dans ce cas, le prêt prend le nom de *constitution de rente.*

1910.

Cette rente peut être constituée de deux manières, en perpétuel ou en viager.

1911.

La rente constituée en perpétuel est essentiellement rachetable.

Les parties peuvent seulement convenir que le rachat ne sera pas fait avant un délai qui ne pourra excéder dix ans, ou sans avoir averti le créancier au terme d'avance qu'elles auront déterminé.

1912.

Le débiteur d'une rente constituée en perpétuel peut être contraint au rachat,

1.° S'il cesse de remplir ses obligations pendant deux années.;

2.° S'il manque à fournir au prêteur les sûretés promises par le contrat.

1913.

Le capital de la rente constituée en perpétuel devient aussi exigible en cas de faillite ou de déconfiture du débiteur.

1914.

Les règles concernant les rentes viagères sont établies au titre *des Contrats aléatoires.*

TITRE XI.

DU DÉPÔT ET DU SÉQUESTRE.

Décrété le 14
1804.
Promulgué le
même mois.

CHAPITRE PREMIER.

DU DÉPÔT EN GÉNÉRAL ET DE SES DIVERSES ESPÈCES.

1915.

Le dépôt, en général, est un acte par lequel on reçoit la chose d'autrui, à la charge de la garder et de la restituer en nature.

1916.

Il y a deux espèces de dépôts : le dépôt proprement dit, et le séquestre.

CHAPITRE II.

DU DÉPÔT PROPREMENT DIT.

SECTION I.re

De la nature et de l'essence du Contrat de dépôt.

1917.

Le dépôt proprement dit est un contrat essentiellement gratuit.

1918.

Il ne peut avoir pour objet que des choses mobilières.

1919.

Il n'est parfait que par la tradition réelle ou feinte de la chose déposée.

La tradition feinte suffit, quand le dépositaire se trouve déjà nanti, à quelque autre titre, de la chose que l'on consent à lui laisser à titre de dépôt.

1920.

Le dépôt est volontaire ou nécessaire.

SECTION II.

Du Dépôt volontaire.

1921.

Le dépôt volontaire se forme par le consentement réciproque de la personne qui fait le dépôt et de celle qui le reçoit.

1922.

Le dépôt volontaire ne peut régulièrement être fait que par le propriétaire de la chose déposée, ou de son consentement exprès ou tacite.

1923.

Le dépôt volontaire doit être prouvé par écrit. La preuve testimoniale n'en est point reçue pour valeur excédant cent cinquante francs.

1924.

Lorsque le dépôt, étant au-dessus de cent cinquante francs, n'est point prouvé par écrit, celui qui est attaqué comme dépositaire, en est cru sur sa déclaration, soit pour le fait même du dépôt, soit pour la chose qui en faisait l'objet, soit pour le fait de sa restitution.

1925.

Le dépôt volontaire ne peut avoir lieu qu'entre personnes capables de contracter.

Néanmoins, si une personne capable de contracter accepte le dépôt fait par une personne incapable, elle est tenue de toutes les obligations d'un véritable dépositaire; elle peut être poursuivie par le tuteur ou administrateur de la personne qui a fait le dépôt.

1926.

Si le dépôt a été fait par une personne capable à une personne qui ne l'est pas, la personne qui a fait le dépôt n'a que l'action en revendication de la chose déposée, tant qu'elle existe dans la main du dépositaire, ou une action en restitution jusqu'à concurrence de ce qui a tourné au profit de ce dernier.

SECTION III.

Des Obligations du Dépositaire.

1927.

Le dépositaire doit apporter dans la garde de la chose

déposée, les mêmes soins qu'il apporte dans la garde des choses qui lui appartiennent.

1928.

La disposition de l'article précédent doit être appliquée avec plus de rigueur, 1.° si le dépositaire s'est offert lui-même pour recevoir le dépôt; 2.° s'il a stipulé un salaire pour la garde du dépôt; 3.° si le dépôt a été fait uniquement pour l'intérêt du dépositaire; 4.° s'il a été convenu expressément que le dépositaire répondrait de toute espèce de faute.

1929.

Le dépositaire n'est tenu, en aucun cas, des accidens de force majeure, à moins qu'il n'ait été mis en demeure de restituer la chose déposée.

1930.

Il ne peut se servir de la chose déposée, sans la permission expresse ou présumée du déposant.

1931.

Il ne doit point chercher à connaître quelles sont les choses qui lui ont été déposées, si elles lui ont été confiées dans un coffre fermé ou sous une enveloppe cachetée.

1932.

Le dépositaire doit rendre identiquement la chose même qu'il a reçue.

Ainsi le dépôt des sommes monnayées doit être rendu

dans

dans les mêmes espèces qu'il a été fait, soit dans le cas d'augmentation, soit dans le cas de diminution de leur valeur.

1933.

Le dépositaire n'est tenu de rendre la chose déposée que dans l'état où elle se trouve au moment de la restitution. Les détériorations qui ne sont pas survenues par son fait, sont à la charge du déposant.

1934.

Le dépositaire auquel la chose a été enlevée par une force majeure, et qui a reçu un prix ou quelque chose à la place, doit restituer ce qu'il a reçu en échange.

1935.

L'héritier du dépositaire, qui a vendu de bonne foi la chose dont il ignorait le dépôt, n'est tenu que de rendre le prix qu'il a reçu, ou de céder son action contre l'acheteur, s'il n'a pas touché le prix.

1936.

Si la chose déposée a produit des fruits qui aient été perçus par le dépositaire, il est obligé de les restituer. Il ne doit aucun intérêt de l'argent déposé, si ce n'est du jour où il a été mis en demeure de faire la restitution.

1937.

Le dépositaire ne doit restituer la chose déposée, qu'à celui qui la lui a confiée, ou à celui au nom duquel le dépôt a été fait, ou à celui qui a été indiqué pour le recevoir.

R r r

1938.

Il ne peut pas exiger de celui qui a fait le dépôt, la preuve qu'il était propriétaire de la chose déposée.

Néanmoins, s'il découvre que la chose a été volée, et quel en est le véritable propriétaire, il doit dénoncer à celui-ci le dépôt qui lui a été fait, avec sommation de le réclamer dans un délai déterminé et suffisant. Si celui auquel la dénonciation a été faite, néglige de réclamer le dépôt, le dépositaire est valablement déchargé par la tradition qu'il en fait à celui duquel il l'a reçu.

1939.

En cas de mort naturelle ou civile de la personne qui a fait le dépôt, la chose déposée ne peut être rendue qu'à son héritier.

S'il y a plusieurs héritiers, elle doit être rendue à chacun d'eux pour leur part et portion.

Si la chose déposée est indivisible, les héritiers doivent s'accorder entre eux pour la recevoir.

1940.

Si la personne qui a fait le dépôt, a changé d'état; par exemple, si la femme libre au moment où le dépôt a été fait, s'est mariée depuis et se trouve en puissance de mari; si le majeur déposant se trouve frappé d'interdiction; dans tous ces cas et autres de même nature, le dépôt ne peut être restitué qu'à celui qui a l'administration des droits et des biens du déposant.

1941.

Si le dépôt a été fait par un tuteur, par un mari ou par un administrateur, dans l'une de ces qualités, il ne peut être restitué qu'à la personne que ce tuteur, ce mari ou cet administrateur représentaient, si leur gestion ou leur administration est finie.

1942.

Si le contrat de dépôt désigne le lieu dans lequel la restitution doit être faite, le dépositaire est tenu d'y porter la chose déposée. S'il y a des frais de transport, ils sont à la charge du déposant.

1943.

Si le contrat ne désigne point le lieu de la restitution, elle doit être faite dans le lieu même du dépôt.

1944.

Le dépôt doit être remis au déposant aussitôt qu'il le réclame, lors même que le contrat aurait fixé un délai déterminé pour la restitution; à moins qu'il n'existe, entre les mains du dépositaire, une saisie-arrêt ou une opposition à la restitution et au déplacement de la chose déposée.

1945.

Le dépositaire infidèle n'est point admis au bénéfice de cession.

1946.

Toutes les obligations du dépositaire cessent, s'il vient

Rrr 2

à découvrir et à prouver qu'il est lui-même propriétaire de la chose déposée.

SECTION IV.

Des Obligations de la personne par laquelle le Dépôt a été fait.

1947.

La personne qui a fait le dépôt, est tenue de rembourser au dépositaire les dépenses qu'il a faites pour la conservation de la chose déposée, et de l'indemniser de toutes les pertes que le dépôt peut lui avoir occasionnées.

1948.

Le dépositaire peut retenir le dépôt jusqu'à l'entier paiement de ce qui lui est dû à raison du dépôt.

SECTION V.

Du Dépôt nécessaire.

1949.

Le dépôt nécessaire est celui qui a été forcé par quelque accident, tel qu'un incendie, une ruine, un pillage, un naufrage ou autre événement imprévu.

1950.

La preuve par témoins peut être reçue pour le dépôt nécessaire, même quand il s'agit d'une valeur au-dessus de cent cinquante francs.

1951.

Le dépôt nécessaire est d'ailleurs régi par toutes les règles précédemment énoncées.

1952.

Les aubergistes ou hôteliers sont responsables, comme dépositaires, des effets apportés par le voyageur qui loge chez eux : le dépôt de ces sortes d'effets doit être regardé comme un dépôt nécessaire.

1953.

Ils sont responsables du vol ou du dommage des effets du voyageur, soit que le vol ait été fait ou que le dommage ait été causé par les domestiques et préposés de l'hôtellerie, ou par des étrangers allant et venant dans l'hôtellerie.

1954.

Ils ne sont pas responsables des vols faits avec force armée ou autre force majeure.

CHAPITRE III.

DU SÉQUESTRE.

Sᴇᴄᴛɪᴏɴ I.ʳᵉ

Des diverses espèces de Séquestre.

1955.

Le séquestre est ou conventionnel ou judiciaire.

SECTION II.

Du Séquestre conventionnel.

1956.

Le séquestre conventionnel est le dépôt fait par une ou plusieurs personnes, d'une chose contentieuse, entre les mains d'un tiers qui s'oblige de la rendre, après la contestation terminée, à la personne qui sera jugée devoir l'obtenir.

1957.

Le séquestre peut n'être pas gratuit.

1958.

Lorsqu'il est gratuit, il est soumis aux règles du dépôt proprement dit, sauf les différences ci-après énoncées.

1959.

Le séquestre peut avoir pour objet, non-seulement des effets mobiliers, mais même des immeubles.

1960.

Le dépositaire chargé du séquestre ne peut être déchargé, avant la contestation terminée, que du consentement de toutes les parties intéressées, ou pour une cause jugée légitime.

Section III.

Du Séquestre ou Dépôt judiciaire.

1961.

La justice peut ordonner le séquestre,

1.º Des meubles saisis sur un débiteur;

2.º D'un immeuble ou d'une chose mobilière dont la propriété ou la possession est litigieuse entre deux ou plusieurs personnes;

3.º Des choses qu'un débiteur offre pour sa libération.

1962.

L'établissement d'un gardien judiciaire produit, entre le saisissant et le gardien, des obligations réciproques. Le gardien doit apporter pour la conservation des effets saisis, les soins d'un bon père de famille.

Il doit les représenter, soit à la décharge du saisissant pour la vente, soit à la partie contre laquelle les exécutions ont été faites, en cas de main-levée de la saisie.

L'obligation du saisissant consiste à payer au gardien le salaire fixé par la loi.

1963.

Le séquestre judiciaire est donné, soit à une personne dont les parties intéressées sont convenues entre elles, soit à une personne nommée d'office par le juge.

Dans l'un et l'autre cas, celui auquel la chose a été confiée, est soumis à toutes les obligations qu'emporte le séquestre conventionnel.

écrété le 10 Mars
4.
romulgué le 20 du
ne mois.

TITRE XII.

DES CONTRATS ALÉATOIRES.

1964.

L E contrat aléatoire est une convention réciproque dont les effets, quant aux avantages et aux pertes, soit pour toutes les parties, soit pour l'une ou plusieurs d'entre elles, dépendent d'un événement incertain.

Tels sont,

Le contrat d'assurance,

Le prêt à grosse aventure,

Le jeu et le pari,

Le contrat de rente viagère.

Les deux premiers sont régis par les lois maritimes.

CHAPITRE PREMIER.

DU JEU ET DU PARI.

1965.

La loi n'accorde aucune action pour une dette du jeu ou pour le paiement d'un pari.

1966.

Les jeux propres à exercer au fait des armes, les courses à pied ou à cheval, les courses de chariot, le jeu de paume et autres jeux de même nature qui tiennent à

l'adresse

l'adresse et à l'exercice du corps, sont exceptés de la disposition précédente.

Néanmoins le tribunal peut rejeter la demande, quand la somme lui paraît excessive.

1967.

Dans aucun cas le perdant ne peut répéter ce qu'il a volontairement payé, à moins qu'il n'y ait eu, de la part du gagnant, dol, supercherie ou escroquerie.

CHAPITRE II.

DU CONTRAT DE RENTE VIAGÈRE.

SECTION I.ʳᵉ

Des Conditions requises pour la validité du Contrat.

1968.

La rente viagère peut être constituée à titre onéreux, moyennant une somme d'argent, ou pour une chose mobilière appréciable, ou pour un immeuble.

1969.

Elle peut être aussi constituée, à titre purement gratuit, par donation entre-vifs ou par testament. Elle doit être alors revêtue des formes requises par la loi.

1970.

Dans le cas de l'article précédent, la rente viagère est réductible, si elle excède ce dont il est permis de disposer.

elle est nulle, si elle est au profit d'une personne incapable de recevoir.

1971.

La rente viagère peut être constituée, soit sur la tête de celui qui en fournit le prix, soit sur la tête d'un tiers qui n'a aucun droit d'en jouir.

1972.

Elle peut être constituée sur une ou plusieurs têtes.

1973.

Elle peut être constituée au profit d'un tiers, quoique le prix en soit fourni par une autre personne.

Dans ce dernier cas, quoiqu'elle ait les caractères d'une libéralité, elle n'est point assujettie aux formes requises pour les donations; sauf les cas de réduction et de nullité énoncés dans l'article 1970.

1974.

Tout contrat de rente viagère créée sur la tête d'une personne qui était morte au jour du contrat, ne produit aucun effet.

1975.

Il en est de même du contrat par lequel la rente a été créée sur la tête d'une personne atteinte de la maladie dont elle est décédée dans les vingt jours de la date du contrat.

1976.

La rente viagère peut être constituée au taux qu'il plaît aux parties contractantes de fixer.

SECTION II.

Des effets du Contrat entre les Parties contractantes.

1977.

Celui au profit duquel la rente viagère a été constituée moyennant un prix, peut demander la résiliation du contrat, si le constituant ne lui donne pas les sûretés stipulées pour son exécution.

1978.

Le seul défaut de paiement des arrérages de la rente n'autorise point celui en faveur de qui elle est constituée, à demander le remboursement du capital, ou à rentrer dans le fonds par lui aliéné : il n'a que le droit de saisir et de faire vendre les biens de son débiteur, et de faire ordonner ou consentir, sur le produit de la vente, l'emploi d'une somme suffisante pour le service des arrérages.

1979.

Le constituant ne peut se libérer du paiement de la rente, en offrant de rembourser le capital, et en renonçant à la répétition des arrérages payés; il est tenu de servir la rente pendant toute la vie de la personne ou des personnes sur la tête desquelles la rente a été constituée, quelle que soit la durée de la vie de ces personnes, et quelque onéreux qu'ait pu devenir le service de la rente.

1980.

La rente viagère n'est acquise au propriétaire que dans la proportion du nombre de jours qu'il a vécu.

Néanmoins, s'il a été convenu qu'elle serait payée d'avance, le terme qui a dû être payé, est acquis du jour où le paiement a dû en être fait.

1981.

La rente viagère ne peut être stipulée insaisissable, que lorsqu'elle a été constituée à titre gratuit.

1982.

La rente viagère ne s'éteint pas par la mort civile du propriétaire; le paiement doit en être continué pendant sa vie naturelle.

1983.

Le propriétaire d'une rente viagère n'en peut demander les arrérages qu'en justifiant de son existence, ou de celle de la personne sur la tête de laquelle elle a été constituée.

Décrété le 10 Mars.
4.
Promulgué le 20 du même mois.

TITRE XIII.

DU MANDAT.

CHAPITRE PREMIER.

DE LA NATURE ET DE LA FORME DU MANDAT.

1984.

LE mandat ou procuration est un acte par lequel une personne donne à une autre le pouvoir de faire quelque chose pour le mandant et en son nom.

Le contrat ne se forme que par l'acceptation du mandataire.

1985.

Le mandat peut être donné ou par acte public, ou par écrit sous seing privé, même par lettre. Il peut aussi être donné verbalement ; mais la preuve testimoniale n'en est reçue que conformément au titre *des Contrats ou des Obligations conventionnelles en général.*

L'acceptation du mandat peut n'être que tacite, et résulter de l'exécution qui lui a été donnée par le mandataire.

1986.

Le mandat est gratuit, s'il n'y a convention contraire.

1987.

Il est ou spécial et pour une affaire ou certaines affaires seulement, ou général et pour toutes les affaires du mandant.

1988.

Le mandat conçu en termes généraux n'embrasse que les actes d'administration.

S'il s'agit d'aliéner ou hypothéquer, ou de quelque autre acte de propriété, le mandat doit être exprès.

1989.

Le mandataire ne peut rien faire au-delà de ce qui est porté dans son mandat : le pouvoir de transiger ne renferme pas celui de compromettre.

1990.

Les femmes et les mineurs émancipés peuvent être choisis

pour mandataires ; mais le mandant n'a d'action contre le mandataire mineur que d'après les règles générales relatives aux obligations des mineurs, et contre la femme mariée et qui a accepté le mandat sans autorisation de son mari, que d'après les règles établies au titre *du Contrat de mariage et des Droits respectifs des Époux.*

CHAPITRE II.

DES OBLIGATIONS DU MANDATAIRE.

1991.

Le mandataire est tenu d'accomplir le mandat tant qu'il en demeure chargé, et répond des dommages-intérêts qui pourraient résulter de son inexécution.

Il est tenu de même d'achever la chose commencée au décès du mandant, s'il y a péril en la demeure.

1992.

Le mandataire répond non-seulement du dol, mais encore des fautes qu'il commet dans sa gestion.

Néanmoins la responsabilité relative aux fautes est appliquée moins rigoureusement à celui dont le mandat est gratuit qu'à celui qui reçoit un salaire.

1993.

Tout mandataire est tenu de rendre compte de sa gestion, et de faire raison au mandant de tout ce qu'il a reçu en vertu de sa procuration, quand même ce qu'il aurait reçu n'eût point été dû au mandant.

1994.

Le mandataire répond de celui qu'il s'est substitué dans la gestion, 1.º quand il n'a pas reçu le pouvoir de se substituer quelqu'un; 2.º quand ce pouvoir lui a été conféré sans désignation d'une personne, et que celle dont il a fait choix était notoirement incapable ou insolvable.

Dans tous les cas, le mandant peut agir directement contre la personne que le mandataire s'est substituée.

1995.

Quand il y a plusieurs fondés de pouvoir ou mandataires établis par le même acte, il n'y a de solidarité entre eux qu'autant qu'elle est exprimée.

1996.

Le mandataire doit l'intérêt des sommes qu'il a employées à son usage, à dater de cet emploi; et de celles dont il est reliquataire, à compter du jour qu'il est mis en demeure.

1997.

Le mandataire qui a donné à la partie avec laquelle il contracte en cette qualité, une suffisante connaissance de ses pouvoirs, n'est tenu d'aucune garantie pour ce qui a été fait au-delà, s'il ne s'y est personnellement soumis.

CHAPITRE III.

DES OBLIGATIONS DU MANDANT.

1998.

Le mandant est tenu d'exécuter les engagemens contractés

par le mandataire, conformément au pouvoir qui lui a été donné.

Il n'est tenu de ce qui a pu être fait au-delà, qu'autant qu'il l'a ratifié expressément ou tacitement.

1999.

Le mandant doit rembourser au mandataire les avances et frais que celui-ci a faits pour l'exécution du mandat, et lui payer ses salaires lorsqu'il en a été promis.

S'il n'y a aucune faute imputable au mandataire, le mandant ne peut se dispenser de faire ces remboursement et paiement, lors même que l'affaire n'aurait pas réussi, ni faire réduire le montant des frais et avances sous le prétexte qu'ils pouvaient être moindres.

2000.

Le mandant doit aussi indemniser le mandataire des pertes que celui-ci a essuyées à l'occasion de sa gestion, sans imprudence qui lui soit imputable.

2001.

L'intérêt des avances faites par le mandataire lui est dû par le mandant, à dater du jour des avances constatées.

2002.

Lorsque le mandataire a été constitué par plusieurs personnes pour une affaire commune, chacune d'elles est tenue solidairement envers lui de tous les effets du mandat.

CHAPITRE IV.

CHAPITRE IV.

DES DIFFÉRENTES MANIÈRES DONT LE MANDAT FINIT.

2003.

Le mandat finit,

Par la révocation du mandataire;

Par la renonciation de celui-ci au mandat;

Par la mort naturelle ou civile, l'interdiction ou la déconfiture, soit du mandant, soit du mandataire.

2004.

Le mandant peut révoquer sa procuration quand bon lui semble, et contraindre, s'il y a lieu, le mandataire à lui remettre, soit l'écrit sous seing privé qui la contient, soit l'original de la procuration, si elle a été délivrée en brevet, soit l'expédition, s'il en a été gardé minute.

2005.

La révocation notifiée au seul mandataire ne peut être opposée aux tiers qui ont traité dans l'ignorance de cette révocation, sauf au mandant son recours contre le mandataire.

2006.

La constitution d'un nouveau mandataire pour la même affaire, vaut révocation du premier, à compter du jour où elle a été notifiée à celui-ci.

Ttt

2007.

Le mandataire peut renoncer au mandat, en notifiant au mandant sa renonciation.

Néanmoins, si cette renonciation préjudicie au mandant, il devra en être indemnisé par le mandataire, à moins que celui-ci ne se trouve dans l'impossibilité de continuer le mandat sans en éprouver lui-même un préjudice considérable.

2008.

Si le mandataire ignore la mort du mandant, ou l'une des autres causes qui font cesser le mandat, ce qu'il a fait dans cette ignorance est valide.

2009.

Dans les cas ci-dessus, les engagemens du mandataire sont exécutés à l'égard des tiers qui sont de bonne foi.

2010.

En cas de mort du mandataire, ses héritiers doivent en donner avis au mandant, et pourvoir, en attendant, à ce que les circonstances exigent pour l'intérêt de celui-ci.

TITRE XIV.

DU CAUTIONNEMENT.

Décrété le
vrier 1804.
Promulgué le
même mois.

CHAPITRE PREMIER.

DE LA NATURE ET DE L'ÉTENDUE DU CAUTIONNEMENT.

2011.

CELUI qui se rend caution d'une obligation, se soumet envers le créancier à satisfaire à cette obligation, si le débiteur n'y satisfait pas lui-même.

2012.

Le cautionnement ne peut exister que sur une obligation valable.

On peut néanmoins cautionner une obligation, encore qu'elle pût être annullée par une exception purement personnelle à l'obligé; par exemple, dans le cas de minorité.

2013.

Le cautionnement ne peut excéder ce qui est dû par le débiteur, ni être contracté sous des conditions plus onéreuses.

Il peut être contracté pour une partie de la dette seulement, et sous des conditions moins onéreuses.

Le cautionnement qui excède la dette, ou qui est contracté sous des conditions plus onéreuses, n'est point nul:

Ttt 2

il est seulement réductible à la mesure de l'obligation principale.

2014.

On peut se rendre caution sans ordre de celui pour lequel on s'oblige, et même à son insu.

On peut aussi se rendre caution, non-seulement du débiteur principal, mais encore de celui qui l'a cautionné.

2015.

Le cautionnement ne se présume point; il doit être exprès, et on ne peut pas l'étendre au-delà des limites dans lesquelles il a été contracté.

2016.

Le cautionnement indéfini d'une obligation principale s'étend à tous les accessoires de la dette, même aux frais de la première demande, et à tous ceux postérieurs à la dénonciation qui en est faite à la caution.

2017.

Les engagemens des cautions passent à leurs héritiers, à l'exception de la contrainte par corps, si l'engagement était tel que la caution y fût obligée.

2018.

Le débiteur obligé à fournir une caution doit en présenter une qui ait la capacité de contracter, qui ait un bien suffisant pour répondre de l'objet de l'obligation, et dont le domicile soit dans le ressort de la cour d'appel où elle doit être donnée.

2019.

La solvabilité d'une caution ne s'estime qu'eu égard à ses propriétés foncières, excepté en matière de commerce, ou lorsque la dette est modique.

On n'a point égard aux immeubles litigieux, ou dont la discussion deviendrait trop difficile par l'éloignement de leur situation.

2020.

Lorsque la caution reçue par le créancier, volontairement ou en justice, est ensuite devenue insolvable, il doit en être donné une autre.

Cette règle reçoit exception dans le cas seulement où la caution n'a été donnée qu'en vertu d'une convention par laquelle le créancier a exigé une telle personne pour caution.

CHAPITRE II.

DE L'EFFET DU CAUTIONNEMENT.

SECTION I.re

De l'effet du Cautionnement entre le Créancier et la Caution.

2021.

La caution n'est obligée envers le créancier à le payer qu'à défaut du débiteur, qui doit être préalablement discuté dans ses biens, à moins que la caution n'ait renoncé au bénéfice de discussion, ou à moins qu'elle ne se soit obligée solidairement avec le débiteur; auquel cas l'effet de son engagement se règle par les principes qui ont été établis pour les dettes solidaires.

2022.

Le créancier n'est obligé de discuter le débiteur principal que lorsque la caution le requiert, sur les premières poursuites dirigées contre elle.

2023.

La caution qui requiert la discussion, doit indiquer au créancier les biens du débiteur principal, et avancer les deniers suffisans pour faire la discussion.

Elle ne doit indiquer ni des biens du débiteur principal situés hors de l'arrondissement de la cour d'appel du lieu où le paiement doit être fait, ni des biens litigieux, ni ceux hypothéqués à la dette qui ne sont plus en la possession du débiteur.

2024.

Toutes les fois que la caution a fait l'indication de biens autorisée par l'article précédent, et qu'elle a fourni les deniers suffisans pour la discussion, le créancier est, jusqu'à concurrence des biens indiqués, responsable, à l'égard de la caution, de l'insolvabilité du débiteur principal survenue par le défaut de poursuites.

2025.

Lorsque plusieurs personnes se sont rendues cautions d'un même débiteur pour une même dette, elles sont obligées chacune à toute la dette.

2026.

Néanmoins chacune d'elles peut, à moins qu'elle n'ait renoncé au bénéfice de division, exiger que le créancier divise préalablement son action, et la réduise à la part et portion de chaque caution.

Lorsque, dans le temps où une des cautions a fait prononcer la division, il y en avait d'insolvables, cette caution est tenue proportionnellement de ces insolvabilités; mais elle ne peut plus être recherchée à raison des insolvabilités survenues depuis la division.

2027.

Si le créancier a divisé lui-même et volontairement son action, il ne peut revenir contre cette division, quoiqu'il y eût, même antérieurement au temps où il l'a ainsi consentie, des cautions insolvables.

SECTION II.

De l'effet du Cautionnement entre le Débiteur et la Caution.

2028.

La caution qui a payé, a son recours contre le débiteur principal, soit que le cautionnement ait été donné au su ou à l'insu du débiteur.

Ce recours a lieu tant pour le principal que pour les intérêts et les frais; néanmoins la caution n'a de recours que pour les frais par elle faits depuis qu'elle a dénoncé au débiteur principal les poursuites dirigées contre elle.

Elle a aussi recours pour les dommages et intérêts, s'il y a lieu.

2029.

La caution qui a payé la dette, est subrogée à tous les droits qu'avait le créancier contre le débiteur.

2030.

Lorsqu'il y avait plusieurs débiteurs principaux solidaires d'une même dette, la caution qui les a tous cautionnés, a, contre chacun d'eux, le recours pour la répétition du total de ce qu'elle a payé.

2031.

La caution qui a payé une première fois, n'a point de recours contre le débiteur principal qui a payé une seconde fois, lorsqu'elle ne l'a point averti du paiement par elle fait; sauf son action en répétition contre le créancier.

Lorsque la caution aura payé sans être poursuivie et sans avoir averti le débiteur principal, elle n'aura point de recours contre lui dans le cas où, au moment du paiement, ce débiteur aurait eu des moyens pour faire déclarer la dette éteinte; sauf son action en répétition contre le créancier.

2032.

La caution, même avant d'avoir payé, peut agir contre le débiteur pour être par lui indemnisée,

1.º Lorsqu'elle est poursuivie en justice pour le paiement;

2.º Lorsque le débiteur a fait faillite, ou est en déconfiture;

3.º

3.º Lorsque le débiteur s'est obligé de lui rapporter sa décharge dans un certain temps;

4.º Lorsque la dette est devenue exigible par l'échéance du terme sous lequel elle avait été contractée;

5.º Au bout de dix années, lorsque l'obligation principale n'a point de terme fixe d'échéance, à moins que l'obligation principale, telle qu'une tutelle, ne soit pas de nature à pouvoir être éteinte avant un temps déterminé.

SECTION III.

De l'effet du Cautionnement entre les Cofidéjusseurs.

2033.

Lorsque plusieurs personnes ont cautionné un même débiteur pour une même dette, la caution qui a acquitté la dette, a recours contre les autres cautions, chacune pour sa part et portion;

Mais ce recours n'a lieu que lorsque la caution a payé dans l'un des cas énoncés en l'article précédent.

CHAPITRE III.

DE L'EXTINCTION DU CAUTIONNEMENT.

2034.

L'obligation qui résulte du cautionnement, s'éteint par les mêmes causes que les autres obligations.

2035.

La confusion qui s'opère dans la personne du débiteur

V v v

principal et de sa caution, lorsqu'ils deviennent héritiers l'un de l'autre, n'éteint point l'action du créancier contre celui qui s'est rendu caution de la caution.

2036.

La caution peut opposer au créancier toutes les exceptions qui appartiennent au débiteur principal, et qui sont inhérentes à la dette ;

Mais elle ne peut opposer les exceptions qui sont purement personnelles au débiteur.

2037.

La caution est déchargée, lorsque la subrogation aux droits, hypothèques et priviléges du créancier, ne peut plus, par le fait de ce créancier, s'opérer en faveur de la caution.

2038.

L'acceptation volontaire que le créancier a faite d'un immeuble ou d'un effet quelconque en paiement de la dette principale, décharge la caution, encore que le créancier vienne à en être évincé.

2039.

La simple prorogation de terme, accordée par le créancier au débiteur principal, ne décharge point la caution, qui peut, en ce cas, poursuivre le débiteur pour le forcer au paiement.

CHAPITRE IV.

DE LA CAUTION LÉGALE ET DE LA CAUTION JUDICIAIRE.

2040.

Toutes les fois qu'une personne est obligée, par la loi ou par une condamnation, à fournir une caution, la caution offerte doit remplir les conditions prescrites par les articles 2018 et 2019.

Lorsqu'il s'agit d'un cautionnement judiciaire, la caution doit, en outre, être susceptible de contrainte par corps.

2041.

Celui qui ne peut pas trouver une caution, est reçu à donner à sa place un gage en nantissement suffisant.

2042.

La caution judiciaire ne peut point demander la discussion du débiteur principal.

2043.

Celui qui a simplement cautionné la caution judiciaire, ne peut demander la discussion du débiteur principal et de la caution.

TITRE XV.

rêté le 20 Mars

mulgué le 30 du
mois.

DES TRANSACTIONS.

2044.

LA transaction est un contrat par lequel les parties terminent une contestation née, ou préviennent une contestation à naître.

Ce contrat doit être rédigé par écrit.

2045.

Pour transiger, il faut avoir la capacité de disposer des objets compris dans la transaction.

Le tuteur ne peut transiger pour le mineur ou l'interdit que conformément à l'article 467 au titre *de la Minorité, de la Tutelle et de l'Émancipation*; et il ne peut transiger avec le mineur devenu majeur, sur le compte de tutelle, que conformément à l'article 472 au même titre.

Les communes et établissemens publics ne peuvent transiger qu'avec l'autorisation expresse de l'Empereur.

2046.

On peut transiger sur l'intérêt civil qui résulte d'un délit.

La transaction n'empêche pas la poursuite du ministère public.

2047.

On peut ajouter à une transaction la stipulation d'une peine contre celui qui manquera de l'exécuter.

2048.

Les transactions se renferment dans leur objet : la renonciation qui y est faite à tous droits, actions et prétentions, ne s'entend que de ce qui est relatif au différend qui y a donné lieu.

2049.

Les transactions ne règlent que les différends qui s'y trouvent compris, soit que les parties aient manifesté leur intention par des expressions spéciales ou générales, soit que l'on reconnaisse cette intention par une suite nécessaire de ce qui est exprimé.

2050.

Si celui qui avait transigé sur un droit qu'il avait de son chef, acquiert ensuite un droit semblable du chef d'une autre personne, il n'est point, quant au droit nouvellement acquis, lié par la transaction antérieure.

2051.

La transaction faite par l'un des intéressés ne lie point les autres intéressés, et ne peut être opposée par eux.

2052.

Les transactions ont, entre les parties, l'autorité de la chose jugée en dernier ressort.

Elles ne peuvent être attaquées pour cause d'erreur de droit, ni pour cause de lésion.

2053.

Néanmoins une transaction peut être rescindée, lorsqu'il y a erreur dans la personne, ou sur l'objet de la contestation.

Elle peut l'être dans tous les cas où il y a dol ou violence.

2054.

Il y a également lieu à l'action en rescision contre une transaction, lorsqu'elle a été faite en exécution d'un titre nul, à moins que les parties n'aient expressément traité sur la nullité.

2055.

La transaction faite sur pièces qui depuis ont été reconnues fausses, est entièrement nulle.

2056.

La transaction sur un procès terminé par un jugement passé en force de chose jugée, dont les parties ou l'une d'elles n'avaient point connaissance, est nulle.

Si le jugement ignoré des parties était susceptible d'appel, la transaction sera valable.

2057.

Lorsque les parties ont transigé généralement sur toutes les affaires qu'elles pouvaient avoir ensemble, les titres qui leur étaient alors inconnus, et qui auraient été postérieurement découverts, ne sont point une cause de rescision, à moins qu'ils n'aient été retenus par le fait de l'une des parties;

Mais la transaction serait nulle si elle n'avait qu'un objet sur lequel il serait constaté par des titres nouvellement découverts, que l'une des parties n'avait aucun droit.

2058

L'erreur de calcul dans une transaction doit être réparée.

TITRE XVI.

DE LA CONTRAINTE PAR CORPS EN MATIÈRE CIVILE.

Décrété le 13 Février 1804. Promulgué le 23 même mois.

2059.

LA contrainte par corps a lieu, en matière civile, pour le stellionnat.

Il y a stellionat,

Lorsqu'on vend ou qu'on hypothèque un immeuble dont on sait n'être pas propriétaire;

Lorsqu'on présente comme libres des biens hypothéqués, ou que l'on déclare des hypothèques moindres que celles dont ces biens sont chargés.

2060.

La contrainte par corps a lieu pareillement,

1.º Pour dépôt nécessaire;

2.º En cas de réintégrande, pour le délaissement, ordonné par justice, d'un fonds dont le propriétaire a été dépouillé par voies de fait; pour la restitution des fruits qui en ont été perçus pendant l'indue possession, et pour le paiement des dommages et intérêts adjugés au propriétaire;

3.º Pour répétition de deniers consignés entre les mains de personnes publiques établies à cet effet;

4.º Pour la représentation des choses déposées aux séquestres, commissaires et autres gardiens;

5.° Contre les cautions judiciaires et contre les cautions des contraignables par corps, lorsqu'elles se sont soumises à cette contrainte;

6.° Contre tous officiers publics, pour la représentation de leurs minutes, quand elle est ordonnée;

7.° Contre les notaires, les avoués et les huissiers, pour la restitution des titres à eux confiés, et des deniers par eux reçus pour leurs cliens, par suite de leurs fonctions.

2061.

Ceux qui, par un jugement rendu au pétitoire, et passé en force de chose jugée, ont été condamnés à désemparer un fonds, et qui refusent d'obéir, peuvent, par un second jugement, être contraints par corps, quinzaine après la signification du premier jugement à personne ou domicile.

Si le fonds ou l'héritage est éloigné de plus de cinq myriamètres du domicile de la partie condamnée, il sera ajouté, au délai de quinzaine, un jour par cinq myriamètres.

2062.

La contrainte par corps ne peut être ordonnée contre les fermiers pour le paiement des fermages des biens ruraux, si elle n'a été stipulée formellement dans l'acte de bail. Néanmoins les fermiers et les colons partiaires peuvent être contraints par corps, faute par eux de représenter, à la fin du bail, le cheptel de bétail, les semences et les instrumens aratoires qui leur ont été confiés; à moins qu'ils ne justifient que le déficit de ces objets ne procède point de leur fait.

2063.

2063.

Hors les cas déterminés par les articles précédens, ou qui pourraient l'être à l'avenir par une loi formelle, il est défendu à tous juges de prononcer la contrainte par corps; à tous notaires et greffiers de recevoir des actes dans lesquels elle serait stipulée, et à tous Français de consentir pareils actes, encore qu'ils eussent été passés en pays étranger; le tout à peine de nullité, dépens, dommages et intérêts.

2064.

Dans les cas même ci-dessus énoncés, la contrainte par corps ne peut être prononcée contre les mineurs.

2065.

Elle ne peut être prononcée pour une somme moindre de trois cents francs.

2066.

Elle ne peut être prononcée contre les septuagénaires, les femmes et les filles, que dans les cas de stellionat.

Il suffit que la soixante-dixième année soit commencée, pour jouir de la faveur accordée aux septuagénaires.

La contrainte par corps pour cause de stellionat pendant le mariage, n'a lieu contre les femmes mariées que lorsqu'elles sont séparées de biens, ou lorsqu'elles ont des biens dont elles se sont réservé la libre administration, et à raison des engagemens qui concernent ces biens.

Les femmes qui, étant en communauté, se seraient obligées conjointement ou solidairement avec leur mari,

X x x

ne pourront être réputées stellionataires à raison de ces contrats.

2067.

La contrainte par corps, dans les cas même où elle est autorisée par la loi, ne peut être appliquée qu'en vertu d'un jugement.

2068.

L'appel ne suspend pas la contrainte par corps prononcée par un jugement provisoirement exécutoire en donnant caution.

2069.

L'exercice de la contrainte par corps n'empêche ni ne suspend les poursuites et les exécutions sur les biens.

2070.

Il n'est point dérogé aux lois particulières qui autorisent la contrainte par corps dans les matières de commerce, ni aux lois de police correctionnelle, ni à celles qui concernent l'administration des deniers publics.

écrété le 16 Mars
l.
romulgué le 26 du
le mois.

TITRE XVII.

DU NANTISSEMENT.

2071.

LE nantissement est un contrat par lequel un débiteur remet une chose à son créancier pour sûreté de la dette.

2072.

Le nantissement d'une chose mobilière s'appelle *gage*. Celui d'une chose immobilière s'appelle *antichrèse*.

CHAPITRE PREMIER.

DU GAGE.

2073.

Le gage confère au créancier le droit de se faire payer sur la chose qui en est l'objet, par privilége et préférence aux autres créanciers.

2074.

Ce privilége n'a lieu qu'autant qu'il y a un acte public ou sous seing privé, dûment enregistré, contenant la déclaration de la somme due, ainsi que l'espèce et la nature des choses remises en gage, ou un état annexé de leurs qualité, poids et mesure.

La rédaction de l'acte par écrit et son enregistrement ne sont néanmoins prescrits qu'en matière excédant la valeur de cent cinquante francs.

2075.

Le privilége énoncé en l'article précédent ne s'établit sur les meubles incorporels, tels que les créances mobilières, que par acte public ou sous seing privé, aussi enregistré, et signifié au débiteur de la créance donnée en gage.

2076.

Dans tous les cas, le privilége ne subsiste sur le gage

qu'autant que ce gage a été mis et est resté en la possession du créancier, ou d'un tiers convenu entre les parties.

2077.

Le gage peut être donné par un tiers pour le débiteur.

2078.

Le créancier ne peut, à défaut de paiement, disposer du gage ; sauf à lui à faire ordonner en justice que ce gage lui demeurera en paiement et jusqu'à due concurrence, d'après une estimation faite par experts, ou qu'il sera vendu aux enchères.

Toute clause qui autoriserait le créancier à s'approprier le gage, ou à en disposer sans les formalités ci-dessus, est nulle.

2079.

Jusqu'à l'expropriation du débiteur, s'il y a lieu, il reste propriétaire du gage, qui n'est, dans la main du créancier, qu'un dépôt assurant le privilége de celui-ci.

2080.

Le créancier répond, selon les règles établies au titre *des Contrats ou des Obligations conventionnelles en général,* de la perte ou détérioration du gage qui serait survenue par sa négligence.

De son côté, le débiteur doit tenir compte au créancier des dépenses utiles et nécessaires que celui-ci a faites pour la conservation du gage.

2081.

S'il s'agit d'une créance donnée en gage, et que cette

créance porte intérêts, le créancier impute ces intérêts sur ceux qui peuvent lui être dus.

Si la dette pour sûreté de laquelle la créance a été donnée en gage, ne porte point elle-même intérêts, l'imputation se fait sur le capital de la dette.

2082.

Le débiteur ne peut, à moins que le détenteur du gage n'en abuse, en réclamer la restitution qu'après avoir entièrement payé, tant en principal qu'intérêts et frais, la dette pour sûreté de laquelle le gage a été donné.

S'il existait de la part du même débiteur, envers le même créancier, une autre dette contractée postérieurement à la mise en gage, et devenue exigible avant le paiement de la première dette, le créancier ne pourra être tenu de se dessaisir du gage avant d'être entièrement payé de l'une et de l'autre dette, lors même qu'il n'y aurait eu aucune stipulation pour affecter le gage au paiement de la seconde.

2083.

Le gage est indivisible nonobstant la divisibilité de la dette entre les héritiers du débiteur ou ceux du créancier.

L'héritier du débiteur, qui a payé sa portion de la dette, ne peut demander la restitution de sa portion dans le gage, tant que la dette n'est pas entièrement acquittée.

Réciproquement, l'héritier du créancier, qui a reçu sa portion de la dette, ne peut remettre le gage au préjudice de ceux de ses cohéritiers qui ne sont pas payés.

2084.

Les dispositions ci-dessus ne sont applicables ni aux matières de commerce, ni aux maisons de prêt sur gage autorisées, et à l'égard desquelles on suit les lois et réglemens qui les concernent.

CHAPITRE II.

DE L'ANTICHRÈSE.

2085.

L'antichrèse ne s'établit que par écrit.

Le créancier n'acquiert par ce contrat que la faculté de percevoir les fruits de l'immeuble, à la charge de les imputer annuellement sur les intérêts, s'il lui en est dû, et ensuite sur le capital de sa créance.

2086.

Le créancier est tenu, s'il n'en est autrement convenu, de payer les contributions et les charges annuelles de l'immeuble qu'il tient en antichrèse.

Il doit également, sous peine de dommages et intérêts, pourvoir à l'entretien et aux réparations utiles et nécessaires de l'immeuble, sauf à prélever sur les fruits toutes les dépenses relatives à ces divers objets.

2087.

Le débiteur ne peut, avant l'entier acquittement de la dette, réclamer la jouissance de l'immeuble qu'il a remis en antichrèse.

Mais le créancier qui veut se décharger des obligations exprimées en l'article précédent, peut toujours, à moins qu'il n'ait renoncé à ce droit, contraindre le débiteur à reprendre la jouissance de son immeuble.

2088.

Le créancier ne devient point propriétaire de l'immeuble par le seul défaut de paiement au terme convenu; toute clause contraire est nulle : en ce cas, il peut poursuivre l'expropriation de son débiteur par les voies légales.

2089.

Lorsque les parties ont stipulé que les fruits se compenseront avec les intérêts, ou totalement, ou jusqu'à une certaine concurrence, cette convention s'exécute comme toute autre qui n'est point prohibée par les lois.

2090.

Les dispositions des articles 2077 et 2083 s'appliquent à l'antichrèse comme au gage.

2091.

Tout ce qui est statué au présent chapitre ne préjudicie point aux droits que des tiers pourraient avoir sur le fonds de l'immeuble remis à titre d'antichrèse.

Si le créancier, muni à ce titre, a d'ailleurs sur le fonds des priviléges ou hypothèques légalement établis et conservés, il les exerce à son ordre et comme tout autre créancier.

écrété le 19 Mars
4.
romulgué le 29 du
ne mois.

TITRE XVIII.

DES PRIVILÉGES ET HYPOTHÈQUES.

CHAPITRE Ier

DISPOSITIONS GÉNÉRALES.

2092.

QUICONQUE s'est obligé personnellement, est tenu de remplir son engagement sur tous ses biens mobiliers et immobiliers, présens et à venir.

2093.

Les biens du débiteur sont le gage commun de ses créanciers; et le prix s'en distribue entre eux par contribution, à moins qu'il n'y ait entre les créanciers des causes légitimes de préférence.

2094.

Les causes légitimes de préférence sont les priviléges et hypothèques.

CHAPITRE II.

DES PRIVILÉGES.

2095.

Le privilége est un droit que la qualité de la créance donne à un créancier d'être préféré aux autres créanciers, même hypothécaires.

2096.

2096.

Entre les créanciers privilégiés, la préférence se règle par les différentes qualités des priviléges.

2097.

Les créanciers privilégiés qui sont dans le même rang, sont payés par concurrence.

2098.

Le privilége, à raison des droits du trésor public, et l'ordre dans lequel il s'exerce, sont réglés par les lois qui les concernent.

Le trésor public ne peut cependant obtenir de privilége au préjudice des droits antérieurement acquis à des tiers.

2099.

Les priviléges peuvent être sur les meubles ou sur les immeubles.

SECTION I.re

Des Priviléges sur les meubles.

2100.

Les priviléges sont ou généraux ou particuliers sur certains meubles.

§. I.er

Des priviléges généraux sur les meubles.

2101.

Les créances privilégiées sur la généralité des meubles

sont celles ci-après exprimées, et s'exercent dans l'ordre suivant :

1.º Les frais de justice ;

2.º Les frais funéraires ;

3.º Les frais quelconques de la dernière maladie, concurremment entre ceux à qui ils sont dus ;

4.º Les salaires des gens de service, pour l'année échue et ce qui est dû sur l'année courante ;

5.º Les fournitures de subsistances faites au débiteur et à sa famille ; savoir, pendant les six derniers mois, par les marchands en détail, tels que boulangers, bouchers et autres ; et pendant la dernière année, par les maîtres de pension et marchands en gros.

§. II.

Des priviléges sur certains meubles.

2102.

Les créances privilégiées sur certains meubles sont,

1.º Les loyers et fermages des immeubles, sur les fruits de la récolte de l'année, et sur le prix de tout ce qui garnit la maison louée ou la ferme, et de tout ce qui sert à l'exploitation de la ferme ; savoir, pour tout ce qui est échu, et pour tout ce qui est à échoir, si les baux sont authentiques, ou si, étant sous signature privée, ils ont une date certaine ; et, dans ces deux cas, les autres créanciers ont le droit de relouer la maison ou la ferme pour le restant du bail, et de faire leur profit des baux ou fermages, à la charge toutefois de payer au propriétaire tout ce qui lui serait encore dû;

Et, à défaut de baux authentiques, ou lorsqu'étant sous signature privée, ils n'ont pas une date certaine, pour une année à partir de l'expiration de l'année courante;

Le même privilége a lieu pour les réparations locatives, et pour tout ce qui concerne l'exécution du bail;

Néanmoins les sommes dues pour les semences ou pour les frais de la récolte de l'année, sont payées sur le prix de la récolte, et celles dues pour ustensiles, sur le prix de ces ustensiles, par préférence au propriétaire, dans l'un et l'autre cas;

Le propriétaire peut saisir les meubles qui garnissent sa maison ou sa ferme, lorsqu'ils ont été déplacés sans son consentement, et il conserve sur eux son privilége, pourvu qu'il ait fait la revendication; savoir, lorsqu'il s'agit du mobilier qui garnissait une ferme, dans le délai de quarante jours; et dans celui de quinzaine, s'il s'agit des meubles garnissant une maison;

2.° La créance sur le gage dont le créancier est saisi;

3.° Les frais faits pour la conservation de la chose;

4.° Le prix d'effets mobiliers non payés, s'ils sont encore en la possession du débiteur, soit qu'il ait acheté à terme ou sans terme;

Si la vente a été faite sans terme, le vendeur peut même revendiquer ces effets tant qu'ils sont en la possession de l'acheteur, et en empêcher la revente, pourvu que la revendication soit faite dans la huitaine de la livraison, et que les effets se trouvent dans le même état dans lequel cette livraison a été faite;

Le privilége du vendeur ne s'exerce toutefois qu'après celui du propriétaire de la maison ou de la ferme, à moins qu'il ne soit prouvé que le propriétaire avait connaissance que les meubles et autres objets garnissant sa maison ou sa ferme n'appartenaient pas au locataire;

Il n'est rien innové aux lois et usages du commerce sur la revendication;

5.° Les fournitures d'un aubergiste, sur les effets du voyageur qui ont été transportés dans son auberge;

6.° Les frais de voiture et les dépenses accessoires, sur la chose voiturée;

7.° Les créances résultant d'abus et prévarications commis par les fonctionnaires publics dans l'exercice de leurs fonctions, sur les fonds de leur cautionnement, et sur les intérêts qui en peuvent être dus.

SECTION II.

Des Priviléges sur les immeubles.

2103.

Les créanciers privilégiés sur les immeubles sont;

1.° Le vendeur, sur l'immeuble vendu, pour le paiement du prix;

S'il y a plusieurs ventes successives dont le prix soit dû en tout ou en partie, le premier vendeur est préféré au second, le deuxième au troisième, et ainsi de suite;

2.° Ceux qui ont fourni les deniers pour l'acquisition

d'un immeuble, pourvu qu'il soit authentiquement constaté, par l'acte d'emprunt, que la somme était destinée à cet
emploi, et, par la quittance du vendeur, que ce paiement
a été fait des deniers empruntés;

3.° Les cohéritiers, sur les immeubles de la succession,
pour la garantie des partages faits entre eux, et des soulte
ou retour de lots;

4.° Les architectes, entrepreneurs, maçons et autres
ouvriers employés pour édifier, reconstruire ou réparer des
bâtimens, canaux, ou autres ouvrages quelconques, pourvu
néanmoins que, par un expert nommé d'office par le tribunal
de première instance dans le ressort duquel les bâtimens
sont situés, il ait été dressé préalablement un procès-verbal,
à l'effet de constater l'état des lieux relativement aux ouvrages
que le propriétaire déclarera avoir dessein de faire, et que
les ouvrages aient été, dans les six mois au plus de leur
perfection, reçus par un expert également nommé d'office;

Mais le montant du privilége ne peut excéder les valeurs
constatées par le second procès-verbal, et il se réduit à la
plus-value existante à l'époque de l'aliénation de l'immeuble
et résultant des travaux qui y ont été faits;

5.° Ceux qui ont prêté les deniers pour payer ou rembourser les ouvriers, jouissent du même privilége, pourvu
que cet emploi soit authentiquement constaté par l'acte
d'emprunt, et par la quittance des ouvriers, ainsi qu'il a
été dit ci-dessus pour ceux qui ont prêté les deniers pour
l'acquisition d'un immeuble.

SECTION III.

Des Privilèges qui s'étendent sur les meubles et les immeubles.

2104.

Les privilèges qui s'étendent sur les meubles et les immeubles sont ceux énoncés en l'article 2101.

2105.

Lorsqu'à défaut de mobilier les privilégiés énoncés en l'article précédent se présentent pour être payés sur le prix d'un immeuble en concurrence avec les créanciers privilégiés sur l'immeuble, les paiemens se font dans l'ordre qui suit :

1.° Les frais de justice et autres énoncés en l'art. 2101 ;

2.° Les créances désignées en l'article 2103.

SECTION IV.

Comment se conservent les Privilèges.

2106.

Entre les créanciers, les privilèges ne produisent d'effets à l'égard des immeubles qu'autant qu'ils sont rendus publics par inscription sur les registres du conservateur des hypothèques, de la manière déterminée par la loi, et à compter de la date de cette inscription, sous les seules exceptions qui suivent.

2107.

Sont exceptées de la formalité de l'inscription les créances énoncées en l'article 2101.

2108.

Le vendeur privilégié conserve son privilége par la transcription du titre qui a transféré la propriété à l'acquéreur, et qui constate que la totalité ou partie du prix lui est due; à l'effet de quoi la transcription du contrat faite par l'acquéreur vaudra inscription pour le vendeur et pour le prêteur qui lui aura fourni les deniers payés, et qui sera subrogé aux droits du vendeur par le même contrat : sera néanmoins le conservateur des hypothèques tenu, sous peine de tous dommages et intérêts envers les tiers, de faire d'office l'inscription sur son registre, des créances résultant de l'acte translatif de propriété, tant en faveur du vendeur qu'en faveur des prêteurs, qui pourront aussi faire faire, si elle ne l'a été, la transcription du contrat de vente, à l'effet d'acquérir l'inscription de ce qui leur est dû sur le prix.

2109.

Le cohéritier ou copartageant conserve son privilége sur les biens de chaque lot ou sur le bien licité, pour les soulte et retour de lots, ou pour le prix de la licitation, par l'inscription faite à sa diligence, dans soixante jours, à dater de l'acte de partage ou de l'adjudication par licitation; durant lequel temps aucune hypothèque ne peut avoir lieu sur le bien chargé de soulte ou adjugé par licitation, au préjudice du créancier de la soulte ou du prix.

2110.

Les architectes, entrepreneurs, maçons et autres ouvriers

employés pour édifier, reconstruire ou réparer des bâtimens, canaux, ou autres ouvrages, et ceux qui ont, pour les payer et rembourser, prêté les deniers dont l'emploi a été constaté, conservent, par la double inscription faite, 1.° du procès-verbal qui constate l'état des lieux, 2.° du procès-verbal de réception, leur privilége à la date de l'inscription du premier procès-verbal.

2 I I I.

Les créanciers et légataires qui demandent la séparation du patrimoine du défunt, conformément à l'article 878 au titre *des Successions*, conservent, à l'égard des créanciers des héritiers ou représentans du défunt, leur privilége sur les immeubles de la succession, par les inscriptions faites sur chacun de ces biens, dans les six mois à compter de l'ouverture de la succession.

Avant l'expiration de ce délai, aucune hypothèque ne peut être établie avec effet sur ces biens par les héritiers ou représentans au préjudice de ces créanciers ou légataires.

2 I I 2.

Les cessionnaires de ces diverses créances privilégiées exercent tous, les mêmes droits que les cédans, en leur lieu et place.

2 I I 3.

Toutes créances privilégiées soumises à la formalité de l'inscription, à l'égard desquelles les conditions ci-dessus prescrites pour conserver le privilége n'ont pas été accomplies, ne cessent pas néanmoins d'être hypothécaires; mais l'hypothèque l'hypothèque ne date, à l'égard des tiers, que de l'époque des inscriptions qui auront dû être faites ainsi qu'il sera ci-après expliqué.

CHAPITRE III.

DES HYPOTHÈQUES.

2 1 1 4.

L'hypothèque est un droit réel sur les immeubles affectés à l'acquittement d'une obligation.

Elle est, de sa nature, indivisible, et subsiste en entier sur tous les immeubles affectés, sur chacun et sur chaque portion de ces immeubles.

Elle les suit dans quelques mains qu'ils passent.

2 1 1 5.

L'hypothèque n'a lieu que dans les cas et suivant les formes autorisés par la loi.

2 1 1 6.

Elle est ou légale, ou judiciaire, ou conventionnelle.

2 1 1 7.

L'hypothèque légale est celle qui résulte de la loi.

L'hypothèque judiciaire est celle qui résulte des jugemens ou actes judiciaires.

L'hypothèque conventionnelle est celle qui dépend des conventions, et de la forme extérieure des actes et des contrats.

2118.

Sont seuls susceptibles d'hypothèques,

1.° Les biens immobiliers qui sont dans le commerce, et leurs accessoires réputés immeubles ;

2.° L'usufruit des mêmes biens et accessoires pendant le temps de sa durée.

2119.

Les meubles n'ont pas de suite par hypothèque.

2120.

Il n'est rien innové par le présent Code aux dispositions des lois maritimes concernant les navires et bâtimens de mer.

SECTION I.re

Des Hypothèques légales.

2121.

Les droits et créances auxquels l'hypothèque légale est attribuée, sont,

Ceux des femmes mariées, sur les biens de leur mari;

Ceux des mineurs et interdits, sur les biens de leur tuteur;

Ceux de l'État, des communes et des établissemens publics, sur les biens des receveurs et administrateurs comptables.

2122.

Le créancier qui a une hypothèque légale, peut exercer son droit sur tous les immeubles appartenant à son débiteur et sur ceux qui pourront lui appartenir dans la suite, sous les modifications qui seront ci-après exprimées.

SECTION II.

Des Hypothèques judiciaires.

2123.

L'hypothèque judiciaire résulte des jugemens, soit contradictoires, soit par défaut, définitifs ou provisoires, en faveur de celui qui les a obtenus. Elle résulte aussi des reconnaissances ou vérifications, faites en jugement, des signatures apposées à un acte obligatoire sous seing privé.

Elle peut s'exercer sur les immeubles actuels du débiteur et sur ceux qu'il pourra acquérir, sauf aussi les modifications qui seront ci-après exprimées.

Les décisions arbitrales n'emportent hypothèque qu'autant qu'elles sont revêtues de l'ordonnance judiciaire d'exécution.

L'hypothèque ne peut pareillement résulter des jugemens rendus en pays étranger, qu'autant qu'ils ont été déclarés exécutoires par un tribunal français; sans préjudice des dispositions contraires qui peuvent être dans les lois politiques ou dans les traités.

SECTION III.

Des Hypothèques conventionnelles.

2124.

Les hypothèques conventionnelles ne peuvent être

consenties que par ceux qui ont la capacité d'aliéner les immeubles qu'ils y soumettent.

2125.

Ceux qui n'ont sur l'immeuble qu'un droit suspendu par une condition, ou résoluble dans certains cas, ou sujet à rescision, ne peuvent consentir qu'une hypothèque soumise aux mêmes conditions ou à la même rescision.

2126.

Les biens des mineurs, des interdits, et ceux des absens, tant que la possession n'en est déférée que provisoirement, ne peuvent être hypothéqués que pour les causes et dans les formes établies par la loi, ou en vertu de jugemens.

2127.

L'hypothèque conventionnelle ne peut être consentie que par acte passé en forme authentique devant deux notaires, ou devant un notaire et deux témoins.

2128.

Les contrats passés en pays étranger ne peuvent donner d'hypothèque sur les biens de France, s'il n'y a des dispositions contraires à ce principe dans les lois politiques ou dans les traités.

2129.

Il n'y a d'hypothèque conventionnelle valable que celle qui, soit dans le titre authentique constitutif de la créance, soit dans un acte authentique postérieur, déclare spécialement la nature et la situation de chacun des immeubles actuellement appartenant au débiteur, sur lesquels il consent l'hypothèque de la créance. Chacun de tous ses biens présens peut être nominativement soumis à l'hypothèque. Les biens à venir ne peuvent pas être hypothéqués.

2130.

Néanmoins, si les biens présens et libres du débiteur sont insuffisans pour la sûreté de la créance, il peut, en exprimant cette insuffisance, consentir que chacun des biens qu'il acquerra par la suite, y demeure affecté à mesure des acquisitions.

2131.

Pareillement, en cas que l'immeuble ou les immeubles présens, assujettis à l'hypothèque, eussent péri, ou éprouvé des dégradations, de manière qu'ils fussent devenus insuffisans pour la sûreté du créancier, celui-ci pourra ou poursuivre dès-à-présent son remboursement, ou obtenir un supplément d'hypothèque.

2132.

L'hypothèque conventionnelle n'est valable qu'autant que la somme pour laquelle elle est consentie, est certaine et déterminée par l'acte : si la créance résultant de l'obligation est conditionnelle pour son existence, ou indéterminée dans sa valeur, le créancier ne pourra requérir l'inscription dont il sera parlé ci-après, que jusqu'à concurrence d'une valeur estimative par lui déclarée expressément, et que le débiteur aura droit de faire réduire, s'il y a lieu.

2133.

L'hypothèque acquise s'étend à toutes les améliorations survenues à l'immeuble hypothéqué.

SECTION IV.

Du rang que les Hypothèques ont entre elles.

2134.

Entre les créanciers, l'hypothèque, soit légale, soit judiciaire, soit conventionnelle, n'a de rang que du jour de l'inscription prise par le créancier sur les registres du conservateur, dans la forme et de la manière prescrites par la loi, sauf les exceptions portées en l'article suivant.

2135.

L'hypothèque existe, indépendamment de toute inscription,

1.º Au profit des mineurs et interdits, sur les immeubles appartenant à leur tuteur, à raison de sa gestion, du jour de l'acceptation de la tutelle;

2.º Au profit des femmes, pour raison de leurs dot et conventions matrimoniales, sur les immeubles de leur mari, et à compter du jour du mariage.

La femme n'a hypothèque pour les sommes dotales qui proviennent de successions à elle échues, ou de donations à elle faites pendant le mariage, qu'à compter de l'ouverture des successions ou du jour que les donations ont eu leur effet.

Elle n'a hypothèque pour l'indemnité des dettes qu'elle a

contractées avec son mari, et pout le remploi de ses propres aliénés, qu'à compter du jour de l'obligation ou de la vente.

Dans aucun cas, la disposition du présent article ne pourra préjudicier aux droits acquis à des tiers avant la publication du présent titre.

2136.

Sont toutefois les maris et les tuteurs tenus de rendre publiques les hypothèques dont leurs biens sont grevés, et, à cet effet, de requérir eux-mêmes, sans aucun délai, inscription aux bureaux à ce établis, sur les immeubles à eux appartenant, et sur ceux qui pourront leur appartenir par la suite.

Les maris et les tuteurs qui, ayant manqué de requérir et de faire faire les inscriptions ordonnées par le présent article, auraient consenti ou laissé prendre des priviléges ou des hypothèques sur leurs immeubles, sans déclarer expressément que lesdits immeubles étaient affectés à l'hypothèque légale des femmes et des mineurs, seront réputés stellionataires, et comme tels contraignables par corps.

2137.

Les subrogés tuteurs seront tenus, sous leur responsabilité personnelle, et sous peine de tous dommages et intérêts, de veiller à ce que les inscriptions soient prises sans délai sur les biens du tuteur, pour raison de sa gestion, même de faire faire lesdites inscriptions.

2138.

A défaut par les maris, tuteurs, subrogés tuteurs, de faire faire les inscriptions ordonnées par les articles précédens, elles seront requises par le procureur impérial au tribunal de première instance du domicile des maris et tuteurs, ou du lieu de la situation des biens.

2139.

Pourront les parens, soit du mari, soit de la femme, et les parens du mineur, ou, à défaut de parens, ses amis, requérir lesdites inscriptions; elles pourront aussi être requises par la femme et par les mineurs.

2140.

Lorsque, dans le contrat de mariage, les parties majeures seront convenues qu'il ne sera pris d'inscription que sur un ou certains immeubles du mari, les immeubles qui ne seraient pas indiqués pour l'inscription resteront libres et affranchis de l'hypothèque pour la dot de la femme et pour ses reprises et conventions matrimoniales. Il ne pourra pas être convenu qu'il ne sera pris aucune inscription.

2141.

Il en sera de même pour les immeubles du tuteur, lorsque les parens, en conseil de famille, auront été d'avis qu'il ne soit pris d'inscription que sur certains immeubles.

2142.

Dans le cas des deux articles précédens, le mari, le
tuteur

tuteur et le subrogé tuteur, ne seront tenus de requérir inscription que sur les immeubles indiqués.

2143.

Lorsque l'hypothèque n'aura pas été restreinte par l'acte de nomination du tuteur, celui-ci pourra, dans le cas où l'hypothèque générale sur ses immeubles excéderait notoirement les sûretés suffisantes pour sa gestion, demander que cette hypothèque soit restreinte aux immeubles suffisans pour opérer une pleine garantie en faveur du mineur.

La demande sera formée contre le subrogé tuteur, et elle devra être précédée d'un avis de famille.

2144.

Pourra pareillement le mari, du consentement de sa femme, et après avoir pris l'avis des quatre plus proches parens d'icelle réunis en assemblée de famille, demander que l'hypothèque générale sur tous ses immeubles, pour raison de la dot, des reprises et conventions matrimoniales, soit restreinte aux immeubles suffisans pour la conservation entière des droits de la femme.

2145.

Les jugemens sur les demandes des maris et des tuteurs ne seront rendus qu'après avoir entendu le procureur impérial, et contradictoirement avec lui.

Dans le cas où le tribunal prononcera la réduction de l'hypothèque à certains immeubles, les inscriptions prises sur tous les autres seront rayées.

A a a a

CHAPITRE IV.

DU MODE DE L'INSCRIPTION DES PRIVILÉGES ET HYPOTHÈQUES.

2146.

Les inscriptions se font au bureau de conservation des hypothèques dans l'arrondissement duquel sont situés les biens soumis au privilége ou à l'hypothèque. Elles ne produisent aucun effet, si elles sont prises dans le délai pendant lequel les actes faits avant l'ouverture des faillites sont déclarés nuls.

Il en est de même entre les créanciers d'une succession, si l'inscription n'a été faite par l'un d'eux que depuis l'ouverture, et dans le cas où la succession n'est acceptée que par bénéfice d'inventaire.

2147.

Tous les créanciers inscrits le même jour exercent en concurrence une hypothèque de la même date, sans distinction entre l'inscription du matin et celle du soir, quand cette différence serait marquée par le conservateur.

2148.

Pour opérer l'inscription, le créancier représente, soit par lui-même, soit par un tiers, au conservateur des hypothèques, l'original en brevet ou une expédition authentique du jugement ou de l'acte qui donne naissance au privilége ou à l'hypothèque.

Il y joint deux bordereaux écrits sur papier timbré, dont

l'un peut être porté sur l'expédition du titre; ils contiennent,

1.° Les nom, prénom, domicile du créancier, sa profession s'il en a une, et l'élection d'un domicile pour lui dans un lieu quelconque de l'arrondissement du bureau;

2.° Les nom, prénom, domicile du débiteur, sa profession s'il en a une connue, ou une désignation individuelle et spéciale, telle, que le conservateur puisse reconnaître et distinguer dans tous les cas l'individu grevé d'hypothèque;

3.° La date et la nature du titre;

4.° Le montant du capital des créances exprimées dans le titre, ou évaluées par l'inscrivant, pour les rentes et prestations, ou pour les droits éventuels, conditionnels ou indéterminés, dans les cas où cette évaluation est ordonnée; comme aussi le montant des accessoires de ces capitaux, et l'époque de l'exigibilité;

5.° L'indication de l'espèce et de la situation des biens sur lesquels il entend conserver son privilége ou son hypothèque.

Cette dernière disposition n'est pas nécessaire dans le cas des hypothèques légales ou judiciaires : à défaut de convention, une seule inscription, pour ces hypothèques, frappe tous les immeubles compris dans l'arrondissement du bureau.

2149.

Les inscriptions à faire sur les biens d'une personne décédée, pourront être faites sous la simple désignation du défunt, ainsi qu'il est dit au n.° 2 de l'article précédent.

2150.

Le conservateur fait mention, sur son registre, du contenu aux bordereaux, et remet au requérant, tant le titre ou l'expédition du titre, que l'un des bordereaux, au pied duquel il certifie avoir fait l'inscription.

2151.

Le créancier inscrit pour un capital produisant intérêt ou arrérages, a droit d'être colloqué pour deux années seulement, et pour l'année courante, au même rang d'hypothèque que pour son capital; sans préjudice des inscriptions particulières à prendre, portant hypothèque à compter de leur date, pour les arrérages autres que ceux conservés par la première inscription.

2152.

Il est loisible à celui qui a requis une inscription, ainsi qu'à ses représentans, ou cessionnaires par acte authentique, de changer sur le registre des hypothèques le domicile par lui élu, à la charge d'en choisir et indiquer un autre dans le même arrondissement.

2153.

Les droits d'hypothèque purement légale de l'État, des communes et des établissemens publics sur les biens des comptables, ceux des mineurs ou interdits sur les tuteurs, des femmes mariées sur leurs époux, seront inscrits sur la représentation de deux bordereaux, contenant seulement,

1.º Les nom, prénom, profession et domicile réel du

créancier, et le domicile qui sera par lui, ou pour lui, élu dans l'arrondissement;

2.º Les nom, prénom, profession, domicile, ou désignation précise du débiteur;

3.º La nature des droits à conserver, et le montant de leur valeur quant aux objets déterminés, sans être tenu de le fixer quant à ceux qui sont conditionnels, éventuels ou indéterminés.

2154.

Les inscriptions conservent l'hypothèque et le privilége pendant dix années, à compter du jour de leur date : leur effet cesse, si ces inscriptions n'ont été renouvelées avant l'expiration de ce délai.

2155.

Les frais des inscriptions sont à la charge du débiteur, s'il n'y a stipulation contraire; l'avance en est faite par l'inscrivant, si ce n'est quant aux hypothèques légales, pour l'inscription desquelles le conservateur a son recours contre le débiteur. Les frais de la transcription, qui peut être requise par le vendeur, sont à la charge de l'acquéreur.

2156.

Les actions auxquelles les inscriptions peuvent donner lieu contre les créanciers, seront intentées devant le tribunal compétent, par exploits faits à leur personne, ou au dernier des domiciles élus sur le registre; et ce, nonobstant le décès soit des créanciers, soit de ceux chez lesquels ils auront fait élection de domicile.

CHAPITRE V.

DE LA RADIATION ET RÉDUCTION DES INSCRIPTIONS.

2157.

Les inscriptions sont rayées du consentement des parties intéressées et ayant capacité à cet effet, ou en vertu d'un jugement en dernier ressort ou passé en force de chose jugée.

2158.

Dans l'un et l'autre cas, ceux qui requièrent la radiation déposent au bureau du conservateur l'expédition de l'acte authentique portant consentement, ou celle du jugement.

2159.

La radiation non consentie est demandée au tribunal dans le ressort duquel l'inscription a été faite, si ce n'est lorsque cette inscription a eu lieu pour sûreté d'une condamnation éventuelle ou indéterminée, sur l'exécution ou liquidation de laquelle le débiteur et le créancier prétendu sont en instance ou doivent être jugés dans un autre tribunal; auquel cas la demande en radiation doit y être portée ou renvoyée.

Cependant la convention faite par le créancier et le débiteur, de porter, en cas de contestation, la demande à un tribunal qu'ils auraient désigné, recevra son exécution entre eux.

2160.

La radiation doit être ordonnée par les tribunaux,

lorsque l'inscription a été faite sans être fondée ni sur la loi, ni sur un titre, ou lorsqu'elle l'a été en vertu d'un titre, soit irrégulier, soit éteint ou soldé, ou lorsque les droits de privilége ou d'hypothèque sont effacés par les voies légales.

2161.

Toutes les fois que les inscriptions prises par un créancier qui, d'après la loi, aurait droit d'en prendre sur les biens présens ou sur les biens avenir d'un débiteur, sans limitation convenue, seront portées sur plus de domaines différens qu'il n'est nécessaire à la sûreté des créances, l'action en réduction des inscriptions, ou en radiation d'une partie en ce qui excède la proportion convenable, est ouverte au débiteur. On y suit les règles de compétence établies dans l'article 2159.

La disposition du présent article ne s'applique pas aux hypothèques conventionnelles.

2162.

Sont réputées excessives les inscriptions qui frappent sur plusieurs domaines, lorsque la valeur d'un seul ou de quelques-uns d'entre eux excède de plus d'un tiers en fonds libres le montant des créances en capital et accessoires légaux.

2163.

Peuvent aussi être réduites comme excessives, les inscriptions prises d'après l'évaluation faite par le créancier, des créances qui, en ce qui concerne l'hypothèque à établir pour leur sûreté, n'ont pas été réglées par la convention, et qui par leur nature sont conditionnelles, éventuelles ou indéterminées.

2164.

L'excès, dans ce cas, est arbitré par les juges, d'après les circonstances, les probabilités des chances et les présomptions de fait, de manière à concilier les droits vraisemblables du créancier avec l'intérêt du crédit raisonnable à conserver au débiteur ; sans préjudice des nouvelles inscriptions à prendre avec hypothèque du jour de leur date, lorsque l'événement aura porté les créances indéterminées à une somme plus forte.

2165.

La valeur des immeubles dont la comparaison est à faire avec celle des créances et le tiers en sus, est déterminée par quinze fois la valeur du revenu déclaré par la matrice du rôle de la contribution foncière, ou indiqué par la cote de contribution sur le rôle, selon la proportion qui existe dans les communes de la situation entre cette matrice ou cette cote et le revenu, pour les immeubles non sujets à dépérissement, et dix fois cette valeur pour ceux qui y sont sujets. Pourront néanmoins les juges s'aider, en outre, des éclaircissemens qui peuvent résulter des baux non suspects, des procès-verbaux d'estimation qui ont pu être dressés précédemment à des époques rapprochées, et autres actes semblables, et évaluer le revenu au taux moyen entre les résultats de ces divers renseignemens.

CHAPITRE VI.

CHAPITRE VI.

DE L'EFFET DES PRIVILÉGES ET HYPOTHÈQUES CONTRE LES TIERS DÉTENTEURS.

2166.

Les créanciers ayant privilége ou hypothèque inscrite sur un immeuble, le suivent en quelques mains qu'il passe, pour être colloqués et payés suivant l'ordre de leurs créances ou inscriptions.

2167.

Si le tiers détenteur ne remplit pas les formalités qui seront ci-après établies, pour purger sa propriété, il demeure, par l'effet seul des inscriptions, obligé comme détenteur à toutes les dettes hypothécaires, et jouit des termes et délais accordés au débiteur originaire.

2168.

Le tiers détenteur est tenu, dans le même cas, ou de payer tous les intérêts et capitaux exigibles, à quelque somme qu'ils puissent monter, ou de délaisser l'immeuble hypothéqué, sans aucune réserve.

2169.

Faute par le tiers détenteur de satisfaire pleinement à l'une de ces obligations, chaque créancier hypothécaire a droit de faire vendre sur lui l'immeuble hypothéqué, trente jours après commandement fait au débiteur originaire, et sommation faite au tiers détenteur de payer la dette exigible ou de délaisser l'héritage.

Bbbb

2170.

Néanmoins le tiers détenteur qui n'est pas personnellement obligé à la dette, peut s'opposer à la vente de l'héritage hypothéqué qui lui a été transmis, s'il est demeuré d'autres immeubles hypothéqués à la même dette dans la possession du principal ou des principaux obligés, et en requérir la discussion préalable selon la forme réglée au titre *du Cautionnement :* pendant cette discussion, il est sursis à la vente de l'héritage hypothéqué.

2171.

L'exception de discussion ne peut être opposée au créancier privilégié ou ayant hypothèque spéciale sur l'immeuble.

2172.

Quant au délaissement par hypothèque, il peut être fait par tous les tiers détenteurs qui ne sont pas personnellement obligés à la dette, et qui ont la capacité d'aliéner.

2173.

Il peut l'être même après que le tiers détenteur a reconnu l'obligation ou subi condamnation en cette qualité seulement : le délaissement n'empêche pas que, jusqu'à l'adjudication, le tiers détenteur ne puisse reprendre l'immeuble en payant toute la dette et les frais.

2174.

Le délaissement par hypothèque se fait au greffe du tribunal de la situation des biens ; et il en est donné acte par ce tribunal.

Sur la pétition du plus diligent des intéressés, il est créé à l'immeuble délaissé un curateur sur lequel la vente de l'immeuble est poursuivie dans les formes prescrites pour les expropriations.

2175.

Les détériorations qui procèdent du fait ou de la négligence du tiers détenteur, au préjudice des créanciers hypothécaires ou privilégiés, donnent lieu contre lui à une action en indemnité; mais il ne peut répéter ses impenses et améliorations que jusqu'à concurrence de la plus-value résultant de l'amélioration.

2176.

Les fruits de l'immeuble hypothéqué ne sont dus par le tiers détenteur qu'à compter du jour de la sommation de payer ou de délaisser, et, si les poursuites commencées ont été abandonnées pendant trois ans, à compter de la nouvelle sommation qui sera faite.

2177.

Les servitudes et droits réels que le tiers détenteur avait sur l'immeuble avant sa possession, renaissent après le délaissement ou après l'adjudication faite sur lui.

Ses créanciers personnels, après tous ceux qui sont inscrits sur les précédens propriétaires, exercent leur hypothèque à leur rang, sur le bien délaissé ou adjugé.

2178.

Le tiers détenteur qui a payé la dette hypothécaire, ou

délaissé l'immeuble hypothéqué, ou subi l'expropriation de cet immeuble, a le recours en garantie, tel que de droit, contre le débiteur principal.

2179.

Le tiers détenteur qui veut purger sa propriété en payant le prix, observe les formalités qui sont établies dans le chapitre VIII du présent titre.

CHAPITRE VII.

DE L'EXTINCTION DES PRIVILÉGES ET HYPOTHÈQUES.

2180.

Les priviléges et hypothèques s'éteignent,

1.º Par l'extinction de l'obligation principale ;

2.º Par la renonciation du créancier à l'hypothèque,

3.º Par l'accomplissement des formalités et conditions prescrites aux tiers détenteurs pour purger les biens par eux acquis,

4.º Par la prescription.

La prescription est acquise au débiteur, quant aux biens qui sont dans ses mains, par le temps fixé pour la prescription des actions qui donnent l'hypothèque ou le privilége.

Quant aux biens qui sont dans la main d'un tiers détenteur, elle lui est acquise par le temps réglé pour la prescription de la propriété à son profit : dans le cas où la prescription suppose un titre, elle ne commence à courir que du jour où il a été transcrit sur les registres du conservateur.

Les inscriptions prises par le créancier n'interrompent pas le cours de la prescription établie par la loi en faveur du débiteur ou du tiers détenteur.

CHAPITRE VIII.

DU MODE DE PURGER LES PROPRIÉTÉS DES PRIVILÉGES ET HYPOTHÈQUES.

2181.

Les contrats translatifs de la propriété d'immeubles ou droits réels immobiliers, que les tiers détenteurs voudront purger de priviléges et hypothèques, seront transcrits en entier par le conservateur des hypothèques dans l'arrondissement duquel les biens sont situés.

Cette transcription se fera sur un registre à ce destiné, et le conservateur sera tenu d'en donner reconnaissance au requérant.

2182.

La simple transcription des titres translatifs de propriété sur le registre du conservateur, ne purge pas les hypothèques et priviléges établis sur l'immeuble.

Le vendeur ne transmet à l'acquéreur que la propriété et les droits qu'il avait lui-même sur la chose vendue : il les transmet sous l'affectation des mêmes priviléges et hypothèques dont il était chargé.

2183.

Si le nouveau propriétaire veut se garantir de l'effet des poursuites autorisées dans le chapitre VI du présent titre, il est tenu, soit avant les poursuites, soit dans le mois au plus tard, à compter de la première sommation qui lui est faite, de notifier aux créanciers, aux domiciles par eux élus dans leurs inscriptions,

1.° Extrait de son titre, contenant seulement la date et la qualité de l'acte, le nom et la désignation précise du vendeur ou du donateur, la nature et la situation de la chose vendue ou donnée; et, s'il s'agit d'un corps de biens, la dénomination générale seulement du domaine et des arrondissemens dans lesquels il est situé, le prix et les charges faisant partie du prix de la vente, ou l'évaluation de la chose, si elle a été donnée;

2.° Extrait de la transcription de l'acte de vente;

3.° Un tableau sur trois colonnes, dont la première contiendra la date des hypothèques et celle des inscriptions; la seconde, le nom des créanciers; la troisième, le montant des créances inscrites.

2184.

L'acquéreur ou le donataire déclarera, par le même acte, qu'il est prêt à acquitter, sur-le-champ, les dettes et charges hypothécaires, jusqu'à concurrence seulement du prix, sans distinction des dettes exigibles ou non exigibles.

2185.

Lorsque le nouveau propriétaire a fait cette notification dans le délai fixé, tout créancier dont le titre est inscrit, peut requérir la mise de l'immeuble aux enchères et adjudications publiques ; à la charge,

1.º Que cette réquisition sera signifiée au nouveau propriétaire dans quarante jours, au plus tard, de la notification faite à la requête de ce dernier ; en y ajoutant deux jours par cinq myriamètres de distance entre le domicile élu et le domicile réel de chaque créancier requérant ;

2.º Qu'elle contiendra soumission du requérant, de porter ou faire porter le prix à un dixième en sus de celui qui aura été stipulé dans le contrat, ou déclaré par le nouveau propriétaire ;

3.º Que la même signification sera faite dans le même délai au précédent propriétaire, débiteur principal ;

4.º Que l'original et les copies de ces exploits seront signés par le créancier requérant, ou par son fondé de procuration expresse, lequel, en ce cas, est tenu de donner copie de sa procuration ;

5.º Qu'il offrira de donner caution jusqu'à concurrence du prix et des charges.

Le tout à peine de nullité.

2186.

A défaut, par les créanciers, d'avoir requis la mise aux enchères dans le délai et les formes prescrits, la valeur de l'immeuble demeure définitivement fixée au prix stipulé dans le contrat, ou déclaré par le nouveau propriétaire, lequel est, en conséquence, libéré de tout privilége et hypothèque, en payant ledit prix aux créanciers qui seront en ordre de recevoir, ou en le consignant.

2187.

En cas de revente sur enchères, elle aura lieu suivant les formes établies pour les expropriations forcées, à la diligence soit du créancier qui l'aura requise, soit du nouveau propriétaire.

Le poursuivant énoncera dans les affiches le prix stipulé dans le contrat, ou déclaré, et la somme en sus à laquelle le créancier s'est obligé de la porter ou faire porter.

2188.

L'adjudicataire est tenu, au-delà du prix de son adjudication, de restituer à l'acquéreur ou au donataire dépossédé les frais et loyaux coûts de son contrat, ceux de la transcription sur les registres du conservateur, ceux de notification, et ceux faits par lui pour parvenir à la revente.

2189.

L'acquéreur ou le donataire qui conserve l'immeuble mis aux enchères, en se rendant dernier enchérisseur, n'est pas tenu de faire transcrire le jugement d'adjudication.

2190.

Le désistement du créancier requérant la mise aux enchères, ne peut, même quand le créancier paierait le

montant

montant de la soumission, empêcher l'adjudication publique, si ce n'est du consentement exprès de tous les autres créanciers hypothécaires.

2191.

L'acquéreur qui se sera rendu adjudicataire aura son recours tel que de droit contre le vendeur, pour le remboursement de ce qui excède le prix stipulé par son titre, et pour l'intérêt de cet excédant, à compter du jour de chaque paiement.

2192.

Dans le cas où le titre du nouveau propriétaire comprendrait des immeubles et des meubles, ou plusieurs immeubles, les uns hypothéqués, les autres non hypothéqués, situés dans le même ou dans divers arrondissemens de bureaux, aliénés pour un seul et même prix, ou pour des prix distincts et séparés, soumis ou non à la même exploitation, le prix de chaque immeuble frappé d'inscriptions particulières et séparées, sera déclaré dans la notification du nouveau propriétaire, par ventilation, s'il y a lieu, du prix total exprimé dans le titre.

Le créancier surenchérisseur ne pourra, en aucun cas, être contraint d'étendre sa soumission ni sur le mobilier, ni sur d'autres immeubles que ceux qui sont hypothéqués à sa créance et situés dans le même arrondissement; sauf le recours du nouveau propriétaire contre ses auteurs, pour l'indemnité du dommage qu'il éprouverait, soit de la division des objets de son acquisition, soit de celle des exploitations.

Cccc

CHAPITRE IX.

DU MODE DE PURGER LES HYPOTHÈQUES, QUAND IL N'EXISTE PAS D'INSCRIPTION SUR LES BIENS DES MARIS ET DES TUTEURS.

2193.

Pourront les acquéreurs d'immeubles appartenant à des maris ou à des tuteurs, lorsqu'il n'existera pas d'inscription sur lesdits immeubles à raison de la gestion du tuteur, ou des dot, reprises et conventions matrimoniales de la femme, purger les hypothèques qui existeraient sur les biens par eux acquis.

2194.

A cet effet, ils déposeront copie dûment collationnée du contrat translatif de propriété au greffe du tribunal civil du lieu de la situation des biens, et ils certifieront par acte signifié, tant à la femme ou au subrogé tuteur, qu'au procureur impérial au tribunal, le dépôt qu'ils auront fait. Extrait de ce contrat, contenant sa date, les noms, prénoms, professions et domiciles des contractans, la désignation de la nature et de la situation des biens, le prix et les autres charges de la vente, sera et restera affiché pendant deux mois dans l'auditoire du tribunal, pendant lequel temps, les femmes, les maris, tuteurs, subrogés tuteurs, mineurs, interdits, parens ou amis, et le procureur impérial, seront reçus à requérir, s'il y a lieu, et à faire faire au bureau du conservateur des hypothèques, des inscriptions sur l'immeuble aliéné, qui auront le même effet que si elles avaient été prises le jour du contrat de mariage, ou le jour de l'entrée en gestion du tuteur; sans préjudice des poursuites qui pourraient avoir lieu contre les maris et les tuteurs, ainsi qu'il a été dit ci-dessus, pour hypothèques par eux consenties au profit de tierces personnes, sans leur avoir déclaré que les immeubles étaient déjà grevés d'hypothèques, en raison du mariage ou de la tutelle.

2195.

Si, dans le cours des deux mois de l'exposition du contrat, il n'a pas été fait d'inscription du chef des femmes, mineurs ou interdits, sur les immeubles vendus, ils passent à l'acquéreur sans aucune charge, à raison des dot, reprises et conventions matrimoniales de la femme, ou de la gestion du tuteur; et sauf le recours, s'il y a lieu, contre le mari et le tuteur.

S'il a été pris des inscriptions du chef desdites femmes, mineurs ou interdits; et s'il existe des créanciers antérieurs qui absorbent le prix en totalité ou en partie, l'acquéreur est libéré du prix ou de la portion du prix par lui payée aux créanciers placés en ordre utile; et les inscriptions du chef des femmes, mineurs ou interdits, seront rayées, ou en totalité ou jusqu'à due concurrence.

Si les inscriptions du chef des femmes, mineurs ou interdits, sont les plus anciennes, l'acquéreur ne pourra faire aucun paiement du prix au préjudice desdites inscriptions, qui auront toujours, ainsi qu'il a été dit ci-dessus, la date du contrat de mariage, ou de l'entrée en gestion du tuteur: et, dans ce cas, les inscriptions des autres créanciers qui ne viennent pas en ordre utile, seront rayées.

CHAPITRE X.

DE LA PUBLICITÉ DES REGISTRES ET DE LA RESPONSABILITÉ DES CONSERVATEURS.

2196.

Les conservateurs des hypothèques sont tenus de délivrer à tous ceux qui le requièrent, copie des actes transcrits sur leurs registres et celle des inscriptions subsistantes, ou certificat qu'il n'en existe aucune.

2197.

Ils sont responsables du préjudice résultant,

1.º De l'omission sur leurs registres, des transcriptions d'actes de mutation, et des inscriptions requises en leurs bureaux;

2.º Du défaut de mention dans leurs certificats, d'une ou de plusieurs des inscriptions existantes; à moins, dans ce dernier cas, que l'erreur ne provînt de désignations insuffisantes qui ne pourraient leur être imputées.

2198.

L'immeuble à l'égard duquel le conservateur aurait omis dans ses certificats une ou plusieurs des charges inscrites, en demeure, sauf la responsabilité du conservateur, affranchi dans les mains du nouveau possesseur, pourvu qu'il ait requis le certificat depuis la transcription de son titre; sans préjudice néanmoins du droit des créanciers de se faire colloquer suivant l'ordre qui leur appartient, tant que le prix n'a pas été payé par l'acquéreur, ou tant que l'ordre fait entre les créanciers n'a pas été homologué.

2199.

Dans aucun cas, les conservateurs ne peuvent refuser ni retarder la transcription des actes de mutation, l'inscription des droits hypothécaires, ni la délivrance des certificats requis, sous peine des dommages et intérêts des parties; à l'effet de quoi, procès-verbaux des refus ou retardemens seront, à la diligence des requérans, dressés sur-le-champ, soit par un juge de paix, soit par un huissier audiencier du tribunal, soit par un autre huissier ou un notaire assisté de deux témoins.

2200.

Néanmoins les conservateurs seront tenus d'avoir un registre sur lequel ils inscriront, jour par jour et par ordre numérique, les remises qui leur seront faites d'actes de mutation pour être transcrits, ou de bordereaux pour être inscrits; ils donneront au requérant une reconnaissance sur papier timbré, qui rappellera le numéro du registre sur lequel la remise aura été inscrite, et ils ne pourront transcrire les actes de mutation ni inscrire les bordereaux sur les registres à ce destinés, qu'à la date et dans l'ordre des remises qui leur en auront été faites.

2201.

Tous les registres des conservateurs sont en papier

timbré, cotés et paraphés à chaque page par première et dernière, par l'un des juges du tribunal dans le ressort duquel le bureau est établi. Les registres seront arrêtés chaque jour comme ceux d'enregistrement des actes.

2202.

Les conservateurs sont tenus de se conformer, dans l'exercice de leurs fonctions, à toutes les dispositions du présent chapitre, à peine d'une amende de deux cents à mille francs pour la première contravention, et de destitution pour la seconde; sans préjudice des dommages et intérêts des parties, lesquels seront payés avant l'amende.

2203.

Les mentions de dépôts, les inscriptions et transcriptions, sont faites sur les registres, de suite, sans aucun blanc ni interligne, à peine, contre le conservateur, de mille à deux mille francs d'amende, et des dommages et intérêts des parties, payables aussi par préférence à l'amende.

TITRE XIX.

DE L'EXPROPRIATION FORCÉE ET DES ORDRES ENTRE LES CRÉANCIERS.

Décrété le 1
1804.
Promulgué le
même mois.

CHAPITRE I.er

DE L'EXPROPRIATION FORCÉE.

2204.

LE créancier peut poursuivre l'expropriation, 1.° des biens immobiliers et de leurs accessoires réputés immeubles appartenant en propriété à son débiteur; 2.° de l'usufruit appartenant au débiteur sur les biens de même nature.

2205.

Néanmoins la part indivise d'un cohéritier dans les immeubles d'une succession ne peut être mise en vente par ses créanciers personnels, avant le partage ou la licitation qu'ils peuvent provoquer s'ils le jugent convenable, ou dans lesquels ils ont le droit d'intervenir conformément à l'article 882 au titre *des Successions*.

2206.

Les immeubles d'un mineur, même émancipé, ou d'un interdit, ne peuvent être mis en vente avant la discussion du mobilier.

2207.

La discussion du mobilier n'est pas requise avant l'expropriation des immeubles possédés par indivis entre un majeur et un mineur ou interdit, si la dette leur est commune, ni dans le cas où les poursuites ont été commencées contre un majeur, ou avant l'interdiction.

2208.

L'expropriation des immeubles qui font partie de la communauté, se poursuit contre le mari débiteur, seul, quoique la femme soit obligée à la dette.

Celle des immeubles de la femme qui ne sont point entrés en communauté, se poursuit contre le mari et la femme, laquelle, au refus du mari de procéder avec elle, ou si le mari est mineur, peut être autorisée en justice.

En cas de minorité du mari et de la femme, ou de minorité de la femme seule, si son mari majeur refuse de procéder avec elle, il est nommé par le tribunal un tuteur à la femme, contre lequel la poursuite est exercée.

2209.

Le créancier ne peut poursuivre la vente des immeubles qui ne lui sont pas hypothéqués, que dans le cas d'insuffisance des biens qui lui sont hypothéqués.

2210.

La vente forcée des biens situés dans différens arrondissemens ne peut être provoquée que successivement, à moins qu'ils ne fassent partie d'une seule et même exploitation.

Elle

Elle est suivie dans le tribunal dans le ressort duquel se trouve le chef-lieu de l'exploitation, ou, à défaut de chef-lieu, la partie de biens qui présente le plus grand revenu, d'après la matrice du rôle.

2211.

Si les biens hypothéqués au créancier, et les biens non hypothéqués, ou les biens situés dans divers arrondissemens, font partie d'une seule et même exploitation, la vente des uns et des autres est poursuivie ensemble, si le débiteur le requiert; et ventilation se fait du prix de l'adjudication, s'il y a lieu.

2212.

Si le débiteur justifie, par baux authentiques, que le revenu net et libre de ses immeubles pendant une année, suffit pour le paiement de la dette en capital, intérêts et frais, et s'il en offre la délégation au créancier, la poursuite peut être suspendue par les juges, sauf à être reprise s'il survient quelque opposition ou obstacle au paiement.

2213.

La vente forcée des immeubles ne peut être poursuivie qu'en vertu d'un titre authentique et exécutoire, pour une dette certaine et liquide. Si la dette est en espèces non liquidées, la poursuite est valable; mais l'adjudication ne pourra être faite qu'après la liquidation.

2214.

Le cessionnaire d'un titre exécutoire ne peut poursuivre l'expropriation qu'après que la signification du transport a été faite au débiteur.

Dddd

2215.

La poursuite peut avoir lieu en vertu d'un jugement provisoire ou définitif, exécutoire par provision, nonobstant appel ; mais l'adjudication ne peut se faire qu'après un jugement définitif en dernier ressort, ou passé en force de chose jugée.

La poursuite ne peut s'exercer en vertu de jugemens rendus par défaut durant le délai de l'opposition.

2216.

La poursuite ne peut être annullée sous prétexte que le créancier l'aurait commencée pour une somme plus forte que celle qui lui est due.

2217.

Toute poursuite en expropriation d'immeubles doit être précédée d'un commandement de payer, fait, à la diligence et requête du créancier, à la personne du débiteur ou à son domicile, par le ministère d'un huissier.

Les formes du commandement et celles de la poursuite sur l'expropriation sont réglées par les lois sur la procédure.

CHAPITRE II.

DE L'ORDRE ET DE LA DISTRIBUTION DU PRIX ENTRE LES CRÉANCIERS.

2218.

L'ordre et la distribution du prix des immeubles, et la manière d'y procéder, sont réglés par les lois sur la procédure.

TITRE XX.

DE LA PRESCRIPTION.

Décrété le
1804.
Promulgué
même mois.

CHAPITRE PREMIER.

DISPOSITIONS GÉNÉRALES.

2219.

LA prescription est un moyen d'acquérir ou de se libérer par un certain laps de temps, et sous les conditions déterminées par la loi.

2220.

On ne peut, d'avance, renoncer à la prescription : on peut renoncer à la prescription acquise.

2221.

La renonciation à la prescription est expresse ou tacite : la renonciation tacite résulte d'un fait qui suppose l'abandon du droit acquis.

2222.

Celui qui ne peut aliéner, ne peut renoncer à la prescription acquise.

2223.

Les juges ne peuvent pas suppléer d'office le moyen résultant de la prescription.

2224.

La prescription peut être opposée en tout état de cause,

même devant la cour d'appel, à moins que la partie qui n'aurait pas opposé le moyen de la prescription ne doive, par les circonstances, être présumée y avoir renoncé.

2 2 2 5.

Les créanciers, ou toute autre personne ayant intérêt à ce que la prescription soit acquise, peuvent l'opposer, encore que le débiteur ou le propriétaire y renonce.

2 2 2 6.

On ne peut prescrire le domaine des choses qui ne sont point dans le commerce.

2 2 2 7.

L'État, les établissemens publics et les communes sont soumis aux mêmes prescriptions que les particuliers, et peuvent également les opposer.

CHAPITRE II.

DE LA POSSESSION.

2 2 2 8.

La possession est la détention ou la jouissance d'une chose ou d'un droit que nous tenons ou que nous exerçons par nous-mêmes, ou par un autre qui la tient ou qui l'exerce en notre nom.

2 2 2 9.

Pour pouvoir prescrire, il faut une possession continue et non interrompue, paisible, publique, non équivoque, et à titre de propriétaire.

2230.

On est toujours présumé posséder pour soi, et à titre de propriétaire, s'il n'est prouvé qu'on a commencé à posséder pour un autre.

2231.

Quand on a commencé à posséder pour autrui, on est toujours présumé posséder au même titre, s'il n'y a preuve du contraire.

2232.

Les actes de pure faculté et ceux de simple tolérance ne peuvent fonder ni possession ni prescription.

2233.

Les actes de violence ne peuvent fonder non plus une possession capable d'opérer la prescription.

La possession utile ne commence que lorsque la violence a cessé.

2234.

Le possesseur actuel qui prouve avoir possédé ancien-nement, est présumé avoir possédé dans le temps intermé-diaire, sauf la preuve contraire.

2235.

Pour compléter la prescription, on peut joindre à sa possession celle de son auteur, de quelque manière qu'on lui ait succédé, soit à titre universel ou particulier, soit à titre lucratif ou onéreux.

CHAPITRE III.

DES CAUSES QUI EMPÊCHENT LA PRESCRIPTION.

2236.

Ceux qui possèdent pour autrui, ne prescrivent jamais, par quelque laps de temps que ce soit.

Ainsi, le fermier, le dépositaire, l'usufruitier, et tous autres qui détiennent précairement la chose du propriétaire, ne peuvent la prescrire.

2237.

Les héritiers de ceux qui tenaient la chose à quelqu'un des titres désignés par l'article précédent, ne peuvent non plus prescrire.

2238.

Néanmoins les personnes énoncées dans les articles 2236 et 2237 peuvent prescrire, si le titre de leur possession se trouve interverti, soit par une cause venant d'un tiers, soit par la contradiction qu'elles ont opposée au droit du propriétaire.

2239.

Ceux à qui les fermiers, dépositaires et autres détenteurs précaires, ont transmis la chose par un titre translatif de propriété, peuvent la prescrire.

2240.

On ne peut pas prescrire contre son titre, en ce sens que l'on ne peut point se changer à soi-même la cause et le principe de sa possession.

2241.

On peut prescrire contre son titre, en ce sens que l'on prescrit la libération de l'obligation que l'on a contractée.

CHAPITRE IV.

DES CAUSES QUI INTERROMPENT OU QUI SUSPENDENT LE COURS DE LA PRESCRIPTION.

SECTION Ire

Des Causes qui interrompent la Prescription.

2242.

La prescription peut être interrompue ou naturellement ou civilement.

2243.

Il y a interruption naturelle, lorsque le possesseur est privé, pendant plus d'un an, de la jouissance de la chose, soit par l'ancien propriétaire, soit même par un tiers.

2244.

Une citation en justice, un commandement ou une saisie, signifiés à celui qu'on veut empêcher de prescrire, forment l'interruption civile.

2245.

La citation en conciliation devant le bureau de paix, interrompt la prescription, du jour de sa date, lorsqu'elle est suivie d'une assignation en justice donnée dans les délais de droit.

2246.

La citation en justice, donnée même devant un juge incompétent, interrompt la prescription.

2247.

Si l'assignation est nulle par défaut de forme,

Si le demandeur se désiste de sa demande,

S'il laisse périmer l'instance,

Ou si sa demande est rejetée,

L'interruption est regardée comme non avenue.

2248.

La prescription est interrompue par la reconnaissance que le débiteur ou le possesseur fait du droit de celui contre lequel il prescrivait.

2249.

L'interpellation faite, conformément aux articles ci-dessus, à l'un des débiteurs solidaires, ou sa reconnaissance, interrompt la prescription contre tous les autres, même contre leurs héritiers.

L'interpellation faite à l'un des héritiers d'un débiteur solidaire, ou la reconnaissance de cet héritier, n'interrompt pas la prescription à l'égard des autres cohéritiers, quand même la créance serait hypothécaire, si l'obligation n'est indivisible.

Cette interpellation ou cette reconnaissance n'interrompt la prescription, à l'égard des autres codébiteurs, que pour la part dont cet héritier est tenu.

Pour

Pour interrompre la prescription pour le tout, à l'égard des autres codébiteurs, il faut l'interpellation faite à tous les héritiers du débiteur décédé, ou la reconnaissance de tous ces héritiers.

2250.

L'interpellation faite au débiteur principal, ou sa reconnaissance, interrompt la prescription contre la caution.

SECTION II.

Des Causes qui suspendent le cours de la Prescription.

2251.

La prescription court contre toutes personnes, à moins qu'elles ne soient dans quelque exception établie par une loi.

2252.

La prescription ne court pas contre les mineurs et les interdits, sauf ce qui est dit à l'article 2278, et à l'exception des autres cas déterminés par la loi.

2253.

Elle ne court point entre époux.

2254.

La prescription court contre la femme mariée, encore qu'elle ne soit point séparée par contrat de mariage ou en justice, à l'égard des biens dont le mari a l'administration, sauf son recours contre le mari.

2255.

Néanmoins elle ne court point, pendant le mariage, à l'égard de l'aliénation d'un fonds constitué selon le régime dotal, conformément à l'article 1561 au titre *du Contrat de Mariage et des Droits respectifs des Époux.*

2256.

La prescription est pareillement suspendue pendant le mariage,

1.° Dans le cas où l'action de la femme ne pourrait être exercée qu'après une option à faire sur l'acceptation ou la renonciation à la communauté ;

2.° Dans le cas où le mari, ayant vendu le bien propre de la femme sans son consentement, est garant de la vente, et dans tous les autres cas où l'action de la femme réfléchirait contre le mari.

2257.

La prescription ne court point,

A l'égard d'une créance qui dépend d'une condition, jusqu'à ce que la condition arrive ;

A l'égard d'une action en garantie, jusqu'à ce que l'éviction ait lieu ;

A l'égard d'une créance à jour fixe, jusqu'à ce que ce jour soit arrivé.

2258.

La prescription ne court pas contre l'héritier bénéficiaire, à l'égard des créances qu'il a contre la succession.

Elle court contre une succession vacante, quoique non pourvue de curateur.

2259.

Elle court encore pendant les trois mois pour faire inventaire, et les quarante jours pour délibérer.

CHAPITRE V.

DU TEMPS REQUIS POUR PRESCRIRE.

SECTION Ire

Dispositions générales.

2260.

La prescription se compte par jours, et non par heures.

2261.

Elle est acquise lorsque le dernier jour du terme est accompli.

SECTION II.

De la Prescription trentenaire.

2262.

Toutes les actions, tant réelles que personnelles, sont prescrites par trente ans, sans que celui qui allègue cette prescription soit obligé d'en rapporter un titre, ou qu'on puisse lui opposer l'exception déduite de la mauvaise foi.

2263.

Après vingt-huit ans de la date du dernier titre, le

débiteur d'une rente peut être contraint à fournir à ses frais un titre nouvel à son créancier ou à ses ayant-cause.

2264.

Les règles de la prescription sur d'autres objets que ceux mentionnés dans le présent titre, sont expliquées dans les titres qui leur sont propres.

SECTION III.

De la Prescription par dix et vingt ans.

2265.

Celui qui acquiert de bonne foi et par juste titre un immeuble, en prescrit la propriété par dix ans, si le véritable propriétaire habite dans le ressort de la cour d'appel dans l'étendue de laquelle l'immeuble est situé; et par vingt ans, s'il est domicilié hors dudit ressort.

2266.

Si le véritable propriétaire a eu son domicile en différens temps, dans le ressort et hors du ressort, il faut, pour compléter la prescription, ajouter à ce qui manque aux dix ans de présence, un nombre d'années d'absence double de celui qui manque, pour compléter les dix ans de présence.

2267.

Le titre nul par défaut de forme, ne peut servir de base à la prescription de dix et vingt ans.

2268.

La bonne foi est toujours présumée, et c'est à celui qui allègue la mauvaise foi à la prouver.

2269.

Il suffit que la bonne foi ait existé au moment de l'acquisition.

2270.

Après dix ans, l'architecte et les entrepreneurs sont déchargés de la garantie des gros ouvrages qu'ils ont faits ou dirigés.

SECTION IV.

De quelques Prescriptions particulières.

2271.

L'action des maîtres et instituteurs des sciences et arts, pour les leçons qu'ils donnent au mois;

Celle des hôteliers et traiteurs, à raison du logement et de la nourriture qu'ils fournissent;

Celle des ouvriers et gens de travail, pour le paiement de leurs journées, fournitures et salaires,

Se prescrivent par six mois.

2272.

L'action des médecins, chirurgiens et apothicaires, pour leurs visites, opérations et médicamens;

Celle des huissiers, pour le salaire des actes qu'ils signifient, et des commissions qu'ils exécutent;

Celle des marchands, pour les marchandises qu'ils vendent aux particuliers non marchands;

Celle des maîtres de pension, pour le prix de la pension

de leurs élèves; et des autres maîtres, pour le prix de l'apprentissage; –

Celle des domestiques qui se louent à l'année, pour le paiement de leur salaire,

Se prescrivent par un an.

2273.

L'action des avoués, pour le paiement de leurs frais et salaires, se prescrit par deux ans, à compter du jugement des procès, ou de la conciliation des parties, ou depuis la révocation desdits avoués. A l'égard des affaires non terminées, ils ne peuvent former de demandes pour leurs frais et salaires qui remonteraient à plus de cinq ans.

2274.

La prescription, dans les cas ci-dessus, a lieu, quoiqu'il y ait eu continuation de fournitures, livraisons, services et travaux.

Elle ne cesse de courir que lorsqu'il y a eu compte arrêté, cédule ou obligation, ou citation en justice non périmée.

2275.

Néanmoins ceux auxquels ces prescriptions seront opposées, peuvent déférer le serment à ceux qui les opposent, sur la question de savoir si la chose a été réellement payée.

Le serment pourra être déféré aux veuves et héritiers, ou aux tuteurs de ces derniers, s'ils sont mineurs, pour qu'ils aient à déclarer s'ils ne savent pas que la chose soit due.

2276.

Les juges et avoués sont déchargés des pièces cinq ans après le jugement des procès.

Les huissiers, après deux ans, depuis l'exécution de la commission, ou la signification des actes dont ils étaient chargés, en sont pareillement déchargés.

2277.

Les arrérages de rentes perpétuelles et viagères;

Ceux des pensions alimentaires;

Les loyers des maisons, et le prix de ferme des biens ruraux;

Les intérêts des sommes prêtées, et généralement tout ce qui est payable par année, ou à des termes périodiques plus courts,

Se prescrivent par cinq ans.

2278.

Les prescriptions dont il s'agit dans les articles de la présente section, courent contre les mineurs et les interdits; sauf leur recours contre leurs tuteurs.

2279.

En fait de meubles, la possession vaut titre.

Néanmoins celui qui a perdu ou auquel il a été volé une chose, peut la revendiquer pendant trois ans, à compter du jour de la perte ou du vol, contre celui dans les mains duquel il la trouve; sauf à celui-ci son recours contre celui duquel il la tient.

2280.

Si le possesseur actuel de la chose volée ou perdue l'a achetée dans une foire ou dans un marché, ou dans une vente publique, ou d'un marchand vendant des choses pareilles, le propriétaire originaire ne peut se la faire rendre qu'en remboursant au possesseur le prix qu'elle lui a coûté.

2281.

Les prescriptions commencées à l'époque de la publication du présent titre seront réglées conformément aux lois anciennes.

Néanmoins les prescriptions alors commencées, et pour lesquelles il faudrait encore, suivant les anciennes lois, plus de trente ans à compter de la même époque, seront accomplies par ce laps de trente ans.

Signé NAPOLÉON.

Par l'Empereur :

Le Ministre Secrétaire d'état, signé HUGUES B. MARET.

Certifié conforme :

Le Grand-Juge Ministre de la justice,

REGNIER.

TABLE

TABLE
DU CODE NAPOLÉON.

Ffff

LIVRE II.

DES BIENS ET DES DIFFÉRENTES MODIFICATIONS DE LA PROPRIÉTÉ.

LIVRE III.

DES DIFFÉRENTES MANIÈRES DONT ON ACQUIERT LA PROPRIÉTÉ.

SECT. II.

Gggg

Hhhh

FIN DE LA TABLE.

IMPRIMÉ

Par les soins de J. J. MARCEL, Directeur général de l'Imprimerie impériale, Membre de la Légion d'honneur.

TABLE ALPHABÉTIQUE
DES MATIÈRES
CONTENUES DANS LE CODE CIVIL.

A

ABANDON. On peut se décharger des réparations et reconstruction d'un mur mitoyen, en abandonnant le droit de mitoyenneté, *art.* 656 ; — d'une servitude, en abandonnant le fonds qui y est assujetti, 699 ; — des dettes d'une succession dont on s'est porté héritier bénéficiaire, en abandonnant les biens de cette succession, 802. Voyez *Cession de biens, Restitution.*

Abeilles. Les ruches à miel sont immeuble, 524.

Abréviation. Il est défendu d'en faire sur les registres de l'état civil, 42.

Abrogation. Celle des coutumes et statuts locaux ne permet pas aux époux de stipuler que leur association sera réglée par l'une de ces coutumes, 1390.

Absence. De quelle manière on pourvoit à l'administration des biens laissés par une personne présumée absente, 112. — Durée de la disparition après laquelle l'absence peut être légalement déclarée, 115. — Enquête qui doit précéder cette déclaration, 116. — Envoi des héritiers présomptifs en possession provisoire des biens de l'absent qui n'a pas laissé de procuration, 120 *et suiv.* — Faculté d'empêcher l'envoi en possession provisoire, en faveur de l'époux commun en biens qui opte pour la continuation de la communauté, 124. — Droits que donne l'envoi en possession provisoire, 125 *et suiv.* — Durée de l'absence qui opère la décharge des cautions, et donne lieu à la demande en partage des biens, 129. — Au profit de qui la preuve du décès fait ouvrir la succession de l'absent, 130. — Retour ou preuve d'existence qui fait cesser les effets du jugement d'envoi en possession provisoire, 131. — Vis-à-vis de qui peuvent être exercées les poursuites d'ayant-droit contre un absent, 134. — A qui est dévolue la succession à laquelle serait appelé un individu dont l'existence n'est point reconnue, 136. — A qui appartient le droit d'attaquer un mariage contracté pendant l'absence d'un époux, 139. — Dans quel cas l'époux d'un absent eut

lieu à accroissement au profit des légataires, 1044. Voyez *Alluvion*.

Accusation. Un accusateur calomnieux est indigne de succéder à l'accusé, 727. — Ses enfans ne le sont pas, 730. — La mise en accusation suspend l'exécution d'un acte argué de faux, 1319.

Acheteur. Obligations qu'il contracte, 1650 *et suiv.* — La rescision pour lésion n'a pas lieu en sa faveur, 1683. Voyez *Acquisition*.

A-compte. Voyez *Gages*.

Acquêts. Immeubles qui sont réputés acquêts de communauté, 1402. — Les dettes et le mobilier respectifs sont censés exclus de la communauté par la stipulation d'une simple communauté d'acquêts, 1498. — Circonstance dans laquelle le mobilier existant lors du mariage, ou échu depuis, est réputé acquêt, 1499. — On a dans le régime dotal la faculté de stipuler une société d'acquêts, 1581.

Acquisition. La femme mariée ne peut acquérir sans l'autorisation de son mari, 217. — Remboursement au moyen duquel un acquéreur de droits successifs peut être écarté du partage d'une succession, 841. — Dommages-intérêts que l'acheteur peut exiger en cas d'inexécution de l'engagement du vendeur, et lorsqu'il a acheté, sans le savoir, ce qui n'appartenait pas au vendeur, 1585 et 1599. — Frais d'actes et autres accessoires par lui dus, 1593. — Frais d'enlèvement, 1608. — Ce

qui a lieu dans le cas où il résulte du mesurage qu'il y a une quantité moindre que celle portée au contrat, 1617 *et suiv.* — Obligation de la part de l'acheteur de payer le prix de la vente avec intérêts, 1650 *et suiv.* — Moyen que l'acheteur troublé, ou craignant de l'être, a pour suspendre son paiement, 1653. — Résolution de la vente à défaut de paiement, 1654 *et suiv.* — Dans quel cas l'acquéreur peut expulser un locataire ou fermier, 1743 *et suiv.* — L'acquéreur à pacte de rachat ne peut expulser, 1751. Voyez *Rachat*, *Ventilation*.

Actes. L'autorisation du mari ou du tribunal est nécessaire à la femme pour passer un acte, 219 et 221. — Le tuteur représente le mineur dans tous les actes civils, 450. — Actes que peut faire le mineur émancipé, 481 et 482. — Age qu'il faut avoir atteint pour être capable de tous les actes civils, 488. — Règles sur les actes concernant les interdits et les prodigues, 499 à 513. — Actes par lesquels on met un débiteur en demeure, 1139. — Actes conservatoires que peut faire le créancier, 1180. — Tout acte qui interrompt la prescription à l'égard de l'un des créanciers solidaires, profite aux autres créanciers, 1199. — La remise d'un acte sous signature privée au débiteur, opère sa libération, 1282. — Délai dans lequel on doit se pourvoir en nullité ou en rescision contre les actes portant

A 2

pour la tutelle, 407. — Les enfans succèdent sans distinction de primogéniture, 745.

Alambics. Dans quel cas ils sont considérés comme immeubles, 524.

Aléatoire. Quel contrat est ainsi nommé, 1104 et 1964.

Aliénation. Les biens d'un absent ne peuvent être aliénés, 128. — Autorisation dont la femme mariée a besoin pour aliéner, 217. — Nullité des aliénations faites pendant l'action en divorce, 271. — On ne peut aliéner ni hypothéquer les immeubles d'un mineur sans l'autorisation d'un conseil de famille, 457. — Il en est de même à l'égard d'un mineur émancipé, 484. — L'assistance d'un conseil est nécessaire à l'interdit et au prodigue, 499 et 513. — Mode d'aliénation des biens qui n'appartiennent pas à des particuliers, 537. — A qui appartiennent les terrains des places de guerre non aliénés, 541. — Aliénations permises à l'usufruitier, 595. — Effet que produit l'aliénation de droits successifs, 780. — On ne peut aliéner les droits à la succession d'un homme vivant, 791. — Cas dans lequel l'aliénation d'un lot rend le copartageant non recevable à intenter l'action en rescision, 892. — Aliénation par un donataire, 952, 958 *et suiv.*—Aliénation par un testateur de tout ou partie de la chose léguée, 1038 ; — par un mari, de biens de la communauté, 1421. — Aliénations permises à la femme séparée de corps et de biens,

1449. — Immeubles ameublis que le mari peut ou ne peut pas aliéner, 1507. — Principes sur l'aliénation des immeubles dotaux, 1535, 1538, 1554 *et suiv.* — La femme ne peut aliéner ses biens paraphernaux, 1576. — Le mandat pour aliénation doit être exprès, 1988. Voyez *Immeubles, Vente.*

Alimens. Les enfans en doivent à leurs ascendans qui sont dans le besoin, 205. — Il en est de même des gendres et belles-filles, 206. — Réciprocité de ces obligations, 207. — Proportion des alimens, et cas de décharge ou de réduction, 208 *et suiv.* — Les époux se doivent réciproquement des alimens, 214. — Même obligation de la part de l'adoptant et de l'adopté, 349. — Le tuteur officieux doit des alimens à son pupille, 364 et 367. — Alimens que le père est tenu de fournir au fils qu'il fait détenir, 378. — Celui qui jouit des biens d'un mineur est tenu de le nourrir, 385. — La loi n'accorde que des alimens aux enfans adultérins, 762. — Une donation entre-vifs peut être révoquée pour refus d'alimens, 955. — Cours des arrérages d'une rente viagère ou pension léguée à titre d'alimens, 1015. — Les alimens des époux font partie des dettes de la communauté, 1409. — L'immeuble dotal peut être aliéné pour fournir des alimens à la famille, 1558. — Cas où la femme peut se faire fournir, pendant l'année du deuil, des alimens aux dépens des héritiers

droits qu'il confère au créancier, 2085. — Droits des tiers sur le fonds de l'immeuble remis à titre d'antichrèse, 2091.

Apothicaires. Voyez *Incapacité, Prescription.*

Appartement. Voyez *Maison.*

Appel. Celui d'un jugement portant rectification d'un acte de l'état civil, ou prononçant la main-levée d'oppositions à un mariage, 99 et 178. —Appel de jugemens par lesquels le divorce est admis, 262, 263, 291 *et suiv.* — de ceux qui consacrent une adoption, 357 ; — qui statuent sur une destitution de tutelle, 448. Voyez *Contrainte par corps.*

Apports. Les époux peuvent, avant le partage des acquêts, prélever les apports dûment justifiés, 1498. — Justification de l'apport relativement au mobilier, 1502. — Convention tacite qui résulte de l'apport dans la communauté d'une somme certaine ou d'un corps certain, 1511. — Faculté accordée à la femme de reprendre son apport franc et quitte, 1514. — L'associé est garant envers la société dans le cas où celle-ci serait évincée de son apport, 1845.

Apposition de scellés. Voyez *Scellés.*

Apprentissage. Les frais d'apprentissage ne sont point sujets à rapport, 852. — Il y a prescription d'un an contre les maîtres, 2271. Voyez *Dommage.*

Approbation. On ne peut attaquer,

pour cause de violence, un contrat approuvé, 1115. —Forme de l'approbation des billets ou promesses sous seing privé, 1326.

Appui. Mesures à prendre avant d'appuyer un ouvrage sur un mur mitoyen, 662.

Aqueduc. Voyez *Servitudes.*

Arbres. Le propriétaire d'un fonds peut conserver pour lui ou faire arracher les arbres qui y ont été plantés par un autre, 553. — De quels arbres l'usufruitier peut disposer, 599 *et suiv.* —Distance à observer entre propriétaires voisins pour la plantation d'arbres de haute tige, 671 et 672. —Mitoyenneté des arbres qui se trouvent dans une haie mitoyenne, 673. Voyez *Coupes de bois.*

Architecte. Celui qui s'est chargé à forfait d'un bâtiment, répond pendant dix années de son écroulement par le vice de construction, 1792. — Il ne peut demander d'augmentation de prix pour renchérissement de main - d'œuvre et de matériaux, 1794. — Il répond des personnes par lui employées, 1797. — En quoi consistent le privilége des architectes et celui des entrepreneurs et maçons sur les ouvrages par eux construits ou réparés, 2103. — Procès - verbaux dont l'inscription conserve aux architectes, &c., leur privilége, 2110. — Délai après l'expiration duquel les architectes et entrepreneurs sont déchargés de la garantie des gros ouvrages qu'ils ont faits ou dirigés, 2270. Voyez *Édifice, Louage.*

B

Association conjugale. La loi ne la régit qu'à défaut de convention spéciale, 1387.

Assurance. Voyez *Contrat d'assurance.*

Atre. Réglement à observer pour sa construction, 674. —Par qui les âtres doivent être réparés, 1754.

Attérissement. Voyez *Alluvion, Iles.*

Aubergistes. Ils sont censés dépositaires des objets à eux confiés, 1952. — Leurs fournitures sont des créances privilégiées, 2102. —Délai pour la prescription, 2271.

Authenticité. Ce qui constitue celle des actes, 1317 *et suiv.*

Autorisation. La femme a besoin de celle du mari pour ester en jugement, 215. — Cas d'exception, 216. —Circonstances qui donnent lieu à demander l'autorisation judiciaire, 218 *et suiv.* —Pour quels objets les autorisations générales sont valables, 223. — Par qui peuvent être opposées les nullités fondées sur le défaut d'autorisation, 225. —L'autorisation du Gouvernement nécessaire pour l'acceptation des dons et legs faits aux hospices, aux pauvres et aux établissemens d'utilité publique, 910 et 937. — Autorisation prescrite pour toucher un paiement, 1239. —Actes que la femme ne peut faire sans autorisation, 1427, 1449, 1450, 1535, 1538, 1555 *et suiv.* Voyez *Femme.*

Autorité de la chose jugée. Conditions nécessaires pour qu'elle ait lieu, 1351.

Autorité paternelle. Voyez *Puissance paternelle.*

Autorité publique. Voyez *Fonctions publiques.*

Avancement d'hoirie. Il est réglé par le conseil de famille lors du mariage de l'enfant d'un interdit, 511.

Avantages. L'époux contre lequel est prononcé le divorce, perd les avantages matrimoniaux, 299. —Avantages qui sont ou ne sont pas sujets à rapport, 852. —Lesquels peuvent être attaqués pour cause de lésion, 1079. Voyez *Préciput.*

Aveu. Celui auquel on oppose un acte sous seing privé, est tenu de l'avouer ou de le désavouer, 1323. — Distinction de l'aveu en judiciaire et extrajudiciaire, 1354. — Inutilité du second lorsqu'il s'agit d'une demande dont la preuve testimoniale ne serait point admissible, 1355. — Définition et effets de l'aveu judiciaire, 1356.

Avoués. Droits litigieux dont ils ne peuvent être cessionnaires, 1597. — Contrainte par corps pour restitution de titres à eux confiés ou de deniers payés par les cliens, 2060. — Délai pour la réclamation de leurs frais et salaires, 2273; —pour la décharge des pièces après le jugement du procès, 2276.

Ayant-cause. Effets des actes sous seing privé entre les ayant-cause des parties contractantes, 1322 *et suiv.* — et du serment décisoire, 1363. Voyez *Héritiers.*

B

des immeubles, 805. — Caution à donner pour la valeur du mobilier compris dans l'inventaire, 807. — Mode de paiement des créanciers, 808.

Bénéfice du terme de paiement. Cas dans lequel le débiteur ne peut le réclamer, 1188.

Besoins. Fruits que l'usager peut exiger pour ses besoins et ceux de sa famille, 630.

Bestiaux. Ils sont censés compris dans la donation des terres à l'exploitation desquelles ils servent, 1064. — Le bail d'un bien rural peut être résilié lorsque ce bien n'a pas été garni des bestiaux nécessaires à son exploitation, 1766. Voy. *Animaux.*

Bienfaisance. Nature du contrat de bienfaisance, 1105.

Biens. Dispositions relatives aux biens des divorcés, 304 *et suiv.* — A qui appartient pendant le mariage, et après sa dissolution, la jouissance des biens des enfans jusqu'à ce qu'ils aient atteint dix-huit ans, ou qu'ils soient émancipés, 384. — Charges de cette jouissance, 385. — Elle n'a pas lieu à l'égard de l'époux divorcé ni de la mère mariée en secondes noces, 386. — Biens des enfans sur lesquels elle ne s'étend pas, 387. — Distinction des biens en meubles et immeubles, 516. — Les biens considérés dans leurs rapports avec ceux qui les possèdent, 537 *et suiv.* — Les biens vacans et ceux des personnes qui décèdent sans héritiers ou dont les successions

sont abandonnées, appartiennent à la nation, 539. — Droits qu'on peut avoir sur les biens, 543. — Les biens qui n'ont point de maître appartiennent à la nation, 713. — Ils sont tous sujets aux mêmes règles dans les successions, 732. Voyez *Cession de biens, Donation, Hypothèque, Immeubles, Meubles, Minorité, Propriété.*

Biens communaux. Leur définition, 542.

Biens dotaux. Voyez *Dot.*

Biens meubles. Voyez *Meubles.*

Biens paraphernaux. En quoi consistent ces biens, 1574. — A qui en appartient l'administration, 1576. — Formalités pour leur aliénation, *ibid.* — Obligations du mari qui a joui des biens paraphernaux de son épouse, 1577 *et suiv.* — Obligations générales qu'impose cette jouissance, 1580.

Biens vacans. Ils appartiennent à la nation, 539.

Bilatéral. Quel contrat est ainsi nommé, 1102.

Billet. Formalités nécessaires pour la validité d'un billet ou promesse sous seing privé, 1326. — Présomption résultant d'une obligation dans laquelle la somme exprimée au bon est différente de celle exprimée au corps de l'acte, 1327.

Bisaïeux. Voyez *Ascendans.*

Blanc. Il n'en doit point exister sur les registres des conservateurs des hypothèques, 2203. Voyez *Registres.*

C

l'effet est le même à l'égard des donations faites en faveur de mariage, 1088 *et suiv.* Voyez *Révocation.*

Capacité. Conditions sans lesquelles on n'est point capable de donner, 901. — A qui et comment le mineur au-dessous de seize ans peut donner, 903. — La femme ne peut donner, sans l'autorisation de son mari, que par testament, 905. — Il suffit d'être conçu au moment de la donation pour être capable de recevoir, 906. — Personnes qui sont ou ne sont pas capables de contracter, 1123 *et suiv.* — Capacité requise pour opérer l'extinction de la dette par le paiement, 1238 *et suiv.* — pour la validité des offres, 1258. — Causes et effets de l'action en nullité ou rescision des conventions des incapables, 1304. — Personnes capables d'acheter et de vendre, 1594. Voyez *État, Novation.*

Capitaines. Fonctions qu'ils peuvent être dans le cas d'exercer pour la rédaction des actes de l'état civil et la réception des testamens, 89 *et suiv.* et 981.

Capitaux. Assistance d'un curateur ou d'un conseil, nécessaire au mineur émancipé, à l'interdit et au prodigue, pour recevoir et donner décharge de capitaux mobiliers, 482, 499 et 513. — Restitution des capitaux indûment reçus, 1378. — Le mari seul a le droit de recevoir le remboursement de capitaux provenant du fonds dotal, 1549.

— Le capital d'une rente constituée en perpétuel devient exigible en cas de faillite ou de déconfiture du débiteur, 1913. — L'inscription pour un capital vaut pour deux années d'arrérages, 2151. Voyez *Dettes, Gage, Intérêts, Rente, Vente.*

Carreaux. Les réparations à faire à ceux des chambres sont locatives, 1754.

Carrières. L'usufruitier en a la jouissance, 598. — Quand les produits en tombent dans la communauté, 1403.

Cas. Celui qu'on a exprimé dans un contrat pour l'explication d'une obligation, ne restreint pas l'engagement relativement aux cas non exprimés, 1164.

Cas fortuit. Le propriétaire ni l'usufruitier ne sont tenus de reconstruire un bâtiment tombé de vétusté ou par cas fortuit, 607. — L'immeuble donné qui a péri par cas fortuit, n'est pas sujet à rapport, 855. — Les cas fortuits dispensent des dommages-intérêts résultant de l'inexécution des obligations, 1148. — Ils libèrent le débiteur de la chose due, 1302. — Responsabilité relative à la perte d'une chose indûment reçue et qui vient à périr, 1379. — Principes sur la résiliation du bail dans le cas de destruction totale ou partielle de la chose par cas fortuit, 1722. — Circonstances dans lesquelles les cas fortuits peuvent donner lieu à une remise sur le prix d'un bail à ferme, 1769 *et suiv.* —

Cession.

clause pénale et ses effets, 1226 *et suiv.* — La clause qui autoriserait un créancier à s'approprier, faute de paiement, la chose donnée en gage, serait nulle, 2078.

Clefs. Leur remise opère la délivrance de l'immeuble vendu, 1605.

Clercs. On ne peut employer ceux des notaires comme témoins dans les testamens, 975.

Clôture. Tout propriétaire a la faculté de clore son héritage lorsqu'il n'est pas tenu de livrer un droit de passage, 647 et 682. — La clôture fait perdre proportionnellement le droit de parcours et de vaine pâture, 648. — Faculté que les habitans des villes ont de faire contribuer leurs voisins aux constructions et réparations de la clôture faisant séparation de leurs maisons, cours et jardins, 663. Voyez *Compte*, *Fossés*, *Haies*, *Murs*.

Codébiteurs. Effets de la solidarité à leur égard, 1200. Voyez *Offres réelles*.

Cofidéjusseurs. Effet du cautionnement entre eux, 2033.

Cohabitation. Dans quel cas il en résulte une fin de non-recevoir contre les demandes en nullité de mariage, 181. — Désaveu de l'enfant, autorisé par l'impossibilité physique de la cohabitation du mari avec sa femme, 312.

Cohéritiers. Dispositions du Code relatives à leurs droits, 780, 786, 817, 834, 857 *et suiv.*, 871 *et suiv.*, 2103

et 2109. Voyez *Héritiers*, *Succession*.

Colégataire. Voyez *Legs*.

Collatéral. Ordre de succession des collatéraux, 731. — Ils peuvent faire des donations par contrat de mariage, 1082. Voyez *Frères*, *Ligne*, *Succession*.

Collocation. Pour combien d'années d'intérêts ou arrérages peut être colloqué le créancier inscrit à l'égard d'un capital qui en produit, 2151.

Colombier. Voyez *Pigeons*.

Colon partiaire. Il ne peut céder son bail, 1763. — Il peut être contraint par corps, 2062. Voyez *Cheptel*.

Colonies. Administration des immeubles qu'un mineur y possède, 417.

Commandement. Formalités prescrites pour celui qui doit précéder la poursuite d'expropriation, 2217. Voyez *Citation*, *Expropriation*, *Prescription*.

Commencement de preuve. En quoi consiste le commencement de preuve par écrit, 1347.

Commerce. On ne perd point la qualité de Français pour avoir un établissement de commerce chez l'étranger, 17. — Cas dans lequel une femme est réputée marchande publique et peut s'obliger sans l'autorisation de son mari, 220. — Le mineur émancipé est censé majeur pour faits de commerce, 487. — Nature des actions et intérêts dans les compagnies de commerce, 529. — Effet des engagemens du mineur commerçant,

Conseil de tutelle. Le père peut en nommer un à la mère survivante et tutrice, 391 et 392.

Conseil judiciaire. Dans quel cas il en est nommé un d'office au défendeur en interdiction, 499. — Droits de celui qui est donné aux prodigues, 513. — Par qui peut être provoquée la défense de procéder sans l'assistance du conseil, 514. Voyez *Interdiction, Prodigues.*

Consentement. Énonciations que doit renfermer le consentement donné à un mariage par les père et mère, &c. 73. — Ce consentement est nécessaire pour la validité du mariage, 146 et suiv. — Le dissentiment entre les deux lignes emporte consentement, 150. — Consentement d'un tuteur *ad hoc* et du conseil de famille pour le mariage de mineurs de vingt-un ans qui n'ont ni père, ni mère, ni aïeux, 159 et 160. — Par qui le mariage peut être attaqué pour défaut de liberté de consentement, &c. 180 et suiv. — On regarde le consentement mutuel et persévérant des époux comme prouvant une cause péremptoire de divorce, 233. — Cas et délai pour l'admission du consentement mutuel au divorce, 275 et suiv. — L'autorisation des père et mère est nécessaire pour rendre le consentement mutuel suffisant, 278. — Le consentement des parties est indispensable pour rendre parfaite une donation dûment acceptée, 938. — Cas dans lesquels le consentement n'est pas regardé comme valable,

1109 et suiv. — Le mari ne peut aliéner ses immeubles sans le consentement de sa femme, 1428. — Consentement en matière de société, 1859; — en matière de dépôt volontaire, 1922; — en matière d'hypothèque, 2158.

Conservateur des hypothèques. Il est tenu d'inscrire sur son registre les créances résultant de l'acte translatif de propriété par lui transcrit, 2108. — Mention à faire de la remise des pièces, 2150. — Le conservateur est obligé de délivrer copie des actes transcrits sur ses registres, et celle des inscriptions subsistantes, ou un certificat qu'il n'en existe aucune, 2196. — Omissions du préjudice desquelles il est responsable, et obligations qui lui sont imposées, 2197 et suiv. Voyez *Bordereaux, Hypothèque, Inscription, Privilége, Radiation, Réduction, Transcription.*

Conservation. Celui qui s'est obligé de donner, est tenu de conserver la chose jusqu'à la livraison, 1136. — Quand on a obtenu la restitution d'une chose, on doit compte des dépenses de conservation, 1381. — Les frais faits pour la conservation d'une chose sont privilégiés sur la chose même, 2102.

Consignation. Circonstances dans lesquelles le débiteur peut consigner le montant de sa dette, et effets de la consignation, 1257 et suiv. — Il y a lieu à contrainte par corps pour répétition de deniers consignés entre

D

D

juger peut être poursuivi comme coupable de déni de justice, 4.

Deniers. Comment on emploie ceux qui proviennent de dispositions entre-vifs et testamentaires, 1065. — La contrainte par corps a lieu pour deniers consignés, 2060; — et pour deniers publics, 2070. — Les deniers fournis pour l'acquisition d'un immeuble ou pour paiement d'ouvriers ; font une créance privilégiée, 2103.

Dénonciation. Les usurpations commises sur un fonds sujet à usufruit doivent être dénoncées par l'usufruitier au propriétaire, 614. — Le défaut de dénonciation à la justice du meurtre de la personne dont on hérite, rend indigne de lui succéder, 727. — Personnes auxquelles ce défaut de dénonciation ne peut être opposé, 728.

Denrées. Dans quel cas le propriétaire peut faire vendre les denrées comprises dans l'usufruit, 602. — Comment on restitue des denrées prêtées, 1897. Voyez Prestation.

Dépens. Voyez Frais.

Dépenses. Les dépenses annuelles du mineur sont réglées par le conseil de famille, 454 et suiv. — Celui qui gère les affaires d'autrui, est remboursé des dépenses utiles par lui faites, 1375. — Dépenses dont il doit être tenu compte par celui qui obtient la restitution d'une chose indûment reçue par un tiers, 1381. — Le déposant est tenu des dépenses faites pour la conservation du dépôt, 1947. — Le débiteur doit celles faites pour la conservation d'un gage, 2080.

Dépôt. La possession provisoire des biens d'un absent n'est qu'un dépôt, 125. — Règles communes aux dépôts et aux consignations, 1259 et suiv. — La demande en restitution de dépôt ne peut être admise en compensation, 1293. — Circonstances dans lesquelles les dépôts volontaires doivent être prouvés par titres, 1341 et suiv. — Nature et essence du contrat de dépôt, 1917 et suiv. — Principes sur le dépôt nécessaire et judiciaire, 1949 et suiv. — La contrainte par corps a lieu pour dépôt nécessaire, et pour la représentation des choses déposées aux séquestres, commissaires et autres gardiens, 2060. — Le dépositaire ne prescrit jamais, 2236. Voyez Séquestre, Tradition.

Dérogation. On ne peut déroger dans les conventions aux lois qui intéressent l'ordre public, 6.

Désaveu. Cas dans lequel le mari peut désavouer un enfant, 312. — Action judiciaire qui doit suivre le désaveu, 318. Voyez Adultère, Impuissance.

Descendans. Temps pendant lequel les descendans d'un absent peuvent revendiquer ses biens, 133. — Prohibition du mariage entre les ascendans et les descendans, 161. — Dans les enquêtes sur le divorce, les descendans ne peuvent être reprochés à raison de la parenté, 251. — Circonstance dans laquelle les

E

proportionnelles à la part que l'époux ou ses héritiers prennent dans l'actif, 1521. Voyez *Legs, Paiement, Remise, Séparation de dettes, Usufruit.*

Deuil. Celui de la femme est aux frais des héritiers du mari, 1481.

Devis. Circonstance dans laquelle on considère comme un louage les devis, marché ou prix fait, pour l'entreprise d'un ouvrage, 1711.— Règles sur les cas où l'ouvrier est tenu de fournir son travail, son industrie et la matière, et où la chose vient à périr, 1787 *et suiv.* Voyez *Marché.*

Dévolution. Circonstances qui donnent lieu à la dévolution d'une ligne à l'autre dans les successions, 733.

Digues. Elles sont établies aux frais du propriétaire du fonds sujet à l'usufruit, 606.—Le propriétaire inférieur ne peut élever des digues qui empêchent l'écoulement des eaux plus élevées, 640.

Dimanche. Les publications de mariage se font ce jour-là, 63. — On pose pendant trois dimanches consécutifs les affiches de vente des biens des mineurs, 459.

Diplomatie. Voyez *Agens diplomatiques.*

Discussion. Le bénéfice de discussion peut être opposé par l'acquéreur aux créanciers de son vendeur, 1666. — La caution n'est obligée à payer le créancier qu'après la discussion des biens du débiteur, 2021 *et suiv.*

— La discussion du débiteur principal ne peut être demandée par la caution judiciaire, 2042 *et suiv.* — On n'est pas obligé de discuter le mobilier avant l'expropriation des immeubles possédés par un mineur ou un interdit, 2207. — Voyez *Division, Expropriation forcée, Tiers détenteur.*

Disparition. Voyez *Absence.*

Dispenses. Le Gouvernement peut accorder des dispenses d'âge pour le mariage, 145. — Il peut dispenser de la seconde publication de mariage, 169. — La loi prononce des amendes pour mariage célébré sans justification des dispenses prescrites, 192 et 193. — Fonctions qui dispensent de la tutelle, 427 et 428. — Autres cas de dispense, 428, 433, 435, 436.

Disposition. Le droit de propriété donne celui de disposer, 544.— On peut disposer de ses biens à titre gratuit, de deux manières, 893. — Dispositions prohibées ou permises, 896 *et suiv.*—Les dispositions entre-vifs ou testamentaires faites en faveur des docteurs en médecine ou en chirurgie, &c., sont nulles, 909. — L'autorisation du Gouvernement est nécessaire pour la validité des dispositions faites au profit d'hospices, de pauvres ou d'établissemens d'utilité publique, 910.—Les dispositions faites au profit d'un incapable sont nulles, 911.—Cas dans lequel on peut disposer au profit d'un étranger, 912.—Portion de biens

E 2

autoriser un demandeur en divorce, retenu par maladie, à faire sa déclaration dans son domicile, 236. Voyez *Accouchement, Disposition, Incapacité.*

Dol. La tutelle peut être retirée à celui qui l'a obtenue par quelque dol, 421. — Le majeur a la faculté d'attaquer l'acceptation d'une succession, qu'il n'a faite que par suite d'un dol, 783. — Le dol peut donner lieu à la rescision d'un partage, 887. — Il est une cause de nullité des conventions, 1109 et 1116. — L'inexécution des conventions, par suite de dol, donne lieu à des dommages-intérêts, 1150. — Époque à compter de laquelle court l'action résultant du dol dans les conventions, 1304. — Présomptions inadmissibles relativement aux actes attaqués pour cause de dol, 1353. — Effet du dol des héritiers du mari, sur la renonciation de la femme qui antérieurement aurait pris la qualité de commune, 1455. — Le mandataire répond du dol de celui qu'il a commis, 1992. — Le dol emporte rescision en matière de transactions, 2053.

Domaine public. On y réunit les biens acquis par un condamné depuis sa mort civile, 33. — Énumération des biens que l'on considère comme des dépendances de ce domaine, 538 *et suiv.* — Les biens qui n'ont pas de maître et ceux qui dépendent de la succession d'une personne décédée sans parens, lui appartiennent, 713, 723, 724, 768 *et suiv.*

Domestiques. Ils ont leur domicile chez leurs maîtres, 109. — Ils peuvent être témoins dans une demande en divorce, 251. — Les legs à eux faits ne sont pas censés en compensation de leurs gages, 1023. — Temps pendant lequel la veuve peut prendre la nourriture de ses domestiques sur la communauté, 1463. Voyez *Dommage, Louage, Prescription.*

Domicile. L'étranger qui fixe son domicile en France, acquiert la qualité de Français, 9. — Les actes de l'état civil doivent faire mention du domicile des personnes qui y sont dénommées, 34. — Pareille énonciation dans les actes de mariage et de décès, 63. — Durée d'habitation nécessaire pour l'établissement du domicile quant au mariage, 74. — Lieu du domicile pour l'exercice des droits civils, 102. — Comment s'opère le changement de domicile, 103. — Domicile des femmes mariées, des mineurs, des majeurs interdits et des majeurs qui servent ou travaillent habituellement chez autrui, 108 et 109. — Le domicile considéré relativement à l'ouverture d'une succession, 110. — Domicile éligible pour l'exécution des actes, les significations et les poursuites, 111. — Paiemens qui doivent être faits au domicile du débiteur, 1247. — Domicile auquel les offres doivent être faites, 1258. — Domicile de la caution, 2018. — Élection de domicile pour une inscription hypothécaire, 2148.

n'a pas lieu dans le contrat d'é-
change, 1706.

Écoliers. Voyez *Dommage*.

Écriture. L'écriture mise par le créancier à la suite, en marge ou au dos
d'un titre, fait foi quoique non signée par lui, 1332. Voyez *Vérification*.

Édifice. Les architectes et entrepreneurs
sont responsables d'un édifice construit à prix fait, qui périt par défaut
de construction, 1792. — L'architecte ne peut demander d'augmentation de prix pour une construction
à forfait, 1793. — L'entrepreneur
répond du fait des personnes qu'il
emploie, 1797. — Contre qui ont
action les maçons, charpentiers et
autres ouvriers employés à la construction d'un bâtiment ou d'autres
ouvrages faits à l'entreprise, 1798.
Voyez *Marché*.

Éducation. A qui appartient la surveillance de l'éducation des enfans après
la disparition du père, 141. — Par
qui elle est exercée pendant l'instance en divorce, 303. — Par qui
sont dus les frais d'éducation, 385
et 1409. — Proportion dans laquelle
doit contribuer à ces frais la femme
qui a obtenu sa séparation, 1448.
Voyez *Rapport*.

Effets. La loi n'a pas d'effet rétroactif,
2. — La condition accomplie en a
un qui remonte au jour de l'engagement, 1179. — Pour les effets
du *Divorce*, du *Mariage*, du *Partage*, des *Priviléges* et *Hypothèques*,
de la *Renonciation à la communauté*,
voyez ces mots.

Effets mobiliers. On considère comme
immeubles par destination, ceux
que le propriétaire est censé avoir
attachés à son fonds à perpétuelle
demeure, 524 *et suiv.* — Formalité
nécessaire pour valider l'acte contenant donation d'effets mobiliers,
948. Voyez *Meubles*.

Égouts. Ceux des toits ne peuvent être
versés sur le fonds du voisin, 681.

Élèves. Voyez *Dommage*.

Émancipation. Elle résulte de plein
droit du mariage, 476. — Comment
se fait l'émancipation des mineurs
non mariés, 477 *et suiv.* — Droits
que l'émancipation donne au mineur, 480 *et suiv.* — Cas où il peut
être privé du bénéfice de l'émancipation, 485 *et suiv.* — Le mineur
émancipé est réputé majeur pour les
faits relatifs à son commerce, 487.
— Effets de l'émancipation sur l'action en lésion ouverte en faveur d'un
mineur, 1305.

Emploi. Comment le tuteur doit employer l'excédant des revenus du
mineur, 455 *et suiv.* — Le curateur
doit surveiller l'emploi des capitaux
qui ont été reçus par le mineur,
482. — Emploi à faire par le grevé
de restitution, des deniers comptans,
et de ceux provenant des ventes,
1065. — Dans quel cas le mari est
ou n'est pas garant du défaut d'emploi ou de remploi du prix de l'immeuble aliéné par sa femme séparée
de biens, 1450. — Principes sur les
stipulations d'emploi dans les contrats de mariage, 1553 *et suiv.* Voyez
Interdiction, *Remploi*.

F

—Ces enfans ne peuvent rien recevoir par donation entre-vifs ou par testament au-delà de ce que la loi leur accorde, 908. Voyez *Actes respectueux*, *Consentement*, *Légitimation*, *Reconnaissance*.

Enfans trouvés. On doit les remettre à l'officier de l'état civil, 58.

Engagemens. Quelles peines encourt le mineur émancipé dont les engagemens auraient été réduits en justice, 485. — On ne peut en général s'engager en son propre nom que pour soi-même; mais on a la faculté de se porter fort pour un tiers, 1119 *et suiv.* — Engagemens qui se forment sans convention, 1370 *et suiv.* — Ceux des associés entre eux et à l'égard des tiers, 1843 *et suiv.* — Engagemens qui se forment par le prêt à usage ou commodat, 1880. — Celui qui s'est obligé personnellement, est tenu de remplir son engagement sur tous ses biens mobiliers et immobiliers présens et à venir, 2092. Voyez *Emprunt.*

Engrais. Les pailles et les engrais sont immeubles par destination, 524. — Le fermier sortant doit laisser à son successeur les engrais de l'année, 1778.

Enlèvement. Voyez *Délivrance*, *Rapt.*

Énonciations. Effets qui résultent des énonciations dans les actes, 1320.

Enquête. Celle qui a lieu en matière de divorce, se fait à huis clos, 253.

Enregistrement. En quel lieu doivent être enregistrés les testamens faits en pays étranger, 1000. — Par qui sont dus les droits d'enregistrement de legs, 1016. — L'enregistrement assure la date des actes sous seing privé, 1328. — Celui de l'acte de créance est exigé pour déterminer si la communauté est ou non tenue d'acquitter une dette de la femme, 1410.

Enrôlement volontaire. Age auquel il peut autoriser l'enfant à quitter la maison paternelle, 374.

Entrepreneur. Obligations des entrepreneurs de voitures publiques, 1785. — Obligations et priviléges des entrepreneurs de bâtimens, 1797, 2103 et 2270. Voyez *Architecte*, *Édifice*, *Louage*, *Marché.*

Entretien. Celui des enfans mineurs est pour les père et mère une charge attachée à la jouissance de leurs biens, 385. — Les frais d'entretien ne sont pas sujets à rapport, 852. — Le dommage causé par la ruine d'un bâtiment non entretenu est à la charge du propriétaire, 1386.

Envoi en possession. Les personnes qui sont envoyées en possession provisoire de biens ne peuvent les aliéner, 128 *et suiv.* — Le conjoint survivant doit demander l'envoi en possession, 770. — Formalités à observer tant par lui que par la régie des domaines, à défaut d'héritier, 771 *et suiv.*

Époux. Il ne peut demander l'envoi en possession des biens de l'autre époux absent, 140. — Pour réclamer le titre d'époux et les effets civils du mariage, il faut représenter l'acte

F 2

321. — On doit rapporter à la succession les frais faits pour l'établissement d'un cohéritier, 851. Voyez *Constructions*, *Enfant*.

Établissemens publics. Les dispositions entre-vifs ou par testament, faites à leur profit ou à celui des hospices et des pauvres d'une commune, doivent être validées par l'autorisation du Gouvernement, 910. — Il faut que les donations soient acceptées par les administrateurs et transcrites au bureau des hypothèques, 937 et 940. — Les établissemens publics ne peuvent transiger qu'avec l'autorisation du Gouvernement, 2045. — Ils ont une hypothèque légale sur les biens des comptables, 2121. — Ils sont soumis aux mêmes prescriptions que les particuliers, 2227.

Étages. Voyez *Réparations*.

Étangs. Voyez *Alluvion*, *Poissons*.

État. Les lois concernant l'état et la capacité des personnes, régissent tous les Français, même en pays étranger, 3. — La possession d'état ne dispense pas de représenter l'acte de mariage, 195. — Principes sur cette possession, 320 et suiv. — Tribunaux compétens pour statuer sur les réclamations d'état, et procédure à ce sujet, 326 et suiv.

État civil. Règles sur la confection des actes de l'état civil, 34 et suiv. — Registres où ils doivent être inscrits, 40 et suiv. — Formalités prescrites pour les actes de l'état civil qui se font en pays étranger, 47,

48, 170, 171, 999 et 1000. — Les parties intéressées peuvent se pourvoir contre les jugemens relatifs aux actes de l'état civil, 54. — Manière dont ces actes sont rédigés pour les militaires hors du territoire français, 88 et suiv. Voyez *Altération*, *Contravention*, *Faux*, *Officiers de l'état civil*, *Rectification*, *Registres*.

État des lieux. Règles sur celui qui est fait entre le bailleur et le preneur, 1730 et suiv.

État estimatif. On doit en dresser un en cas de donation d'effets mobiliers, 948. Voyez *Estimation*.

Étrangers. Règles sur la jouissance des droits civils en France, 11 et suiv. — Conditions pour rendre l'étranger admissible à succéder ou à recevoir une donation en France, 726 et 912. — Testamens faits en pays étranger, 999. — Quand les jugemens rendus en pays étranger emportent-ils hypothèque sur les biens de France, 2123. — Les contrats qui y sont passés peuvent-ils donner une hypothèque conventionnelle, 2128. Voyez *Disposition*, *Succession*.

Événemens. Voyez *Cas fortuit*.

Éviction. Dans quel cas elle donne lieu à la garantie entre copartageans, 884 et suiv. — Obligations du vendeur à l'égard de l'acquéreur évincé de tout ou partie de l'objet vendu, 1626 et suiv. — Éviction partielle qui peut faire résilier la vente, 1636. Cas où la garantie n'a plus lieu pour cause d'éviction, 1640. — L'associé

1300. — Une société finit par l'extinction de la chose, 1865. — Extinction de l'obligation qui résulte du cautionnement, 2034. — Comment s'éteignent les priviléges et les hypothèques, 2180.

Extrait. Voyez *Registres.*

F

Faculté. Délai pour la prescription de celle d'accepter ou de répudier une succession, 789. — Les actes de pure faculté ne peuvent fonder ni possession ni prescription, 2232. Voyez *Rachat.*

Faillite. Le débiteur qui a fait faillite est privé du bénéfice du terme accordé pour le paiement, 1188. — Effet que produit la faillite du délégué, 1276. — Action que les créanciers de la femme peuvent exercer après la faillite du mari, 1446. — La faillite d'un associé dissout la société, 1865. — Celle du débiteur d'une rente perpétuelle en rend le capital exigible, 1913. — Le mandat cesse par la déconfiture, 2003. — Action de la caution contre le débiteur en faillite, 2032. — Délai antérieur à l'ouverture d'une faillite pendant lequel l'obtention d'une hypothèque est sans effet, 2146. Voyez *Cession de biens, Séparation de biens.*

Famille. Voyez *Adoption, Conseil de famille, Enfant, État.*

Fautes. L'héritier bénéficiaire est tenu des fautes graves dans l'administration dont il est chargé, 804. — Le mandataire répond des fautes par lui commises dans sa gestion, 1992.

Faux. Dommages - intérêts auxquels donne lieu le faux commis dans les actes de l'état civil, 52. — Cas dans lesquels l'exécution des actes argués de faux peut être suspendue, 1319.

Femme. La femme étrangère qui épouse un Français, suit la condition de son mari, 12. — Il en est de même à l'égard de la femme française qui épouse un étranger, 19. — Quel est le domicile de la femme mariée, 108. — La femme qui demande la continuation de la communauté, lors de la déclaration d'absence de son mari, conserve le droit d'y renoncer, 124. — Ses obligations envers son mari, 213 *et suiv.* — Elle ne peut ester en jugement sans l'autorisation de son mari ou de la justice, 215. — La femme non commune ou séparée de biens a également besoin du consentement du mari pour donner, aliéner ou acquérir, 217. — Principes sur les obligations contractées par une femme marchande publique, 220. — La femme peut tester sans l'autorisation de son mari, 226. — Elle ne peut contracter un nouveau mariage que dix mois après la dissolution du précédent, 228. — Cas dans lequel elle peut demander divorce pour adultère du mari, 230. — La femme, dans le cas d'une demande en divorce pour cause déterminée, peut quitter le domicile du mari, et demander une pension alimentaire, 268 *et suiv.* — La

prouve celle des enfans légitimes, 319 *et suiv.*

Filles. Seule cause pour laquelle elles sont contraignables par corps en matière civile, 2066.

Fin de non-recevoir. Elle peut s'opposer à celui qui réclame un droit échu à un individu dont il ne prouve pas l'existence, 135. — Elle a lieu contre une demande en nullité de mariage, après cohabitation pendant six mois, 181. — En matière de divorce, on statue d'abord sur les fins de non-recevoir, 246. — Celle qui résulte de la renonciation des époux, 272. — Circonstances qui rendent non recevable le désaveu d'un enfant, 314. — Délai après lequel on n'est plus recevable dans le refus d'une tutelle, 438. — Cas dans lequel un cohéritier n'est plus recevable à demander la rescision d'un partage, 892. — Fin de non-recevoir qui résulte de l'approbation donnée à un contrat dont l'annullation est poursuivie pour cause de violence, 1115. Voyez *Exceptions, Servitudes.*

Fleuves. Les rivières et fleuves navigables ou flottables sont des dépendances du domaine public, 538. — Ce qui a lieu dans le cas où une rivière ou un fleuve forme, par un nouveau bras, une île du champ d'un propriétaire riverain, ou prend un nouveau cours, 562 et 563. Voyez *Alluvion.*

Foi. Celle que l'on doit aux actes authentiques et sous signature privée, 1319, 1320 et 1322; — aux registres et papiers domestiques, 1331; — aux copies de titres, 1334; — à l'aveu des parties, 1356. Voyez *Bonne foi, Mauvaise foi.*

Fonctions publiques. On perd la qualité de Français en acceptant sans autorisation des fonctions publiques dans un gouvernement étranger, 17. — Fixation du domicile des fonctionnaires publics, 106 et 107. — Fonctionnaires qui sont dispensés de la tutelle, 427. Voy. *Abus.*

Fondés de pouvoir. Déclarations pour lesquelles ils peuvent remplacer les parties devant les officiers de l'état civil, 36 et 38. — Ils peuvent former opposition à un mariage, 66; — attaquer le nouveau mariage contracté par un époux en l'absence de son conjoint, 139; — défendre à une demande en divorce, 243; — représenter un membre du conseil de famille, 412; — accepter une donation, 933 et 936; — recevoir des paiemens et des offres, 1239 et 1258. — Leur aveu fait pleine foi en justice, 1356. Voyez *Mandat, Procuration.*

Fonds de terre. Ils sont immeubles par leur nature, 518. — Les objets affectés par le propriétaire à l'exploitation du fonds sont immeubles par destination, 524. — La contrainte par corps a lieu en cas de réintégrande, 2069. Voy. *Alluvion, Servitudes.*

Force. On n'est pas tenu de dommages-intérêts lorsque l'inexécution d'une

G

créanciers peuvent attaquer les actes faits en fraude de leurs droits, 1167. — Les actes faits en fraude de la loi sont nuls, 1350. — Présomptions inadmissibles relativement aux actes qui sont attaqués comme frauduleux, 1355. — Actions auxquelles donnent lieu une séparation de biens faite en fraude des droits des créanciers, 1447, — et une renonciation frauduleuse de la femme à la communauté, 1464.

Frères. Le mariage est prohibé entre frères et sœurs, 162. — Ils peuvent réciproquement former opposition à leur mariage, 174. — Ils ont la faculté de composer le conseil de famille pour nommer un tuteur, 408. — Ils peuvent être subrogés tuteurs, 423. — Leur degré de parenté, 738. — Règles sur le partage des successions échues aux frères et sœurs ou à leurs descendans, 748 *et suiv.* — Charges sous lesquelles les frères peuvent être donataires de leurs frères, 1049.

Fruits. Lorsqu'ils sont détachés de l'arbre, ils sont meubles, 520. — Fruits appartenant au propriétaire par droit d'accession, 547. — Cas où le simple possesseur peut les recueillir, 549. — Quels fruits sont appelés naturels, industriels et civils, 583 *et suiv.* — Jour à compter duquel sont dus les fruits et intérêts des choses sujettes à rapport, 856. — Intérêts auxquels donne lieu la restitution des fruits, 1155. — Cas de restitution, 1378. Voyez *Communauté, Régime, Usage.*

Fumiers. Le preneur à cheptel en profite seul, 1811. — Exception pour le cheptel donné au fermier, 1824.

Fungible. Règles applicables aux choses fungibles ou qui se consomment par l'usage, 587 et 1851.

Fureur. On doit interdire les furieux, 489 et 491.

Futaie. Dans quel cas la coupe de futaie devient meuble, 521. — Droits de l'usufruitier, 591 *et suiv.*

G

Gage. C'est le nantissement d'une chose mobilière, 2072. — Droits que le gage confère au créancier, 2073 *et suiv.* Voyez *Privilége.*

Gages des domestiques. Ils ne se compensent pas avec les legs qui leur sont faits, 1023. — Le maître est cru sur son affirmation pour la quotité des gages, &c., 1781.

Gageure. Voyez *Jeu, Pari.*

Gain. Cas dans lequel la chance du gain forme un contrat aléatoire, 1104. — Dommages-intérêts dus pour la privation de gain résultant de l'inexécution des obligations, 1149. — Cas dans lequel les gains de survie de la femme ne sont pas ouverts par la dissolution de la communauté, 1452.

Garantie. Devant quel tribunal se portent les demandes relatives à la garantie des lots entre les copartageans, 842. — De quels troubles et évictions les copartageans demeurent respectivement garans, 884 *et suiv.*

renonciations aux successions , et la déclaration de l'héritier qui n'accepte que sous bénéfice d'inventaire, sont par eux reçues , 793. — Il en est de même de la renonciation de la femme survivante à la communauté, 1457. — Ils ne peuvent être cessionnaires de droits litigieux de la compétence du tribunal où ils exercent leurs fonctions, 1597.

Greffiers des tribunaux criminels. Renseignemens qu'ils doivent envoyer à l'officier de l'état civil du lieu où des jugemens portant peine de mort ont été exécutés, 83.

Grevé de restitution. Dispositions du Code qui remplacent les substitutions anciennes, 1048 à 1074.

Gros murs. Voyez *Réparations.*

Grosses. Les grosses ou premières expéditions font la même foi que l'original, 1335. — Les grosses de contrats de mariage ne doivent point être délivrées sans transcrire à la suite les changemens et les contre-lettres, 1397. Voyez *Titres.*

Grossesse. Le mari ne peut désavouer un enfant, lorsqu'il a eu connaissance de la grossesse avant le mariage, 314. Voyez *Accouchement, Enfant.*

H

Habitation. De quelle manière le droit d'habitation s'établit et se perd, 625 et suiv. — Étendue de ce droit, 632 et suiv. — On doit fournir une habitation à la veuve, 1570. Voyez *Domicile, Usage.*

Habits de deuil. Voyez *Deuil.*

Haies. Cas dans lesquels la haie qui sépare des héritages est réputée mitoyenne, 670. — Distance à observer pour la plantation des haies, 671. Voyez *Arbres.*

Hardes. Voyez *Linge.*

Havres. Voyez *Ports.*

Herbages. Il y a des réglemens particuliers pour ceux qui croissent sur le bord de la mer, 717.

Hérédité. Les actions en pétition d'hérédité relativement à un absent ne s'éteignent que par le laps de temps établi pour la prescription, 137. — Le vendeur d'une hérédité ne garantit que sa qualité d'héritier, 1696. Voyez *Héritiers.*

Héritage. Voyez *Clôture, Servitudes.*

Héritiers. Ceux d'un absent peuvent se faire envoyer en possession provisoire de ses biens, 120. — Actions que peuvent exercer les héritiers d'un enfant qui était en réclamation d'état, 329. — La tutelle ne passe pas aux héritiers d'un tuteur, 419. — Droits des héritiers de l'usufruitier, 590 et 599. — Les héritiers légitimes sont saisis de plein droit de la succession du défunt, 724. — L'héritier qui renonce, est censé n'avoir jamais été héritier, 784. — Délai accordé à l'héritier pour faire inventaire et se porter héritier bénéficiaire, 795 et suiv. — L'héritier coupable de recélé est

I

reconnaître les enfans incestueux, 331, 335, 342. — Il ne leur est accordé que des alimens, 762. Voyez *Enfans adultérins et incestueux.*

Incompétence. L'acte qui n'est point authentique par l'incompétence ou l'incapacité de celui qui l'a reçu, ne vaut que comme écriture privée, s'il est signé des parties, 1318.

Inconduite. Celle d'un enfant donne au père le droit de le faire détenir, et au tuteur le même droit sur son mineur, avec l'autorisation d'un conseil de famille, 375 et 468. — Celui dont l'inconduite est notoire, ne peut être tuteur, 444.

Incorporation. C'est un des moyens par lesquels la propriété s'acquiert, 712.

Indemnités. Cas dans lesquels les pupilles et les mineurs en peuvent réclamer, 369 et 421. — On ne peut contraindre à céder une propriété pour cause d'utilité publique, sans une juste et préalable indemnité, 545. — Circonstances où il y a lieu à des indemnités, 643, 658, 682, 1120, 1375, 1403, 1406, 1439, 1468, 1493, 1513, 1744, 1747. — Indemnité due au mandataire pour raison des pertes que lui a causées sa gestion, 2000.

Indication. Celle faite par le débiteur, d'une personne qui doit payer en sa place, n'opère point novation, 1277.

Indignité. Personnes que la loi déclare indignes de succéder, 727 *et suiv.*

Indivisibilité. Cas dans lesquels une obligation est indivisible, 1221.

Indivision. Nul ne peut être contraint de demeurer dans l'indivision, 815. — L'action en rescision est admise contre les actes tendant à faire cesser l'indivision entre cohéritiers, 888. — La part indivise dans une succession n'est pas sujette à expropriation forcée, 2205.

Industrie. Les pères et mères n'ont pas la jouissance du produit de l'industrie des enfans mineurs, 387. — Chaque associé doit, à défaut d'argent ou d'autres biens, apporter son industrie dans la société, 1833. Voyez *Fruits, Louage.*

Inégalité. Retour par lequel l'inégalité des lots est compensée dans un partage, 833.

Infidélité. Elle peut faire exclure de la tutelle, 444.

Ingratitude. Cas dans lesquels elle donne lieu à la révocation des donations, 953 *et suiv.*

Inhumation. Permission et formalités nécessaires pour y procéder, 77 *et suiv.*

Injure. Celle qui peut devenir une cause de divorce, 231, 259; — et de révocation d'une donation, 955 et 1046.

Inscription. On rend publiques par cette voie les dispositions à charge de restitution de sommes colloquées avec privilége, 1069. — Publicité à donner aux priviléges par l'inscription, 2106. — Règles sur cette

H

Lingot. Le prêt qui a été fait en lingots, doit être rendu de la même manière, 1897.

Liquidations. Les absens y sont représentés par un notaire; 113.

Lits. Ils font partie des meubles meublans, 534.

Livraison. L'obligation de donner une chose entraîne celle de la livrer, 1138 *et suiv.* Voyez *Délivrance, Prescription.*

Livres. Ils ne sont pas compris sous le mot *Meubles*, 533. — Les livres des marchands font preuve contre eux, 1330. Voyez *Registres.*

Locataires. Leur responsabilité relativement aux incendies, 1734. — On ne peut expulser le locataire qui a un bail authentique, 1743. Voyez *Bail, Louage.*

Logement. Pendant quel temps la communauté en doit un à la veuve, 1465. — Celui que le fermier sortant doit laisser au fermier qui le remplace, 1777.

Lois. Leur promulgation, 1. — Elles n'ont point d'effet rétroactif, 2. — Distinction entre les lois de police et de sûreté et celles relatives à l'état et à la capacité des personnes pour l'étendue des obligations qu'elles imposent, 3. — On ne peut déroger, par des conventions particulières, aux lois qui intéressent l'ordre public et les bonnes mœurs, 6. — Les conditions contraires aux lois sont réputées non écrites, 900. — Celles que la loi prohibe sont nulles, 1172. — Le privilége de la loi *æde* n'a plus lieu, 1762.

Lots. Comment s'en fait le partage en matière de succession, 815. — — Principes sur la formation et la composition des lots, 831. — Garantie des lots entre les copartageans en cas d'éviction, 884. Voyez *Garantie, Prélèvement.*

Louage. Il y a deux sortes de contrats de louage, 1708 *et suiv.* — Diverses espèces de baux, 1711 *et suiv.* — On peut expulser le locataire qui ne garnit pas la maison de meubles suffisans, 1752. — Jusqu'à quelle concurrence le sous-locataire est tenu envers le propriétaire, 1753. — Louage d'ouvrage et d'industrie, 1779. — Louage des domestiques et ouvriers, 1780. — Objets pour lesquels le maître est cru sur son affirmation, 1781. — Louage des voituriers par eau, 1782. — Celui des entrepreneurs d'ouvrages par suite de devis et marchés, 1787. — Le contrat de louage d'ouvrage est dissous par la mort de l'ouvrier, de l'architecte ou de l'entrepreneur, 1795. Voyez *Bail, Fermages, Réparations.*

Loyers. Ceux des maisons s'acquièrent jour par jour, 586. — Intérêts que produisent les loyers, 1155. — Temps pendant lequel il n'est pas dû de loyer à la communauté par la veuve, 1465. — Les loyers sont des créances privilégiées, 2102. — Ceux des maisons se prescrivent par cinq ans, 2277.

M

I

leur nature ou par la détermination de la loi, 527 *et suiv.* — Objets compris sous les dénominations de *meubles*, *meubles-meublans*, *biens-meubles*, *mobilier* ou *effets mobiliers*, 533 *et suiv.* — On doit inventorier les meubles sujets à l'usufruit, 600. — L'héritier mobilier peut faire vendre aux enchères les meubles d'une succession, 805. — Ils sont préalablement estimés par des experts, 825. — Comment se rapportent ceux qui ont été donnés, 868. — Meubles que le grevé de restitution est tenu de faire vendre, 1063. — Restitution de meubles indûment reçus, 1379. — Règles concernant les baux de meubles fournis pour garnir une maison ou un appartement, 1757. — Les privilèges peuvent être sur les meubles, 2099. — Les meubles n'ont pas de suite par hypothèque, 2119. — Les meubles perdus peuvent être revendiqués pendant trois ans, 2279. Voyez *Mobilier.*

Meurtre. Celui qui a été condamné pour avoir donné ou tenté de donner la mort au défunt, et l'héritier majeur qui, instruit du meurtre, ne l'a pas dénoncé, sont indignes de succéder, 727. — On ne peut opposer le défaut de dénonciation aux parens du meurtrier, 728.

Miel. Voyez *Ruches.*

Militaires. Quels militaires remplissent dans les corps les fonctions d'officier de l'état civil, 89 *et suiv.* — Les militaires en activité de service sont dispensés de la tutelle, 428. — Par

qui sont reçus leurs testamens, 981 *et suiv.*

Mines. Le propriétaire qui veut fouiller sa propriété, est obligé de se conformer aux lois sur les mines, 552. — Il en est de même de l'usufruitier, 598. — Quand leur produit tombe-t-il dans la communauté, 1403.

Mineur. Où est le domicile du mineur, 108. — Conditions nécessaires pour le mariage des mineurs, 144. — Jusqu'à quel âge dure la minorité, 388. — Administration des biens personnels des enfans mineurs pendant le mariage, 389. — Comment le mineur parvenu à l'âge de seize ans peut disposer à titre gratuit, 903 et 907. — Les mineurs ne peuvent être exécuteurs testamentaires, 1030. — Consentement et assistance nécessaires au mineur qui n'a pas seize ans pour disposer par contrat de mariage, 1095. — Les mineurs ne peuvent contracter, 1124. — Ceux qui ont contracté avec les mineurs ne peuvent leur opposer leur incapacité, 1125. — La rescision considérée relativement aux mineurs, 1304 *et suiv.* — Le mineur peut consentir les conventions matrimoniales, 1398. — La contrainte par corps ne peut être prononcée contre les mineurs, 2064. — Hypothèque qu'ils ont sur les biens de leur tuteur, 2121 *et suiv.* — La prescription ne court pas contre les mineurs, 2252. Voyez *Émancipation, Lésion, Tutelle.*

Ministère public. Ses fonctions relativement aux intérêts des personnes

due à la personne morte civilement, 1982. Voyez *Contumace*, *Mort*.

Motifs. Voyez *Jugemens*.

Moulins. Lesquels sont immeubles par leur nature, 519. — Les moulins sur bateaux sont meubles, 531. Voyez *Bateaux*.

Muet. Voyez *Sourd-muet*.

Municipalités. On y fait les déclarations relatives au domicile, 104. — Cas dans lequel le consentement de la municipalité du lieu est nécessaire pour la tutelle officieuse, 361. Voyez *Maison commune*.

Murs. Ceux des places de guerre font partie du domaine public, 540. — De quelles réparations l'usufruitier est chargé, 605. — Quels murs sont réputés mitoyens, 653. — Règles sur la réparation, la reconstruction ou l'exhaussement de ces murs, 656 *et suiv*. — Un voisin ne peut percer le mur mitoyen sans le consentement de l'autre, 675. Voyez *Portes*, *Réparations*, *Vues*.

Mutation. Voyez *Transcription*.

N

Naissance. De quelle manière on la prouve lorsqu'il n'existe pas de registres de l'état civil, 46. — Délai et formalités pour les actes de naissance, 55 *et suiv*. — Règles particulières aux actes de naissance en mer, 59 *et suiv*. — et à l'armée, 92 *et suiv*. Voyez *Distinction*, *Filiation*, *Reconnaissance*.

Nantissement. La remise du gage donné en nantissement ne suffit pas pour faire présumer la remise de la dette, 1286. — Celui qui ne peut pas trouver une caution, est reçu à donner à sa place un gage en nantissement suffisant, 2041. — Définition de ce contrat, 2071. Voyez *Antichrèse*, *Gage*, *Remise*.

Nation. Biens qui lui appartiennent, 560. — Cas dans lequel une succession lui est déférée, 768. — Son hypothèque sur les biens des receveurs et administrateurs comptables, 2121. — Elle est sujette à la même prescription que les particuliers, 2227.

Naturalisation. Celle qui est acquise en pays étranger fait perdre la qualité de Français, 17.

Navires. Ils sont meubles, 531. Voyez *Bateaux*.

Négligence. L'héritier bénéficiaire et le donataire doivent compte des détériorations provenant de leur négligence, 805 et 865. — Responsabilité à laquelle la négligence donne lieu, 1383. — Négligence dont le mari est responsable, 1562 et 1567.

Négociation. La société qui avait une négociation pour objet, finit quand cette négociation est consommée, 1865.

Neveu. Le mariage est prohibé entre le neveu et la tante, l'oncle et la nièce, 163. — Comment la prohibition peut être levée, 164. — Le neveu du meurtrier n'est pas tenu de le dénoncer, 728. — Degré de l'oncle au neveu, 738. — Représentation des neveux et nièces dans les successions, 742 *et suiv*. —

O

Officiers municipaux. Circonstances dans lesquelles ils ont la faculté de recevoir les testamens, 985. Voyez *Communes, Maires, Municipalités.*

Officiers publics. Il leur est défendu de se rendre adjudicataires de biens nationaux vendus par leur ministère, 1596. — Ils peuvent être contraints par corps à représenter leurs minutes, et à restituer les titres et deniers à eux confiés, 2060.

Offres. On ne peut offrir en paiement une chose autre que celle qui est due, ni partie de cette chose, 1243 et 1244. — Lorsque la dette est d'une chose non déterminée par son espèce, le débiteur n'en peut offrir de la plus mauvaise, 1246.

Offres réelles. Cas où elles peuvent avoir lieu, et règles à observer, 1257 *et suiv.*

Omission. Ce qui résulte de l'omission d'un objet de la succession dans un partage, 887.

Oncle. L'autorisation du Gouvernement est nécessaire pour que l'oncle puisse épouser sa nièce, 163 *et suiv.* — Les oncles et tantes ne peuvent former opposition au mariage de leurs neveux et nièces, 174. — L'oncle du meurtrier n'est pas tenu de le dénoncer, 728. — Degré de parenté de l'oncle et du neveu, 738.

Opérations. Voyez *Prescription.*

Opposition. Formalités relatives à la signature et à la signification des oppositions aux mariages, 66 et 67.

— Leur main-levée est nécessaire avant de pouvoir procéder à la célébration, 68. — Par qui ces oppositions peuvent être formées, énonciations qu'elles doivent contenir, &c., 176 *et suiv.* — Effet du paiement qui a eu lieu au préjudice d'une opposition, 1242. — L'opposition empêche la remise d'un dépôt, 1944. Voyez *Scellés.*

Ordre. La manière de procéder à l'ordre et distribution du prix des immeubles vendus sur la poursuite de créanciers, est réglée par les lois sur la procédure, 2218.

Ordre public. Voyez *Contrat, Lois.*

Ornemens. Cas dans lequel ils sont censés immeubles par destination, 525. — Charges sous lesquelles l'usufruitier peut enlever les ornemens par lui placés, 599.

Ouvertures. On n'en peut pratiquer dans un mur mitoyen, 675.

Ouvrage. Règles concernant les ouvrages faits avec des matériaux dont on n'était pas propriétaire, 554 *et suiv.* Voyez *Constructions, Devis, Louage, Marché, Ouvriers.*

Ouvriers. Le domicile de ceux qui travaillent habituellement chez autrui, est dans la maison de la personne qui les emploie, 109. — Conditions à faire avec l'ouvrier selon qu'il a fourni son travail, son industrie, et même la matière, 1787 *et suiv.* — Les ouvriers qui entreprennent directement leur partie, sont astreints aux mêmes règles

K

pas, sont réglés par des lois particulières, 717. — Cas où la chance de la perte donne lieu à un contrat aléatoire, 1104. — Dommages-intérêts dus à l'occasion des pertes, 1149. — Extinction des obligations par la perte de la chose, 1234 et 1302. — On est garant de la perte d'une chose indûment reçue, 1379. — Cas où la perte de la dot tombe uniquement sur la femme, 1573. — Circonstances dans lesquelles la perte de la chose est pour le maître ou pour l'ouvrier, 1788 et suiv. — Principes sur les pertes dans un cheptel, 1805, 1810, 1825 1827 et 1828. — On ne peut stipuler qu'un ou plusieurs associés seront affranchis de la contribution aux pertes, 1855. — Pertes qui opèrent la dissolution de la société, 1867. — Indemnités pour pertes occasionnées par un dépôt, 1947.

Peste. Quelles personnes peuvent recevoir les testamens en temps de peste, 985.

Pharmaciens. Leurs créances sont privilégiées, 2101. Voyez *Incapacité, Prescription.*

Pièces. Voyez *Décharge, Transactions.*

Pierreries. Elles ne sont pas comprises sous le mot *Meubles,* 533.

Pigeons. Ceux des colombiers sont immeubles par destination, 524. — A qui appartiennent les pigeons qui passent dans un autre colombier, 564.

Piliers. Les moulins et autres usines fixés par des piliers sont immeubles, 519 et 531.

Places. Les portes, murs, fossés et remparts des places de guerre font partie du domaine public, 540.

Planchers. Comment les copropriétaires d'une maison qui a plusieurs étages contribuent aux réparations des planchers, 664.

Plantations. Celles que le propriétaire a le droit de faire, 552 et suiv. Voyez *Arbres, Constructions.*

Poissons. Ceux des étangs sont immeubles par destination, 524. — Ils appartiennent au maître de l'étang où ils passent, 564.

Police. Envers qui les lois de police et de sûreté sont obligatoires, 3. — Mesures de police pour constater une mort violente, 81 et suiv. — Loi de police qu'il faut observer pour entreprendre des fouilles ou des constructions, 552. — Choses communes dont la jouissance est réglée par des lois de police, 714.

Porcelaines. Celles qui ne sont pas meubles meublans, 534.

Portes. Celles des places de guerre et des forteresses font partie du domaine public, 540. — Les portes sont des servitudes apparentes, 689. — Leur réparation est au nombre des réparations locatives, 1754.

Portion. Voyez *Partage.*

Portion virile. Celle qu'on peut prendre lorsqu'on accepte une communauté à laquelle divers héritiers ont renoncé, 1475.

se règle entre les créanciers, 2094 *et suiv.* Voyez *Privilége.*

Préfets. Ils sont exempts de tutelle, 427.

Prélèvemens. Quels sont ceux que les cohéritiers peuvent faire sur la masse d'une succession, 830. — Prélèvemens occasionnels sur les biens de la communauté entre époux, 1433. — Les prélèvemens de la femme partageant la communauté, s'exercent avant ceux du mari, 1471. — Portion de mobilier susceptible d'être prélevée lors de la dissolution de la communauté, 1503. — Clause de prélèvement avant partage, 1515. Voyez *Rapport.*

Preneur. Cas dans lequel le preneur à bail a droit de sous-louer, 1717. — Obligations principales dont il est tenu, 1728. — Cas où l'emploi que le preneur fait de la chose louée, peut donner lieu à la résiliation du bail, 1729. — Ce qui résulte de l'existence ou de la non-confection d'un état des lieux, 1730. — Dégradations et pertes dont le preneur répond, 1732 *et suiv.* — Règles applicables aux preneurs de baux à cheptel, 1806 *et suiv.* Voyez *Bail, Fermages.*

Préposés. Voyez *Dommage.*

Prescription. Le condamné ne se trouve point réintégré dans ses droits civils par la prescription de la peine, 32. — Règles sur la prescription par rapport aux servitudes, 708 *et suiv.* — On acquiert la propriété et on se libère par la prescription, 712.

— Prescription contre l'acceptation ou la répudiation d'une succession, 789. — A quelle époque commence la prescription des immeubles dont la donation est révoquée par survenance d'enfans, 966. — L'interruption de la prescription à l'égard d'un des créanciers solidaires profite aux autres, 1199 et 1206. — La prescription des immeubles dotaux n'a pas lieu pendant le mariage, 1561. — Prescription des priviléges et hypothèques, 2180. — Faculté de renonciation à la prescription acquise, 2220. — On peut, en tout état de cause, opposer le moyen résultant de la prescription, 2224. — On ne peut prescrire le domaine des choses qui ne sont pas dans le commerce, 2226. — La prescription considérée relativement à la nation, aux communes et aux établissemens publics, 2227. — La prescription ne peut être acquise par ceux qui possèdent précairement, 2236. — On ne prescrit pas contre son titre, 2240. — Causes par lesquelles la prescription est interrompue, et personnes contre lesquelles elle ne court pas, 2242 *et suiv.* — Durée du temps nécessaire pour les différentes sortes de prescriptions, 2260 *et suiv.* — Réglement des prescriptions commencées à l'époque de la publication du Code civil, 2281.

Présens. Les frais et les présens de noces ne sont pas sujets à rapport, 852.

Présomptions. Cas où elles peuvent

contre le débiteur, 1250. — Le créancier qui a consenti à ce que le débiteur retirât sa consignation, ne peut plus exercer les priviléges attachés à sa créance, 1263. — Il en est de même dans le cas de novation, 1278 *et suiv.* — Réclamation en vertu de privilége, d'une créance qui aurait pu être éteinte par compensation, 1299. — La femme, et les héritiers qui réclament la restitution de la dot, n'ont pas de privilége sur les créanciers du mari antérieurs en hypothèque, 1572. — Privilége résultant du gage, 2073. — En quoi consiste le privilége d'un créancier sur les autres, 2095. — Règles applicables à différentes sortes de priviléges, 2098 *et suiv.* — Comment les priviléges se conservent, 2106 *et suiv.* — Comment ils s'éteignent et se purgent, 2180 *et suiv.* Voyez *Inscription, Préférence.*

Prix. Celui de la chose volée qui a péri ou a été perdue d'une autre manière, est toujours dû, 1302. — Le prix de la vente doit être déterminé, mais cependant on a la faculté de le laisser en arbitrage, 1591. — Diminution ou augmentation de prix résultant du défaut ou de l'excédant de contenance, 1617 *et suiv.* — Action à ce sujet, 1622. — Le prix d'effets mobiliers non payés est privilégié sur ces effets, 2102.

Prix fait. Voyez *Devis.*

Procès. Frais de procès à la charge de l'usufruitier, 613.

Procès - verbaux. Énonciations que doivent contenir les procès-verbaux de consignation et de dépôt, 1259. — Procès-verbaux destinés à assurer la date des actes sous seing privé, 1328. Voyez *Experts.*

Procuration. Ceux qui ne sont pas obligés de comparaître en personne, peuvent être remplacés par un fondé de procuration dans les actes de l'état civil, 36. — Dépôt et paraphe de ces procurations, 44. — Quelle procuration est nécessaire pour autoriser à former opposition au mariage, 66 ; — à attaquer le mariage contracté par le conjoint d'un absent, 139 ; — à comparaître pour le défendeur en divorce, 243 ; — à représenter un parent dans une assemblée de famille convoquée pour la nomination d'un tuteur, 412 ; — à accepter une donation, 933. — Le mandant peut toujours révoquer la procuration par lui donnée au mandataire, 2004. Voyez *Absence, Mandat.*

Procureurs impériaux. Voyez *Commissaires du Gouvernement.*

Prodigues. Actes qu'ils ne peuvent passer sans être assistés d'un conseil judiciaire, 513. Voyez *Conseil judiciaire.*

Profession. On doit, dans les actes de l'état civil, énoncer la profession des parties et celle des témoins, 57, 63, 71, 73. — Effet de la profession du mari pour le rapport de la dot constituée à la femme, 1573.

Profits. Ceux que l'héritier a pu retirer

L

contrat de mariage aux droits qui en résultent, 1388. Voyez *Biens*, *Correction*, *Enfant*, *Père*, *Mère*.

Puits. Distance que l'on doit observer en creusant un puits près d'un mur de séparation, 674. Voyez *Curement*.

Pupille. Voyez *Minorité*, *Tutelle officieuse.*

Q

Qualité. Il faut, pour succéder, avoir les qualités requises, 725. — L'héritier qui a pris cette qualité dans un acte, est censé avoir accepté la succession, 778. — Délai pendant lequel un héritier ne peut être contraint à prendre qualité, 797 *et suiv.* Voyez *Citoyen*, *Français.*

Quasi-contrats. En quoi ils consistent, 1371 *et suiv.*

Quasi-délits. Celui qui a causé directement ou indirectement du dommage à autrui, est tenu de le réparer, 1382. Voyez *Délits*, *Dommage*, *Responsabilité.*

Question d'état. Voyez *État.*

Quittances. Effets résultant du défaut de réserve de solidarité dans les quittances, 1211 *et suiv.* — A la charge de qui en sont les frais, 1248. — Forme des quittances et effets de l'imputation, 1250 *et suiv.* — Cas où l'écriture mise au dos d'une quittance peut libérer le débiteur, 1332. — La quittance du capital d'un prêt à intérêt opère la libération lorsqu'il est sans réserve, 1908. Voyez *Décharge.*

R

Rachat. En quoi consiste cette faculté, et terme dans lequel elle doit être exercée, 1659 *et suiv.* — Délai avant lequel l'acquéreur à pacte de rachat ne peut expulser le preneur, 1751. Voyez *Rente.*

Racines. Celles qui s'étendent sur l'héritage d'autrui peuvent être coupées, 672. Voyez *Branches.*

Rades. Voyez *Ports.*

Radiation. On ne peut rayer les inscriptions aux hypothèques que du consentement des parties ou en vertu d'un jugement en dernier ressort, 2157. — Devant quel tribunal la radiation non consentie doit être demandée, 2159. — Cas où elle doit être ordonnée, 2160. Voyez *Hypothèque*, *Inscription.*

Rapports. Principes sur ceux qui doivent être faits à une succession, 843 à 869. — Rapport que les époux ou leurs héritiers sont tenus de faire à la masse des biens de la communauté, 1468 *et suiv.* — Effet de l'insolvabilité du mari relativement au rapport de la dot constituée à la femme, 1573. Voyez *Prélèvement.*

Rapt. Voyez *Ravisseur.*

Ratification. Celui qui s'est porté fort pour un tiers, doit une indemnité si celui-ci refuse de ratifier l'engagement, 1120. — La ratification du créancier valide le paiement fait à une personne non munie de pouvoir, 1239. — Effet que produit la ratification du mineur devenu

— Effets de cette reconnaissance, et quelles personnes peuvent la contester, 336 *et suiv.*

Reconstruction. Le propriétaire ni l'usufruitier ne sont tenus de rétablir ce qui est tombé de vétusté, ou qui a été détruit par cas fortuit, 607. — Les servitudes se continuent dans le cas de reconstruction, 665. Voyez *Murs, Réparations.*

Recours. Part pour laquelle la loi accorde un recours au cohéritier ou successeur à titre universel, qui a payé au-delà de ce dont il était tenu dans les dettes de la communauté, 875. — Les mineurs, les interdits et les femmes mariés ont un recours contre leurs tuteurs ou maris, 942. — Contre qui les mineurs et les interdits ont un recours pour défaut de transcription d'actes contenant des dispositions entre-vifs ou testamentaires, 1070. — Recours du codébiteur d'une dette solidaire qu'il a payée en entier, 1214. — Effets du recours par rapport aux obligations divisibles ou indivisibles, 1221 et 1225. — Recours auquel un paiement fait au préjudice d'une saisie ou opposition donne ouverture, 1242. — Recours de celui qui a payé pour un autre, 1377; — du mari à raison de la garantie d'une vente faite par sa femme, 1432; — des époux pour acquit de dettes de la communauté ou de l'un d'eux, 1484 *et suiv.* — de la femme qui a renoncé à la communauté, contre son mari, 1494 *et suiv.* — de l'époux qu'une vente faite par les créanciers a privé de son préciput, 1519; — de la caution contre le débiteur dont elle a payé la dette, 2028.

Rectification. Formalités qui doivent être observées pour la rectification des actes de l'état civil, 99 *et suiv.*

Reddition de comptes. Voyez *Tutelle.*

Réduction. Cas dans lequel les engagemens du mineur émancipé peuvent être réduits, 484. — Effets de cette réduction pour le mineur, 485 *et suiv.* — Principes sur la réduction des donations et legs, 920. — Les donations faites aux époux par leur contrat de mariage sont, à l'ouverture de la succession, réductibles aux portions disponibles, 1090. — Cas dans lesquels il y a lieu à réduire les inscriptions, 2161 *et suiv.* Voyez *Hypothèque, Inscription.*

Refus. Quand l'héritier institué ou le légataire refuse de recueillir un legs fait par un testament qui en aurait révoqué d'antérieurs, cette circonstance n'empêche pas que la révocation n'ait lieu, 1037.

Régime. Les époux peuvent déclarer s'ils entendent se marier sous le régime de la communauté ou sous le régime dotal, 1391. — Principes sur ce dernier régime, 1540 *et suiv.* — Droits du mari sur les biens dotaux, et inaliénabilité du fonds dotal, 1549 *et suiv.* — Restitution de la dot, 1564 *et suiv.* — Biens paraphernaux, 1574 *et suiv.* —

1706. — Dans quels cas la rescision a lieu en matière de transaction, 2052 *et suiv.* — Circonstance dans laquelle l'hypothèque peut y être soumise, 2125. Voy. *Échange*, *Lésion*.

Réserve. Quotité de la réserve légale sur les biens qu'on possède, et dont on ne peut disposer par donation ni par testament, 913 *et suiv.*

Résiliation. Cas dans lequel une éviction partielle peut faire résilier une vente, 1636. — Le défaut de déclaration de servitudes non apparentes, peut aussi donner lieu à la résiliation du contrat, 1638. — Circonstances qui donnent lieu à la résiliation d'un bail à ferme, 1760 *et suiv.* — La résiliation d'un marché à forfait pour la construction d'un bâtiment, ne peut être faite que par la volonté du maître, 1793.

Résolution. Causes qui peuvent opérer la résolution d'une vente, 1654 *et suiv.* — et celle du contrat de louage, 1741.

Respect. L'enfant doit respect à ses père et mère, 371.

Responsabilité. Solidarité du nouveau mari pour les faits relatifs à la gestion de la mère non déchargée de la tutelle des enfans du premier lit, 395. — Le tuteur et le protuteur ne sont pas responsables l'un envers l'autre pour leur gestion respective, 417. — Quelle responsabilité ont les héritiers du tuteur, 419; — l'usufruitier à raison d'une usurpation sur le fonds sujet à l'usufruit,

614; — les tuteurs nommés pour l'exécution des dispositions testamentaires, 1073. — Responsabilité à l'occasion de délits ou quasidélits, 1384; — de dommages causés par un animal, 1385; — de la ruine d'un bâtiment, 1386. — Responsabilité des conservateurs des hypothèques, 2197 *et suiv.* Voyez *Altération*, *Dommage*, *Faux*.

Restitution. Lorsqu'une donation est révoquée, le donataire est tenu de restituer les objets aliénés, 958. — Il n'y a pas lieu à compensation pour une dette provenant d'une restitution, 1293. — Restitution pour cause de nullité ou de rescision des conventions, 1303 *et suiv.* — On doit restituer les choses reçues par erreur, 1376. — Restitution de la dot par le mari ou ses héritiers, 1564. — Comment se fait la restitution d'un prêt, 1895 et 1899; — celle des choses confiées à titre de dépôt, 1932 *et suiv.* — La contrainte par corps a lieu pour restitution de fruits indûment perçus, 2060. — On ne peut exiger la restitution d'un gage qu'après l'entier paiement du débiteur envers le créancier nanti, 2082. Voyez *Grevé de restitution*.

Restriction. Celle des hypothèques sur les tuteurs et les maris, 2140 et 2141.

Retirement. Voyez *Rachat*.

Retour. Ce qui a lieu pour le retour des choses données par l'ascendant lorsqu'elles ont été aliénées, 747.

M

— Risques des associés et de la société, 1851. Voyez *Cheptel.*

Rivage. Voyez *Mer.*

Rivières. Celles qui sont navigables ou flottables sont considérées comme des dépendances du domaine public, 538. — Ce qui a lieu quand une rivière emporte une partie reconnaissable du champ riverain, 559 *et suiv.* — Charges auxquelles le propriétaire du fonds peut interrompre les petites rivières et les ruisseaux dans leur cours, 644. Voyez *Marchepied.*

Roulage. Registre à tenir par les rouliers, et réglemens auxquels ils sont assujettis, 1785 et 1786.

Routes. Celles qui sont à la charge de la nation font partie du domaine public, 538.

Ruches. Elles sont immeubles par destination, 524.

Rues. Lesquelles font partie du domaine public, 538.

S

Sages-femmes. Voyez *Accouchement.*

Saillies. Distance en-deçà de laquelle celles qui forment des vues droites ou fenêtres d'aspect sur l'héritage du voisin, ne sont pas permises, 678 et 680. Voyez *Balcons.*

Saisie. Formes particulières pour celle des bateaux et autres usines non fixées, 531. — Les paiemens effectués au préjudice d'une saisie ne sont pas valables, 1242. — Circonstance dans laquelle la saisie empêche la compensation, 1298. — Cas où une rente viagère peut être stipulée insaisissable, 1981. — La prescription est interrompue par la signification de la saisie à celui qu'on veut empêcher de prescrire, 2244. Voyez *Citation.*

Saisie-arrêt. Elle empêche la remise d'un dépôt, 1944.

Saisine. Objet et durée de celle de l'exécuteur testamentaire, 1026 et 1027. Voyez *Héritiers.*

Salaire. L'affirmation du maître est admise pour le paiement du salaire de l'année échue, 1781. — Salaires du mandataire, 1999. — Priviléges des gens de service pour leurs salaires, 2101. Voyez *Gages, Prescription.*

Scellés. La femme demanderesse en divorce peut les faire apposer sur les effets mobiliers de la communauté, 270. — Le tuteur doit requérir la levée des scellés dans les huit jours qui suivent sa nomination, 451. — Le conjoint survivant et l'administration des domaines doivent faire apposer les scellés sur les meubles de la succession à laquelle ils prétendent, 769. — A la charge de qui sont les frais de scellés, 810. — Circonstance dans laquelle l'apposition de scellés n'est pas nécessaire, 819. — Droits des créanciers pour l'apposition des scellés, ou l'opposition à leur levée, 820 *et suiv.* — Cas où les exécuteurs testamentaires

— Objets pour lesquels les séquestres sont sujets à la contrainte par corps, 2060. Voyez *Dépôt*.

Serment. Règles sur les différentes espèces de serment, 1357 *et suiv.* — Dans quels cas et à qui le serment peut être déféré en matière de prescription, 2275. Voyez *Bail*.

Serrurier. Voyez *Édifice*.

Service militaire. Celui qui a lieu chez l'étranger fait perdre la qualité de Français, 21.

Services fonciers. Ils sont immeubles, 526. Voyez *Biens*, *Servitudes*.

Services personnels. Quel est le domicile des majeurs qui servent habituellement chez autrui, 109. — Temps et objets pour lesquels ces services peuvent être engagés, 1780. Voyez *Prescription*.

Servitudes. Les servitudes et services fonciers sont immeubles, 526. — Définition des servitudes, et comment elles s'établissent, 637 *et suiv.* — Droits qui en résultent, 697 *et suiv.* — Manière dont elles s'éteignent, 703 *et suiv.* — En quel cas les servitudes occultes non déclarées donnent lieu à la rescision, 1638. — Les servitudes et droits réels que le tiers détenteur avait sur l'immeuble avant sa possession, renaissent après le délaissement, ou l'adjudication faite sur lui, 2177.

Sévices. Lorsqu'ils sont graves ils deviennent une cause de divorce, 231. — Après la demande formée ils donnent lieu à autoriser la femme

à quitter l'habitation du mari, 259. — Ils sont une cause de révocation d'une donation entre-vifs, 955 et 1046.

Sexagénaires. Ils sont dispensés de la tutelle, 433.

Sexe. On doit l'énoncer dans l'acte de naissance d'un enfant, 57. — Il en résulte une présomption de survie quand plusieurs individus ont péri dans le même événement, 720 et 722. — On ne fait entre cohéritiers aucune distinction de sexe ni de primogéniture, 745. — Influence du sexe pour déterminer s'il y a eu violence entre les contractans, 1112.

Siéges. Ce sont des meubles meublans, 534.

Signature. Celle des testamens, 973 et 974. Voyez *Vérification*.

Significations. Lorsqu'un acte contient élection de domicile pour son exécution, on peut faire les significations au domicile convenu, 111. — Circonstance dans laquelle le transport doit être signifié au débiteur, 1690.

Silence de la loi. Voyez *Juge*.

Société. En quoi consiste le contrat de société, 1832. — Diverses espèces de sociétés, et règles sur les engagemens contractés par les associés, 1835 *et suiv.* — Différentes manières dont finit la société, 1865 *et suiv.* — Principes sur les sociétés de commerce, 1873.

Sœur. Cas où la sœur peut former opposition au mariage de son frère,

ils peuvent accepter les donations, 936.

Sous-location. Le preneur à bail peut sous-louer, quand la faculté ne lui en a pas été interdite, 1717. — A quoi les sous-locataires sont tenus envers leur propriétaire, 1753. — Leurs paiemens ne sont pas réputés faits par anticipation, *ibid.*

Sous seing privé. La remise volontaire du titre original d'une dette contractée par acte sous seing privé, fait preuve de libération du débiteur, 1282. — Il en est de même de la remise faite à l'un des débiteurs solidaires par rapport aux codébiteurs, 1284.

Statues. Quand sont-elles censées immeubles ou meubles meublans, 525 et 534.

Stellionat. Cas dans lesquels il a lieu, et contrainte par corps qu'il fait encourir, 2059 *et suiv.* — Circonstances qui font réputer les maris et les tuteurs stellionataires, 2136. Voyez *Hypothèque, Septuagénaires.*

Stipulation. On ne peut en général stipuler en son propre nom que pour soi-même, 1119. — Cas où l'on peut stipuler au profit d'un tiers, 1121. — Droit commun à défaut de stipulations spéciales qui dérogent au régime de la communauté, 1393.

Subrogation. En quoi consiste la subrogation conventionnelle ou légale, 1249 *et suiv.* — Droits du créancier auxquels est subrogée la caution qui a payé la dette, 2029. — La cau-

tion est déchargée lorsqu'elle ne veut plus être subrogée aux droits du créancier, 2037. — Une pareille décharge a lieu quand le créancier a accepté un objet en paiement de la dette principale, 2038.

Subrogé tuteur. Sa nomination et ses fonctions, 420 *et suiv.* — Subrogé tuteur à un interdit, 505. — Responsabilité encourue par le subrogé tuteur lorsqu'il n'a pas contraint le survivant des deux époux à faire inventaire, 1442. — Le subrogé tuteur est chargé de requérir inscription sur les biens du tuteur, 2137. Voyez *Curateur au ventre, Solidarité.*

Subsistance. Les fournitures faites au débiteur et à sa famille sont des créances privilégiées, 2101.

Substitution. Nullité des dispositions contenant substitution proprement dite, 896. — Autres dispositions permises, 898 *et suiv.* et 1048 à 1068. — La substitution d'une dette donne lieu à la novation, 1271. Voyez *Grevé de restitution.*

Substituts. Les substituts du commissaire du Gouvernement près le tribunal de cassation sont dispensés de la tutelle, 427. Voyez *Droits litigieux.*

Succession. Celle d'un individu condamné à une peine emportant mort civile, est ouverte au profit de ses héritiers, 25 *et suiv.* — C'est le domicile qui détermine le lieu où s'ouvre une succession, 110. — Quand et au profit de qui s'ouvre la succession d'un absent, 130. — Succession des adoptés, 351. —

Survie.

Survie. De quelle manière s'établit la présomption de survie, lorsque plusieurs personnes respectivement appelées à se succéder périssent dans un même événement, 720 *et suiv.* — Cas où une donation entre-vifs par contrat de mariage n'est pas censée faite sous la condition de survie du donataire, 1092. — On ne peut déroger par le même contrat aux droits conférés au survivant des époux, 1388. — Droits de survie de la femme en cas de dissolution de communauté par le divorce ou la séparation, 1452. — La stipulation que la communauté appartiendra au survivant, n'est pas réputée donation, mais simple convention de mariage, 1525.

Suscription. Le notaire rédige l'acte de suscription d'un testament mystique, et les témoins le signent, 976.

Suspension. La condition résolutoire ne suspend pas l'exécution de l'obligation, 1183. — Le terme ne suspend point l'engagement dont il retarde seulement l'exécution, 1185. — Dans le cas de plainte en faux principal, l'exécution des actes, même authentiques, est suspendue, 1319.

Synallagmatique. Dans quel cas le contrat est synallagmatique, 1102. — La condition résolutoire est toujours sous-entendue dans un contrat synallagmatique, 1184. — Condition nécessaire pour la validité des actes sous seing privé contenant des conventions synallagmatiques, 1325.

T

Tableaux. Dans quels cas ils sont censés immeubles par destination, 525 et 534. — L'usufruitier qui fait enlever les tableaux par lui placés, est obligé de rétablir les lieux dans leur premier état, 599.

Tables. Ce sont des meubles meublans, 534.

Tacite réconduction. Le preneur ne peut l'invoquer malgré une continuation de jouissance, lorsqu'il y a un congé signifié, 1739.

Tailles. Celles corrélatives à leurs échantillons font foi pour constater des fournitures, 1333.

Taillis. Quand les coupes de bois taillis deviennent meubles, 521.

Tante. Elle ne peut épouser son neveu, 163; — mais elle a droit de former opposition à son mariage, à défaut d'ascendans et de frère ou de sœur, 174. — La tante du meurtrier n'est pas tenue de le dénoncer, 728.

Tapisseries. Ce sont des meubles meublans, 534.

Taux. Celui auquel on peut constituer une rente viagère, 1976.

Témoins. Quels doivent être l'âge et le sexe de ceux qui paraissent aux actes de l'état civil, 37. — Nombre de témoins requis pour l'acte de naissance, 56; — pour l'acte de notoriété destiné à le suppléer, 71; — pour la célébration du mariage, 75; — pour l'acte de décès, 78.

N

donateur ou testateur, ou des enfans de ses frères et sœurs, 1048 *et suiv.* — Le testateur qui a légué des biens à charge de restitution, peut nommer un tuteur chargé de l'exécution de cette disposition, 1055. — On peut constituer une rente viagère par testament à titre purement gratuit, 1969. Voyez *Caducité, Disposition, Exécuteur testamentaire, Legs, Libéralité, Révocation.*

Tête. Partage de succession par tête entre les membres d'une même branche, 743 ; — entre les enfans ou leurs descendans, 745 ; — entre des collatéraux dans le cas de concours, 753.

Tiers. Le propriétaire du fonds sur lequel un tiers a fait des plantations ou constructions, a droit de les retenir ou d'obliger le tiers à les enlever, 555. — Les dispositions qui chargent de conserver ou de rendre à un tiers, sont nulles, 896. — Le consentement obtenu par la violence d'un tiers est nul, 1111.— Stipulations faites pour un tiers, 1120 *et suiv.* — Les conventions considérées par rapport aux tiers, 1165 *et suiv.* — Obligations qui peuvent être acquittées par un tiers, 1236 *et suiv.* — Cas où la subrogation a lieu à son égard, 1249. — La compensation ne peut préjudicier aux droits acquis à un tiers, 1298. — Les contre-lettres sont sans effet contre les tiers, 1321. — Cas où l'on peut constituer une rente viagère au profit d'un tiers,

1973. — Le tiers peut donner gage pour un débiteur, 2077. — Date de l'hypothèque des créances privilégiées à l'égard des tiers, 2113.

Tiers acquéreur. Il peut opposer le défaut de transcription de tout acte entre-vifs ou testamentaire contenant donation de biens immeubles à charge de restitution, 1070.

Tiers détenteur. Droits qui, dans le cas de révocation d'une donation, peuvent être exercés par le donateur contre les tiers détenteurs des biens, 954. — Peines qu'encourrait le tiers détenteur en ne remplissant pas les formalités nécessaires pour purger sa propriété, 2167 *et suiv.* — Cas où il pourrait s'opposer à la vente de l'héritage hypothéqué qui lui a été transmis, 2170. — Règles sur le délaissement par hypothèque à l'égard des tiers détenteurs, 2172 *et suiv.* — Formalités prescrites aux tiers détenteurs pour purger des priviléges et hypothèques les biens par eux acquis, 2181.

Tiers possesseur. Ses droits lorsque l'action en rescision est admise, 1681.

Timbre. Le tuteur peut dresser les états de situation de sa gestion sur papier non timbré, 470. — Les registres des conservateurs des hypothèques doivent être sur papier timbré, 2201.

Tirage au sort. Il a lieu pour les lots en matière de partage de succession, 614.

Titres. Ceux qui sont nécessaires pour

personnes peuvent opposer le défaut de transcription, 941 et 1070. — La transcription ne peut être suppléée, 1071. — Dans quel cas la transcription d'un acte sur les registres publics peut servir de commencement de preuve par écrit, 1336. — Effets de la transcription du titre translatif de propriété, 2108. — A la charge de qui sont les frais de la transcription qui peut être requise par le vendeur, 2155. — Transcription entière des contrats translatifs de la propriété d'immeubles ou droits réels immobiliers que les tiers détenteurs veulent purger des priviléges et hypothèques, 2181. — La simple transcription ne purge pas les hypothèques et priviléges établis sur l'immeuble avant l'acquisition faite par le vendeur, 2182. — Dommages et intérêts encourus par les conservateurs qui refuseraient ou retarderaient la transcription des actes de mutation, 2199. Voyez *Registres*.

Transport. Dans le transport d'une créance sur un tiers, la délivrance s'opère par la remise du titre, 1689. — La signification du transport saisit le cessionnaire à l'égard des tiers, 1690. — Objets que comprend la cession d'une créance, d'une hérédité, et qui doivent être garantis, 1692 et suiv. Voyez *Droits successifs*.

Travaux. Le propriétaire qui veut jouir des fruits produits sur sa chose, doit rembourser les frais de labour, travaux et semences, 548. Voyez *Prescription*.

Trésor. L'usufruitier n'a aucun droit sur le trésor caché qui serait découvert pendant la durée de l'usufruit, 598. — Ce qu'on entend par trésor, et à qui il appartient selon le fonds dans lequel il a été trouvé, 716.

Trésor public. Voyez *Privilége*.

Tribunal de cassation. Voyez *Cour de cassation*.

Tribunaux d'appel. Ils connaissent des jugemens relatifs aux actes de l'état civil, au divorce et au mariage, 54, 99, 178, 263, 293. — Les jugemens qui admettent ou rejettent l'adoption, y sont confirmés en audience publique, 357 et 358. — Modification ou révocation, par les présidens, de l'ordre de détention d'un fils de famille, 382. — Ces tribunaux connaissent des jugemens relatifs à la destitution de la tutelle, 448. — On y interroge les interdits sur l'appel des jugemens d'interdiction, 500. Voyez *Interdiction*.

Tribunaux de première instance. Le président cote et paraphe les registres de l'état civil, et en légalise les extraits, 41, 45. — Les actes de notoriété sont homologués dans ces tribunaux, qui statuent sur la rectification des actes de l'état civil, 72 et 99. — Leurs fonctions relativement aux biens des absens, 112 et suiv. — Jugement sur les demandes en main-levée des oppositions au mariage, 147 et 177; — sur celles relatives aux pensions alimentaires, 210 et 211. — Autorisation que ces tribunaux donnent à la femme

et suiv. — Causes qui dispensent de la tutelle, 427 *et suiv.* — qui rendent incapable de l'exercer, 442 *et suiv.* — Ce qu'embrasse l'administration du tuteur, 450 *et suiv.* — Il a besoin de l'autorisation du conseil de famille pour emprunter, aliéner ou hypothéquer, 457 ; — pour accepter ou répudier une succession, &c., 461 *et suiv.* — pour suivre les actions relatives aux droits immobiliers du mineur, 464 *et suiv.* — pour provoquer la reclusion du mineur, 468. — Reddition d'un compte de tutelle, 469 *et suiv.* — Le mineur dont l'émancipation a été révoquée, rentre en tutelle jusqu'à sa majorité, 486. — Nomination de tuteur à un interdit, 505. — Le mari est de droit tuteur de sa femme, 506. — La femme peut aussi être nommée tutrice du mari, 507. — Durée de la tutelle, 508. — Nomination d'un tuteur pour l'exécution des dispositions à charge de restitution, 1055 *et suiv.* — Responsabilité de ce tuteur, 1073. — On ne peut refuser la fonction de tuteur, 1370. — Cas où le tuteur est garant envers l'un des époux, des dettes par lui acquittées à la décharge de l'autre, 1513. — Il ne peut se rendre adjudicataire des biens dont il a la tutelle, 1596. — Mode de transaction pour et avec le mineur ou l'interdit, 2045. — Cas où le tuteur peut être réputé stellionnataire, 2136. Voy. *Conseil de famille, Émancipation, Hypothèque, Inscription, Protuteur, Subrogé tuteur.*

Tutelle officieuse. Quel âge doivent avoir le tuteur et le pupille, 361 *et suiv.* — Règles que le tuteur officieux doit suivre dans son administration, 364 *et suiv.*

Tutelle spéciale. L'opposition des mineurs dans un partage donne lieu à la nomination d'un tuteur spécial pour chacun, 838.

Tuteur ad hoc. L'enfant naturel ne peut se marier avant vingt-un ans qu'avec le consentement d'un tuteur *ad hoc*, 159. — Lorsque le mari ou ses héritiers ont désavoué un enfant, l'action en justice est dirigée contre un tuteur *ad hoc* donné à l'enfant, 318.

Tuyaux. Ceux qui servent à la conduite des eaux sont immeubles, 523.

U

Union. La chose appartient au propriétaire avec ce qui s'y unit, 551. — Règles sur la propriété de deux choses séparables, mais qui ont été unies de manière à former un tout, 566 *et suiv.*

Usage. Choses fongibles dont l'usufruitier peut se servir, 587. — Principes sur le droit d'usage, 625 *et suiv.* — L'usage des bois et forêts est réglé par des lois particulières, 636. — Effet des usages par rapport à la mitoyenneté d'un mur, 663 et 674. — Règles pour l'usage des servitudes qui s'établissent par le fait de l'homme, 686. — Le simple usage d'une chose peut être

V

V

Vacans. A qui appartiennent les biens vacans et sans maître, 539.

Vaches. Quel est le droit du fermier sur celles que le bailleur lui a données pour les loger et les nourrir, 1831.

Vaine pâture. Voyez *Clôture.*

Valeur. Dans quel cas seulement le juge peut déférer le serment au demandeur sur la valeur de la chose réclamée en justice, 1369. — Circonstance dans laquelle le créancier ne peut requérir inscription de l'hypothèque que pour une valeur estimative, 2132.

Validité. Conditions essentielles pour la validité des conventions, 1108 ; — pour celle des testamens, 1236. Voyez *Consignation, Dépôt, Offres.*

Vendeur. Celui qui se réserve l'usufruit de la chose vendue n'est pas obligé à donner caution, 601. — Le vendeur doit garantir la chose et la délivrer avec ses accessoires, 1603, 1614 *et suiv.* — Règles applicables au vendeur à pacte de rachat, 1664 et 1673. — Son privilége ne s'exerce qu'après celui du propriétaire, 2102. — Effets de la transcription du contrat, 2108. — Les frais de la transcription qui peut être requise par le vendeur sont à la charge de l'acquéreur, 2155.

Vente. Le tuteur ne peut vendre les biens du mineur sans l'autorisation d'un conseil de famille, 459 et 457.

— Ce que comprennent la vente d'une maison meublée et celle d'une maison avec tout ce qui s'y trouve, 535 et 536. — Vente d'une chose sujette à usufruit, 621. — Effet d'une vente de droits successifs par un cohéritier, 780. — Formalités pour la vente d'objets provenant d'une succession, 796, 805 *et suiv.* — Ventes pour lesquelles l'action en rescision est ou n'est pas admise, 888 *et suiv.* — La vente de tout ou partie d'une chose léguée emporte révocation du legs, 1038. — Ventes à faire sur la poursuite de grevés de restitution, 1062 ; — sur celle de créanciers dont le débiteur a abandonné les biens, 1269. — Seule restitution à laquelle on soit tenu pour la vente d'une chose reçue de bonne foi, 1380. — Vente d'immeubles par des époux, 1432 *et suiv.* — Définition et condition de la vente, 1582 *et suiv.* — A la charge de qui sont les frais d'actes, 1593. — Qui peut acheter ou vendre, 1594 *et suiv.* — Choses qui peuvent être vendues, 1598 *et suiv.* — Obligations du vendeur, 1602 *et suiv.* — Causes pour lesquelles les ventes peuvent être annullées ou résolues, 1658 *et suiv.* — La rescision n'a pas lieu pour les ventes qui, d'après la loi, ne peuvent être faites que d'autorité de justice, 1684. — Comment doit être provoquée et suivie la vente forcée de biens situés dans plusieurs départemens, 2210. — Il faut un titre authentique pour exercer cette poursuite, 2213. Voyez *Droits*

O

1304. — La prescription ne peut être la suite d'actes de violence, 2233.

Visites. Voyez *Prescription.*

Vivant. On ne représente pas les personnes vivantes, mais seulement celles qui sont mortes naturellement ou civilement, 744.

Voie de fait. Voyez *Trouble.*

Voisinage. Tout propriétaire peut obliger son voisin au bornage, à frais communs, de leurs propriétés, 646. —Droits des copropriétaires voisins, relativement aux poutres à placer dans l'épaisseur d'un mur mitoyen, 658. — Contribution aux clôtures entre voisins, 663. — Obligations réciproques quand il s'agit de creuser un puits, de pratiquer des vues, des égouts, des passages, 674, 675 *et suiv.*, 681 *et suiv.* — Engagemens qui se forment sans convention entre propriétaires voisins, 1370.

Voituriers. Obligations auxquelles sont assujettis les voituriers par terre et par eau, 1782 *et suiv.* — Leur privilége sur la chose voiturée, 2102.

Vol. La perte de la chose volée ne dispense pas celui qui l'a soustraite d'en restituer le prix, 1302. — Les aubergistes sont responsables du vol des objets à eux confiés, 1953. — Celui auquel une chose a été volée, peut la revendiquer pendant trois ans, 2279. — Cas dans lequel le prix en doit être remboursé au possesseur actuel, 2280. Voyez *Aubergistes.*

Volonté. Les donations entre-vifs dont l'exécution dépend de la seule volonté du donateur sont nulles, 944. — La volonté exprimée de l'un ou de plusieurs associés de n'être plus en société, met fin à cette société, 1865.

Voûtes. A la charge de qui sont les réparations des voûtes d'un fonds sujet à usufruit, 606.

Voyageurs. Voyez *Aubergistes.*

Vues. Règles sur celles qu'on a la faculté de pratiquer sur la propriété du voisin, 675 *et suiv.* — Les vues sont une servitude continue, 688.

FIN.

IMPRIMÉ

Par les soins de J. J. MARCEL, Directeur général de l'Imprimerie impériale, Membre de la Légion d'honneur.

CODE civil des Français, édition originale et seule officielle.

In-4.º, papier fin double, 12 fr.; avec la *Table des Matières*, 15 fr.

In-8.º, 4 fr.; avec la *Table*, 5 fr. 50 c.

In-32, 1 fr. 80 cent.; avec la *Table*, 2 fr. 80 cent.

(*Papier vélin, le double.*)

Code de Procédure civile, édition originale et seule officielle, broché avec la Table des Matières.

In-4.º, papier fin double, 11 fr. 50 cent.

In-8.º, 3 fr. 75 cent.

In-32, 1 fr. 75 cent,

(*Papier vélin, le double.*)

Décrets impériaux sur les frais et dépens en matière judiciaire, éd. orig. et seule offic.

In-4.º, pap. fin double, 3 fr. 60 cent.

In-8.º, 1 fr. 25 cent.

In-32, 60 cent.

(*Papier vélin, le double.*)

Code général pour les États prussiens, traduit par les membres du bureau de législation étrangère, et publié par ordre du Ministre de la justice; 5 vol. *in-8.º*, 24 fr.

Oratio Dominica CL linguis versa, et propriis cujusque linguæ characteribus plerumque expressa: edente *J. J. Marcel*, typographeii imperialis Administro generali.

Un vol. *in-4.º* cart., présenté à sa Sainteté *Pie VII*, et imprimé en sa présence; 36 fr.

Adlocutio et encomia variis linguis expressa., quæ supremo Pontifici *Pio VII*, typographiæ imperiale musæum invisenti obtulit *J. J. Marcel*, typographæi imperialis Administer generalis. 1 vol. *in-folio*, 10 fr.

Étiquette du Palais impérial, 1 vol. *in-4.º*, imprimé par ordre du Gouvernement, 5 fr.

Pièces officielles relatives aux préliminaires de Londres et d'Amiens. 1 vol. *in-4.º*, 6 fr.

La Colombe messagère, plus rapide que l'éclair, plus prompte que la nue, par Michel *Sabbagh*; traduit de l'arabe en français par *A. I. Silvestre de Sacy*. 1 vol. *in-8.º* arabe et français, 2 fr. 50 c.

Procès-verbal de la cérémonie du Sacre et du Couronnement, de LL. MM. l'Empereur NAPOLÉON et l'Impératrice JOSÉPHINE; 1 vol. *in-4.º*, 3 fr.

Recueil de Tables pour faciliter la comparaison des poids et mesures anciennement en usage à Paris, avec les poids et mesures du nouveau système, imprimé par ordre du Ministre de l'intérieur; *in-4.º*, 1 fr. 25 c.

Fables de Loqman, surnommé le Sage, 1 vol. *in-18*, 1 fr. 25 c. Ouvrage traduit de l'arabe par *J. J. Marcel*, directeur général de l'imprimerie impériale.

Idem arabe et français, traduit par le même, petit *in-4.º*, de l'imprimerie nationale du Kaire; 18 fr.

On trouve aussi chez le même :

Tableau de l'Égypte pendant le séjour de l'armée franç.; suivi de *l'État militaire et civil de l'armée d'Orient*, &c.; par *A. Galland*, membre de la commission des sciences et arts séant au Kaire; 2 vol. *in-8.º*, 9 fr.

Mémoires sur la révolution de la Pologne, trouvés à Berlin, 1 vol. *in-8.º* avec deux cartes, l'une représentant les opérations de la campagne, et l'autre le plan de la ville de Varsovie; 5 fr.; papier vélin, 10 fr.

Mémoires particuliers extraits de la correspondance d'un Voyageur avec feu M. *Caron de Beaumarchais*, sur la Pologne, la Lithuanie, la Russie Blanche, Pétersbourg, Moscow, la Crimée, &c. &c. contenant des observations nouvelles sur la puissance militaire de la Russie, ses finances, ses mœurs et coutumes, &c. &c. Publiés par *M.... D....*; 1 vol, *in-8.º*, 5 fr.; papier vélin, 10 fr.

Monbars l'Exterminateur, ou le dernier chef des Flibustiers, Anecdote du Nouveau-Monde, par *J. B. Picquenard*, 3 vol. *in-12*, avec le portrait de Monbars dans son costume de Flibustier; 6 fr.; pap. vélin, 10 fr.

Le même Libraire tient aussi d'autres Ouvrages de fonds ou en nombre, br. et rel.